명쾌한
기독교 신학과 생활

나용화 지음

기독교문서선교회

기독교문서선교회(Christian Literature Crusade: 약칭 CLC)는
1941년 영국 콜체스터에서 켄 아담스에 의해 시작되었으며
국제 본부는 영국의 쉐필드에 있습니다.
국제 CLC는 59개 나라에서 180개의 본부를 두고, 약 650여 명의
선교사들이 이동도서차량 40대를 이용하여 문서 보급에 힘쓰고 있으며
이메일 주문을 통해 130여 국으로 책을 공급하고 있습니다.
한국 CLC는 청교도적 복음주의 신학과 신앙서적을 출판하는
문서선교기관으로서, 한 영혼이라도 구원되길 소망하면서
주님이 오시는 그날까지 최선을 다할 것입니다.

A Concise
Christian Theology and Life

by Yong-Wha Na, Th.D.

2010
Christian Literature Crusade
Seoul, Korea

머리말

하나님 보시기에 이 세상에서 가장 존귀하고 영광스러운 것은 자기 백성들의 신령한 유기체(spiritual organism)이자 제도적 조직(institutional organization)인 그의 교회이다. 이 교회는 하나님의 가족이요, 그리스도의 몸이며, 성령의 전이기에 세상에서 가장 귀한 것이다. 이 교회는 성부 하나님과 성자 예수 그리스도와 보혜사 성령님을 믿는 믿음에 기초하고 있다. 따라서 이 믿음이 확실하고 견고할 때 교회가 더욱 영광스럽고 존귀하게 되는 것이다. 이 믿음은 하나님의 말씀인 성경을 배우고 앎으로 견고해진다.

따라서 그리스도인의 믿음을 가능케 하고 견고케 하는 성경에 쉽게 그리고 효과적으로 접근할 수 있게 하고, 성경의 깊은 뜻을 확실하게 알 수 있게 하려면 성경을 체계적으로 또는 주제별로 연구해야 하는 바, 이것이 바로 신학이다. 다시 말해서, 성경을 통해서 그리스도인의 신앙을 튼튼하게 세우려면 신학이 필요하다. 이렇듯 신학은 신앙을 세워주고, 신앙을 통해서 하나님과의 깊은 만남과 교제를 가능케 하기에, 기독교 신앙의 교리에 대한 체계적 학문인 신학은 신앙의 종이요, 영성의 촉매제이다.

건전한 신학은 무엇보다도 성경에 충실해야 한다. 성경을 하나님의 말씀으로 알고 성경의 신적 권위에 순복하여 연구하고 해석해야 한다. 그리고 신학은 성경의 핵심 진리인 복음에 충실해야 하고, 건전한 신학자들의 성경 해석과 가르침을 존중해야 한다. 이 점에서 신학은 성경적이고, 복음적이며 보수 정통적이어야 한다.

본서는 하나님의 교회가 하나님 보시기에 영광스러운 교회로 흥왕하게 하는데 실제적인 목적이 있다. 곧 성경을 깊이 알게 하여 믿음을 튼튼케 하고 하나님을 깊이 알고 하나님으로 즐거워하며 만족하고 감사 찬송케 하는데 목적이 있다. 이 점에서 본서는 철저하게 성경적이요, 복음적이며 보수 정통적이다.

　　본서는 성경 본문에 근거하여 기독교 신앙의 기본 핵심 교리를 체계적으로 기술하되, 칼빈의 신학과 그의 신학을 반영한 하이델베르크 요리문답(1563년)과 청교도들의 신앙의 산물인 웨스트민스터 신앙고백(1648년)을 따르며, 건실한 보수적 개혁 신학자들(벌코프, 존 머레이, A. 후크마, 로버트 레이몬드, 박형룡 등)을 크게 의존하였다.

　　본서는 신학을 전문적으로 공부하는 신학생들을 고려하기보다는 교회의 평신도 지도자들(구역이나 소그룹, 주일학교, 또는 선교지교회의 인도자와 교사들)을 위하여 썼다. 따라서 문답 형식으로 기술하였고, 핵심교리를 간단하고 명료하게 정리하였다. 그리고 관련된 성경 본문과 구절을 인용하거나 설명하는데 힘썼다.

　　신학은 이론과 사색에 치우친 학문이 아니요, 생명과 경건의 삶의 학문이요, 예수의 제자로서 삶의 학문임을 확실하게 하였다. 그래서 I 부에서는 생명의 삶으로서 신학의 기본 핵심 주제들을 다루었고, II 부에서는 제자의 삶으로서 십계명을 중심으로 그리스도인의 생활의 원리들을 실제 생활에 적용하여 다루었으며, III 부에서는 경건의 삶으로서 하나님과의 깊은 만남을 위한 훈련을 말씀 묵상과 기도를 중심으로 다루었다.

　　바라기는 본서가 그리스도의 몸인 교회의 지체된 성도들의 신앙을 견고케 하며 교회를 잘 섬겨 흥왕하게 함으로써 하나님께 영광을 돌리고, 성도들에게는 성경을 깊이 아는 즐거움도 줄 수 있기를 기대한다. 참고로, 저자의 『기독교 신앙의 진리』, 『웨스트민스터 신앙고백서』와 『영성과 경건』을 함께 읽으면 본서를 공부하는데 크게 도움이 될 것이다.

2006년 5월 23일
나 용 화 識

차 례

머리말 / 5

제 I 부 생명의 삶

- 제 1과   생명의 학문; 만인의 학문, 신학 / 14
- 제 2과   신학의 분류와 사조 / 22
- 제 3과   하나님의 특별계시 성경 / 30
- 제 4과   생명의 말씀 성경 / 41
- 제 5과   생명의 근원, 하나님을 아는 지식 / 49
- 제 6과   하나님의 이름과 호칭 / 58
- 제 7과   사랑의 하나님의 성품 / 67
- 제 8과   하나님의 생명 사역(I) / 80
- 제 9과   하나님의 생명 사역(II) / 90
- 제10과   하나님의 영광스런 생명; 사람의 바탕, 틀, 노릇 / 99
- 제11과   생명의 파괴; 죄의 기원과 실체 / 110
- 제12과   생명의 상실; 죄의 결과, 성질 및 요소 / 118
- 제13과   하나님의 생명의 언약 / 127

- 제14과　생명의 주, 예수 그리스도 / 138
- 제15과　예수의 본성과 직분 / 150
- 제16과　예수 그리스도의 복음(Ⅰ) / 163
- 제17과　예수 그리스도의 복음(Ⅱ) / 178
- 제18과　생명의 영, 보혜사 성령 / 187
- 제19과　생명의 구원; 계획, 원인 및 목적 / 197
- 제20과　하나님 편에서의 구원 사역 / 206
- 제21과　하나님과 사람 양편에서의 구원 사역 / 216
- 제22과　은혜와 능력의 샘; 교회의 설립과 본질 / 230
- 제23과　믿음과 사랑의 훈련장; 교회의 권세와 기능 / 238
- 제24과　교회의 정치; 제도, 직원 및 회의 / 250
- 제25과　성령 세례와 충만; 은사와 열매 / 258
- 제26과　생명의 충만; 성경적 종말과 하나님 나라 / 269
- 제27과　종말의 징조 / 277
- 제28과　시작된 종말과 은혜의 나라 / 285
- 제29과　죽음과 그 이후의 세계 / 293
- 제30과　미래적 종말과 권능의 나라 / 303

제Ⅱ부 제자의 삶

- 제31과　제자의 길 / 315
- 제32과　목적이 이끄는 삶 / 325

- 제33과 참된 예배의 삶 / 332
- 제34과 거룩한 고백의 삶 / 338
- 제35과 우선순위의 삶 / 343
- 제36과 관계와 질서의 삶 / 349
- 제37과 생명의 윤리 / 354
- 제38과 성의 윤리 / 362
- 제39과 경제 윤리 / 396
- 제40과 사회 윤리 / 376
- 제41과 절제의 삶 / 379

제 Ⅲ 부 경건의 삶

- 제42과 경건과 영성 / 385
- 제43과 하나님과 만남의 경험 / 391
- 제44과 하나님의 말씀 묵상의 삶 / 399
- 제45과 기도의 삶 / 406
- 제46과 주님의 기도 / 411
- 제47과 금식 훈련 / 420
- 제48과 제자의 삶 훈련 / 426

제Ⅰ부
생명의 삶

"삼위 하나님 안에 최상의 생명이 있다."

생명의 삶을 주제로 제 I 부에서는 생명의 학문인 신학이 무엇이며, 왜 신학을 그리스도인이면 누구나 알아야하는가? 그리고 신학에는 어떤 것들이 있으며, 교회사적으로 신학의 큰 흐름은 어떤 것들이 있는지를 먼저 살폈다(1-2과). 그리고 신학을 위한 객관적 원리이자 교과서인 하나님의 특별계시요 생명의 말씀인 성경이 어떤 책이며 하나님이 성경을 어떻게 무슨 목적으로 주셨는가를 다루었다(3-4과).

　기독교 신앙의 기본 핵심 주제들 가운데 첫째, 우리의 생명의 근원이신 하나님을 어떻게 왜 알아야 하며, 하나님이 자기의 이름을 통해서 자신을 어떻게 계시하고 있으며 삼위일체 하나님이 어떤 면에서 위대하고 선하신 사랑이시고, 하나님이 사람의 생명을 위하여 하시는 일이 무엇인가를 살폈다(5-9과).

　둘째, 하나님이 생명을 주시어 자기의 걸작품으로 창조하신 사람의 바탕(본질)과 틀(구성적 요소)이 무엇이며, 하나님의 형상인 사람의 노릇(기능)이 무엇인가를 그리스도의 삼중직과 관련지어 다루었다. 그리고 사람의 복스런 생명을 파괴하여 저주스럽게 만든 죄가 어떻게 시작되었고, 그 결과가 무엇이며, 죄의 성질과 요소가 어떤 것이고, 그것을 성경적으로 아는 것이 실제적으로 왜 중요한가를 다루었다(10-12과).

　셋째, 우리의 생명의 주이신 예수 그리스도가 어떻게 언약을 통해 약속되었고 어떤 점에서 우리의 파괴된 생명을 회복하시는 분이신가를 그의 이름과 직분을 통해서 살폈고, 그가 어떻게 해서 우리의 새 생명을 위한 복음이신가를 살폈다(13-17과).

　넷째, 예수 그리스도께서 우리를 위해서 마련해 놓으신 새 생명을 베푸시는 성령님이 누구시며 그가 어떻게 우리에게 베풀어주시는가를 다루었다. 즉, 생명의 영이신 성령께서 우리에게 생명의 큰 구원을 어떻게 베푸시는가를 다루었다. 그리고 우리가 누리는 바 생명의 자유가 무엇이며, 생명의 구원을 어떻게 확신할 수 있는가를 다루었다(18-21과).

　다섯째, 그리스도와 성령께서 그리스도인들에게 주신 새 생명을 더욱 풍성하게 누릴 수 있도록 무슨 은혜의 외형적 방편들을 하나님이 주셨는가를 다루었다.

즉, 하나님의 영광스러운 교회가 어떤 점에서 은혜와 능력의 샘이요, 믿음과 사랑의 훈련장인가를 다루었고, 특별히 성령의 세례를 통한 교회 설립, 성령의 역동적 충만을 통한 성령의 은사 활용, 그리고 성령의 상태적 충만을 통한 성령의 열매 맺음 등을 다루었다(22-25과).

여섯째, 삼위 하나님이 주신 생명을 언제 어떻게 충만하게 누리게 되는가를 하나님의 마지막 때 곧 종말과 하나님의 나라와 관련지어 살폈다. 여기서는 특별히 시작된 종말과 하나님의 은혜의 나라 그리고 미래적 종말과 하나님의 권능의 나라를 살피고, 생명의 대문인 그리스도인의 죽음과 최후의 충만한 삶을 살폈다(26-30과).

제 1 과 생명의 학문; 만인의 학문, 신학

> **기본적인 질문:**
>
> 1. 신학은 어떤 점에서 학문 중에 최고의 학문인가?
>
> 2. 최고의 학문인 신학은 무엇인가? 생명이신 하나님(요 1:4; 요일 5:20; 롬 8:2), 사랑이신 하나님의 사랑을 아는 것(요일 4:9-16; 시 86:2-5), 그리고 하나님을 아는 지식이 영생(요 17:3)인 점을 참고하여 정의하라.
>
> 3. 신학은 기독교 신앙에 대하여 어떤 역할을 해야 하는가? 그리고 하나님과의 깊은 만남과 사귐을 위해 신학은 반드시 필요한가?
>
> 4. 학생이 공부를 효과적으로 하려면 교사, 교과서, 그리고 깨우침의 지혜 등 삼 요소가 원리적으로 필요하다. 그렇다면 신학을 잘하는 데는 원리적으로 무엇이 필요하겠는가?(참고, 요 1:18; 마 11:27; 시 19:7, 8; 딤후 3:15).
>
> 5. 사람에게는 지성, 감성, 의지 등 세 가지가 있다. 이 세 가지와 관련지어 볼 때 신학에는 무슨 3요소가 기본적으로 갖추어져야 하겠는가?
>
> 6. 성경의 바른 교리를 체계적으로 연구하여 하나님을 바르게 섬기는 것을 궁극적 목적으로 하는 신학의 본질은 무엇인가?
>
> 7. 신학을 연구하는 실제적 목적과 방법은 무엇인가?
>
> 8. 신학은 누가 할 수 있고, 또 해야 하는가? 신학은 신학자나 목회자만 할 수 있고, 또 그들만 해야 하는가?

1. 신학은 어떤 점에서 학문 중에 최고의 학문인가?

신학(神學)은 영어로 theology인데, 이 말은 하나님과 하나님의 하시는 일을 합리적이고 체계적으로 연구하는 학문임을 뜻한다. 한 마디로, 하나님의 학문(a science of God)이다. 세상에는 신학 외에도 많은 학문들이 있다. 넓고 크게 생각해 보면, 철학, 문학, 과학 등이 있는가 하면, 세분해서 보면, 천체의 운행을 연구하는 천문학도 있고, 전통적인 판소리를 연구하는 국악학도 있고, 밥상과 관련된 요리학과 영양학도 있으며, 사람의 세포를 연구하는 줄기 세포학도 있다. 그런데 이 같은 학문들은 자연과 자연 현상 및 사람과 사람의 하는 일과 생활 등을 대상으로 하여 연구하는 까닭에, 사람이 사는 자연과 세상의 차원을 뛰어 넘지 못한다. 그러나 신학은 사람뿐 아니라 사람을 창조하고 사람의 사는 것과 죽는 것까지 주관하는 하나님과 그의 하시는 일을 연구하는 까닭에, 그 차원이 여타의 학문과는 전혀 다른 것이다. 이렇듯, 신학의 연구의 대상이 일반 학문의 경우와 차원이 다른 까닭에 신학은 학문 중의 학문이다.

따라서 학문 중에 최고의 학문을 연구하는 데는 다른 여타의 학문들의 도움이 필요하고, 신학을 하게 되면 세상의 모든 학문들을 들여다 볼 수 있는 눈을 갖게 된다. 그러기에, 신학은 모든 학문의 여왕(queen of science)으로 불리는 것이다.

2. **최고의 학문인 신학은 무엇인가? 생명이신 하나님(요 1:4; 요일 5:20; 롬 8:2), 사랑이신 하나님의 사랑을 아는 것(요일 4:9-16; 시 86:2-5), 그리고 하나님을 아는 지식이 영생(요 17:3)인 점을 참고하여 정의하라.**

신학은 문자적으로 정의하면, 하나님의 학문으로 하나님과 하나님의 하시는 일을 합리적으로 연구하는 것이다. 그러나 하나님이 바로 생명 자체요, 그 안에 생명이 있으신 분이요(요 1:4), 생명을 살리는 분(고전 15:45)이시기에 신학은 단순한 이론적 학문이 결코 아니다.

하나님은 스스로 존재하시고(계 1:8; 시 90:2; 요 1:1-2), 그래서 생명의 근원이시요(렘 2:13; 요 4:14) 생명 자체이시다(요일 5:20). 성자 예수 그리스도는 생명의 떡이요(요 6:35) 생수의 반석이시며(고전 10:4), 성령 또한 살리는 생명의 영이시다(롬 8:2; 고후 3:6). 그러기에 하나님과 그가 보내신 자 예수 그리스도를 알고 사귐을 갖는 것이 영생인 것이다(요 17:3). 특히, 예수 그리스도는 자기 백성에게 생명을 주되 풍성한 생명을 주러 이 땅에 오셨으며(요 10:10), 그를 믿는 자마다 영생을 얻으며(요 3:16) 사망에서 생명으로 옮기게 하셨다(요 5:24). 이로 보건대, 신학은 생명이신 하나님과 그의 하시는 일에 관한 것이기에 단순한 합리적 이론의 학문이 아니고, 사람의 생명을 풍성하게 하는 것을 목적으로 하는 생명의 학문이다. 따라서 신학을 하면 사람이 하나님과의 만남과 사귐을 통하여 생명을 얻되 풍성하게 얻어 누리게 되는 것이다.

그리고 신학을 통해서 하나님을 아는 것은 머리로만 아는 것이 결코 아니고, 하나님의 사랑을 체험적으로 아는 것이다. 시편 86편 2-5절에 보면, 하나님의 사랑을 아는 것이 경건이요, 그 사랑을 알고 체험한 자가 성도이다(참고, 롬 1:7). 그러기에, 하나님께 받은 사랑을 베푸는 것도 경건이다(약 1:27). 이로 보건대, 신학은 또한 최선의 윤리가 있는 경건의 학문이다. 그런 까닭에 기독교 없는 윤리 도덕은 있어도, 윤리 도덕 없는 기독교와 기독교 신학은 있을 수가 없다. 윤리 없는 기독교는 이미 참 종교가 아니고, 경건이 없는 신학은 미신이다. 기독교 신학에서 경건의 윤리를 빼면 미신으로 전락한다.

요약하자면, 기독교 신학은 생명이신 하나님과 그의 하시는 일에 관한 것이기에 생명의 학문이요 또한 경건의 학문이다.

3. 신학은 기독교 신앙에 대하여 어떤 역할을 해야 하는가? 그리고 하나님과의 깊은 만남과 사귐을 위해 신학은 반드시 필요한가?

기독교 신학 가운데 가장 위험한 것은 광신주의와 교조주의다. 광신주의는 자기의 주관적 체험(예: 계시 받은 꿈, 과장된 방언과 치유 은사)을 성경 위에 놓음으로써 성경을 넘어 가거나 성경에 배치되는 주장을 한다. 그리고 교조주의는 자기가 고집하는 교리나 전통(예: 로마가톨릭의 사제 독신주의, 일부 보수주의의 은사 중지론, 자유주의의 역사적 예수 연구)을 성경 위에 놓는다. 이로써 이 두 잘못된 신학은 그리스도인의 신앙을 왜곡시키고 병들게 한다.

건전한 신학은 신앙을 튼튼하게 세워주는 종노릇을 잘 해야 한다. 이는 신학이 신앙의 종이기 때문이다. 신앙의 종인 신학이 역할을 잘하여 교회를 흥왕하게 해야 한다.

첫째, 성경의 사실들과 교훈들을 충분하게 살펴 성경을 바르게 해석해야 한다. 예수님의 산상설교를 보면, 그는 성경을 바르게 해석함으로 사람들이 하나님과 그의 교훈을 바르게 앎으로 참 신앙을 갖게 하였고(마 5:21-42), 또 예수께서 십자가에 못 박혀 죽은 사건을 보고 실망하여 엠마오로 향해 내려가던 두 청년들에게 그는 모세와 및 선지자의 글을 비롯하여 성경을 자세히 설명해 줌으로 그들의 신앙을 회복시키셨다(눅 24:25-31).

둘째, 그리스도인의 영적 체험들을 성경에 근거하여 검증하고 온전하게 해석함으로써 체험적 신앙을 바로 세우는 일을 신학이 해야 한다. 그래서 신학은 신앙의 충실한 종이다.

셋째, 구원을 위한 은혜의 외적 방편인 하나님의 말씀 곧 성경을 읽고 묵상하는 일과 기도의 중요성을 신학이 일깨워 주어야 한다. 또한, 복음에 합당한 생활 훈련인 자기를 부인하고 십자가를 지는 일을 성경적으로 가르치는데 신학이 힘써야 한다.

넷째, 하나님에 대한 체계적인 지식을 신학이 제공함으로써 하나님을 신뢰하고 사랑하며, 하나님께 영광을 돌릴 수 있게 해야 한다. 즉, 신학은 인생의 제일 되는 목적대로 그리스도인이 하나님께 영광을 돌리며 살도록 그리스도인의 신앙을 이끌어 주어야 하는 것이다. 이로써 신학이 영성의 촉매제 역할을 해야 한다.

4. 학생이 공부를 효과적으로 하려면 교사, 교과서, 그리고 깨우침의 지혜 등 3요소가 원리적으로 필요하다. 그렇다면 신학을 잘 하는 데에 원리적으로 무엇이 필요하겠는가?(참고, 요 1:18; 마 11:27; 시 19:7, 8; 딤후 3:15).

신학은 하나님께서 가르치시고, 하나님을 가르치며, 하나님을 아는 데 이르게 한다(Theology is taught by God, teaches God, and leads to God). 이 같은 사실에 비추어 보면, 신학은 하나님이 교사로서 주체가 되시고, 하나님의 특별계시인 성경이 교과서가 되며, 성령께서 믿음을 통해 깨우침을 주셔야 한다. 이처럼, 신학을 하는 데에 3가지 원리가 있다.

첫째, 신학은 하나님께서 가르치신다. 하나님이 신학의 본체적 원리이시다. 하나님이 그의 아들 예수 그리스도를 통해서 자신을 가르쳐 알려주어야 하나님을 알 수 있다(참고, 마 11:27; 요 1:18).

둘째, 신학은 성경이 교과서이다. 하나님은 성경에서 자신을 가르쳐 주신다. 우리가 영적으로 우둔하기 때문에 자연계에 있는 하나님의 계시를 우리가 읽을 수 없기에, 하나님은 성경을 통해서 자신을 확실하게 계시하는 것이다(참고, 시 19:7, 8). 그러기에, 성경이 신학의 객관적 인식의 원리이다(참고, 딤후 3:15).

셋째, 신학은 성령께서 깨우침을 주시고 믿음을 심어 주기에 가능하다. 계시의 성령께서 우리의 마음의 눈을 밝혀 하나님을 알게 하신다(엡 1:17-18). 성령이 아니고서는 우리가 믿음을 가질 수가 없고(고전 2:4-5), 하나님의 깊은 비밀을 깨달을 수도 없다(고전 2:10). 그러므로 성령과 신앙이 신학의 주관적 인식의 원리이다. 신학은 성령이 아니고서는 그리고 믿음 없이는 결코 불가능하다.

5. 사람에게는 지성, 감성, 의지 등 세 가지가 있다. 이와 관련지어 볼 때 신학은 무슨 3요소가 기본적으로 갖추어져야 하겠는가?

사람이 지성과 감성과 의지를 균형 있게 갖추어야 건강하고 온전하듯이, 신학도 지적으로 바른 교리(orthodoxy)와, 하나님의 임재와 사랑을 가슴으로 느끼는 바른 감성(orthopathy)과, 뜻을 세워 사랑으로 행하는 바른 실천(orthopraxis)이 균형 있게 갖추어져야 한다.

첫째, 신학은 성경을 성경적으로 바르게 해석하여 체계를 잡아 교리들을 가르쳐야 한다. 교회 역사를 보면 그릇된 교리들이 많이 자주 가르쳐졌다. 교회사상 바른 교리를 가르친 신학으로는 어거스틴과 루터 및 칼빈의 신학이 있고, 하이델베르크 요리문답(1563년)과 웨스트민스터 신앙고백(1648)등이 있다.

둘째, 신학은 바른 감성을 통해 활성화된다. 성경의 바른 교리가 건전한 믿음을 심어주면, 하나님의 임재와 사랑을 체험함으로 우리의 감성이 뜨거워질 때 그 믿음이 우리의 가슴에 뿌리를 깊이 내리는 것이다. 그러므로 바른 교리가 우리의 심령 속에서 하나님의 영광을 즐거워하는 바른 감성을 이끌어내야 한다.

셋째, 바른 교리가 바른 감성을 불러일으키듯이, 바른 감성은 바른 실천을 결실한다. 즉, 바른 감성은 우리를 변화시켜 성품적으로 그리스도를 닮게 하며, 이로써 실제적인 삶에서 사랑을 실천하게 하는 것이다. 바른 교리에 근거한 참된 신앙은 바른 실천을 통해서 성숙된다. 그리고 바른 실천은 하나님의 임재와 동행의 증거요, 우리를 향한 하나님의 목적이다.

요약하면, 성경에서 하나님을 바르게 아는 그리스도인은 그 심령이 하나님에 대한 열심으로 뜨거워지고, 그 뜨거운 가슴으로 사랑을 베푼다(예, 누가복음 19장의 삭개오). 이 점에서 신학은 바른 교리, 바른 감성, 그리고 바른 실천의 3요소를 균형 있게 갖추어야 한다.

6. 성경의 바른 교리를 체계적으로 연구하여 하나님을 바르게 섬기는 것을 궁극적 목적으로 하는 신학의 본질은 무엇인가?

성경의 교리들을 바르게 체계적으로 살펴 하나님과 그의 하시는 일들을 연구하는 신학은 당연히 다음과 같은 본질이 있다.

첫째, 신학은 성경적(biblical)이다. 성경이 없이는 신학은 원천적으로 불가능하다. 신학은 성경에서 신앙의 교리들을 연구해내기 때문에 본질에 있어서 성경적일 수밖에 없다. 따라서 성경에서 출발하지 않는 신학은 본질상 신학(神學)이 아니고, 신학(新學)이다.

둘째, 신학은 체계적(systematic)이다. 신앙의 바른 교리를 다루는 신학은 성경 전체를 통해서 주제에 따라 체계적으로 연구한다. 본질상 체계가 없으면 신학은 학문이 아니다.

셋째, 신학은 상황적(contextual)이다. 신학은 성경의 문화와 상황을 배경으로 해서 역사적 문법적으로 연구된다. 신학은 사람의 머리로 명상하여 얻어지는 것이 아니고, 역사적으로 현실 상황 속에서 주어진 하나님의 계시를 연구하는 것이기에, 본질상 상황적이다.

넷째, 신학은 시대적(contemporary)이다. 신학은 성경의 교리를 오늘의 시대에 맞추어 해석하기에, 본질상 시대적이다. 예컨대, 루터의 신학은 16세기 독일의 시대적 상황과 관련이 있고, 웨슬리의 신학은 18세기 영국의 부패한 사회와 관련이 있다.

다섯째, 신학은 실천적(practical)이다. 성경의 바른 교리는 실제 생활에서 열매를 맺어야 하기에, 신학은 본질상 실천적이다. 윤리적 실천이 없는 신앙은 미신에 지나지 않는다.

7. 신학을 연구하는 실제적인 목적과 방법은 무엇인가?

신학을 연구하는 실제적인 목적은,

첫째, 성경을 바르게 해석하는데 있다. 신앙의 바른 교리는 성경에서 나오지만 그 바른 교리가 성경을 바르게 해석하는 척도가 된다.

둘째, 성경을 잘못 해석한 이단 사상을 바로 잡는데 있다. 문선명의 통일교나 여호와의 증인 등의 그릇된 신학 사상을 바로 잡으려면 신학을 연구해야 한다.

셋째, 확실한 교리적 지식을 통해 구원의 확신을 갖고서 열심히 신앙생활을 하게 하는데 있다. 신학은 신앙을 튼튼하게 세우는 종노릇하는데 목적이 있다.

넷째, 그리스도인으로 성숙하게 하는데 있다. 성경의 바른 교리는 하나님의 사람으로 온전하게 하는 것이다(딤후 3:16-17).

그리고 신학을 연구하는 신앙적인 방법은,

첫째, 기도이다. 하나님은 믿음으로 기도하는 자에게 성령을 주시고, 이 성령으로 하나님의 말씀을 깨닫게 하시기 때문에(갈 3:2) 기도 없이는 신학을 할 수가 없다. 기도 없는 신학은 교회를 망친다.

둘째, 겸손이다. 하나님은 겸손한 자에게 은혜를 베푸시고 교만한 자를 물리치시기에(벧전 5:5), 겸손이 없이는 하나님을 아는 지식에 접근할 수가 없다. 신학은 겸손을 기본적으로 요구한다.

셋째, 이성(理性)이다. 신학은 합리적인 학문이므로, 우리의 건전한 이성을 통해서만 할 수 있다.

넷째, 기쁨의 찬송이다. 성경 말씀은 순결하여 우리의 마음을 기쁘게 하고(시 19:8), 그 맛이 꿀 송이처럼 달기 때문에(시 119:103) 신학을 함에 있어서도 기쁨으로 찬송하며 해야 한다.

8. 신학은 누가 할 수 있고, 또 해야 하는가? 신학은 신학자나 목회자만 할 수 있고, 또 그들만 해야 하는가?

과학은 과학자만 할 수 있고, 또 해야 하는가? 태어나면서부터 과학자인 사람이 있는가? 원자 물리학 또는 줄기세포학처럼 난해하고, 지극히 전문적인 학문만이 과학인가? 가정 주부가 가계부를 쓰고, 밥상을 차리는 일이나, 살림살이하는 것 그리고 농부가 계절의 변화에 맞추어 농사짓는 일은 과학이 아닌가? 가정 관리학도 과학이요 학문이며, 농학은 선진국의 반열에 들어서는데 필수적인 학문이 아닌가? 이로 보건대, 과학은 누구나 할 수 있고, 또 해야 성공적이고 풍성한 삶을 살 수 있는 것이다. 과학자는 태어나는 것이 아니고 만들어지는 것이다.

기도는 목회자만 할 수 있고, 또 해야 하는가? 찬송은 찬양대원만 할 수 있고, 또

해야 하는가? 성경을 읽고 공부하는 일은 목회자나 신학자만 할 수 있고 또 해야 하는가? 그렇지 않다. 그리스도인이면 누구나 기도할 수 있고, 찬송할 수 있고, 성경을 읽고 공부할 수 있다. 그리고 그리스도인이면 누구나 기도하고, 찬송하고, 성경을 읽고 공부해야 할 권리와 의무가 있다. 한 사람도 예외가 있을 수 없다.

그러면, 기도와 찬송과 성경공부가 무엇인가? 사실은 이 모두가 다 신학이다. 예수님이 가르쳐 주신 주기도는 신학의 진수요, 우리가 부르는 찬송은 모두 그 자체가 신학이며, 성경은 신학 교과서이다. 그러기에 신학은 모든 그리스도인의 학문이다. 가정 관리학이 주부의 과학이요, 농학이 농부의 과학이듯, 신학은 모든 성도들의 과학 곧 학문이다. 신학은 만인의 학문이다.

제 2 과 신학의 분류와 사조

기본적인 질문:

1. 성경에서 나온 신학을 분류하면 어떤 것들이 있는가? 구약과 신약 성경의 단어나 문법 그리고 구조 등을 중심으로 연구하는 신학은 무엇인가? 성경의 중심 주제를 따라 성경을 체계적으로 연구하는 신학은 무엇인가? 교회 역사 속에서 일어난 사건과 거기에 관련된 교리를 성경적으로 연구하는 신학은 무엇인가? 목회 현장에서 성경을 구체적으로 가르치는 일이나 방법 등을 성경적으로 연구하는 신학은 무엇인가?

2. 성경신학은 무엇이며, 어떤 것들로 세분되는가?

3. 조직신학은 무엇이며, 기독교 교리의 주요 주제들은 무엇인가?

4. 역사신학은 무엇이며, 시대별로 어떻게 분류되는가?

5. 실천신학은 무엇이며, 어떤 것들로 세분되는가?

6. 교회 역사상 신학에는 어떤 주요한 사상적 줄기 또는 흐름이 있는가?

7. 로마 가톨릭주의는 개신교와 어떤 점에서 크게 차이가 있는가?

8. 자유주의 신학과 복음주의 신학은 무엇이 크게 다른가?

9. 복음주의와 근본주의와 개혁주의는 어떤 점에서 서로 다른가?

10. 우리 교회와 나는 어떤 신학적 줄기 또는 사조를 따르고 있는가?

1. 성경에서 나온 신학을 분류하면 어떤 것들이 있는가? 구약과 신약 성경의 단어나 문법 그리고 구조 등을 중심으로 연구하는 신학은 무엇인가? 성경의 중심 주제를 따라 성경을 체계적으로 연구하는 신학은 무엇인가? 교회 역사 속에서 일어난 사건과 거기에 관련된 교리를 성경적으로 연구하는 신학은 무엇인가?

목회 현장에서 성경을 구체적으로 가르치는 일이나 방법 등을 성경적으로 연구하는 신학은 무엇인가?

성경에서 나온 신학을 크게 분류하면 성경신학, 조직신학, 역사신학, 실천신학이 있다.

- 성경신학(biblical theology)은 구약과 신약 성경의 단어나 문법 그리고 구조 등을 낱권 별로 연구한다. 예를 들면, 창세기에서 '하나님', '여호와', 그리고 '전능한 하나님' 등 하나님의 이름이 어떻게 사용되고, 창세기의 역사적 배경과 본문 구조 등이 어떤 것인가를 역사적 문법적으로 연구한다.
- 조직신학(systematic theology)은 성경의 주요 주제들을 선별하여 성경 전체를 통하여 그 의미를 체계적으로 연구한다. 성경신학이 낱권별로 연구하는 데 비하여, 조직신학은 성경 전체를 하나로 묶어 연구한다. 그래서 조직신학은 '하나님'을 주제로 삼으면 하나님을 성경 전체를 통해서 연구하여 하나님이 어떤 분이신가를 체계적으로 정리하는 것이다.
- 역사신학(historical theology)은 교회역사 속에서 일어난 사건과 거기에 관련된 교리를 성경적으로 연구한다. 예를 들면, 루터의 종교 개혁 사건과 거기에 관련된 이신칭의(믿음으로 의롭다 함을 받음) 교리를 성경적으로 연구하는 것이다.
- 실천신학(practical theology)은 목회현장에서 성경을 가르치는 일과 거기에 관련된 방법과 기술(예, 설교, 상담, 교육, 전도, 정치와 행정 등)을 성경적으로 연구한다.

2. 성경신학은 무엇이며, 어떤 것들로 세분되는가?

하나님이 믿음의 조상들과 모세 그리고 선지자들과 사도들을 통해서 주신 특별 계시가 어떻게 역사적으로 주어졌는가를 문법적으로 또는 문맥의 구조 등을 살펴서 연구하는 것이 성경신학이다. 그래서 성경신학은 역사 속에서 주어진 계시를 성경의 낱권별로 연구한다.

구약의 경우는 모세오경을 중심으로 하나님의 율법에 대한 연구가 있고, 사무엘과 열왕기를 중심으로 역사에 대한 연구, 선지서들에 대한 연구, 시편과 잠언,

욥기와 전도서를 중심으로 지혜에 대한 연구 등이 있다.

신약의 경우는 마태, 마가, 누가를 중심으로 공관복음 연구가 있고, 요한복음과 서신을 중심으로 요한신학이 있으며, 바울서신을 중심으로 바울신학이 있다. 누가복음과 사도행전을 묶어 연구하는 누가신학도 있고, 마태복음의 마태신학, 마가복음의 마가신학도 있다.

3. 조직신학은 무엇이며, 기독교 교리의 주요 주제들은 무엇인가?

성경의 주요 교리들을 성경 전체를 통해서 체계적으로 종합 정리하여 연구하는 것이 조직신학이다. 그래서 조직신학은 성경을 하나의 완성된 계시로 보고 연구한다.

조직신학이 다루는 주요 교리와 주제들로는 첫째로는 하나님의 특별계시요 말씀인 성경이 있고, 둘째로는 창조주 하나님이 있으며, 셋째로는 하나님의 형상으로 창조된 인간과 죄가 있고, 넷째로는 구속주 하나님 곧 예수 그리스도가 있으며, 다섯째로는 성령과 구원이 있고, 여섯째로는 교회가 있으며, 일곱째로는 종말이 있다.

4. 역사신학은 무엇이며, 시대별로 어떻게 분류되는가?

교회의 역사 속에서 일어난 사건과 거기에 관련된 교리의 해석들을 성경적으로 연구하는 것이 역사신학이다. 그래서 역사신학은 교회 역사를 시대 별로 구분하여 사도들과 그 제자들을 중심으로 한 초대교회사, 451년 칼케돈 회의로부터 르네상스 운동까지 또는, 교황 그레고리 1세로부터 종교개혁까지를 다룬 중세교회사, 루터와 칼빈 등을 전후로 해서 다룬 종교개혁사, 그리고 종교개혁 이후의 교회 역사를 다룬 근세와 현대교회사 등으로 나누어 연구한다.

5. 실천신학은 무엇이며, 어떤 것들로 세분되는가?

목회 현장에서 성경과 신학을 실제로 가르치는 일과 거기에 관련된 방법과 기술을 연구하여 교회를 건강하게 하는 길을 모색하는 것이 실천신학이다. 그래서 실천신학은 성도 개인의 신앙성장과 교회의 건강한 부흥 그리고 사회에 대한 교회의 적극적 참여와 역할 등을 다룬다. 이 실천신학에는 성도 개인과 관련해서 기독교 상담학, 가정사역, 영성신학 등이 있고, 교회와 관련해서는 기독교 교육학, 예배학, 설교학, 교회 행정학, 목회학 등이 있으며, 사회와 관련해서는 전도학, 선교학, 기독교 복지학, 기독교 사회윤리 등이 있다.

6. 교회 역사상 신학에는 어떤 주요한 사상적 줄기 또는 흐름이 있는가?

종교개혁 운동(16세기)을 기점으로 하여 생각해 보면, 로마 가톨릭주의 신학과 개신교 신학으로 크게 구분된다.

로마 가톨릭주의 신학은 590년 그레고리 1세가 초대 교황으로 등극하면서부터 성경적 신앙과 교회로부터 크게 벗어나기 시작했다. 1963년 바티칸 제2공의회에 이르기까지 라틴어와 라틴어 성경(벌게이트)을 신성시하여 평신도가 성경을 읽을 수 없게 하고, 또 교황이 제정한 교리만을 믿고 따르도록 함으로써, 로마가톨릭교회 내에서는 자유로운 성경연구 뿐 아니라 다양한 신학 연구가 사실상 제한되었다.

로마가톨릭교회는 성직자의 독신주의를 고집하는가 하면, 예수의 어머니 마리아를 우상화하여 그녀의 종신 처녀설, 무죄 잉태설, 평생 무죄무흠설, 부활 승천설 뿐 아니라 은총의 중재자 권리를 주장하면서 그녀를 숭앙한다. 그리고 죽은 성도들의 공로사상을 믿고서 그들에게 기도하기도 한다. 또한, 일곱 가지 성례를 통해서 구원을 받는다고 주장하는가 하면 유골숭배, 성상숭배, 성체숭배, 천사숭배, 십자고상숭배, 성화숭배, 십자성호, 성수의식, 그리고 성로신공 등을 행함으로 구원받는다고 가르친다. 이 모든 교리들은 그리스도 예수의 구속의 공로와 은혜의 충분성과 완전성을 부인하는 것들이기에 반성경적이다.

또한 로마가톨릭교회는 교황 무오설을 주장함으로써 교황의 권위가 성경보다 위에 있으며, 사제가 있는 곳에 교회가 있고, 그 교회 밖에는 구원이 없다고 또한 가르치는바, 사제주의가 강조되어 있다.

로마가톨릭교회와 다르게 개신교(protestant)는 성경을 자국어로 번역하여 그리스도인이면 누구나 읽고 연구할 수 있도록 자유를 허락하는 까닭에, 신학이 활발하게 연구되어 발전하기도 하였으나, 그릇되게 해석하여 성경의 교리가 왜곡

되기도 했다. 그래서 종교개혁 이후 개신교 교회 안에서는 루터와 칼빈의 신학노선을 벗어난 자유주의가 있는가 하면, 그들의 신학노선을 따른 복음주의와 개혁주의(또는, 칼빈주의)가 있다.

좀더 구체적으로 말하자면, 하나님의 존재와 사역과 관련해서, 유신론(theism), 이신론(deism), 자연주의(naturalism), 허무주의(nihilism), 실존주의(existentialism), 그리고 범재신론(panentheism) 등이 있고, 예수 그리스도의 인격과 본성 및 사역과 관련해서 그를 참 하나님이자 참 사람으로 보는 정통적 기독론이 있는가 하면, 사람으로서의 역사적(historical) 예수만을 인정하는 구자유주의 기독론이 있고, 초역사적, 초월적 그리스도를 주장하는 신정통주의 기독론, 그리고 예수를 이웃을 위한 사람 또는 역사적으로 중요한(historic)사람 또는 민중의 해방자로 보는 정치신학의 기독론이 있다.

7. 로마가톨릭교회는 개신교와 어떤 점에서 크게 차이가 있는가?

첫째, 성경에 대해서; 로마가톨릭교회는 신구약 성경 66권외에 9권의 외경을 하나님의 말씀으로 받는가 하면, 평신도가 성경을 연구하는 것을 금한다(1963년까지는 성경을 자국어로 번역하여 읽는 것조차도 금하였다). 오직 사제만이 성경을 연구할 수 있으며, 교황만이 신학적 교리를 제정할 수 있다. 즉, 성경을 해석하는 최종적 권위와 권리는 오직 교황에게만 있다.

이에 반하여, 개신교는 신구약 성경 66권만을 하나님의 말씀으로 인정하고, 평신도에게도 성경을 읽고 연구할 수 있게 허용하고 적극적으로 권장한다. 평신도도 신학을 공부하고 연구하며, 자신의 신학적 견해나 입장을 표현할 자유가 있다.

둘째, 하나님에 대해서; 로마가톨릭교회도 삼위일체 하나님을 믿는다. 그러나 하나님을 '하느님'으로 표기함으로써 세상 사람들이 말하는 신과 구분하지 아니하고, 종교 간의 대화를 시도함으로 혼합주의적 신관을 가지고 있다. 그래서 가톨릭 신도들과 불교와 원불교 신도들이 함께 예배의식을 가지며 공동의 기도를 하고, 불교의 참선방식을 빌려 가톨릭 신도가 기도한다.

이에 반하여, 개신교는 일부 자유주의 신학을 제외하고는 성경이 말하는 하나님만을 참 하나님으로 알고 믿으며, 다른 신을 믿고 섬기는 것을 우상숭배로 간주한다. 따라서 종교 간의 대화를 거부한다.

셋째, 마리아에 대해서; 로마가톨릭교회는 마리아를 성모로 숭배하여 예수 그리스도와 마찬가지로 은총의 중보자로 알고 그녀에게 기도한다. 그러나 개신교가 마리아를 성모로 인정하는 것은 예수 그리스도가 참 하나님이시기 때문이며, 그녀를 숭배하지 않는다. 동정녀로서 예수를 낳은 분으로 알고 사랑할 뿐이다.

넷째, 구원에 대해서; 로마가톨릭교회는 오직 하나님의 은혜로 예수를 믿는 믿음을 통해서 죄인이 구원받는다고 가르치는 대신에 미사와 성례에 참여하고, 죽은 성자들의 공로를 빌림으로써 구원받는다고 가르친다. 가톨릭 성도들이 혼인예식이나 임종예식 등 성례를 절대시하는 이유가 바로 그것으로 구원이 좌우되기 때문이다.

이에 반하여, 개신교는 오직 하나님의 은혜로, 그리고 오직 예수 그리스도를 믿는 믿음으로 구원받는다고 믿고 가르친다. 성례는 구원받은 자가 구원의 은혜를 더욱 풍성하게 누리기 위해 참여하는 거룩한 의식인 것이다.

다섯째, 교회에 대해서; 로마가톨릭교회에서는 사실상 교황이 교회의 머리이고, 사제들이 교회의 중심에 있다. 그래서 교황이 모든 사제들을 임명하고, 사제가 있는 곳에 교회가 있다. 따라서 교황과 사제가 없으면 교회도 없고, 구원도 없다. 사제에게 고해성사를 하고, 사제가 죄를 용서해 주어야 구원을 받는다고 주장하며 가르친다.

이에 반하여, 개신교는 만인 제사장권을 주장한다. 즉 그리스도인은 모두 제사장으로서 유일한 중보자 예수 그리스도를 통하여 누구나 하나님의 은혜의 보좌로 나아가 영생을 누릴 수가 있으며, 예수 그리스도의 이름으로 중보 기도할 권리가 있다고 가르친다. 따라서 로마가톨릭교회와 달리 성인(聖人) 예배, 성체숭배 등을 반대하는 것이다.

8. 자유주의 신학과 복음주의 신학은 무엇이 크게 다른가?

자유주의 신학은 데카르트의 계몽주의 사상에 뿌리를 두고 있다.

첫째, 성경을 하나님 말씀 자체로 보지 않고, 하나님의 진리가 포함되어 있는 고전으로 보는가 하면, 하나님의 원계시에 대한 참고자료(reference)로 간주한다.

둘째, 예수 그리스도를 참 하나님(the very God)으로 보지 않고, 우리가 본받아 따라야 하는 신앙의 모범이요 좋은 도덕 선생으로 여긴다. 그리고 예수의 죽음에 대해서도 대속적 희생으로 보지 않고 정치적으로 살해당한 정치적 희생으로 본다.

셋째, 구원은 죄와 사망에서의 해방이라기보다는 경제적 가난과 정치적 억압으로부터의 자유와 해방으로 주장한다.

이에 반하여, 복음주의 신학은 종교개혁자 루터와 칼빈의 신학 전통을 이어 받아 한편으로는 로마가톨릭주의 신학을 반대하고, 다른 한편으로는 자유주의 신학을 반대한다. 복음주의 신학은 자유주의 신학과는 달리 신구약 성경의 신적권위를 인정하고 성경을 하나님의 말씀으로 믿고 순종하며, 예수 그리스도를 참 하나님이자 참 사람으로 알고서 우리의 신앙의 모범이 아니라 신앙의 대상으로 예배한다. 그리고 구원은 경제적 가난이나 정치적 압박으로부터 자유도 부분적으로 포함하고 있지만 근본적으로 죄와 사망과 사단의 올무로부터의 자유와 해방이요, 하나님의 자녀의 권세를 얻어 하나님 나라를 기업으로 받는 것을 복음주의 신학은 의미한다.

9. 복음주의와 근본주의와 개혁주의는 어떤 점에서 서로 다른가?

먼저, 복음주의와 근본주의를 비교해 보자면, 사회와 문화의 변혁에 대해서 복음주의는 복음 선포를 통하여 적극적으로 참여하는 것이 교회의 책임임을 강조하는데 반하여, 근본주의는 예수의 동정녀 탄생이나 그리스도의 신체적 재림 등 몇몇 교리를 가르치는 데만 집중하고, 교회의 문화적, 사회적 책임에 대해 지극히 소극적이다.

교회의 사회적, 문화적 책임에 대해서 개혁주의는 복음주의와 같은 생각을 가지고 있고, 성경의 기본 교리들에 대해서는 근본주의와 같다. 그러나 복음주의 안에는 사람의 의지의 자유와 능력을 부분적으로 인정하는 알미니안주의(예: 웨슬레 계열의 교회)가 포함되지만, 개혁주의는 알미니안의 복음주의와는 달리 사람이 전적으로 부패하고 타락하여 영적 선을 행할 능력이나 의지의 자유가 전혀 없다고 가르친다. 사람이 잃어버린 의지의 자유를 부분적으로 회복하게 되는 것은 성령으로 거듭나고 회개하고 믿음으로 하나님의 자녀의 자유와 권리를 얻을 때에만 가능하다고 보는 것이 개혁주의 신학이다.

10. 우리 교회와 나는 어떤 신학적 줄기 또는 사조를 따르고 있는가?(각자 자기의 신앙과 교회의 신학사상에 따라서 답하시오.)

제 3 과 하나님의 특별계시 성경

기본적인 질문:

1. 하나님의 계시가 무엇이며, 성경과 어떤 관계인가?

2. 하나님은 어떤 방식으로 계시하셨는가?

3. 하나님은 계시를 기록할 때 어떤 방식으로 하셨는가?

4. 하나님의 특별계시인 성경은 몇 권이며, 어떻게 분류되는가?

5. 신약에서 볼 때 구약은 어떤 책인가?

6. 구약에서 볼 때 신약은 어떤 책인가?

7. 구약과 신약은 어떤 점에서 같거나 다른가?

8. 구원의 책인 성경의 중심 주제는 무엇인가?

9. 성령의 감동으로 기록된 성경에는 어떤 특성들이 있는가?

10. 성경의 특성들을 아는 것이 왜 실제적으로 중요한가?

1. 하나님의 계시가 무엇이며, 성경과 어떤 관계인가?

하나님께서 자신이 참으로 살아계시고 역사 속에서 지금도 일하고 계신다는 사실을 사람들이 알 수 있게 하나님 자신을 열어 보이시는 행위와 그 신적 행위(divine act)로 말미암아 얻게 되는 지식을 가리켜 계시(revelation)라고 한다. 이 계시가 구약의 선지자들과 신약의 사도들에 의해 기록되던 때 특별하게 그들에게 임한 성령의 감동을 가리켜 영감(inspiration)이라 한다. 이렇게 영감으로 기록된 하나님의 계시인 성경을 독자가 읽을 때 성령께서 마음의 문을 열어 성경을 깨우쳐 주시는 것을 가리켜 조명(illumination)이라 한다. 이와 같이, 사람이 하나님의 살아 계심과 일하심을 알고 그를 예배하게 되기까지는 하나님의 계시와, 성령의 감동으로 기록된 성경과, 그리고 성경을 깨닫게 하는 조명이 있어야 하는 것이다.

하나님이 구약의 선지자들과 신약의 사도들에게 여러 가지 방식으로 계시를 주셨는데(히 1:1, 2) 이 계시를 성령께서 감동하여 선지자들과 사도들로 하여금 기록하게 하셨다. 이렇게 성령의 감동으로 기록된 하나님 계시의 말씀이 성경이다. 그래서 성경은 하나님의 계시의 책이요, 성령의 감동으로 기록된 점에서 하나님의 무위하고(infallible) 무오한(inerrant) 말씀이다.

2. 하나님은 어떤 방식으로 계시하셨는가?

하나님이 자신을 알리시는 계시의 방식에는 일반적이고 자연적인 것과 특별하고 초자연적인 것이 있다. 자연적이고 일반적인 방식이란 자연의 법칙과 인간의 상식에 일치하는 것으로 예컨대, 사계절, 연대, 주거, 혈통, 삶과 죽음, 자연 만물 등이 있다(행 17:25-26). 이로써 사람이 하나님을 찾아 발견하고, 하나님이 우리 가운데 우리와 함께 계심을 알게 하셨다(행 17:17). 하나님이 만드신 우주 만물은 사람들에게 하나님의 능력과 신성을 보여주는 하나님의 영광의 극장이요 거울과 같아서, 사람들은 하나님을 모른다고 핑계할 수가 없는 것이다(롬 1:20).

그러나 사람의 생각이 허망해지고 미련한 마음이 어두워져 하나님을 찾지 않는 까닭에(롬 1:21), 그리고 자연적 일반계시로는 구원에 이르는 지식과 지혜를 얻을 수 없기 때문에(참고, 시 19:7-8) 하나님은 특별한 계시를 주셨다. 사람이 아무리 우주 만물과 자연계의 법칙을 면밀히 연구한다고 할지라도, 그리스도 예수의 복음이 없이는 하나님을 믿어 의롭다함을 받아 구원에 이를 수가 없는 것이다(롬 1:16-17).

하나님이 자신을 특별하게 초자연적으로 계시하신 방식들은 다음과 같다.

첫째, 주의 천사로 자신을 나타내셨다. 이를 두고 신현(神顯, theophany)이라 한다. 예컨대, 사라의 여종 하갈에게 여호와의 사자가 나타났었고(창 16:7), 고향으로 돌아오는 길에서 야곱에게 하나님의 사자들이 그를 만났으며(창 32:1), 얍복

강 가에서 날이 새도록 주의 사자가 야곱과 씨름하는 중에 하나님이 자신을 나타내셨다(창 32:24-30).

둘째, 환상(vision)과 꿈(dream)을 통해서 하나님은 자신을 나타내시며 말씀하셨다(창 12:7; 15:1; 20:3; 28:12; 37:5; 민 12:6).

셋째, 구속 역사(redemptive history)를 통해서 나타내셨다. 하나님의 구속 역사의 주요한 사건들로는 노아 홍수, 출애굽, 홍해 건넘의 사건, 여리고 성 무너짐의 사건, 예수의 성육신과 십자가의 죽음과 부활 등이 있다.

넷째, 초자연적인 이적과 기사들을 통해서 나타내셨다. 성경에 가득 찬 이적과 기사들은 하나님의 살아계심과 그가 유일하신 참 하나님이심을 확증하였다(예, 갈멜산의 엘리야; 왕상 18:16-40).

다섯째, 하나님의 성육신하신 말씀(the Incarnate Word)이신 유일하신 아들(the unique only Son) 예수 그리스도를 통해서 하나님은 자신을 온전하게 나타내셨다(요 1:14, 18; 히 1:2). 육신을 입고 이 땅에 오신 예수 그리스도는 하나님 아버지의 유일한 아들의 영광을 나타내셨고, 은혜와 진리로 충만하여 하나님을 친히 나타내셨다. 그래서 예수님을 본 자는 하나님 아버지를 보았던 것이다(요 12:45; 14:9).

여섯째, 하나님의 기록된 말씀(the written Word)인 성경을 통해서 나타내셨다. 성경은 하나님의 유일하신 아들을 증거하는 하나님의 특별계시이다(요 5:39).

일곱째, 하나님의 선포된 말씀(the preached and proclaimed Word)을 통해서 나타내신다(살전 2:13). 예컨대, 베드로가 성령으로 충만하여 하나님의 말씀을 선포하자, 그 선포된 말씀이 듣는 자들 가운데 회심의 불을 일으켜 예수를 그리스도로 믿어 구원받는 큰 역사를 결실하였다(행 2:14-42).

3. 하나님은 계시를 기록할 때 어떤 방식으로 하셨는가?

하나님의 선지자들과 그리스도 예수의 사도들이 하나님의 계시를 기록하던 때 성령의 감동 곧 영감을 통해서 기록하게 하셨다. 성령께서는 선지자들과 사도들로 하여금 하나님의 계시를 하나님이 직접 불러 주신대로 즉 기계적으로 받아쓰게 하신 것(기계적 영감론)이 아니고, 그렇다고 그들로 하여금 스스로 알아서 경건한 양심을 따라 쓰게 하신 것(역동적 영감론)도 아니다. 성령께서는 기록자들의 영적 배경과 지성적 통찰력을 배제하지 않으면서도 주권적으로 강력하게 감동하여 기록하게 하셨다(유기적 영감론). 예컨대, 모세가 쓴 오경을 보면, 믿음의 조상 아브라함과 이삭과 야곱과 요셉의 신앙과 생활을 면밀하게 연구하여 체계적으로 기록하되, 그는 하나님과 대면하여 말씀을 받아서 했다(민 12:8). 그리고, 마태의 경우를 보면 예수 그리스도의 족보나 산상설교를 기록함에 있어서 자신의 영적 배경과 지적 통찰력을 충분하게 활용한 것이 분명하고, 누가의 경우를 보면 그는 많은 기존의 자료들을 면밀하게 연구하여 체계적으로 기록하였다(눅 1:1-4).

영감의 범위에 대해서는 어떤 사람들은 성경 가운데 교훈적 가르침에 해당하는 부분만 영감된 것(사상적 부분적 영감론)으로 보고서 성경 안에 하나님의 말씀이 포함되어 있다고 주장하나, 성경은 모든 부분에서 내용 뿐 아니라 어휘와 문장 구조 등까지도 영감되어 있는 것이다(딤후 3:16; "모든 성경은 하나님의 감동으로 된 것으로"). 이것을 신학적으로 완전 축자 영감론(theory of plenary verbal inspiration)이라 한다. 영감의 방식과 범위를 함께 관련지어 말하자면, 성경은 유기적 완전 축자영감(organic plenary verbal inspiration)을 통해서 기록되었다.

4. 하나님의 특별계시인 성경은 몇 권이며, 어떻게 분류되는가?

성경은 구약이 39권이고, 신약이 27권이며, 합하면 66권이다.

구약에는 오경(창세기, 출애굽기, 레위기, 민수기, 신명기) 5권, 전기 선지서(여호수아, 사사기, 사무엘상·하, 열왕기상·하) 6권, 후기선지서(대선지서; 이사야, 예레미야, 에스겔, 3권. 소선지서; 호세아, 요엘, 아모스, 오바댜, 요나, 미가, 나훔, 하박국, 스바냐, 학개, 스가랴, 말라기, 12권) 15권, 성문서(시서; 욥기, 시편, 잠언, 3권. 오축; 아가, 룻기, 예레미야애가, 전도서, 에스더, 5권. 역사서; 다니엘, 에스라, 느헤미야, 역대기 상하, 5권) 13권 등 39권이 있다.

신약에는 역사서와 교리서와 예언서가 있는데, 역사서로 복음서(공관복음; 마태복음, 마가복음, 누가복음, 3권. 특수복음; 요한복음, 1권) 4권과 사도행전 1권, 서신서로는 바울서신 13권과 공동서신 8권, 예언서로는 요한계시록 1권 등 27권이 있다. 이중 바울서신의 경우는 교리서신으로 로마서, 고린도전·후서, 갈라디아서가 있고, 옥중서신으로 에베소서, 빌립보서, 골로새서, 빌레몬서가 있으며, 목회서신으로 디모데전·후서와 디도서가 있고, 종말론을 주제로 한 데살로니가전·후서가 있다. 그리고 여러 교회가 회람하게 되어 있던 공동서신에는 히브리서, 야고보서, 베드로전·후서, 요한1, 2, 3서와 유다서가 있다.

구약 성경의 전체적인 개요는 다음과 같다.

1) 모세 오경 (5권)
    창세기 : 창조와 타락과 구원의 시작.
    출애굽기 : 죄의 종된 상태에서 해방되어 성막에서 하나님을 예배함.
    레위기 : 제사를 통한 하나님의 백성의 성결.
    민수기 : 하나님의 백성의 성결 훈련과 메시아 대망 훈련.
    신명기 : 가나안 땅에 들어가 하나님을 열심히 섬기게 하는 재교육.

2) 전기 선지서 (6권)
    여호수아 : 여호와께서 이스라엘을 위해 싸워 승리하시고 안식을 주심.
    사사기 : 사사(재판관)들을 통한 하나님의 통치와 죄에 대한 심판.
    사무엘상·하 : 사울 왕으로부터 다윗 왕까지의 하나님의 구속 역사.
    열왕기상·하 : 솔로몬 왕으로부터 바벨론 포로 때까지의 하나님의 통치 역사.

3) 후기 선지서 (15권)
  - 대선지서 (3권)
    이사야서 : 북쪽 이스라엘의 멸망의 위기 때 하나님의 남은 자들에게 죄악을 버리고 메시아와 신천신지를 대망하게 함.
    예레미야서 : 남쪽 유다의 멸망의 때 폭력적인 피 흘림의 죄를 회개할 것을 눈물로 강권함. 새 언약을 약속함.
    에스겔서 : 하나님이 유다 백성을 포로 되게 하신 것의 정당성을 선포하고, 성령의 살리는 역사와 한 목자를 통한 영원한 언약을 약속함.
  - 소선지서 (12권)
    호세아서 : 부정한 여자 고멜을 통하여 하나님의 구속적 사랑 예언.
    요엘서 : 회개의 필요성과 심판의 확실성 경고 및 성령 약속.

아모스서 : 우상숭배와 사회악에 대한 하나님의 심판.
오바댜서 : 고통 당하는 유다에 대한 에돔의 교만을 심판.
요나서 : 이방 민족에 대한 하나님의 복음적 사랑.
미가서 : 하나님의 심판과 회복 선포.
나훔서 : 하나님의 심판과 심판의 이유 해명.
하박국서 : 의인은 믿음으로 살리라(이신칭의)는 말씀 선포.
스바냐서 : 여호와의 날에 있을 바벨론의 침략 예고.
학개서 : 성전 재건을 독려함.
스가랴서 : 성전 재건을 위해 영적 변화를 촉구함.
말라기서 : 예배를 멸시한 죄를 책망함.

4) 성문서 (13권)
 - 시서 (3권)
　욥기 : 의인이 받는 믿음의 연단과 인내.
　시편 : 기도와 찬양, 말씀 묵상과 메시아 대망 중 하나님과의 깊은 교제의 삶.
　잠언 : 여호와를 경외함의 지혜.
 - 오축 (5권)
　아가서 : 유월절에 낭독함. 신랑과 신부간의 사랑의 노래(그리스도와 교회의 관계 묘사).
　룻기 : 오순절에 낭독함. 이방인을 위한 복음서.
　예레미야애가 : 아브월 9일에 낭독함. 예루살렘의 멸망을 슬퍼함.
　전도서 : 초막절에 낭독함. 하나님으로 만족할 것을 권면.
　에스더 : 부림절에 낭독함. 유다 민족을 이방의 악한 권력에서 구출함.
 - 역사서 (5권)
　다니엘서 : 하나님의 우월성과 그의 영원한 나라의 승리.
　에스라서 : 바벨론 포로에서 귀환하여 성전 재건을 위한 영적 각성 촉구.
　느헤미야서 : 바벨론 포로에서 귀환하여 예루살렘 성곽 재건, 에스라와 동역함.
　역대상·하 : 사울의 사망으로부터 바벨론 포로의 종식까지를 제사장의 시각으로 기록함. 하나님은 성전에 계시어 통치함.

신약 성경의 전체적인 개요는 다음과 같다.

1) 역사서 (5권)

- 복음서 (4권)
  가) 공관복음
    마태복음 : 예수, 약속된 왕, 메시아; 하나님의 약속 성취와 하나님 나라 건설 (사자 복음).
    마가복음 : 예수, 능력 있는 종, 하나님의 아들; 섬기러 오심 (송아지 복음).
    누가복음 : 예수, 선한 사람, 인자; 잃은 자를 찾아 구원하심 (사람 복음).
  나) 특수복음
    요한복음 : 예수, 세상의 구주, 하나님의 유일하신 아들; 풍성한 생명을 주심 (독수리 복음).
- 사도행전 (1권)
    누가복음의 후속편. 교회의 기원과 하나님나라 확장을 위한 성령의 역사하심에 대한 역사의 기록.

2) 서신서 (21권)
- 바울서신 (13권)
  가) 교리서신 (또는, 복음서신) (4권)
    로마서 : 믿음으로 말미암아 영광스러운 구원을 얻는 원리와 믿음의 생활.
    고린도전·후서 : 그리스도의 십자가를 통한 화목과 사랑으로 교회의 질서 확립.
    갈라디아서 : 바른 복음과 바른 믿음을 통해 의롭다 함을 받음. 성령의 열매 맺는 생활.
  나) 옥중서신 (4권)
    에베소서 : 교회의 머리이신 그리스도 안에서 교회의 충만함; 그리스도의 충만과 성령 충만.
    빌립보서 : 그리스도가 성도간의 화합과 희락의 근원이심.
    골로새서 : 창조주 그리스도가 만물의 으뜸이요 근본이심.
    빌레몬서 : 그리스도의 구속의 사랑 안에서 형제 됨의 모범.
  다) 목회서신 (3권)
    디모데전서 : 교회에서 행해야 할 일과 교회 직원의 자격.
    디모데후서 : 복음에 충성하는 하나님의 일꾼에 대한 권면.
    디도서 : 교회 직원을 세우는 이유, 건전한 교리와 바른 신앙의 중요성.
  라) 기타 (2권)
    데살로니가전·후서 : 그리스도의 재림과 심판에 대한 준비.
- 공동서신 (8권)
    히브리서 : 온전한 제물이요 영원한 대제사장 예수 그리스도의 우월성.

야고보서 : 성도의 신앙생활의 표준, 순종하는 믿음.
베드로전·후서 : 시련 중 왕 같은 제사장답게 믿음을 지킬 것.
요한 1,2,3서 : 그리스도 안에서 얻은 생명을 지키기 위해 성령과 사랑 가운데 (요일) 그리고, 진리 가운데 (요이) 거하여 복음을 믿는 사람과 교제할 것 (요삼).
유다서 : 참된 믿음을 위해 이단 사상과 싸울 것을 권면함.

3) 예언서신 (1권)
요한계시록 : 교회의 주인이신 예수 그리스도를 통한 최종적 구원과, 신천신지에서 성도들이 그와 함께 영원토록 왕 노릇하게 될 것을 예언함.

5. 신약에서 볼 때 구약은 어떤 책인가?

첫째, 하나님의 영감으로 된 말씀이다. 하나님의 성령의 감동을 받은 사람들이 기록하고(벧후 1:21), 모든 성경 자체도 바로 그 성령으로 감동되었다(딤후 3:16).

둘째, 신적 권위가 있는 말씀이다. 예수님과 사도들이 구약성경을 하나님의 말씀으로 인용한 사실로 미루어 보아 신약은 구약의 신적 권위를 인정하였다.

셋째, 메시아에 대한 예언의 책이다. 예수님 자신이 구약의 예언들이 메시아인 자기 자신에 대한 것임을 말씀하셨다(요 5:39, 46; 눅 24:27, 44-47).

6. 구약에서 볼 때 신약은 어떤 책인가?

신약은 구약의 완성이요, 성숙한 구속의 나무(the full-grown plant of redemption)와도 같다. 구약에서 주어진 하나님의 약속들이 메시아의 오심과 하나님 나라의 건설로 말미암아 신약에서 완성되고 절정에 이르렀다. 하나님의 최종적 계시가 그리스도 예수 안에서 주어진 것이다(요 1:17).

7. 구약과 신약은 어떤 점에서 같거나 다른가?

1) 구약과 신약의 같은 점
첫째, 언약이다. 구약은 말 그대로 옛 언약이요, 신약은 새 언약이다. 구약에서 아브라함과 모세와 다윗과 맺은 하나님의 언약이 예수 그리스도에게서 새 언약으로 성취되었다(히 8:6-13).

둘째, 영생의 구원을 목표로 한다. 구약과 신약의 공통된 목표는 영생이다(레 26:12, 히 11:13-16).

셋째, 하나님과 사람 사이에 중보자는 예수 그리스도 뿐이다. 신구약을 막론하고 영생을 얻는 길은 예수 그리스도 뿐이다(요 14:6).

넷째, 구원의 방편은 오직 믿음뿐이다. 구약의 모든 성도들이 예수를 믿음으로 하나님의 은혜로 구원받은 것같이(롬 4장과 히 11장), 신약도 마찬가지이다(요 3:14-16).

다섯째, 언약의 표징은 세례와 성찬뿐이다(고전 10:1-6, 11). 구약의 할례는 신약의 세례와 통하고, 구약의 유월절 어린양은 신약의 성찬에 해당한다.

2) 구약과 신약의 다른 점

구약에서는 복음이 모형과 그림자를 통해 예표로 제시되었으나, 신약에서는 실체이신 예수 그리스도 자신을 통하여 선명하게 나타난 점에서 차이가 있다(히 8:5; 9:1-8). 예를 들면, 구약에서는 그리스도가 어린양(요 1:29), 유월절 양(고전 5:7), 광야의 뱀(요 3:14) 등으로 예표되었고, 그리스도의 제사장직은 멜기세덱(히 7장), 선지자직은 모세(행 3:22), 왕직은 다윗(행 2:29-36)을 통해서 각각 예표되었다.

8. 구원의 책인 성경의 중심 주제는 무엇인가?

첫째, 예수 그리스도이다. 성경이 구원의 책이요, 구원이 오직 예수 그리스도를 믿는 믿음으로만 얻어지는 까닭에, 성경의 중심 주제는 당연히 예수 그리스도이다. 모든 성경은 예수 그리스도를 증거하고(요 5:39), 그를 가리켜 기록되었으며(눅 24:44), 하나님은 그에 관하여 선지자들을 통해서 성경에 미리 약속하셨다(롬 1:2).

둘째, 하나님의 나라이다. 예수 그리스도의 왕권 곧 통치권과 관련지어 볼 때 하나님의 나라 또한 성경의 중심 주제이다. 그래서 예수님은 복음을 전하면서 하나님의 나라를 선포했고(마 4:17) 하나님의 나라를 구하라고 가르쳤으며(마 6:10, 33), 구약성경도 하나님의 통치권을 밝히 말하였다(시 145:13; 146:10).

셋째, 언약이다. 구약과 신약이 말 그대로 옛 언약과 새 언약인 점에서 알 수 있듯이, 하나님이 자기 백성과 맺은 언약이 성경의 중심 주제 중 하나이다. 아브라함과 맺은 언약이 모세 때 다시 맺어지고(출 6:4-5) 다윗에게서 재확인되었으며(삼하 7:6), 그리스도를 통하여 오늘의 교회에서 이루어진 것이다(고후 6:16; 눅 22:20).

9. 성령의 감동으로 기록된 성경에는 어떤 특징들이 있는가?

웨스트민스터 신앙고백 제1장에 의하면 성경에는 다음과 같은 일곱 가지 특징들이 있다.

첫째, 절대 필요성: 성경이 없이는 아무도 하나님과 그가 보내신 자 예수 그리스도를 확실하게 알 수 없으며, 따라서 구원에 이르는 지식과 지혜를 얻을 수가 없기 때문에 성경이 절대 필요하다.

둘째, 영감과 무오성: 성경의 모든 책들은 성령의 감동으로 쓰여진 까닭에 전체적으로 그리고 어휘와 문맥의 구조에 있어서 거짓이 없고(infallible) 오류도 없다(inerrant).

셋째, 신적 권위: 성경은 성령의 감동으로 기록되고, 하나님이 원저자이시기 때문에 신적 권위가 있다(시 119:38).

넷째, 독자적 신빙성: 성경 자체가 가지고 있는 신령한 내용과 웅장한 문체 그리고 내용의 일치성과 완전성 등으로 말미암아 성경이 하나님의 말씀인 것을 스스로 드러냈다. 이에 독자적 신빙성이 있는 것이다.

다섯째, 충분성: 성경은 우리의 구원을 위해서 뿐 아니라, 하나님을 온전히 믿고 그에게 순종하는 데 필요한 모든 가르침을 충분하게 제시해 놓았다. 그래서 성경 밖으로 넘어가 다른 가르침을 끌어들일 필요가 없다(고전 4:6).

여섯째, 자명성: 성경에는 구원에 이르는 지식이 아주 명료하게 제시되어 있어서 누구라도 읽으면 그 지식을 쉽게 그리고 확실하게 얻을 수 있다.

일곱째, 최종성: 성경은 종교적 또는 신학적 논쟁에 있어서 최종적 권위가 있다. 교회나 교황보다 성경이 권위에 있어서 앞서며 최종적이다.

10. 성경의 특성들을 아는 것이 왜 실제적으로 중요한가?

성경의 절대 필요성을 알면 구원에 이르는 지식을 얻기 위해 오직 성경만을 의지하게 되고, 영감과 무오성을 알면 성경이 진실한 줄로 알고 신뢰하게 되며, 신적 권위를 알면 성경의 권위에 순복하여 믿음 생활을 하게 되고, 독자적 신빙성을 알면 성경을 진심으로 사랑하게 되고, 충분성을 알면 다른 종교나 철학 사상을 끌어들이거나 새로운 계시를 구하며 신비적인 환상을 보려고 집착하지 않게 되며, 자명성을 알면 성경을 읽어야 할 의무가 있음을 알고 또 스스로 연구하고 묵상하게 되며, 최종성을 알면 모든 교리적 논쟁이나 의문들에 대하여 성경에서 최종적으로 해답을 구하게 되는 것이다.

제 4 과 생명의 말씀 성경

> **기본적인 질문:**
>
> 1. 성경을 사람들은 어떤 책으로 생각하는가?
>
> 2. 당신은 성경을 얼마만큼 읽어보았는가? 성경을 읽어보니 어떤 책이라 생각되는가?
>
> 3. 성경은 성경을 무슨 책이라 말하는가?(참고, 사 34:14, 히 1:1, 2; 4:12; 벧전 1:23; 벧후 1:21).
>
> 4. 교회는 성경을 무슨 책이라 가르치는가?
>
> 5. 하나님이 성경을 주신 목적이 무엇인가? (참고, 딤후 3:15-17).
>
> 6. 성경을 어떻게 읽을 것인가?
>
> 7. 성경을 어떻게 들을 것인가?
>
> 8. 성경을 어떻게 전할 것인가?
>
> 9. 성경을 읽고 들으므로 우리가 무슨 유익을 얻는가?

1. 성경을 사람들은 어떤 책으로 생각하는가?

스위스의 어떤 철학 교수는 중학교 시절에 성경을 한번 읽은 적이 있기 때문에, 더 이상 지금은 읽을 이유도, 필요도 없다고 했다. 그가 생각하는 성경은 하나의 교양서적에 불과하다.

인도의 아버지로 추앙받는 간디는 성경을 열심히 읽었다. 특별히 예수님의 산상설교를 읽었다. 그에게 있어서 성경은 비폭력 저항운동의 도덕 교과서였다. 한국의 어떤 민중 운동가들은 성경을 민중운동을 위한 참고서로 여겼다. 그런가하면, 어떤 국문학자는 구약의 아가서를 연애편지 쓸 때 주로 인용했다고 한다. 성경이 연애시였던 셈이다. 그리고 어떤 영문학 교수는 성경이야말로 역사적으로 가장 탁월한 문학서라 하였고, 어떤 학생들은 영어 공부하는데 아주 유익한 참고서로 이해하였다.

이렇듯, 많은 사람들은 성경을 교양서적이나 도덕책 내지는 문학작품 정도로 생각한다.

2. 당신은 성경을 얼마만큼 읽어 보았는가? 성경을 읽어 보니 어떤 책이라 생각되는가?

개인적으로 나는 성경을 대학교 1학년 때 20살이 되면서 처음으로 조금씩 읽기 시작했다. 어떤 대학생 성경읽기 선교단체에서 성경을 배우기도 했다. 그러나 처음에는 성경이 전혀 나의 마음을 끌지 못했다. 그때 무엇을 공부했는지 아무 것도 기억에 남은 것이 없다. 성경을 제대로 스스로 읽기 시작한 것은 대학교 2학년 2학기부터였다. 그해 여름 수련회에서 성령의 은혜를 받아 구원의 확신을 가지게 되었고, 기도를 열심히 하는 가운데 성령의 충만을 경험했었다. 그때 예수님을 나의 친구로 영접하고서 삶이 기쁨으로 충만했었다. 내 안에 예수님이 임하시고 성령으로 충만하게 되었던 것이다. 성령님께서 나의 마음을 여시어, 내가 예수님을 친구로 모신 후 성경을 읽어보니 구구절절마다 하나님의 음성을 들을 수 있었다. 성경에서 하나님이 친히 육성으로 말씀하시는 것이었다. 그래서 성경을 읽는 가운데 기도하게 되고, 찬송하며 감사와 기쁨과 즐거움이 심령에서 넘쳐났다.

이렇게 해서 몇 달 동안에 성경을 한번 읽게 되었고, 겨울방학 중 또 읽고, 그 다음에는 영어 성경도 읽으면서 성경 읽는데 푹 빠져 버렸다. 세 번을 읽고 나자 성경의 전체 줄거리를 구속사적으로 이해할 수 있었다. 성경에서 구원의 생명수를 마셨다.

이제 성경은 나에게 하나님의 음성 자체요, 하나님의 특별계시요, 진리와 생명의 말씀이요, 구원의 책이다.

3. 성경은 성경을 무슨 책이라고 말하는가?(참고, 사 34:14; 히 1:1, 2; 4:12; 벧전 1:23; 벧후 1:21)

성경이 말하는 성경은, 이사야 선지자의 말에 의하면 '여호와의 책' 이다(사 34:14). 즉, 성경은 여호와 하나님이 저자이시고, 그가 친히 쓰신 책이다. 또한 하나님께서 선지자들과 사도들을 통해서 계시하고 말씀하여 기록한 까닭에 성경은 하나님의 '특별 계시의 책' 이다(히 1:1, 2).

이 성경은, 사도행전에서 보면, '하나님의 말씀' 이다(행 8:14; 17:11). 히브리서 기자에 의하면, 하나님의 말씀인 이 성경말씀은 살았고 운동력이 있어 사람의 마음과 뜻을 감찰한다(히 4:12). 베드로에 의하면, 성경은 하나님의 살아 있고 항상 있는 말씀이다(벧전 1:23).

또한, 이 성경은 성령의 감동으로 기록된 것으로써 구원에 이르게 하는 지혜가 있기에 '구원의 책' 이요(딤후 3:15-17), 성령의 감동을 받은 사람들이 하나님께로부터 직접 받았기에(고후 12:7; 벧후 1:21) 하나님의 특별 계시의 말씀이다(계시록 1:1, 2).

요약하자면, 성경이 말하는 성경은 여호와의 특별 계시의 책이요, 하나님의 말씀이며, 구원의 책이다. 그래서 성경을 읽고 묵상하면 영생을 얻고(요 5:39) 예수를 그리스도로 믿게 된다(행 17:11-12).

4. 교회는 성경을 무슨 책이라 가르치는가?

교회가 전통적으로 가르치는 바에 의하면, 성경은 하나님의 기록된 말씀으로, 하나님의 영감으로 말미암아 주어진 신앙과 생활의 절대 무오하고 유일한 규칙이다(웨스트민스터 신앙고백 1장 2항). 그래서 이 성경은 사람이 하나님께 대하여 어떻게 믿어야 할 것과 하나님께서 사람에게 요구하시는 의무를 가장 중요하게 가르치고 있는 것이다(웨스트민스터 대요리 제5문답). 성경은 성경이 하나님의 말씀인 것을 스스로 나타내고 있는데, 첫째는 성경의 장엄함과 순결함을 통해서이고, 둘째는 성경 전체의 내용상의 일치함을 통해서이며, 셋째는 죄인들을 설복하여 회개하게 하는 성경의 권세를 통해서이다(웨스트민스터 대요리 제4문답). 예컨대, 천지창조에 대한 말씀(창세기 1장-2장)은 얼마나 장엄한가! 예수님의 산상설교(마태 5-7장)는 얼마나 순결한가! 성경은 처음부터 끝까지 복음이 아닌가! 시편 32편과 51편은 우리로 하여금 얼마나 회개의 눈물을 흘리게 하는가!

5. 하나님이 성경을 주신 목적이 무엇인가?(참고, 딤후 3:15-17)

디모데후서 3:15-17에 보면, 하나님이 성경을 주신 목적은, 첫째, 예수가 그리스도이심을 믿어 구원에 이르는 지혜를 얻게 하려는데 있다. 요한도 그의 복음서를 기록한 목적을 밝히면서, 예수가 하나님의 아들이심을 믿어 그 이름을 힘입어 생명을 얻게 하려는데 있다 하였다(요 20:31). 이는 성경이 구원의 책이요, 생명의 책이기 때문이다.

둘째, 믿음 생활의 교훈을 위해서이다. 성경은 우리가 무엇을 믿고 어떻게 살 것인가에 대하여 바른 교훈과 규범과 원리를 제공하는 것이다.

셋째, 하나님의 사람으로 성숙하게 하기 위함이다. 성경은 그리스도인으로 하여금 인격적으로 성숙하여 그리스도를 닮게 하고(엡 4:13-16) 하늘나라의 온전한 시민이 되게 하는데 목적이 있다(엡 2:19).

넷째, 선한 일을 행할 수 있도록, 구비하게 하기 위함이다. 하나님은 예수 그리스도 안에서 새로운 피조물인 성도로 하여금 선한 일을 행하여(엡 2:8-10) 빛의 열매인 착함과 의로움과 진실함을 결실할 수 있도록 성경을 주신 것이다(엡 5:8). 다시 말해서, 하나님이 우리에게 성경을 주신 목적은 청결한 마음과 선한 양심과 거짓 없는 믿음에서 나오는 사랑을 행하게 하는데 있다(딤전 1:5).

6. 성경을 어떻게 읽을 것인가?

성경을 읽을 때에는 다음과 같은 자세와 방식으로 해야 한다.

첫째, 성경을 매우 경외하고 존중하는 마음으로 읽는다. 옷도 단정하게 입고, 자세도 바르게 하고서 조용한 장소와 시간에 읽는다.

둘째, 성경에서 하나님을 만나며 하나님의 음성을 들을 수 있게 성령님이 성경을 깨닫게 하실 것을 굳게 확신하고 읽는다. 하나님의 자녀이면 누구나 성경을 읽고 깨달을 수 있게 성령이 우리의 마음의 눈을 열어 주신다.

셋째, 성경에서 하나님의 뜻을 깨달아 순종하고자 하는 열망을 가지고 읽는다.

성경에서 하나님이 말씀하시는 것을 순종하려는 열심과 열망이 있어야 한다.

넷째, 성경을 집중적으로 전심전력하여 연구한다(딤전 4:15-16). 단어 하나 하나 한 구절 한 구절이 의미하는 바를 연구한다.

다섯째, 성경을 날마다 주야로 묵상하며 읽는다. 하나님의 말씀인 성경은 생명의 양식이기 때문에, 사람마다 매일 세끼 식사하듯이 성경을 매일 주야로 읽어야 한다.

여섯째, 성경 말씀에서 깊은 감동을 받으며 읽는다. 우리의 지성과 감정과 의지가 깊이 감동되도록 성령의 인도하심 가운데 성경을 읽는다. 성경을 읽을 때 가슴이 뜨거워지고 회개의 눈물을 흘린다.

일곱째, 우리의 삶에 성경 말씀을 구체적으로 적용한다. 삶이 없는 신앙은 미신에 지나지 않는다. 참된 신앙은 생활에서 그 열매를 맺는다. 따라서 그리스도인은 성경 말씀대로 산다. 성경을 읽고 지키는 자가 복이 있다(계시록 1:3).

여덟째, 자기를 부인하고 기도하는 가운데 성경을 읽는다. 성경보다 자기의 생각이나 경험을 앞세우는 대신에, 성경 말씀 앞에서 겸손하며 기도하는 가운데 성령의 인도하심을 받아 성경을 읽는다(웨스트민스터 대요리 157문답).

7. 성경을 어떻게 들을 것인가?

성경을 들을 때에는 다음과 같은 자세로 해야 한다.

첫째, 성경을 사람의 말이 아니라 하나님의 말씀으로 받아야 한다(살전 2:13). 성경 말씀을 들을 때 전하는 사람을 보아서는 안 된다. 전하는 자가 친구이거나 자녀이거나 부모이거나 친척일 때 특히 주의해야 한다. 사람을 보는 대신 그가 전하는 말을 하나님의 말씀으로 들어야 그 말씀이 듣는 자 속에 살아서 감동을 줄 수 있는 것이다.

둘째, 열심을 가지고 준비된 마음으로 그리고 기도하는 가운데 들어야 한다. 예컨대, 주일 예배 때 목사의 설교를 효과적으로 듣고자 하면, 예배 시간 전에 일찍 출석하여 마음을 준비하고 목사와 그가 전할 말씀을 위해서 간절하게 기도해야 한다. 평소에도 말씀 전하는자를 위하여 기도하면 준비된 마음으로 말씀을 들을 수 있게 된다.

셋째, 들은 말씀을 성경에서 다시 살펴보아야 한다. 사도행전에 보면, 베뢰아 지방의 사람들은 마음이 열려 있어서 간절한 마음으로 하나님의 말씀을 듣되, 그들은 말씀을 가지고 날마다 성경을 다시 살폈다(행 17:11). 그래서 믿음을 갖게 되었다.

넷째, 들은 말씀을 묵상하고 깊이 숙고해야 한다. 복 있는 사람은 하나님의 말씀을 깊이 묵상한다(시 1:2; 119:15). 예컨대, 주일 예배에서 들은 말씀을 가슴에 새겨 일상생활에서 그 말씀이 열매를 맺도록 한다(웨스트민스터 대요리 160문답).

8. 성경을 어떻게 전할 것인가?

우리는 성경 말씀을 전함에 있어서 첫째, 기회를 얻어 '열심히' 해야 한다(딤후 4:2). 집에서나 직장에서나 일터 등 어디서든지 기회가 주어지는 대로 열심히 성경 말씀을 전해야 한다.

둘째, '알아듣기 쉽게' 전해야 한다. 사도행전에 보면, 에디오피아 여왕 간다게의 내시가 이사야서를 읽으면서도 깨닫지 못할 때 빌립 집사가 성령의 인도하심을 받아 그에게로 가서 성경을 알아듣기 쉽게 풀이하여 줌으로써 그가 예수를 믿고 곧바로 세례를 받은 바 있다(행 8:26-40). 이와 같이 성경을 가르쳐 전할 때 알아듣기 쉽게 해야 하는 것이다.

셋째, 하나님의 뜻을 알리는데 '충성스럽게' 해야 한다(고전 4:2). 성경 말씀을 전한다고 하면서도 자기 자랑이나 세상적인 이야기를 늘어놓아서는 안 되고, 성경의 본문 말씀이 말하는바 하나님의 뜻을 확실하게 알리는데 충성스러워야 하는 것이다.

넷째, 듣는 사람의 필요와 수준에 맞추어 '지혜롭게' 해야 한다. 장례식장에서는 유족들을 위로하고, 결혼식장에서는 신랑 신부와 하객들에게 혼인의 비밀을 가르치고, 환자를 방문할 때는 쾌유를 기원하는 말씀을 경우에 맞게 지혜롭게 전해야 한다. 그리고 노인에게는 노인에게 맞게, 청년에게는 청년에게 맞게, 그리고 아이들에게는 아이들에게 맞게 전해야 하는 것이다.

다섯째, 하나님의 백성에 대한 뜨거운 사랑을 가지고 '열정적으로' 전해야 한다. 영혼을 사랑하는 뜨거운 가슴으로 성경을 전해야 하는 것이다. 이사야와 예레미야는 가슴을 치며 눈물로 하나님의 말씀을 전했고, 바울은 고린도와 에베소 등에서 자비량으로 사람들을 섬기면서 열정적으로 전한바 있다.

여섯째, 하나님의 말씀인 성경을 '성실하게' 전해야 한다. 성경을 전함에 있어서 하나님의 백성들이 변화를 받아 영적으로 튼튼하게 되어 풍성한 생명을 누릴 수 있게 성실하게 전해야 하는 것이다. 하나님의 말씀을 한번 전해보고 상심하여 포기해서는 안 되고, 변화를 받아 회개하고서 예수를 구주로 영접하여 구원을 받을 수 있기까지 성실하게 전해야 한다.

요약하자면, 우리가 하나님의 말씀인 성경을 전함에 있어서 열심히, 알아듣기 쉽게, 충성스럽게, 지혜롭게, 열정적으로, 그리고 성실하게 해야 한다(웨스트민스터 대요리 159문답).

9. 성경을 읽고 들으므로 우리가 무슨 유익을 얻는가?

성경은 하나님의 성령이 감동하심으로 기록된 까닭에, 하나님의 살아있고 항상 있는 말씀이요(벧전 1:23), 운동력이 있으며(히 4:12) 영생을 얻게 하고(요 5:39) 구원에 이르는 지혜가 있게 한다(딤후 3:15). 그래서 성경을 읽고 들으면 다음과 같은 유익이 있다.

첫째, 성경은 생기(生氣)를 준다. 성령의 감동으로 성경이 기록된 바, 그 성령은 전능자의 생기요(욥 33:4), 또 성경은 하나님의 살아 있는 생기의 말씀인 까닭에(시 33:6), 하나님이 흙으로 사람을 만드시고 코에 생기를 불어넣어 주신 것처럼(창 2:7), 성경도 우리에게 영생을 얻게 하고(요 5:39) 생기를 준다. 성경은 꿀보다 더 달아서(시 119:103) 성도의 즐거움이요 영혼을 소성하게 하며(시 119:24-25) 곤란 중에 위로와 위안이 되어 성도를 살려 주는 것이다(시 119:50, 76-77).

둘째, 성경은 활기(活氣)를 준다. 하나님의 특별계시요 생명의 말씀인 성경은 신적 권위가 있는 진리의 말씀이다(시 119:142, 151). 이 말씀이 진리인 까닭에 성경 말씀을 읽고 듣는 자에게 자유를 주며(시 119:45) 하나님과 평화를 누리게 하는 것이다(시 119:165). 이 자유와 평화가 성도에게 활기를 준다. 성경을 읽고 들을 때마다 성도는 죄와 사망에서 해방되고 자유를 얻어 하나님과의 평화의 사귐

속에서 활기를 찾는다.

셋째, 성경은 윤기(潤氣)가 나게 한다. 성경은 살아있고 운동력 있는 말씀인지라 사람이 성경을 읽고 들을 때 성령으로 거듭나게 하고 거룩하게 한다. 여호와의 말씀은 완전하여 영혼을 소성하게 하고(시 19:7), 사람이 거듭나는 것은 하나님의 살아 있는 말씀으로 되며(벧전 1:23), 성령이 말씀으로 깨끗하게 하여 거룩하게 하신다(엡 5:26). 이로써, 성도의 얼굴과 몸과 삶에서 윤기가 나는 것이다.

넷째, 성경은 향기(香氣)가 나게 한다. 하나님의 말씀인 성경은 성령의 검이다. 이 검은 사단을 대적하여 승리하게 하는 공격 무기이다(엡 6:17). 또한 이 검은 수술용 칼과 같이 예리하여 우리의 영혼 깊은 곳까지를 찔러 수술하여(히 4:12) 정욕의 덩어리를 제거해 낸다(갈 5:24). 이렇듯 성령의 검인 성경이 사단과 죄의 더러운 정욕 덩어리를 우리에게서 제거해 주는 까닭에, 우리의 몸에서 향기가 나게 되는 것이다. 이로써 우리의 몸과 삶이 하나님께서 기뻐하시는 거룩하고 향내나는 산 제물이 된다(롬 12:1; 벧전 2:5).

제 5 과 생명의 근원, 하나님을 아는 지식

기본적인 질문:

1. 세상에 하나님을 모르는 사람이나 종족이 있는가? 어떤 사람들이 하나님을 알면서도 모르는 체하고 믿지 않는가?

2. 하나님을 알면서도 모르는 체하고 사는 사람들은 어떻게 되는가?

3. 과학적이거나 철학적인 방법으로 하나님의 살아계심을 증명할 수 있는가?

4. 불교나 유교, 이슬람교나 뉴에이지운동의 범재신론(panentheism)등은 여호와 하나님을 알고 있는가?

5. 성경에 계시된 여호와 하나님을 어떻게 알고 믿을 수 있는가?

6. 우리가 하나님을 알아야 할 이유가 무엇인가?

7. 하나님을 믿어야 하는 이유는 무엇인가?

8. 하나님을 알고 믿음으로 얻게 되는 실제적인 유익이 무엇인가?

1. 세상에 하나님을 모르는 사람이나 종족이 있는가? 왜 사람들이 하나님을 알면서도 모르는 체하고 믿지 않는가?

우리 말 '하나님' 이나 영어의 'God' 이나 한자의 '神' 은 모두 일반적인 호칭이다. 구약성경의 히브리어 '엘로힘' 또는 '엘' (우리말로, '하나님')과 신약성경의 헬라어 '데오스' (우리말로, '하나님')도 일반적인 호칭이다. 이렇듯 하나님을 일컫는 호칭이 일반적인 것을 보면, 누구나 하나님을 알고 부를 수 있게 되어 있음을 알 수 있다. 성경에도 이렇게 말씀되어 있다. "하나님을 알 만한 것이 저희 속에 보임이라. 하나님께서 이를 저희에게 보이셨느니라. 창세로부터 그의 보이지 아니하는 것들 곧 그의 영원하신 능력과 신성이 그 만드신 만물에 분명히 보여 알게 되나니 그러므로 저희가 핑계치 못할지니라"(롬 1:19-20).

이를 볼 때 사람마다 누구에게나 종족에 관계없이 하나님을 아는 지식 곧 '종교의 씨'(seed of religion) 또는 '하나님을 아는 감각'(sense of God)이 있어서, 아무도 하나님을 모른다고 핑계할 수가 없다. 실제로 보면, 어리석은 자는 하나님이 존재하지 않는 것처럼 여기고 살지만(시 14:1), 사람마다 위급한 상황에 부딪히면 본능적으로 하나님을 급하게 찾아 부른다. 그러면, 사람들이 하나님을 알면서도 왜 모른 체하고 믿지 않는가?

첫째는, 미련한 마음이 어두워진 까닭이다(롬 1:21). 특히, 영광과 진리의 하나님 대신 짐승과 버러지 형상의 우상을 섬기는 까닭이다(롬 1:23).

둘째는, 마음의 욕정, 부끄러운 정욕, 그리고 타락한 마음 때문이다(롬 1:24, 26, 28). 인간의 부끄럽고 추악한 정욕과 타락하고 부패한 마음 때문에 하나님을 멀리하는 것이다. 이는 어두움이 빛을 싫어하는 것과도 같다.

셋째는, 하나님을 찾지 않고 두려워하지 않기 때문이다(롬 3:11, 18). 하나님을 멸시하고 물러가는 까닭이다(사 1:4). 사람들은 어리석게도 마음에 하나님이 없다 하며 하나님을 찾아 경외하기를 싫어한다(시 14:1).

넷째는, 항상 평안하고 재물이 많아져 부족함이 없으면 교만해져 하나님을 버린다(시 73:6, 11-12; 잠 30:9). "저희가 먹이운 대로 배부르며 배부름으로 마음이 교만하며 이로 인하여 나를 잊었느니라"(호 13:6).

다섯째는, 재난, 가난, 질병, 환난 등으로 인하여 낙심될 때이다. 욥이 재난과 질병으로 힘들어하던 때 그의 아내는 하나님을 욕하고 떠났다(욥 2:7-9). 사람이 가난하여 굶주리면 하나님을 욕하기 쉽다(잠 30:9하).

2. 하나님을 알면서도 모르는 체하고 사는 사람들은 어떻게 되는가?

첫째는, 예수께서 말씀하신 탕자의 비유에서 보듯이, 하나님을 멀리 떠나가 허랑 방탕하게 산다(눅 15:13). 선을 행하는 대신에 죄악을 행한다(시 14:3, 4). 특히, 성적으로 타락하여 부끄러운 욕정을 따라 짐승보다 못하게 동성연애하고, 온갖 죄를 범한다. 죄의 삯이 사망의 형벌임을 알면서도 서로 죄를 범하도록 충동질한다(롬 1:24-32).

둘째는 자기를 사랑하고 돈을 사랑하며 아무에게도 감사할 줄을 모른다(딤후 3:2). 심지어 부모까지도 거역한다. 아니 부모를 살해하기도 한다.

셋째는, 하나님께 감사하지 않고 하나님으로 즐거워하거나 만족하지 아니하는 까닭에(롬 1:21), 인생이 허무하고 절망적이 된다(전 1:2). "내 손으로 한 모든 일과 수고한 모든 수고가 다 헛되어 바람을 잡으려는 것이며, 해 아래서 무익한 것이로다" "내가 해 아래서 수고한 모든 수고에 대하여 도리어 마음으로 실망하게 하였도다"(전 2:11, 20).

3. 과학적이거나 철학적인 방법으로 하나님의 살아 계심을 증명할 수 있는가?

역사적으로 유명한 철학자들이 하나님의 살아 계심을 과학적이고도 합리적인 방법으로 증명하려 하였다. 그 중에서 대표적인 것들은 다음과 같다.

첫째, 안셀름(1033-1109)의 존재론적 논증이다. 그의 견해에 따르면, "완전한 것은 존재한다. 하나님은 완전하다. 고로 하나님은 존재한다." 즉, 하나님은 완전한 실재이시므로 존재한다는 것이다. 그러나 불교에서 주장하는 것에 의하면, 무(nothing) 즉 존재하지 않는 것(비존재)이 오히려 완전하다. 그리고 존재가 하나님이라고 한다면, 존재하는 모든 것이 신적 존재 즉 하나님이라 결론지어야 한다. 사실, 이 존재론적 논증은 범신론에 지나지 않는 것이다.

둘째, 토마스 아퀴나스(1225-1274)의 우주론적 논증이다. 그에 의하면, 우주만물의 최초의 원인이 바로 하나님이다. 그러나 막스주의 유물론의 입장에서 보면, 최초의 원인은 물질(matter) 자체이다. 또한 최초의 원인이 하나님이라고 가정하는 것 자체가 입증되어야 할 숙제로 여전히 남아 있기 때문에, 온전한 논증일 수가 없다.

셋째, 필로(주전20-주후50)의 기존질서 논증과 윌리암 팔리(1743-1805)의 의장논증(design argument)이 있다. 이들의 주장에 의하면, 이 우주와 만물에는 질서와 목적(또는 의장)이 있는데 이 같은 질서와 목적을 가능하게 하는 이지적(理智的) 존재가 바로 하나님이다. 그러나 우주의 신비를 목격한다고 해서 하나님을 알수 있는 것이 아니다. 예컨대, 지구의 궤도를 벗어나 하늘 높이 올라가 우주의 신비를 보면서도 하나님을 보지 못한 우주 비행사들이 얼마나 많은가!

넷째, 칸트(1724-1804)의 도덕적 논증이 있다. 그에 의하면, 사람에게 있는 양심과 도덕의식으로 미루어 보아 윤리적 대존재인 하나님의 살아 계심이 증명된다는 것이다. 그러나 칸트를 비롯하여 많은 도덕주의자들이 하나님을 전혀 알지 못하고 죽은 사실이 그의 논증의 잘못됨을 입증하고 있다.

요약하건대, 철학자들의 합리적인 논증에 의해서는 하나님의 살아 계심이 증명될 수가 없다. 역사적으로, 하나님의 살아 계심을 과학적으로 입증하여 믿은 사람은 과학자나 철학자 중에서도 아무도 없다.

4. 불교나 유교, 이슬람교나 뉴에이지 운동의 범재신론(panentheism) 등은 여호와 하나님을 알고 있는가?

불교는 무(無)와 공(空)을 완전한 것으로 보고, 무(無)로 돌아가는 것을 열반이요 해탈로 이해하고 있는 점에서 스스로 존재하시는 하나님을 알고 있다고 볼 수 없다. 불교의 부처는 신이 아니다.

유교는 하늘을 숭배하는 사상이 있으나, 하늘을 정치적으로 황제 또는 제왕으로 연결지어 최고의 통치자로 이해할 뿐, 살아 계신 하나님 사상이 없다. 그래서 유교는 음양오행설과 주역 등을 연구하여 자연의 이치에서 인간의 운명을 발견하려 한다. 창조주와 섭리주 되신 하나님을 알지 못하는 것이다.

이슬람교는 알라를 창조주로 섬기는데, 구약성경의 하나님인 '엘', '엘로힘' 과 같아 보이지만, 알라는 군주적 단일신이나 성경의 여호와 하나님은 언약적 사랑과 은혜가 넘치는 삼위일체 유일신이다. 또한 이슬람이 말하는 예수는 모세나 다윗보다는 더 큰 선지자이지만 모하메드보다는 더 못한 한 선지자에 지나지 않는다. 따라서 이슬람교는 기독교와 유사한 종교가 아니고, 전혀 다르기 때문에, 이슬람교가 여호와 하나님을 알고 있는 것이 아니다.

끝으로, 최근에 발전되고 세계적으로 관심을 끌고 있는 뉴에이지 운동은 신(a spirit)이 모든 만물 가운데 있다고 주장한다. 이를 전문적인 용어로 범재신론이라 한다. 이 운동에 의하면, 만물이나 사람 안에 신이 있기 때문에, 사실인즉 만물 자체나 사람 자체가 신이다. 그런 까닭에, 이 운동은 성경의 하나님을 전혀 알지 못한다. 이 뉴에이지 운동은 기독교의 하나님 시대를 옛 시대로 간주하여 파기하고 인간 중심의 새 시대를 선언한 반기독교적 운동이며, 기독교가 신봉하는 하나님을 적극적으로 싫어하고 반대한다.

5. 성경에 계시된 여호와 하나님을 어떻게 알고 믿을 수 있는가?

인간의 철학적 과학적 방법으로나, 고등한 종교로 알려진 불교, 유교, 이슬람교를 통해서나, 그리고 최근에 인기를 끌고 있는 뉴에이지 운동을 통해서도 여호와 하나님을 알 수 없다고 하면, 사람의 방법으로는 참되신 하나님 여호와를 알 길이 사실상 없다.

성경적으로 보면, 하나님을 알 수 있는 길은 다음 세 가지이다.

첫째, 성경에서 하나님이 스스로 계시하고 있는 대로 알고 믿어야 한다. 성경이 우리의 우둔한 마음의 눈을 밝게 해 줄 때 하나님을 알게 되는 것이다(시 19:7-14).

둘째, 하나님의 유일하신 아들 예수 그리스도를 통해서 하나님을 보게 된다. 예수 그리스도가 하나님 아버지를 참되고 확실하게 계시해 주는데(요 1:18) 이는 예수님 자신이 참 하나님이시기 때문이다(요 20:28). 예수를 아는 자는 그의 아버지이신 하나님을 보고 알게 되는 것이다(요 14:6-7).

셋째, 진리의 성령께서 우리에게 성경을 깨닫게 하시고(요 14:26), 하나님을 알게 하신다(엡 1:17). 성령으로만 예수를 주님으로 고백할 수 있게 하고(고전 12:3) 하나님의 깊은 것을 깨달을 수 있는 것이다(고전 2:10).

이로 보건대, 하나님이 성경으로, 예수 그리스도를 통해서 그리고 성령으로 자신을 계시하는 까닭에 우리가 하나님을 알 수 있는 것이다(참고, 마 11:27; 요 14:6).

6. 우리가 하나님을 알아야 할 이유가 무엇인가?

하나님의 자녀이며 백성인 자들이 하나님을 알아야 하는 이유는 다음과 같다.

첫째, 하나님이 우리를 먼저 알고 계시기 때문이다. 우리가 하나님을 알고 믿어 하나님의 자녀가 된 것은 하나님이 먼저 우리를 아시고(갈 4:9; 고전 8:3) 사랑하시는 까닭이다(딤후 2:19). 하나님이 이처럼 우리를 먼저 아시고 사랑하시는 까닭에, 다시 말해서, 우리가 하나님께 아신 바 되고 사랑 받은 까닭에 우리가 하나님을 알아야 한다.

둘째, 우리가 하나님을 힘써 알기를 하나님이 원하시기 때문이다. 하나님의 마음을 아는 호세아는 말하기를, "우리가 여호와를 알자 힘써 여호와를 알자"(호 6:3)고 하였는가 하면, 이사야 선지자는, "너희는 여호와를 만날만한 때에 찾으라 가까이 계실 때에 그를 부르라"(55:6)고 소리쳤다. 이로 보건대, 우리가 하나님을 지식적으로 아는 대신에, 하나님을 깊이 사랑함으로 힘써 아는 것을 하나님께서 원하시고 또한 기뻐하신다.

셋째, 하나님을 아는 것이 영생이기 때문이다. 예수께서 친히 말씀하신 대로, "영생은 곧 유일하신 참 하나님과 그의 보내신 자 예수 그리스도를 아는 것"(요 17:3)이다. 요한복음 14장 23절과 17장 21-23절에 보면, 하나님을 안다고 하는 것은 삼위일체 하나님으로 우리 안에 거처를 정하여 우리와 사랑의 사귐을 갖고, 또 이 사랑의 사귐에 기초하여 우리가 서로 사랑함으로 하나 되는 삶을 사는 것이다. 이 같은 사귐의 앎이 영생이기에, 우리가 하나님을 알아야 하는 것이다.

넷째, 하나님을 아는 것이 사람의 도리요 지혜이기 때문이다. 자식이 자기를 낳아서 길러준 부모를 알고 사랑하는 것이 마땅한 도리이듯이, 하나님의 자녀가 된 우리가 창조주요 구속주요 아버지이신 하나님을 알고 범사에 그를 인정하는 것이 참 지혜요 도리인 것이다(잠 9:10; 전 12:1; 시 110:10). 시편 기자의 노래한대로, "내 영혼아, 여호와를 송축하며 그 모든 은택을 잊지 말지어다"(시 103:2).

7. 하나님을 믿어야 하는 이유는 무엇인가?

우리가 하나님을 믿어야 하는 이유는 하나님께서 우리로 하여금 그를 믿을 수 있도록 친히 모든 것을 마련해 주셨기 때문이다. 우리가 하나님을 믿어야 하는 이유는 다음과 같다.

첫째, 하나님이 모든 사람에게 생득적으로 즉 나면서부터(innate) 종교의 씨 곧 하나님을 알 만한 감각(sense of God)을 주셨을 뿐 아니라, 하나님의 창조하신 일과 섭리하시는 일 가운데 그의 신성과 능력을 나타내 보이셨기 때문이다(롬 1:19-20). 우리가 눈만 제대로 뜨면 하나님을 더듬어 발견하여 믿을 수 있게 되어 있는 것이다(행 17:26-27).

둘째, 하나님이 성경에 이미 사람이 쉽게 알 수 있는 언어로 충분하게 자신을 계시해 놓으셨기 때문이다. 신구약 성경 66권은 처음부터 끝까지 하나님을 사람이 믿을 수 있게 그의 이름과 속성과 하시는 일로 가득 차 있다. 사람들이 게으르거나 무지하여 성경을 자국어로 번역하지 아니했거나, 읽지 아니한 까닭에 하나님을 믿지 아니한 것이다.

셋째, 예수 그리스도 안에서 하나님이 친히 자신을 계시했기 때문이다. "본래 하나님을 본 사람이 없으되 아버지 품속에 있는 유일하신 하나님이 나타내셨기에"(요 1:18), 예수를 믿는 자는 또한 그를 보내신 자를 믿어야 마땅한 것이다(요 12:44-45).

넷째, 구원을 얻는 은혜의 유일한 방편으로 하나님을 믿는 믿음을 작정해 놓으셨기 때문이다. 아무도 하나님과 그의 아들 예수 그리스도를 믿는 믿음이 없이는 영생의 구원을 받을 수가 없다(참고, 롬 3:28, 30).

8. 하나님을 알고 믿음으로 얻게 되는 실제적인 유익이 무엇인가?

우리가 성경과 예수 그리스도와 성령을 통해 하나님의 은혜로 하나님을 알고 믿을 때 얻게 되는 실제적인 유익들은 여러 가지다. 하나님을 알고 믿으면, 우선 구원론적으로 의롭다 하심과 하나님의 자녀의 권세와 거룩함과 영화롭게 됨 그리고 육체의 부활에 대한 소망과 약속을 얻는다. 또한 시편 기자가 간단하고 명료하게 말한 대로, 모든 죄악을 사함 받고, 병을 고침 받고, 인자와 긍휼을 얻고, 소원의 만족을 얻고, 새 힘을 얻는다(시 103:3-5).

그러나 다니엘의 경우를 통해서 보면 구체적으로 다음과 같은 유익들을 얻게 된다.

첫째, 삶의 중압감에도 강할 수 있다. "하나님을 아는 백성은 강하다"(단 11:32 상). 그래서 스트레스를 잘 이겨낸다.

둘째, 도전을 위한 용기가 있다. "하나님을 아는 백성은 강하여 용맹을 발하리라"(단 11:32 하). 하나님을 믿는 자는 사자처럼 용맹하여, 비록 포로의 신세가 되어 있고 죽음의 위협이 있어도 죽기를 무서워하지 않는다.

셋째, 시련 가운데서도 평안하다. 극렬히 타는 풀무 속에 던져졌어도 다니엘은 평안했고(단 3:18), 바울도 유라굴로 풍랑을 만났으나 하나님을 믿음으로 마음이 평안했다(행 27:25).

넷째, 인생의 여행을 위한 좋은 친구를 얻는다. 다니엘이 사자굴에 던져지던 때 하나님은 천사들을 시켜 사자들의 입을 봉하게 하시었다. 이렇듯 다니엘의 친구가 되어 주신 것은 그가 하나님을 신뢰했기 때문이다(단 6:22-23). 예수님은 우리의 변함 없이 좋은 친구이다(요15:14).

다섯째, 새로운 결단의 자유를 얻는다. 다니엘은 뜻을 정하여 왕의 진미 대신에 채소류 반찬과 음식을 먹었다. 그에게 이 같은 결단의 자유가 있음은 그가 하나님을 온전히 의뢰한 까닭이다(단 1:8-9).

여섯째, 불확실 속에서도 확신을 갖는다. 다니엘은 풀무에 던져졌을 때 하나님이 극렬한 불 속에서 건져 주실 것을 기대하였으나, 하나님이 그리 아니하실지라도 신앙의 지조를 굽히지 않겠다고 하였다(단 3:16-18). 이는 그에게 하나님을 믿음으로 확신이 있었기 때문이다.

일곱째, 지혜와 총명을 얻는다. 다니엘은 본래 지혜와 총명이 있어 보였으나, 학문과 명철과 꿈 해석의 지혜를 하나님이 다니엘에게 친히 더하여 주셨다(단 1:17). 하나님을 믿는 자에게는 솔로몬의 잠언이 보여 주는 대로 지혜와 총명을 얻는다. 성령도 은사로 지혜와 지식을 주신다(고전 12:8). 그리스도의 십자가는 하나님의 지혜이기에(고전 1:23-24) 그 십자가를 믿는 자에게 하나님이 지혜를 주시는 것은 당연한 것이다.

여덟째, 영적 능력과 권세를 얻는다. 다니엘이 강하고 용맹을 발할 수 있었던 것은 만왕의 왕이신 하나님 그리고 인자이신 그리스도의 권능과 권세를 힘입었기 때문이다(참조, 단 7:13-14, 27). 하나님이 우리에게 주시는 것은 두려워하는 마음이 아니고 능력이다(딤후 1:7). 또한, 그리스도의 십자가가 하나님의 능력이기에(고전 1:18), 십자가를 믿는 자에게 하나님이 능력을 주심은 지극히 당연하다.

아홉째, 감사와 만족이 있다. 다니엘은 사자 굴에 던져 넣기로 다리오왕이 결정해 놓은 것을 알고도 하나님께 기도하며 감사하고 하나님으로 만족했다(단 6:10). 하박국도 이렇게 노래했다. "비록… 밭에 식물이 없으며 우리에 양이 없으며 외양간에 소가 없을지라도 나는 여호와를 인하여 즐거워하며 나의 구원의 하나님을 인하여 기뻐하리로다. 주 여호와는 나의 힘이시라"(합 3:17-19). 하나님의 믿음의 사람은 범사에 감사하게 되는 것이다(살전 5:18). 이로써 삶이 건강하고 윤택해진다. 은혜와 평강으로 하나님이 복을 주신다(민 6:24-26). 우리가 하나님으로 말미암아 풍성한 삶을 누리게 된다(참조, 요 10:10).

제 6 과 하나님의 이름과 호칭

기본적인 질문:

1. 하나님의 이름과 하나님 자신은 무슨 관계가 있는가? 그리고, 하나님의 이름을 아는 것이 왜 중요한가?

2. 하나님이 자신을 계시함에 있어서 성경에 사용된 이름과 호칭들은 어떤 것들이 있는가?

3. '하나님' 이라는 호칭은 하나님이 어떤 분이심을 계시하고 있는가?

4. '주' 라는 호칭은 하나님이 어떤 분이심을 계시하고 있는가?

5. '여호와' 라는 이름은 그 뜻이 무엇이며, 하나님이 어떤 분이심을 계시하고 있는가?

6. '전능하신 하나님' 이라는 이름은 그 뜻이 무엇이며, 하나님이 어떤 분이심을 계시하고 있는가?

7. '만군의 여호와' 라는 이름은 그 뜻이 무엇이며, 하나님이 어떤 분이심을 계시하고 있는가?

8. '아버지' 라는 호칭은 하나님이 어떤 분이심을 계시하고 있는가?

9. 하나님의 이름과 호칭들 가운데 나머지 주요한 것들은 무엇이며, 각각 그 뜻하는 바는 무엇인가?

1. 하나님의 이름과 하나님 자신은 무슨 관계가 있는가? 그리고 하나님의 이름을 아는 것이 왜 중요한가?

중국 길림성 어느 교회 목사의 이름이 문혁(文革)인데, 그의 아버지가 문화혁명을 기념하여 그렇게 이름을 지었다고 한다. 성경에서도 사람의 이름을 보면 어떤 역사적 또는 종교적 사건을 기념하거나, 자녀에 대한 부모의 희망 또는 자녀의 성품에 대한 생각을 담아지었다. 예를 들면, 아담의 첫째 아들은 여호와로 말미암아 득남한 것을 기념하여 가인이라고 하였고(창 4:1), 노아는 땅에서 수고로이 일하는 자들에게 위로가 되기를 희망하여 지어준 이름이며(창 5:29), 세상이 나뉜 사건을 기념하여 에벨은 자기 아들의 이름을 벨렉이라 하였고(창 10:25), 나발은 미련한 까닭에 그런 이름이 지어졌다(삼상 25:25).

성경에서 하나님은 자기를 계시함에 있어서 자신의 성품뿐 아니라 자기가 어떤 하나님인가를 보여 주기 위해서 특별하게 이름과 호칭들을 선택적으로 사용하셨다. 그런데, 어떤 경우는 '이름'(히브리어, 셈)이라는 단어만을 가지고 하나님 자신을 지칭하기도 했다. 예컨대, "그 이스라엘 여인의 아들이 이름(the Name)을 훼방하며 저주하므로"(레 24:11), "하나님이 유다에 알린 바 되셨으며 그 이름은 이스라엘에 크시도다"(시 76:1). 십계명 중 셋째 계명에도 여호와의 이름과 여호와 하나님 자신이 사실상 동일시되고 있다(출 20:7). 그리고 다윗이 골리앗을 대적할 때 만군의 여호와의 이름으로 나아간 것(삼상 17:45)과 히스기야가 앗수르 왕 산헤립을 맞아 백성들을 위로하면서 여호와께서 우리를 위하여 싸우시리라한 말(대하 32:8)과 다윗의 노래 중 "우리는 여호와 우리 하나님의 이름을 자랑하리로다"(시 20:7)는 말을 살펴보면 하나님과 하나님의 이름이 병행되어 있다. 이로 보건대, 하나님의 이름이 하나님 자신을 가장 분명하게 계시하고 있다. 사실상, 하나님의 이름이 하나님 자신인 것이다.

그러면, 하나님의 이름을 알고 부르는 것이 왜 실제적으로 중요한가? 이는 하나님의 이름을 알고 부르는 자마다 구원을 얻기 때문이다(욜 2:32; 행 2:21). 다시 말해서, 하나님의 이름을 아는 것은 구원을 위한 절대 필요조건이다. 하나님이 자기의 이름과 호칭을 통해서 자신을 계시한 까닭에, 우리가 그 이름과 호칭들을 잘 알고 부르면 영생을 더욱 풍성하게 얻어 누리고, 하나님께 더 큰 찬미와 영광을 돌려드리며, 그를 더 가까이 하고 즐거워할 수 있게 되는 것이다.

2. 하나님이 자신을 계시함에 있어서 성경에 사용된 이름과 호칭들은 어떤 것들이 있는가?

① '하나님'으로 번역되는 히브리어 호칭에는 '엘'(창 14:18, 19, 20 등 225회),

'엘라'(단 2:11, 18 등 90회), '엘로힘'(창 1:1 등 2,300회), '엘로아'(신 32:15 등 55회)가 있고, 헬라어 호칭에는 '데오스'(마 1:23 등 1,250회) 등이 있다.

② '주'로 번역되는 히브리어 호칭으로 '아돈'(창 18:12 등 220회), '아도나이'(창 15:2 등, 가장 흔한 호칭임), '바알'(민 21:28; 사16:8), '게비르'(창 27:29, 37)가 있고, 헬라어 호칭으로는 '퀴리오스'(마 1:20 등 700회)가 있다.

③ '여호와'라는 이름은 창세기 2장 4절부터 아주 많이 사용되고 있다. '여호와'의 준말인 '야'는 출애굽기 15:2; 17:16; 사 12:2; 26:4; 38:11 그리고 시 77:11 등에서 사용되고 있는데, 시편에만 40회 정도 있다.

④ '전능하신 하나님'(히브리어, '엘 샤다이' ; 헬라어, '판토크라토르')은 구약에서 창세기 17:1 등 50회 정도, 신약에서 고린도 후서 6:18 등 10회 정도 사용되어 있다.

⑤ '만군의 여호와'(히브리어, '여호와 체바오트')는 사무엘상 17:45, 55 등과 이사야 1:9 (이사야에서만 65회 사용됨) 등과 예레미야 2:19(예레미야서에서는 40회 사용됨) 등과 호세아 12:5(소선지서에는 80회 정도 사용됨) 등 여러 곳에 많이 사용되어 있다.

⑥ '아버지'(히브리어, '아브', 헬라어, '파테르')라는 호칭은 신명기 32:6과 이사야 63:16; 64:8 등 구약에서는 단 몇 회만 사용되어 있으나, 신약에서는 마태복음 6:9 등 아주 많이 사용되어 있다.

3. '하나님'이라는 호칭은 하나님이 어떤 분이심을 계시하고 있는가?

'하나님'으로 번역되는 히브리어 단어들 중 가장 대표적인 것은 '엘로힘'(헬라어, '데오스')이다. 이 호칭은 가장 흔하게 부르는 일반명사로 '크고 위엄 있는 분'이라는 뜻을 가지고 있다. 창세기 1장에 보면, 이 호칭의 하나님은 크고 강하시어 천지와 인간을 창조하고 다스리시며, 시편 기자가 노래한대로 천지와 해를 지으시고 운행하는 가운데 자신의 영광과 솜씨를 나타내신다(시 19:1-6). 다니엘은 이 하나님이 인간 나라를 다스리는 분(단 2:37-38; 4:25)이요, 극렬히 타는 풀무 가운데서 뿐 아니라(단 3:17) 굶주린 사자 입에서(단 6:22-23) 자기의 사람들을 구출하신다고 소개하였다.

그런데, 신약 성경에 보면, 이 하나님이 '하늘'과 같은 의미로 쓰이고 있다. 구약에서는 '하늘의 하나님'(욘 1:9; 스 1:2)으로만 소개되어 있으나, 신약에서는 '하늘에 계신 하나님'(마 6:9)뿐 아니라, '하늘'과 교대적으로 쓰였다. 예컨대, 마태복음의 '하늘나라'(마 4:17)가 마가복음에서는 "하나님 나라"(막 1:15)로 표현되었다(참고, 마 13:11; 막 4:11). 누가복음에 나오는 탕자의 비유를 보면, "아버지여, 내가 하늘과 아버지께 죄를 얻었사오니"(눅 15:18, 21)라고 되어 있는바, 하늘이 하나님을 뜻하였다. 그리고 요한복음 3:27, 31, 34에 보면, 하늘과 하나님이 역시 동의어로 되어 있다(27, 31절에는 '하늘로서'이나, 34절에는 '하나님이 보내신 이'임). (참조, 마 21:25, "요한의 세례가… 하늘로서냐 사람에게로서냐")

이런 까닭에, 우리말의 '하나님'이 '하늘'(한자어, '天')에서 파생된 것은 성경적으로 아주 의미가 있다. 그리고 우리말의 하늘과 한자어 '天'이 '크다', '위엄이 있다'는 뜻을 가지고 있는 것도 성경의 '하나님'(히브리어, '엘로힘')과 일치하는바, 성경적으로 볼 때 참으로 놀라운 사실이다. 이로 보건대, '하나님'은 크고 강하시어 절대주권으로 우주와 만물을 창조하고 다스리시는 지엄하신 인격적 존재이다. 이 점에서 우리말의 '하늘'과 한자어 '天'이 단순히 '큰 힘'을 의미하고 있는 것과는 근본적으로 차이가 있다.

이 '하나님'이라는 호칭은 성경에서 주로 성부 하나님을 가리켜 사용되고 있으나, 예수 그리스도에게 뿐 아니라(요 1:18; 20:28; 행 20:28; 롬 9:5; 딛 2:13; 벧후 1:1; 요일 5:20) 성령님에게도(행 5:3-4) 사용되어 있다.

4. '주'라는 호칭은 하나님이 어떤 분이심을 계시하고 있는가?

'주'(主)라는 호칭은 히브리어로 '아돈' 또는 '아도나이'(번역하면 '나의 주'임)로서, '통치하는 주재'(Lord)를 뜻한다. 이 호칭도 '하나님'처럼 성경에서 가장 일반적으로 사용되고 있는 일반명사이다. 하나님에 대한 호칭이 이처럼 일반명사로 흔히 사용된 것은 십계명의 제3계명대로, 하나님이 지엄하시어 그의 고유이름을 함부로 감히 부를 수 없기 때문이지만, 한편으로는 하나님을 누구나 쉽게 가까이 하여 예배할 수 있게 하기 위함이다.

다윗이 지은 노래에 '주'가 어떤 분이신가가 잘 나타나 있다. "여호와여, 광대하심과 권능과 영광과 이김과 위엄이 다 주께 속하였사오니 천지에 있는 것이 다 주의 것이로소이다… 부와 귀가 주께로 말미암고 또 주는 만유의 주재가 되사 손에 권세와 능력이 있사오니 모든 자를 크게 하심과 강하게 하심이 주의 손에 있나이다"(대상 29:11-12). 이로 보건대, 주 하나님은 권능과 위엄이 크신 분이시요, 천지의 소유권자요 주재(主宰)요 다스리시는 자이다. 그래서 하나님의 백성은 그를 힘입어 세상을 넉넉히 이길 수 있는 것이다(참고, 요 16:33; 롬 8:37).

'주' 라는 이 호칭이 구약에서는 주로 성부 하나님을 가리켜 사용되었고, '여호와' 라는 고유명사를 대신하여 사용되었으나(즉, '여호와' 라는 호칭은 '주', 히브리어 '아도나이'로 읽음), 신약에서는 예수 그리스도를 가리켜 사용되었다. 예수가 '주' 라 호칭된 것은 그가 만물의 주재시요(요 3:35), 천지의 모든 권세를 가지신 분이시며(마 28:18), 심판권자이시고(요 5:22) 영원히 우리와 함께 어디에나 계시기 때문이다(마 28:20).

5. '여호와' 라는 이름은 그 뜻이 무엇이며, 하나님이 어떤 분이심을 계시하고 있는가?

'여호와' 라는 이름은 하나님의 고유하신 기념 호칭이어서, 유대인들이 감히 입으로 발음하여 부르지 아니한 까닭에, 아무도 이 이름의 정확한 발음을 알지 못한다. '여호와' 또는 '야웨' 라는 발음은 편의상 후대의 학자들이 만들어낸 것들이다. 이 '여호와' 라는 호칭은 헬라어로 '에고 에이미' 이고, 영어로는 'I Am' 또는 'I Am that I Am' 또는 'It is I myself' (참고, 눅 24:39)로 번역된다. 이 이름의 뜻은 '스스로 존재한다' (참고, 사 44:6; 48:12; 계 1:8)이기도 하지만, 출애굽 3:14과 6:2-8과 칠십인 역 헬라어 성경과, 신약에서 예수님이 사용하신 경우를 종합해 보면, 단순히 '스스로 존재하시는 분' 으로만 해석될 수가 없다.

우선 먼저 신약에서 예수님이 자신을 가리켜 사용하신 '에고 에이미' 의 경우를 보면, "아브라함이 나기 전부터 내가 있느니라"(요 8:58)는 말씀은 예수님이 창세 전부터 스스로 계심을 의미한다(참고, 요 17:5; 골 1:17). 그러나 요한복음 8장의 다른 구절들을 보면 "내가 그이다"(I am he) 또는 "내니라"(I am)이다. 12절에서 "나는 세상의 빛이다"에서 '세상의 빛' 은 문장 구조상 보어이고, "내니라"가 주된 의미이며, 24절과 28절에서는 이를 뒷받침하여 "내가 그인 줄 알라"하였는

바, 내용상 "내니라"이다. 요한복음은 4:26과 13:19에서도 이와 같은 용법으로 쓰였고, 6:20; 18:5-6, 8도 "내니라"이다. 또한 일곱 마디의 "내니라"(6:35; 8:12; 10:7; 10:11; 11:25; 14:6; 15:1, 5)도 같은 용법에 속한다.

또한, '여호와' 라는 호칭이 '주' (히브리어 '아도나이')로 발음하여 읽고, 그래서 '주 여호와' 로도 자주 구약 성경에 사용되어 있으며, 신약에서도 '주' 라는 호칭이 예수 그리스도에게 사용된 것으로 미루어 볼 때, 예수님이 '주' 라는 호칭과 관련하여 자신을 "내니라"(히브리어 '여호와')하심은 스스로 자신의 신성 곧 하나님이심을 밝히고 있는 것이다(참고, 요 20:28; 벧후 1:1, 11). '여호와' 와 관련하여 신약에서 예수님이 사용하신 '에고 에이미' (영어로 둘 다 'I Am' 으로 번역됨)의 용법을 배경으로 하여 생각해 볼 때, '여호와' 라는 이 이름은 "내니라"를 뜻한다.

이 같은 사실은 출애굽기 3장과 6장의 문맥에 또한 나타나 있다. 여호와 하나님은 사실상 믿음의 조상들이 섬겨온 분이셨는데, 이스라엘 백성이 애굽에서 종살이하면서 잊고 살았었다. 그러나 오랜 세월이 흐른 후 하나님이 그 조상들과 맺은 언약을 기억하시고 그 언약을 성취하러 자기 백성 가운데 오셔서 자기를 '여호와' 로 계시하신 것이다. 그래서 출애굽기 6장 2절에서 "나는 여호와로라"하신 다음에 곧이어 "나의 언약을 기억하노라"(5절)하시고 또 "너희 하나님 여호와인 줄 알지라"(7절)하셨다. 그런 까닭에, '여호와' 하나님은 언약을 성취하시는 신실하신 언약적 사랑의 하나님이시다. 따라서 언약관계적 의미에서 "내니라"로 번역하는 것이 적절하다.

이 같은 번역은, 특별히 신명기와 이사야에서 "내가 여호와라"(히브리어, '아니-여호와') "내가 곧 그니라"(히브리어 '아니-후')는 표현에 의해 뒷받침된다(참고, 신 32:39; 사 41:4; 45:19; 48:12; 52:6; 63:1). 특히, 이사야 45:19의 히브리어 '아니-여호와' 는 칠십인역 헬라어 성경에 '에고 에이미 에고 에이미 퀴리오스' 로 번역되어 있는데, 영어로 번역하면 I am 'I Am' the Lord 이고, 우리말로는 "나는 '내니라' 주이니라" 또는 "나 '내니라' 주"이다. '여호와' 에 대한 영어 번역, 'I Am that I Am' 도 우리말로 '내가 나이니라' 로 번역되어야 하고, 따라서 'I Am' 은 '내니라' 로 번역하는 것이 당연하다.

6. '전능한 하나님'이라는 이름은 그 뜻이 무엇이며, 하나님이 어떤 분이심을 계시하고 있는가?

믿음의 조상인 아브라함과 이삭과 야곱이 즐겨 사용한 하나님의 이름이 '전능한 하나님'이다(창 17:1; 28:3; 35:11; 48:3; 49:25). 그래서 출애굽기에 "내가 아브라함과 이삭과 야곱에게 전능한 하나님으로 나타났다"(출 6:3)고 하였다. 이 호칭은 특히 많은 환난의 고통 중에 있던 욥의 경우에 많이 사용되어 있다(31회).

'전능한'은 히브리어로 '샤다이'인데, '산'을 뜻한다고 보는 견해(참고, 시 121:1-2)와 '젖가슴' 또는 '가슴에 품고 먹이다'(to breastfeed)로 보는 견해(참고, 창 49:24-25)가 있다. '산'으로 보는 견해는 하나님을 전쟁에 능한 전사로서 강력하신 분으로 보는 것이다. 그래서 헬라어로는 '판토크라토르'이고 영어로는 'Almighty'로 번역되었다. 그러나 '젖가슴'으로 보는 견해는, 하나님이 믿음의 조상들이나 욥의 경우, 전쟁에 능한 전사로 자신을 계시했다기보다는, 외로운 나그네 인생을 사는가 하면 환난의 큰 고통 중에 그들이 처해 있었기 때문에 하나님이 자기 백성과 언약을 맺으신 분으로서 위로와 축복의 원천이시며 환난에서 건지시는 긍휼의 하나님으로 자신을 계시했다고 보는 것이다. 이 같은 견해는 창세기와 욥기의 전체적인 역사적 배경에 의하여 충분히 뒷받침되어 있고, 이사야 41:9; 46:3, 4; 49:15 등도 이에 동조한다.

예수 그리스가 선한 목자요 긍휼이 많으신 위로자이시며 성령님 또한 위로자로서 우리를 위해 탄식하며 기도해 주시는 것처럼, 전능한 하나님도 자기의 백성을 환난에서 건져 가슴에 품고 축복하고 위로하시는 분이시다. 그래서, 이사야는 이같은 의미로 예수 그리스도를 '전능한 하나님'으로 예언한 바 있고(사 9:6), 또 전능한 하나님의 목자의 음성을 이렇게 전했다; "나를 들을지어다 배에서 남으로부터 내게 안겼고 태에서 남으로부터 내게 품기운 너희여, 너희가 노년에 이르기까지… 내가 너희를 품을 것이라. 내가 지었은즉 안을 것이요 품을 것이요 구하여 내리라"(사 46:3, 4).

7. '만군의 여호와'라는 이름은 그 뜻이 무엇이며, 하나님이 어떤 분이심을 계시하고 있는가?

히브리어 '체바오트'에서 온 이 호칭은 사무엘서, 열왕기서, 이사야서, 예레미야서, 그리고 시편에 많이 사용되어 있는 바, 이스라엘이 왕국의 체계를 갖추게 되면서 사용되기 시작했다. '만군'은 천군 천사를 뜻하는 것으로, 하나님께서 그들을 동원하고 사용하여 자기의 영광과 나라 및 자기의 택함 받은 백성의 구원을 위하여 열심을 다하시는 분이심을 보여 주고 있다. 다시 말해서, '만군의 여호와'는 자기 백성의 구원을 성취하고자 열심을 내시는 거룩한 전사(warrior)이시다(참고, 사 26:11; 37:32; 렘 50:34). 그는 우리와 함께 하시고 천군 천사를 부려 우리를 굳세게 하고 도우시며 오른손으로 붙들어 승리하게 하신다(사 41:9-10). 예레미야는 이렇게 예언했다; "만군의 여호와라 일컫는 왕이 이같이 말하노라 모압이 황폐되었도다"(렘 48:15) "그들의 구속자는 강하니 그 이름은 만군의 여호와로라"(렘 50:34).

8. '아버지'라는 호칭은 하나님이 어떤 분이심을 계시하고 있는가?

신명기 32:6, "그는 너를 얻으신 너의 아버지가 아니시냐 너를 지으시고 세우셨도다"; 이사야 63:16, "여호와여, 주는 우리 아버지시라 상고로부터 주의 이름을 우리의 구속자라 하셨거늘". 이 말씀에 의하면 하나님 아버지는 우리의 창조자이시요, 구속자이시다. 우리를 지으시고 사랑으로 보살피시며 양육하시고(시 100:1-3), 인자와 긍휼을 더하시고 우리에게 좋은 것을 주어 만족하게 하시는 분이시다(시 103:2-5).

특별히, 신약에서는 하나님이 아버지로 많이 불려지고 있는데, 이는 예수께서 친히 하나님을 아버지로 부르셨고(마 6:9), 성령께서도 양자의 영으로서 우리로 하여금 하나님을 아버지라 부르게 하셨기 때문이다(롬 8:16). 따라서 아버지이신 하나님이 우리를 항상 위하시기에 어떤 무엇도 심지어 사단 마귀도 우리를 대적하지 못하고 송사하거나 정죄하지 못할 뿐 아니라 해하지 못하며, 이로써 우리가 넉넉히 승리하는 것이다(롬 8:31-37; 요일 5:18).

이사야의 예언에 의하면, 예수 그리스도도 우리의 "영존하시는 아버지"이시다(사 9:6).

9. 하나님의 이름과 호칭들 가운데 나머지 주요한 것들은 무엇이며, 각각 그 뜻하는 바는 무엇인가?

하나님을 잘 계시해 주고 있는 기타의 이름들로는 다음과 같은 것들이 있다.

① 여호와 이레(창 22:14): '여호와가 준비하신다' 는 뜻으로, 하나님은 우리를 위해 친히 속죄제물을 준비해 주시는 분이다.

② 여호와 닛시(출 17:15): '여호와는 나의 깃발' 이라는 뜻으로, 하나님은 우리의 중보자의 기도를 들으시고 우리에게 승리를 주시는 분이다.

③ 여호와 샬롬(삿 6:24): '여호와가 평화이시다' 는 뜻으로, 하나님은 죄로 말미암아 징계를 받을 수 밖에 없는 자들에게 친히 화목제물을 준비해 주시어 자기와 자기 백성 사이에 평화를 주시는 분이시다. 그리스도도 우리의 평화이시다. 그의 십자가의 피로 하나님과 우리 사이 뿐 아니라, 이방인과 유대인 사이의 막힌 담을 헐으셨다(엡 2:13, 14; 골 1:20).

④ 여호와 라파(출 15:26): '치료하는 여호와' 라는 뜻으로, 하나님은 자기 백성을 질병에서 치료하시는 분이다.

⑤ 에벤에셀(삼상 7:12): '도움의 돌' 이라는 뜻으로, 하나님은 자기 백성에게 도움과 힘이 되시는 분이다(참조, 시 18:1).

⑥ 임마누엘(사 7:14): '하나님이 우리와 함께 계시다' 는 뜻으로, 하나님은 항상 우리 가운데 함께 계시어 우리편이 되어 주시는 분이다(참조, 시 118:6-9, 14). 예수 그리스도가 우리의 임마누엘이시다(마 1:23).

⑦ 여호와 삼마(겔 48:35): '여호와가 거기 계시다' 는 뜻으로, 하나님이 성전이 되어 우리 가운데 지금 여기 계신다(참조, 계 21:3, 22).

제 7 과 사랑의 하나님의 성품

기본적인 질문:

1. 하나님의 성품에 대하여 역사상 교회가 가장 간단 명료하게 내린 정의는 무엇인가?

2. 하나님이 영(a Spirit)이라는 말은 무슨 뜻인가?(요 4:24).

3. 하나님은 어떤 점에서 위대하신가?

4. 하나님의 존재가 무한 영원 불변하시다는 것은 무슨 뜻인가?

5. 하나님의 지혜가 무한 영원 불변하시다는 것은 무슨 뜻인가?

6. 하나님의 권능이 무한 영원 불변하시다는 것은 무슨 뜻인가?

7. 하나님은 어떤 점에서 선하신가?

8. 하나님의 거룩하심이 무한 영원 불변하시다는 것은 무슨 뜻인가?

9. 하나님의 공의가 무한 영원 불변하시다는 것은 무슨 뜻인가?

10. 하나님의 선하심이 무한 영원 불변하시다는 것은 무슨 뜻인가?

11. 하나님의 진실하심이 무한 영원 불변하시다는 것은 무슨 뜻인가?

12. 하나님이 사랑이시다는 것은 무슨 뜻인가?

13. 하나님이 삼위일체이다는 것은 무슨 뜻인가?

14. 삼위일체 교리가 신학적으로 왜 중요한가?

15. 삼위일체 교리를 잘못 가르친 사상들은 어떤 것들인가?

16. 하나님에게도 사람처럼 이목구비와 사지가 있는가?

1. 하나님의 성품에 대하여 역사상 교회가 가장 잘 기술한 것으로 알려진 정의는 무엇인가?

찰스 하지(1797-1878)라는 유명한 칼빈주의 신학자가 말한 바에 의하면, 교회가 지금까지 기술한 것 중 하나님에 대한 최상의 정의는 다음과 같다.

"하나님은 영이신데, 그의 존재와 지혜와 권능과 거룩하심과 공의와 선하심과 진실하심이 무한하고 영원하고 불변하다"(웨스트민스터 소요리 4문답). (God is a Spirit, infinite, eternal, and unchangeable, in his being, wisdom, power, holiness, justice, goodness, and truth.)

2. 하나님이 영(a Spirit)이라는 말은 무슨 뜻인가?(요 4:24).

영어로 'the Spirit'은 삼위일체의 제3위이신 성령을 가리키나, 'a Spirit'은 삼위일체 하나님이 영이라는 뜻이다. 즉, 성부 하나님, 성자 하나님, 성령 하나님이 다같이 영이시다.

영어로 'a Spirit'이라는 표현은 하나님이 많은 영들 가운데 하나의 영으로 오해될 수 있는데, 하나님이 유일하신 참 하나님이심을 고려하면 그런 뜻으로 해석되어서는 안 된다. 하나님이 영이시라는 것은 요한복음 4장에 보면, 우선 사람의 눈으로 볼 수 없는 순결한 영으로서 물질적 또는 신체적이지 않으시다는 뜻이다. 영이신 하나님은 영의 본성을 가지신 영적 존재이시다. 그는 바람처럼 역동적인 분으로 활동하시되, 자기의 기쁘신 뜻과 지혜와 권능과 사랑으로 생명을 주시고, 피조물과 생명적 관계를 맺으시는 분이시다. 그래서 그는 예배를 받으시고, 생명과 복을 주신다(참조, 요 4:10, 24). 순결한 영이신 하나님은 자유와 사랑으로 생명을 주시는 창조주요, 자기의 기쁘신 뜻을 따라 행하시는 자의식적, 자기결정적인 인격적 주재요 주관자이시다(참조, '영', spirit이 히브리어와 헬라어로는 '바람', '생기'로, 그리고 영어로는 '정신', '용기'로 번역되기도 한다).

3. 하나님은 어떤 점에서 위대하신가?

하나님은 그의 존재와 지혜와 권능이 무한하고 영원하고 불변하기 때문에 위대하시다. 다시 말해서, 하나님의 존재가 무한, 영원불변하고, 그의 지혜가 무한, 영원, 불변하며, 그의 권능이 영원, 무한, 불변하기 때문에 그가 위대하신 것이다.

4. 하나님의 존재가 무한 영원 불변하시다는 것은 무슨 뜻인가?

"나는 알파와 오메가라"(계 1:8) "누가 태초부터 만대를 명정하였느냐. 나 여호와라. 태초에도 나요 나중에 있을 자에게도 내가 곧 그니라"(사 41:4). 하나님은 태초부터 스스로 존재하신다. 그러면, 하나님의 존재가 무한하고 영원하며 불변하다는 것은 무슨 뜻인가?

첫째, 하나님은 존재가 무한하심으로 공간적으로 어디에나 계신다(omnipresent). "나 여호와가 말하노라. 나는 가까운 데 하나님이요 먼 데 하나님은 아니냐… 나 여호와가 말하노라. 나는 천지에 충만하지 아니하냐"(렘 23:23-24). 예레미야서의 이 말씀대로, 하나님의 존재는 무한하시어 가까운데 뿐 아니라 먼 데까지 어디에나 계신다. 그는 하늘 높이 보좌에 계시기에(전 5:2; 사 6:1) 초월적이시고, 바다 밑에도 계시기에(시 139:9; 암 9:2-4) 내재적이다. 그래서, 그는 하늘 보좌에서 다스릴 뿐 아니라, 이 땅의 역사 속에서 직접 일하신다.

둘째, 하나님은 존재가 영원하시므로 시간적으로 불멸하시고(immortal, 롬 1:23) 영존하신다(everlasting, 시 102:26-28). 그는 처음이자 마지막이시기에(사 44:6; 48:12) 역사를 창조하실 뿐 아니라 완성하시는 분이시다. 하나님이 영존하시기에 역사가 이루어져 가며, 우리와 우리의 후손들이 항상 대를 이어 삶을 살아가는 것이다.

셋째, 하나님은 존재가 불변하시므로 성품적으로 후회함이 없고 변개하지 않으신다. "하나님은 인생이 아니시니 식언치 않으시고 인자가 아니시니 후회가 없으시도다"(민 23:19). 하나님의 부르심에는 후회가 없다(롬 11:29). 하나님은 항상 "깨끗한 자에게는 주의 깨끗함을 보이시며 사특한 자에는 주의 거스리심을 보이시리니 주께서 곤고한 백성은 구원하시고 교만한 눈은 낮추신다"(시 18:26-27). 자기에게 기도할 때마다 가까이 하신다(신 4:7).

5. 하나님의 지혜가 무한 영원 불변하시다는 것은 무슨 뜻인가?

첫째, 그의 창조사역에 대하여 다 아신다. 하나님은 그의 지혜가 무한하시어 하늘의 별들의 수효를 계수하시고 그것들의 이름을 다 아신다(시 147:4, 5). 이 우주에 얼마나 많은 은하계가 있고, 그 은하계에 얼마나 많은 별들이 있는가를 생각해 보면, 하나님의 지혜는 측량할 수가 없다.

둘째, 그의 구속 사역에 있어서 그 지혜가 측량할 수 없다. 그는 태초에 어린양이 죽임을 당하게 하셨고 그 어린양의 생명책에 자기 백성들의 이름들을 이미 기록해 놓으셨으며(계 13:8), 모태에서 조성되기도 전에 아시고 사랑하셨으며(롬 9:10-13), 구원을 위하여 십자가의 도를 마련하셨다(고전 1:18-25). 이스라엘의 구원에 대한 그의 계획 또한 비밀스러웠다(롬 11:25-27). 그래서 바울은 감탄했다. "깊도다 하나님의 지혜와 지식의 부요함이여. 그의 판단은 측량치 못할 것이며 그의 길은 찾지 못할 것이라"(롬 11:33).

셋째, 사람들의 생각과 형편을 아심에 있어서 무한 영원불변하시다. 시편 기자가 말한 대로, "주께서 나의 앉고 일어섬을 아시며 멀리서도 나의 생각을 통촉하시오며… 나의 모든 행위를 익히 아시오니 여호와여, 내 혀의 말을 알지 못하시는 것이 하나도 없으시니이다"(시 139:2-4). 하나님은 우리의 원통함과 우환을 아시고, 우리의 속상함과 곤고함도 아시며(시 142:1-5), 우리의 고통스런 부르짖음의 기도를 경청하고 응답하신다(시 18:6; 142:6-7). 또한 지혜의 하나님은 우리의 질병을 아시고 친히 담당하시며 우리의 슬픔을 대신 당하신다(사 53:3-4).

6. 하나님의 권능이 무한 영원 불변하시다는 것은 무슨 뜻인가?

하나님은 그의 존재에 있어서 우리와 항상 함께 영원토록 계시므로(편재) 그의 지혜에 있어서 우리를 다 아신다(전지). 그래서 그는 그의 권능에 있어서 우리를 위하여 최선을 다 하실 수가 있다(전능). 이처럼, 하나님은 그의 존재와 지혜와 권능에 있어서 편재하시고 전지하시며 전능하시기에 위대하신 것이다.

그러면, 구체적으로 그의 권능은 어떤 점에서 무한 영원 불변한가?

첫째, 창조와 섭리 사역에 있어서 전능하시다. 욥기에서 엘리후를 통하여 하나님이 주신 말씀에 의하면, 하나님은 그의 크신 권능으로 안개와 비를 만드시고(욥 36:27, 28), 땅의 기초를 놓으시며(욥 38:4), 천체의 운행의 궤도를 정하시고(욥 38:19, 24), 각종 별들을 만들어 인도하셨다(욥 38:31-33). 그래서 욥이 고백했다. "주께서는 무소불능 하시오며 무슨 경영이든지 못 이루실 것이 없는 줄 아오니"(욥 42:2).

둘째, 구원 사역에 있어서 전능하시다. 하나님은 사단의 세력을 꺾으시고(참고, 롬 16:20; 계 20:1-3), 죄의 삯인 사망을 멸하시며(고전 15:26, 55), 사단의 미혹으로 타락한 자들을 생명의 길로 인도하시되(시 16:11), 죄의 올무에서 해방시켜(갈 3:13) 사망에서 생명으로 옮기신다(요 5:24; 요일 3:14).

셋째, 인간세계와 비교하여 전능하시다. 하나님과 비교해 볼 때, 열방은 통의 한 방울 물 같고, 저울의 적은 티끌에 지나지 않는다(사 40:15). 그러기에, 여호와께 피함이 방백들을 신뢰함보다 낫다(시 118:6-9). 그리고, "내게 능력 주시는 자 안에서 내가 모든 것을 할 수 있느니라"(빌 4:13)고 고백할 수 있는 것이다.

7. 하나님은 어떤 점에서 선하신가?

하나님은 그의 거룩하심과 공의와 선하심과 진실하심이 무한하고 영원 불변하시기에 선하시다. 다시 말해서, 그의 거룩하심이 무한하고 영원하며 불변하시고, 그의 공의가 무한하고 영원하며 불변하고, 그의 선하심이 무한하고 영원하며 불변하시고, 그의 진실하심이 또한 무한하고 영원하며 불변하시기 때문에 하나님은 지극히 선하신 것이다.

8. 하나님의 거룩하심이 무한 영원 불변하시다는 것은 무슨 뜻인가?

첫째, 하나님은 거룩 자체이시다. 하나님은 그의 거룩하심이 무한 영원불변하시므로 거룩 자체이시다. "거룩하다 거룩하다 거룩하다 주 하나님 곧 전능하신 이여 전에도 계셨고 이제도 계시고 장차 오실 자라"(계 4:8). "거룩하다 거룩하다 거룩하다 만군의 여호와여 그 영광이 온 땅에 충만하도다"(사 6:3). 하나님은 영존하시고, 온 땅에 충만하시며, 전능하시어 사람이 감히 가까이 할 수 없는 초월성(unapproachable transcendence)을 지니고 있는 바 거룩 자체이시다(출 3:5). 사람은 하나님의 영광이 너무나 거룩하여 감히 볼 수가 없다(사 6:5).

둘째, 하나님은 도덕적으로 순결하시다(moral purity). 그는 결단코 악을 행하거나 불의를 행하지 아니하며(욥 34:10) 죄를 미워하신다(레 11:44-45). 그리고 자기가 거룩하신 것처럼 그의 자녀인 우리도 거룩하기를 원하신다. "하나님의 뜻은 이것이니 너희의 거룩함이라"(살전 4:3). 그러므로 "하나님이 우리를 부르심은 부정케 하심이 아니요 거룩케 하심이니"(살전 4:7), 각종 음란과 색욕을 버리고 형제를 해하는 대신 사랑하고 범사에 항상 선을 좇으며 악은 그 모양이라도 버리기를 우리에게 원하시는 것이다(살전 5:15, 22; 참조, 벧전 1:15-16). 이 거룩함은 도덕적으로 온전한(perfect) 것을 뜻한다(마 5:48).

셋째, 하나님의 거룩은 사랑의 희생이다. 하나님은 자기 백성이 거룩하기를 원하시는 까닭에, 그들의 죄와 저주와 형벌을 자기의 유일한 아들 예수 그리스도에게 담당시키심으로 자기의 사랑을 확증하셨다(롬 5:8). 그는 예수 그리스도를 희생의 속죄 제물로 삼아 그의 피로 자기 백성을 깨끗하게 씻어 거룩하게 하실 뿐 아니라(히 9:14, 22), 성령으로 새롭게 하시는 것이다(딛 3:5). 그는 희생의 사랑으로, 그리고 죄를 씻어 주심으로, 또한 죄의 저주와 형벌까지 담당해 주심으로 자신의 거룩하심을 나타내셨다. 이렇듯 사랑은 희생하는 것이요, 희생이 거룩함의 표현인 까닭에, 하나님은 거룩 자체요, 도덕적으로 순결하고 거룩하시다.

9. 하나님의 공의가 무한 영원 불변하시다는 것은 무슨 뜻인가?

하나님의 공의(justice) 곧 의로우심(righteousness)이 무한 영원불변한 것은 보복적(retributive)일 뿐 아니라 보상적(remunerative)이요 분배적(distributive)이요 구속적(redemptive)이기 때문이다.

첫째, 하나님의 공의는 보복적이다. 하나님께서는 각 사람에게 그 행한 대로 보응하시되 불의를 좇는 자에게는 노와 분으로 하시고 악을 행하는 각 사람의 영에게 환난과 곤고가 있게 하신다(롬 2:6-9; 참고, 시 7:11-13; 살후 1:6).

둘째, 하나님의 공의는 보상적이다. 하나님은 의인들의 의와 성실하심을 따라 판단하시고(시 7:8-9), 선을 행하여 영광과 존귀의 하나님을 경외하는 자에게는 의의 면류관을 예비해 주신다(딤후 4:8).

셋째, 하나님의 공의는 분배적이다. 안식일(레 23장), 안식년과 희년(레 25:1-12), 십계명(출 20:8-17), 언약법(출 21-23장), 초기 예루살렘교회 생활(행 2:43-47), 구제헌금(고후 8-9장) 등을 고려해 보면 하나님은 약하고 가난한 자를 여러 가지로 배려하신다.

넷째, 하나님의 공의는 구속적이다. 하나님은 예수 그리스도의 피로 인하여 그를 믿음으로 말미암는 화목 제물로 세우시고, 예수 그리스도께서 성취하신 구속으로 말미암아 하나님의 은혜로 값없이 예수 믿는 자들을 의롭다 하심으로 자기의 의로우심을 나타내셨다(롬 3:24-26). 그래서 그의 공의는 구속적이요, 그의 유일하신 아들 예수 그리스도는 우리에게 의로움 자체이시다(고전 1:30; 참고, 렘 23:6, "그 이름은 여호와 우리의 의라 일컬음을 받으리라"). 우리도 그리스도 안에서 하나님의 의가 되게 하신다(고후 5:21).

10. 하나님의 선하심이 무한 영원 불변하시다는 것은 무슨 뜻인가?

첫째, 창조 사역에서 선하시다. "지혜로 하늘을 지으신 이에게 감사하라. 그 인자하심이 영원함이로다. 땅을 물 위에 펴신 이에게… 큰 빛들을 지으신 이에게… 해로 낮을 주관하게 하신 이에게… 달과 별들로 밤을 주관케 하신 이에게 감사하라. 그 인자하심이 영원함이로다"(시 136:5-9).

둘째, 구원 사역에서 선하시다. 하나님은 선하시고 인자하시어, 이스라엘을 애굽에서 강한 손과 펴신 팔로 인도해 내시고, 홍해를 갈라 그 가운데로 통과하게 하시되 그 대적들을 홍해 가운데서 멸하시며, 그 백성을 인도하여 광야로 통과하게 하실 때에도 대적들을 물리치셨다(시 136:10-24).

셋째, 우리의 일상생활 면에서도 선하시다. 하나님은 일상생활 가운데서 우리에게 필요한 것을 공급하시고 일용할 양식을 주시는 일에서도 그의 선하심이 영원하다(시 136:25; 참조, 마 6:25-26, 31-32). 그래서 예수님은 우리에게 하늘에 계신 아버지 하나님께 일용할 양식을 구하라고 가르쳐 주셨다(마 6:11).

11. 하나님의 진실하심이 무한 영원 불변하시다는 것은 무슨 뜻인가?

첫째, 하나님은 논리적으로 합리적이시다(logically rational). 그는 참 하나님(the true God)이신지라(렘 10:10), 그의 말씀이 완전하고 신뢰할 수 있으며 순결하고 확실하여 다 의로우시다(trust-worthy, pure, sure, and righteous). 하나님의 말씀인 성경이 거짓이 없고 오류가 없는 것과, 선지자들과 사도들의 가르침

뿐 아니라 예수님 자신의 가르침이 논리적으로 합리적이고 진실한 것이 하나님의 진실하심을 뒷받침해 준다.

둘째, 하나님은 윤리적으로 신뢰할 만하다(ethically reliable). "여호와의 모든 길은 그 언약과 증거를 지키는 자에게 인자와 진리"(시 25:10)이다. 하나님은 참되시기에 식언하지 아니하시고 (민 25:19), 후회함이 없으실 만큼 불변하시기에 그는 신뢰할 만하고, 진실하신 것이다.

셋째, 언약적으로 신실하시다(covenantally faithful). "우리는 미쁨이 없을지라도 주는 일향 미쁘시니 자기를 부인하실 수 없으리라"(딤후 2:13). 하나님은 진실하시기에, 야곱의 경우, "내가 너와 함께 있어 네가 어디로 가든지 너를 지키며 너를 이끌어 이 땅으로 돌아오게 할지라. 내가 네게 허락한 것을 다 이루기까지 너를 떠나지 아니하리라"(창 28:15)고 하신 약속을 지키셨다. 그래서 야곱은 나중에 고백하기를, "나는 주께서 주의 종에게 베푸신 모든 은혜와 모든 진리를 조금이라도 감당할 수 없나이다"(창 32:10) 하였다. 또한 하나님은 아브라함과 맺은 언약을 기억하시고 이스라엘 백성을 애굽의 종살이에서 건져 주셨다(참고, 출 2:24-25). 뿐만 아니라, 구약의 선지자들을 통해서 약속하신 것들이 예수 그리스도에게서 다 성취되게 하셨다(참고, 마 1:22; 2:15-18; 히 8:6-13).

12. 하나님이 사랑이시다는 것은 무슨 뜻인가?

하나님이 바울을 통해서 말씀하시는 "사랑은 오래 참고 온유하며 자랑하지 아니하며 교만하지 아니하며 자기의 유익을 구치 아니하며 성내지 아니하며 악한 것을 생각지 아니하며 불의를 기뻐하지 아니하며 진리와 함께 기뻐하고 모든 것을 참으며 모든 것을 바라며 모든 것을 견디어 내는 것"(고전 13:4-7)이다.

하나님이 모세를 통해서 반포하신 대로, 여호와 하나님은 자비롭고 은혜롭고 노하기를 더디하시고 인자와 진실이 많으시다(출 34:6). 그래서 하나님은 죄인들을 용납하시고 길이 참으시어 인도하여 회개에 이르도록 하시기를 기뻐하는 것이다(롬 2:4).

요약하자면, 하나님의 사랑은 첫째, 자애로움(loving-kindness)이다. 자기의 모든 것을 내어 주어 죄인인 우리로 하여금 생명을 풍성하게 누리게 하신다.

둘째, 변함없는 성실함(steadfast loyalty)이다. 오래토록 참으시고 모든 것을 믿고 바라며 견디어 낸다. 간사한 야곱 같은 우리를 끝까지 참으시는 것이다.

셋째, 다함없는 애정(unfailing affection)이다. 하나님은 자기의 유일한 아들 예수 그리스도를 십자가의 희생 제물로 내어 주실 뿐 아니라 모든 좋은 것을 한없이 주신다(롬 8:32). 하나님의 애정은 샘솟듯 늘 넘치고도 넘친다.

요한은 하나님이 사랑이심을 감격스럽게 이렇게 말하였다. "하나님의 사랑이 우리에게 이렇게 나타난바 되었으니 하나님이 자기의 유일한 아들을 세상에 보내심은 저로 말미암아 우리를 살리려 하심이니라. 사랑은 여기 있으니 우리가 하나님을 사랑한 것이 아니요 오직 하나님이 우리를 사랑하사 우리 죄를 위하여 화목제로 그 아들을 보내셨음이라"(요일 4:9-10).

이로 보건대, 하나님이 사랑이신 것은 그가 죄인인 우리를 살려주시고, 늘 새롭게 살게 하시기 때문이다. 하나님의 사랑은 사람을 살리는 묘약이다. 사람을 죽이는 것은 사단 마귀에게서 나오는 정욕(lust)이요, 살리는 것은 하나님에게서 나오는 사랑(love)이다. 사단은 정욕이요, 하나님은 사랑이시다. 이 사랑은 악한 것을 생각지 아니하고 악은 그 모양이라도 버리기에 거룩하고, 불의를 기뻐하지 아니하고 진리와 함께 기뻐하기에 의롭고, 모든 것을 믿기에 진실하다. 따라서 거룩함과 의로움과 진실함이 없는 위장된 사랑은 사탕발림이요, 마귀적인 정욕이다. 하나님의 사랑은 결코 정욕이 아니다.

13. 하나님이 삼위일체이시다는 것은 무슨 뜻인가?

기독교의 삼위일체 교리는 구원을 얻는 지혜의 핵심이기에 결정적으로 중요하다. 그래서 이 교리를 부인하면 사실상 구원을 얻지 못하며 잃게 된다. 그러나 이 교리를 논리적으로 세상적인 비유나 방법으로 증명하려고 시도하다 보면 적절한 답이 없어서 미치게 되고 만다. 어떤 사람들은 예화를 들지만 결국 모두 실패한다. 삼위일체 하나님의 존재는 오직 하나님만의 존재 방식인 까닭에 이 세상에는 거기에 걸맞는 비유나 예화가 없고, 또 있을 수도 없다. 흔히 교회에서 말하는 예화나 비유는 대체적으로 2세기 말엽과 3세기 초엽의 양태론적 단일신론자들에 의해 소개된 것들이다(예: 어떤 한 사람이 집에서는 아버지, 직장에서는 과장, 교회에서는 장로인 것; 물이 섭씨 0도 이하에서는 얼음, 상온에서는 물, 100도 이상에서는 증기인 것 등).

교회 역사상 삼위일체 교리에 대한 가장 명료한 정의는 다음과 같다.

"본체와 능력과 영원성에 있어서 동일한 삼위가 단일한 신격으로 있으니 성부 하나님과 성자 하나님과 성령 하나님이시다. 성부는 아무에게서도 기원하시지 않고, 나시지도 않으며, 나오시지도 않으나 성자는 성부에게서 영원히 나시고, 성령은 성부와 성자로부터 영원히 나오신다"(웨스트민스터 신앙고백 제 2장 3항).

위의 정의에 기초하여 설명하자면, 삼위일체 하나님은 첫째, 실체에 있어서(in essence) 유일하신 분이시다. 그래서 삼위는 동일하시다.

둘째, 실재 또는 본체에 있어서(in reality 또는 substance) 삼위이시다(성부와 성자와 성령은 각 위가 자존하시는 하나님이시다). 그래서 삼위는 서로 구별되신다.

셋째, 질서에 있어서(in order) 성부가 먼저이시고 성자가 다음이며 성령이 마지막이시다. 즉, 성부는 위격의 기원이시고, 성자는 성부에게서 영원히 나시고, 성령은 성부와 성자에게서 영원히 나오신다. 그래서 성자는 성부에게, 성령은 성부와 성자에게 순종하신다.

넷째, 관계에 있어서(in relationship) 사랑으로 하나 된 공동체(a communion of love)이다. 즉, 상호교통(perichoresis)하는 가운데 내어 주심과 섬김과 사귐의 사랑에 있어서 하나이시다(참고, 요 10:38; 14:10-11; 17:21). 성부는 성자에게 하늘과 땅의 모든 권세와 심판권을 내어 주시고(요 3:35; 5:22-23), 성자는 성부에게 자신을 십자가에 제물로 내어주시며(요 12:27-28), 성령은 성자와 하나님의 교회에게 성령을 충만하게 부어 주신다(마 3:16; 행 2:33). 그러기에, 삼위 하나님은 서로 사랑하고 기뻐하며 즐거워하신다(마 3:17; 요 17:4; 잠 8:30).

다섯째, 경륜에 있어서(in economy) 즉, 작정, 창조, 섭리, 구원에 있어서 각각 독특하게 그러면서도 하나로 일하신다. 삼위일체 하나님은 질서와 관계와 경륜에 있어서 사랑이시다.

14. 삼위일체 교리가 신학적으로 왜 중요한가?

예루살렘 초대교회의 최초의 그리스도인들에게는 구약의 신앙전통과, 직접 눈으로 보고 손으로 만져 본 데서 경험한 신앙고백과 감격적인 신령한 체험이 있었다. 다시 말하자면, 구약 성경의 전통을 따라 그들은 여호와 하나님에 대한 신앙 곧 유일신 신앙을 물려받았다(행 3:13). 그리고 예수님이 그들의 목전에서 부활 승천하심을 보고서 그를 주 하나님으로 고백하게 되었으며(행 2:36), 승천하신 예수님이 교회 위에 부어 주신 보혜사 성령의 임재와 기이한 일들을 체험하였다. 이 같은 유일한 참 하나님에 대한 전통적인 신앙과, 예수 그리스도를 주 하나님으로 알고 믿게 된 신앙 고백과, 교회 가운데 임재하여 일하시는 성령님에 대한 신령한 체험이 성부와 성자와 성령을 한 하나님으로 알고 예배하게 하였다. 이것이 삼위일체 교리의 성경적 배경이요 근거이다. 이런 까닭에, 삼위일체 교리를 알지 못하거나 믿지 아니하면, 사실상 교회 밖에 있게 되고, 그리스도의 몸과 성령의 전으로서 하나님의 구원에 참여할 수가 없다. 구원에 이르는 지혜를 얻을 수가 없는 것이다.

 삼위일체 교리는 여타의 교리들을 이해하는데 있어서 기본이자 필수이다. 예를 들면, 하나님의 창조사역이 성부 하나님께로부터(from the Father) 성자 예수를 통하여(through the Son) 성령의 능력으로(by the Spirit) 되어진다. 구원 사역의 경우도 성부가 성자 안에서 예정하시고, 성자가 구원을 성취하는가 하면, 성령은 성취된 구원을 성부의 택한 자들에게 베푸신다. 교회도 성부의 가족, 그리스도의 몸, 성령의 전이다. 또한 하나님의 형상으로 창조된 인간도 성부 성자 성령 삼위 하나님이 사랑의 교제 가운데 섬김과 사귐의 사랑으로 하나이듯이, 공동체적으로 사랑의 하나 됨을 누려야 하는 것이다.

 이렇듯, 삼위일체 하나님을 성경적으로 이해할 때 첫째, 기독교 신학의 기초가 확실하게 세워지고, 둘째, 구원에 이르는 참 지혜를 얻게 되며, 셋째, 기독교 신학의 초점이 사랑의 섬김과 사귐을 통한 공동체적 삶 곧 사랑으로 서로를 섬겨 살리는 삶에 모아지고, 넷째, 신학이 신앙을 튼튼하게 세워주며, 다섯째, 삼위 하나님과의 건강하고 역동적인 만남의 경험 곧 영성을 갖게 되는 것이다.

15. 삼위일체 교리를 잘못 가르친 사상들은 어떤 것들인가?

 교회 역사상 삼위일체 교리를 부인하거나 잘못 가르친 사상들이 많이 있으나, 크게 보면 두 종류가 있다. 하나는 양태론적 단일신론(modalistic monarchianism)이고, 다른 하나는 역동적 단일신론(dynamic monarchianism)이다. 이 둘은 다같이 사실 하나님의 삼위 되심을 부인하고 한 하나님만을 주장한다.

양태론적 단일신론은 하나님이 실체에 있어서는 하나이신데, 시간과 장소에 따라서 성부나 성자나 성령으로 각기 나타난다고 주장한다. 예를 들면, 어떤 한 사람이 있는데 그가 집에서는 아버지이고, 회사에서는 과장이며, 교회에서는 장로인 것과도 같고, 물이 얼면 얼음이 되고, 녹으면 물이요, 끓으면 증기가 되는 것과도 같다고 비유한다. 이 같은 주장에 의하면, 구약시대에는 성부 하나님만 계시고, 신약시대에는 예수 그리스도만 계시며, 교회시대에는 성령님만 계신다고 해야 되는 모순이 있게 된다.

역동적 단일신론에 의하면, 성부 하나님만이 참 하나님(the God)이시고, 성자는 하나님 같은 분(a God)이시며, 성령은 신적 힘(a divine energy)이다. 이 단일신론을 주장하는 대표적 이단이 여호와의 증인이다. 예수의 하나님이심(the very God)을 부인하거나 성령의 인격성을 부정하는 신학적 주장(예, 민중신학)은 모두 비성경적이요, 반삼위일체적이다.

16. 하나님에게도 사람처럼 이목구비와 사지가 있는가?

하나님은 영이시기 때문에 사람처럼 이목구비(귀, 눈, 입, 코)와 사지(팔과 다리)를 가지고 계시지 않으나 성경은 하나님에게 마치 그런 것들이 있는 것처럼 표현함으로써, 하나님이 어떤 분이신가를 쉽게 이해할 수 있게 할 뿐 아니라 하나님을 가까이 느낄 수 있게 한다.

첫째, 하나님에게 눈이 있다. 하나님 여호와의 눈이 일년 내내 땅 위에 있다(신 11:12). 하나님은 땅의 농작물들이 풍성한 열매를 맺도록 지켜보신다. 또한, 자기의 이름을 두시고 자기 백성의 기도를 들으시는 성전과 교회를 향하여 하나님 눈으로 밤낮 보신다(대하 6:20). 하나님의 눈은 의인을 향하시고(시 34:15-16) 온 세상을 두루 행하시어 감찰하신다(슥 4:10; 잠 15:3). 하나님은 자기 백성이 범죄하고서 자기를 멀리하는 것을 볼 때마다 눈물을 흘리신다(애 1:15).

둘째, 하나님에게 귀가 있다. 하나님은 눈으로 보시고 귀로 들으신다(대하

6:19-21, 40; 시 34:15-16). 그는 성도들의 심장에서 나오는 신음소리와 기도 소리에 귀를 기울이시고 들으신다(시 140:6).

셋째, 하나님에게 코가 있다. 하나님은 그 코에서 연기가 오르듯이 원수들에 대하여 진노를 발하신다(시 18:7-8). 그의 콧김은 진노의 꾸지람이다(시 18:15; 출 15:8).

넷째, 하나님에게 입이 있다. 하나님은 자기 입으로 말씀하신 것을 그의 손으로 이루신다(대하 6:15). 그의 입에서 나오는 말씀은 불과도 같고, 또 날카로운 검과도 같다(시 18:8; 히 4:12). 그러나, 한편, 하나님은 입으로 축복하시고(민 6:22-27) 사랑을 노래하신다(출 33:19; 사 41:8-10).

다섯째, 하나님에게 손과 팔이 있다. 이스라엘 백성을 애굽의 종살이에서 해방시키고 홍해를 건너게 하여 구원하심에 있어서 하나님은 그의 오른손과 팔로 행하셨다(출 15:6, 12, 16). 그는 자기의 오른손으로 자기 백성을 붙드시고 도우시며 구원하시고 능력을 베푸신다(사 41:10, 13; 50:2; 51:9). 그리고 하나님은 손과 팔로 자기 백성을 안고 품으신다(사 46:3, 4).

여섯째, 하나님에게 발이 있다. 하나님은 자기의 손으로 만드신 하늘과 만물을 발아래 두시고(시 8:3, 6; 18:9) 지극히 높은 곳에 계신다. 뿐만 아니라, 그의 발로 사단 마귀를 밟아 멸하신다(롬 16:20; 고전 15:27).

일곱째, 하나님에게 얼굴이 있다. 하나님은 자기 백성을 축복하실 때 그 얼굴을 비추어 은혜를 베푸시고, 얼굴을 향하여 드시며 평강을 베푸신다(민 6:25-26). 그러나, 진노하실 때에는 얼굴을 숨기시며(시 13:1) 돌려 외면하신다(시 34:16; 벧전 3:12).

제 8 과 하나님의 생명 사역(I)

> **기본적인 질문:**
>
> 1. 세상에 지혜와 지식이 많아 보이는 사람들 그리고, 재물과 권세가 있는 사람들이 하나님을 쉽게 믿지 못하는 이유가 무엇인가?
>
> 2. 하나님이 살아 계시기는 하지만 일하지 않는다면 그런 하나님을 믿을 수 있겠는가? 우리는 어떤 하나님을 믿고 있는가?
>
> 3. 하나님이 하시는 일을 크게 다섯 가지로 분류한다면 무엇인가?
>
> 4. 하나님의 작정(또는, 계획)이란 무엇이며, 그것들의 특성은 무엇인가?
>
> 5. 하나님의 작정이 사람의 자유로운 행동을 속박하는가? 하나님의 작정하신 일에 대해서 사람은 어떻게 행동해야 하는가?
>
> 6. 하나님은 아담의 타락이나 가룟 유다의 배반과 같은 죄악을 작정하셨는가? 결과적으로, 하나님이 죄를 짓게 하시는가?
>
> 7. 하나님의 예정이란 무엇이며, 예정의 원인과 목적은 무엇인가?
>
> 8. 하나님이 구원받을 자를 이미 예정 가운데 선택해 놓으셨다면 불신자들에게 복음을 전할 필요가 있는가?
>
> 9. 사람이 하나님께 버림받는 실제적인 원인(또는, 이유)은 무엇인가?
>
> 10. 예정교리를 아는 것이 실제적으로 어떤 점에서 중요한가?

1. 세상에 지혜와 지식이 있어 보이는 사람들 그리고 재물과 권세가 있는 사람들이 하나님을 쉽게 믿지 못하는 이유가 무엇인가?

바울이 말한 대로, "너희를 부르심을 보라. 육체를 따라 지혜 있는 자가 많지 아니하며 능한 자가 많지 아니하며 문벌 좋은 자가 많지 아니하도다"(고전 1:26). 또한 예수님이 말씀하신 것을 보면, "재물이 있는 자는 하나님의 나라에 들어가기가 어떻게 어려운지 약대가 바늘귀로 들어가는 것이 부자가 하나님의 나라에 들어가는 것보다 쉬우니라"(눅 18:24, 25).

데카르트의 계몽주의 사상과 막스와 다윈의 유물론과 진화론의 영향을 받아 많은 사람들은 사람의 생각을 하나님의 진리인 성경의 가르침보다 더 권위 있게 높임으로 교만하게 되었다. 하나님은 교만한 자를 물리치신다(벧전 5:5). 교만은 패망의 선봉이요 넘어짐의 앞잡이여서(잠 16:18) 온유하고 겸손한 자를 위하여 문이 열려 있는 하나님 나라로 나아올 수 없다. 세상적으로 지혜 있는 자들은 그리스도의 십자가의 도를 미련하고 수치스럽게 여기며(고전 1:23), 재물과 권세로 배가 부른 자들은 하나님을 멀리 하고(잠 29:9), 하나님의 창조 사역을 고의적으로 부정하는 까닭에(벧후 3:5) 하나님을 믿지 못한다.

하나님을 사실상 믿지 못하고 부정하는 사상으로는, 이신론(deism)과 유물론적 무신론과 진화론과 범신론 및 범재신론이 있다. 이신론은 하나님의 존재를 인정하는 듯하지만 하나님이 역사와 우주 가운데서 실제로 통치하고 일하심을 알지 못하며, 유물론적 무신론은 오직 물질만이 존재한다고 주장하고 그것을 역사의 원동력으로 간주하며, 진화론 또한 창조주 하나님을 철저하게 부정하며, 범신론(pantheism)과 범재신론(panentheism)은 사실상 자연 만물과 신을 동일시한다.

2. 하나님이 살아 계시기는 하지만 일하지 않는다면 그런 하나님을 믿을 수 있겠는가? 우리는 어떤 하나님을 믿고 있는가?

갈릴레오(1564-1642)는 코페르니쿠스의 지동설을 지지하여 지구가 움직인다는 사실을 망원경을 만들어 입증하여 성경의 권위 대신 과학적 이성의 권위를 높였고, 하나님의 섭리 대신에 자연의 법칙과 활동을 중요시하였다. 갈릴레오와 같은 시대의 인물인 데카르트(1596-1650)는 수학적 논증을 모든 지식 분야에 적용하고자 하였다. "나는 생각한다. 고로 나는 존재한다"는 말을 통하여 이성의 제일 원리가 회의(doubt)이며, 회의하는 주체만이 사실상 존재한다고 주장했다. 이로써 그는 하나님의 계시인 성경 대신 회의하고 생각하는 주체인 인간의 이성의 소리와 판단을 앞세웠다. 데카르트의 사상에 심취한 존 로크(1632-1704)는 자연종교 곧 이신론(deism)을 내세워, 하나님이 세상을 창조하기는 했으나 세계는 하나의 거대한 기계처럼 그 자체의 법칙과 원리에 따라 움직이고 역사 또한 기계적으로 발생한다고 주장하였다.

이 주장들에 의하면, 하나님은 살아 계신 듯하나 사실상 역사 속에서 일하지 않는다. 역사는 하나의 거대한 기계처럼 스스로 움직이는 것이다. 결과적으로, 이 이신론은 볼테르(1694-1778)에 의하여 무신론으로 발전되었다. 이로 보건대, 이름뿐인 하나님, 역사 속에서 일하지 않는 하나님, 우리의 삶 속에서 실제적으로 일하지 않는 하나님은 사람들 스스로 믿지를 않는 것이다. 그러고서는 하나님이 없다고 결론짓는다(시 14:1).

그러나 우리가 믿는 하나님은 살아 계시고 자기를 찾는 자들에게 상을 주시며(히 11:6), 죽은 자를 살리시고 없는 것을 있는 것같이 부르시며 약속한 것을 능히 이루시고(롬 4:17, 21), 무엇이든 예수의 이름으로 기도하여 구하면 응답해 주시며(요 16:23, 24), 주의 이름을 부르면 구원을 베푸시는 분이시다(행 2:21; 4:10, 12). 하나님은 우리를 지으시고 기르시며(시 100:3) 좋은 것으로 우리의 소원을 만족시키신다(시 103:5).

3. 하나님이 하시는 일을 크게 다섯 가지로 분류한다면 무엇인가?

하나님이 하시는 일은 전통적으로 작정(또는, 계획), 창조, 그리고 섭리 등 세 가지로 분류하지만, 섭리 가운데서 중요한 구원과 심판(또는, 완성)을 따로 떼어서 다섯 가지로 분류하기도 한다. 살아 계신 하나님은 영원 전에 스스로 작정 또는 계획하시고, 그 작정을 따라 창조하시며, 그 창조된 것을 섭리하시되, 죄를 범하여 타락한 자들을 구원하시고, 마지막 날에 심판으로 그의 역사를 완성하신다.

이처럼, 하나님의 하시는 일은 작정(또는, 계획), 창조, 섭리, 구원, 그리고 심판(완성) 등이다.

4. 하나님의 작정(또는, 계획)이란 무엇이며, 그것의 특성은 무엇인가?

"모든 일을 그 마음의 원대로 역사하시는 자의 뜻을 따라 우리가 예정을 입어 그 안에서 기업이 되었으니"(엡 1:11). 하나님은 창세 전에 그리스도 안에서 자기의 기쁘신 뜻대로 자기 백성을 선택하여 자기의 아들들이 되어 하나님 나라의 상속자가 되게 하신 것이다(엡 1:4, 5). 하나님의 작정(또는, 계획)은 하나님의 뜻이 아닌 것은 어떤 일도 일어날 수 없고, 모든 일이 하나님의 뜻을 따라 된다는 것을 뜻하는데, 이는 마치 큰 건축물을 지으려는 건축가가 자기의 뜻을 따라 갖고 있는 설계도, 청사진 그리고 공정 계획표와도 같다. 하나님께서는 우주 만물을 창조하시고 섭리하시며 죄인을 구원하시고 역사를 완성하실 것을 영원 전에 계획하신 것이다.

요약하자면, 하나님의 작정은 하나님이 뜻하여 계획하신 바 지혜롭고 자유롭고 거룩한 행동들로서, 영원 전부터 자신의 영광을 위하여 장차 일어날 모든 일들을 불변하게 미리 정하신 것을 두고 말한다(웨스트민스터 대요리 12문답).

성경 말씀과 웨스트민스터 대요리에 근거하여 볼 때, 하나님의 작정에는 몇 가지 특성이 있다.

첫째, 하나님의 작정은 하나님의 마음의 뜻대로, 즉 하나님의 무궁한 지혜를 따라 되어졌다. 하나님이 지혜로 모든 것을 작정하셨다.

둘째, 하나님의 작정은 영원하다. 하나님은 창세 전 곧 영원한 때에 역사 속에서 되어질 모든 일을 계획하셨다. 영원한 때에 되어진 까닭에 하나님의 작정은 시간의 흐름 속에서 변경되지 않는다. 불변적이다.

셋째, 하나님의 작정은 효과적이다. 하나님의 작정은 하나님의 기쁘신 뜻을 따라 되어진 것이어서 아무도 방해하지 못한다(시 33:11).

넷째, 하나님의 작정은 무조건적이다. 하나님의 작정은 하나님 스스로 하신 것이고, 하나님 외에 어떤 것에 의존하지 않으셨다. 하나님은 누구의 도움도 필요하지 않으신 것이다.

다섯째, 하나님의 작정은 전포괄적이다. 하나님의 작정에는 세상의 모든 일이 다 포함되어 있다. 우발적으로 보이는 일들(잠 16:33)이나 사람의 거처(행 17:26)까지도 작정하셨다.

여섯째, 죄에 관하여는 허용적이다. 하나님은 사람의 죄 짓는 행위를 방해하지 않으시나, 그 결과를 조정하며 통제하기로 작정하신 것이다. "저희가 먹고 배불렀나니 하나님이 저희 소욕대로 주셨도다"(시 78:29). "여호와께서 저희의 요구한 것을 주셨을지라도 그 영혼을 파리하게 하셨도다"(시 106:15). "하나님이 지나간 세대에는 모든 족속으로 자기의 길들을 다니게 묵인하셨으나"(행 14:16) "이제는 어디든지 사람을 명하여 회개하라 하셨으니"(행 17:30).

5. 하나님의 작정이 사람의 자유로운 행동을 속박하는가? 하나님의 작정하신 일에 대하여 사람은 어떻게 행동해야 하는가?

구약 성경에서 다니엘의 경우를 보면, 그는 예레미야 예언의 서책을 읽던 중에 예루살렘이 바벨론의 침략으로 무너지되 70년 만에 회복되게 하는 하나님의 작정된 뜻(렘 25:12)을 발견하게 되었을 때 베옷을 입고 금식하며 하나님께 더욱 간절하게 회개하고 기도하며 간구하였다(단 9:1-4).

신약 성경에서 바울의 경우를 보면, 주 예수께서는 바울에게 로마에 가서도 복음을 증거 해야 할 것을 명하셨을 때(행 23:11) 항상 기도하는 중에 쉬지 않고 간구하고 하나님의 뜻 안에서 로마에 갈 수 있는 좋은 길 얻기를 애썼으며(롬 1:9, 10), 로마로 가던 중 유라굴로 광풍을 만났을 때 하나님께서 그의 뜻을 이루실 줄 바울은 알았으나 두려움 가운데 있던 많은 사람들에게 안심을 시키고 떡을 주어 먹게 하였으며 또한 무사히 상륙할 수 있도록 온갖 조치를 충분하게 취하였다(행 27:24-26, 33-34).

이로 보건대, 하나님의 작정은 인간의 자유로운 행동을 전혀 제한하지 않으신다. 다시 말해서, 하나님의 영원한 작정과 사람의 자유로운 행동은 상충되지 않는 것이다. 사람의 행동은 자유로우면서도 사실상 하나님에 의해 은밀하게 작정되어 있다. 그래서 잠언 기자는 이렇게 말했다. "마음의 경영은 사람에게 있어도 말의 응답은 여호와께로서 나느니라" "사람이 마음으로 자기의 길을 계획할지라도 그 걸음을 인도하시는 자는 여호와시니라"(잠 16:1, 9). 그리고 바울은 다음과 같이 권했다. "너희는 이 세대를 본받지 말고 오직 마음을 새롭게 함으로 변화를 받아 하나님의 선하시고 기뻐하시고 온전하신 뜻이 무엇인지 분별하도록 하라"(롬 12:2). 우리는 하나님의 작정하신 뜻이 무엇인지를 하나님의 말씀 속에서 기도하는 중에 분별하여 마음을 다하여 하나님의 방법으로 최선을 다해야 한다. 이것이 우리의 자유이기도 하다. 하나님은 사람의 자유로운 열심을 결코 제한하지 않으신다.

또 바울의 서신에 보면, "우리는 그의 만드신 바라 그리스도 예수 안에서 선한 일을 위하여 지으심을 받은 자니 이 일은 하나님이 전에 예비하사 우리로 그 가운데서 행하게 하려 하심이니라"(엡 2:10) "너희 안에서 행하시는 이는 하나님이시니 자기의 기쁘신 뜻을 위하여 너희로 뜻을 정하여 행하게 하시느니라"(빌 2:13). 하나님의 뜻은 그가 의도하신 목적대로 사람이 뜻을 세워 자유롭게 열심히 행하는 것이다. 그래서, 본래 사람의 의지에 자유를 주셨고, 중생하고 회개한 자에게도 의지의 자유를 회복 시켜 주시는 것이다. 사람이 죄 아래 있을 때 영적 선을 행할 수 없게 부패하고 무능력하여 의지의 자유를 상실한 것이다(참고, 롬 3:10-12; 7:14-18).

6. 하나님은 아담의 타락이나 가룟 유다의 배반과 같은 죄악을 작정하셨는가? 결과적으로 하나님이 죄를 짓게 하시는가?

시편 기자의 말대로, 하나님이 사람의 소욕대로 먹도록 허용하신 것과(시 78:29; 106:15), 가룟 유다의 배반이 "하나님의 정하신 뜻과 미리 아신 대로"(행 2:23) 되어진 것으로 미루어 볼 때, 하나님께서 아담의 타락과 유다의 배반을 창세 전에 작정하신 것이다. 예수님도 미리 말씀하시기를, "그러나 내 떡을 먹는 자가 내게 발꿈치를 들었다 한 성경을 응하게 하려는 것이니라"하셨다(요 13:18). 바울도 말하기를, "내가 받은 것을 먼저 너희에게 전하였더니 이는 성경대로 그리스도께서 우리 죄를 위하여 죽으시고 장사 지낸바 되었다가 성경대로 다시 사흘만에 살아나사"(고전 15:3-4)하였다. 이로 보건대, 가룟 유다가 예수를 배반할 것과 예수께서 십자가에 못 박혀 죽으시고 부활하는 것이 이미 하나님의 작정 가운데 있어서 성경에 예언되어 있었던 것이다.

그렇다면, 어떻게 선하고 거룩하신 하나님이 아담의 타락과 가룟 유다의 배반과 같은 죄악을 작정하시고서도, 그의 거룩함이 훼손되지 않을 수 있겠는가? 우선, 욥기에 나오는 엘리후의 말에서 좋은 대답을 얻을 수 있다. "너는 하늘을 우러러 보라. 네 위의 높은 궁창을 바라보라 네가 범죄한들 하나님께 무슨 영향이 있겠으며, 네 죄악이 관영한들 하나님께 무슨 관계가 있겠으며, 네가 의로운들 하나님께 무엇을 드리겠으며, 그가 네 손에서 무엇을 받으시겠느냐? 네 악은 너와 같은 사람이나 해할 따름이요 네 의는 인생이나 유익하게 할 뿐이니라"(욥 35:5-8). 엘리후의 말에 의하면, 하늘 위에 높이 계신 하나님은 욥과 같은 사람의 죄악이나 의로운 행위가 전혀 영향을 미치지도 못하고 상관이 없다. 잠언의 말씀에 보면, 하나님이 악인의 악함을 작정하셨다 해도, 하나님은 마음이 교만한 자를 물리치시며 미워하신다(잠 16:4, 5). 악인의 악은 기어코 벌하신다.

하나님의 작정은 하나님 자신이 스스로 죄를 행하게 하시어 자기의 뜻을 실현시키는 것이 아니다. 다만 죄를 관여하시고 선하게 처리하는 것을 작정하신 것이다. 예컨대, 요셉의 형들이 요셉을 해하는 것을 하나님이 작정하셨다는 것은 그것을 선으로 바꾸셔서 만인의 생명을 구하는 방향으로 관여하신 것을 의미한다(창 50:19-20). 그런 까닭에, 하나님은 죄악을 작정하셨어도 죄를 짓게 하시는 것이 아니요, 따라서 그의 거룩함은 결코 훼손되지 않고 오히려 의로우심이 더욱 드러나는 것이다.

7. 하나님의 예정이란 무엇이며, 예정의 원인과 목적은 무엇인가?

하나님의 예정이란, 하나님의 작정에 의하여, 그의 영광을 나타내시기 위해서 어떤 사람들과 천사들은 영원한 생명에 이르도록 하고, 다른 이들은 영원한 사망에 이르도록 계획된 것을 의미한다. 하나님께서는 생명에 이르도록 예정되어 있는 사람들을 창세전에 자신의 영원하고 변함 없는 목적과, 그리고 그 뜻의 은밀한 계획과 선하시고 기쁘신 뜻을 따라서 오직 그의 거저 주시는 값없는 은혜와 사랑에 근거하여 그리스도 안에서 선택하시어 영원한 영광에 이르게 하셨다. 그리고 모두 그의 영광스런 은혜를 찬미하게 하셨다(웨스트민스터 신앙고백 3장 3항, 5항).

웨스트민스터 신앙고백이 성경적으로 정의한대로, 예정에는 선택과 유기(버림)가 있다. 믿음의 조상 이삭의 이란성 쌍둥이 아들인 에서와 야곱의 경우를 보면, 그들은 한 어머니 배에서 동시에 함께 태어났다. 그런데, 야곱은 하나님이 사랑하여 영원한 생명을 얻도록 은혜로 선택되었으나, 에서는 하나님이 미워하여 영원한 사망을 당하도록 버림(유기)을 당하였다. 이는 "택하심을 따라 되는 하나님의 뜻이 행위로 말미암지 않고 오직 부르시는 이에게로 말미암아 서게 하려"(롬 9:11) 하시는 까닭이다. 이렇듯, 예수 그리스도 안에서 하나님이 어떤 사람들을 구원하여 영생 얻도록 하신 하나님의 영원한 계획은 선택이고, 반면에 하나님이 자기의 공의를 나타내기 위하여 어떤 사람들의 죄를 벌하려고 그들을 버리기로 하신 하나님의 계획은 유기(버림)이다. 이 예정의 대상은 사람뿐 아니라, 천사들(막

8:38; 벧후 2:4; 딤전 5:21), 그리고 중보자이신 그리스도(벧전1:20; 2:4) 등이다.

에베소서 1장 4-6절에 보면, 예정의 주체는 오직 하나님이시고, 예정의 때는 창세전 영원한 때이고, 예정의 궁극적 원인은 하나님의 기쁘신 뜻과 그의 은혜와 사랑이다. 그리고 예정의 목적은 선택된 자들이 영원한 영광에 이르러 하나님의 영광스런 은혜를 찬미하게 하는 것이요, 버림받은 자들을 영원한 형벌에 처하여 하나님의 영광스런 공의를 찬미하게 하려는 것이다.

8. 하나님이 구원받을 자를 이미 예정 가운데 선택해 놓으셨다면 불신자들에게 복음을 전할 필요가 있는가?

어떤 큰 자동차 회사가 멋진 신형 자동차를 중산층 젊은 직장인들을 주요 고객으로 정하고서 생산한 경우, 그 회사는 그 자동차 판매를 위하여 전략을 세우되 판매원들과 영업망을 통하여 열심히 홍보하고 계약을 맺도록 한다. 다시 말해서, 자동차 회사는 자기 회사의 선한 뜻과 계획을 따라 주요 고객을 선택하되, 판매 전략과 방법도 세우고, 계획적인 홍보를 하게 한다. 주요 고객이 예정되어 있다고 해서 판매 전략을 세우지 않는 것이 아니라, 오히려 세심한 판매 전략을 세우고 판매원을 동원하여 열심히 뛰게 하는 것이다.

이와 같이, 하나님은 창세전에 그리스도 안에서 자기의 자녀가 된 자들을 자기의 기쁘신 뜻을 따라 은혜로 선택하시되, 그들에게 구원과 영생을 얻는데 필요한 방법을 계획해 놓으셨다. 즉, 복음의 부르심, 성령의 거듭남, 죄에 대한 회개, 그리스도를 믿는 믿음, 의롭다함(칭의), 아들 삼음(양자), 성령의 거룩함, 성도의 오래 참음, 그리고 영화롭게 함 등의 방법들을 하나님이 자기의 자녀들을 위해 작정하신 것이다. 그러므로 이 방법이 아니고서는 아무도 구원에 이를 수가 없다(참조, 웨스트민스터 신앙고백 3장 6항).

우리가 구원을 얻는데 있어서 좀더 구체적으로 살펴보면, 하나님은 자기의 자녀들을 복음으로 부르신다. 우리는 복음을 힘써 전해야 한다. 복음 선포 곧 전도가 없으면 복음을 들을 수가 없고, 듣지 못하면 믿음을 얻을 수 없기 때문이다(롬 10:13-17). 그러기에, 하나님이 구원받을 자를 선택해 놓으셨다고 해서 우리의 복음 전도의 책임이 면제되는 것이 아니고, 오히려 그 은혜를 인하여 더욱 힘써 전도해야 한다.

9. 사람이 하나님께 버림받는 실제적인 원인 (또는, 이유)은 무엇인가?

"택함 받은 자 이외의 나머지 인류에게는 하나님께서 그 자신의 뜻과 측량할 수 없는 계획에 따라서 그들의 죄를 인하여 그들을 버려두실 뿐 아니라, 그들이 치욕과 진노를 당하도록 작정하기를 기뻐하셨다. 이는 그의 영광스런 공의를 찬미케 하려 하심이라"(웨스트민스터 신앙고백 3장 7항).

하나님은 죄인들이 회개하지 않고서 죄 가운데 죽는 것을 결코 기뻐하지 않으신다(겔 18:32). 하나님은 가인이 죄 가운데 죽는 것을 기뻐하지 아니하여 회개할 기회를 주신 바 있다(창 4:7). 이삭의 아들인 에서에게도 기회를 주셨다. 그래서 야곱보다 먼저 태어나 장자권을 얻게 하셨다(창 25:24, 25). 그러나 그가 장자의 명분을 경홀히 여겼었다(창 25:32-34). 예수님의 경우도, 가룟 유다를 끝까지 사랑하여 최후의 만찬 자리에서 떡을 주시며 회개할 기회를 얻게 하고자 하셨다(요 13:1, 26-27). 그러나 유다가 돈을 사랑하였고(요 12:6) 사단이 유다의 마음에 예수를 팔려는 생각을 넣었는가 하면 사단이 그의 속으로 들어갔었다(요 13:2, 27).

이로 보건대, 하나님이 자신의 주권적 능력의 영광을 위해서 그리고 그의 영광스런 공의를 찬미하게 하기 위해서 어떤 사람들을 버리려고 작정하셨는데, 그들이 버림받게 된 실제적인 원인은 그들 자신의 죄 때문이다. 그리고 그 죄의 조성자는 사단인 것이다.

10. 예정 교리를 아는 것이 실제적으로 어떤 점에서 중요한가?

예정교리는 성경교리들 가운데서 아주 신비한 것이어서 특별히 신중을 기해야 한다. 그래서, 예정교리를 집중적으로 다룬 사도 바울의 로마서에 보면, 1-8장까지에서 구원의 도리를 전체적으로 충분하게 소개함으로써 구원의 확신과 감격을 갖게 한 연후에 9-11장에서 예정 교리를 다루었다. 그리고 에베소서에서는 예정론을 다룸에 있어서 찬송으로 시작하여 찬송으로 계속하고 찬송으로 마무리함으로써 찬송 가운데서 예정교리를 교회의 성도들이 받아들일 수 있게 하였다(참고, 엡1:3, 6, 12, 14). 또한 예정론을 교회 역사상 가장 깊이 있게 체계적으로 다룬 종교개혁자 칼빈의 경우도, 그의 기독교 강요에서 다룰 때, 제 삼권 19장까지 하나님의 창조와 그리스도의 구속사역 및 성령의 구원사역을 충분하게 다루고, 그리고 제 삼권 20장에서는 기도를 다룬 연후에 예정론을 다루었다(삼권 21-24장). 그리고 곧바로 육체의 부활을 다루었다(삼권 25장). 이렇게 해서 칼빈이 구원의 교리를 마감한 것이다.

　이로 보건대, 이 예정교리는 구원의 기본 교리를 알므로 구원의 확신이 있는 성도들이 깊은 기도 가운데 하나님의 은혜를 체험하고 육체의 부활을 소망하는 영적 수준에 이를 때 온전하게 이해할 수 있다. 아직 믿음의 초보단계에 있거나 복음의 기본 교리를 알지 못하는 자들은 예정교리에 대하여 지나친 호기심을 가지고 의문을 품어서는 안 된다. 지나친 호기심은 혼란을 가져올 뿐이다.

　예정교리를 잘 이해해야 하는 실제적인 중요성은

　첫째, 하나님의 은혜의 선택과 구원을 확신하도록 하기 위함이다. 하이델베르크 요리문답 제 1문답에서, 우리가 받는 유일한 위로가 "내가 그리스도의 것임을 아는 것이다"라고 한대로, 하나님의 예정의 비밀을 통해서 우리가 그리스도의 것이 된 줄을 알면 구원의 확신과 위로를 얻게 된다.

　둘째, 복음에 성실하게 순종하여 복음에 합당한 삶을 살게 된다. 하나님의 선택 받은 자는 하나님의 사랑을 알기에 하나님을 기쁘시게 하기를 힘쓰고 방종하기를 거부한다. 그래서, 칼빈의 예정교리를 선호한 교회와 사회는 검소와 근면과 정직과 절제의 삶을 삶으로 건전한 자본주의가 발달했다.

　셋째, 하나님의 크신 은혜와 사랑에 감복하여 하나님 앞에서 겸허해지고, 열심을 품고 헌신하여 살며, 하나님께로부터 늘 범사에 풍성한 위로를 받는다(롬 12:11-13).

　이 같은 예정교리의 실제적 중요성에 대하여 웨스트민스터 신앙고백은 다음과 같이 진술하였다. "아주 신비한 이 예정 교리는 특별히 신중하고 조심성 있게 다루어져야 한다. 이는 사람들이 하나님의 말씀에 계시된 그의 뜻에 유의하고, 그리고 거기에 순종하여 그들이 받은 유효한 부르심에 대한 확신감으로 그들의 영원한 선택을 확신하도록 하기 위함이다. 그렇게 되면, 이 교리는 복음을 순종하는 모든 자로 하여금 하나님께 찬미와 찬양을 드릴 수 있게 해 준다. 또한 겸허와 근면과 풍성한 위로를 허락해 줄 것이다"(웨스트민스터 신앙고백 3장 8항).

제 9 과 하나님의 생명 사역(Ⅱ)

기본적인 질문:

1. 창조의 주체는 누구이신가? 진화론은 왜 반성경적이고, 비과학적인가?

2. 하나님은 언제 우주 만물을 창조했는가?

3. 하나님은 어떻게 무엇을 구체적으로 창조하셨는가?

4. 하나님의 창조의 목적은 무엇이며, 창조 교리를 아는 것이 어떤 점에서 중요한가?

5. 하나님의 섭리란 무엇이며, 또 섭리의 목적은 무엇인가?

6. 하나님은 자연 만물을 어떻게 섭리하는가? 우연하게 보이는 일도 사실상 하나님이 섭리하시는가?

7. 하나님이 지혜로 적절하게 섭리하시면, 사람이 힘써 노력하거나 기도로 하나님께 구할 필요가 있는가?

8. 하나님은 죄를 어떻게 다스리는가?

9. 하나님의 섭리를 아는 것이 어떤 점에서 실제적으로 중요한가?

10. 이적이란 무엇이며, 하나님이 이적을 행하시는 목적이 무엇인가?

11. 하나님이 이적을 행하시는 목적에 비추어 볼 때, 과학이 최고로 발달된 오늘날에도 하나님은 이적을 행하셔야 하는가?

12. 하나님은 왜 우주 만물과 인류를 구원하는 일과 심판하여 역사를 완성하는 일까지 계획하셔야 했는가?

1. 창조의 주체는 누구이신가? 진화론은 왜 반성경적이고, 비과학적인가?

성경이 말하는 창조는 하나님이 자신의 신성과 영광을 나타내기 위하여 기존 자료 없이 무(無)에서 하늘과 땅을 만드신 것과, 근원적 자료인 흙을 가지고 우주와 그 안에 있는 만물을 만들어 내신 하나님의 행위를 가리킨다. "우리에게는 한 하나님 곧 아버지가 계시니 만물이 그에게서 났고, 우리도 그를 위하며, 또한 한 주 예수 그리스도께서 계시니 만물이 그로 말미암고 우리도 그로 말미암았느니라"(고전 8:6). 성경이 가르치는 바에 의하면, 성부 하나님과 성자 하나님이 함께 만물을 창조하셨다. 성부 하나님의 창조 사역에 대해서는 성경 전반에 걸쳐 나타나 있다(창 1:1; 시136:5-9). 성자의 경우는 요한복음 1:3; 골로새서 1:16; 히브리서 1:10에 언급되어 있고, 성령의 경우는 창세기 1:2; 욥기 26:13; 시편 104:30; 이사야 40:12-13 등에 분명하게 진술되어 있다.

이로 보건대, 삼위 하나님이 창조주이시다. 창조에 대한 삼위 하나님의 독특한 역할을 보면, 성부 하나님이 직접적인 창시자(originator)이다. 만물이 아버지 하나님에게서(from the Father) 나왔다. 그리고 성자 예수 그리스도는 건축가(constructor)이다. 만물이 성자로 말미암아(또는 통해서)(by and through the Son) 나왔다. 성령 하나님은 완성자(completer)이시다. 성령은 자기의 능력으로 (by the power of the Holy Spirit) 만물에게 생명을 주신다. 요약하자면, 창조는 성부 하나님께로부터 성자 예수를 통하여 성령의 능력으로 되어졌다.

하나님의 창조 사역을 반대하는 인본주의의 대표적 사상이 다윈의 진화론이다. 진화론은 막스의 유물론에 기초를 두고 있는 까닭에, 아예 하나님을 믿지 아니할 뿐 아니라, 종(種)의 창조를 반대하고, 가장 원초적인 단세포 생물로부터 복잡한 구조의 고등생물이 진화하였으며, 사람이 진화의 오메가 포인트라고 주장했다. 그러나 이 진화론은 역사적으로 실험을 통해 검증된 바 없을 뿐 아니라, 고고학적인 사실적 증거(factual evidence)도 없는 허구적인 이론에 지나지 않는다. 진화론을 주장한 다윈 자신도 결국은 믿지 아니한 것으로 알려져 있다. 그래서 이 진화론은 처음부터 비과학적이고 인위적으로 조작된 이론인 것이다.

2. 하나님은 언제 우주 만물을 창조하셨는가?

창세기 1장 1절, "태초에 하나님이 천지를 창조하시니라." 여기서 "태초에"라는 말은 시간의 시작으로서 하나님이 시간과 함께 천지를 창조하셨음을 의미한다. 다시 말해서, 이 우주는 시간 속에서 창조된 것이 아니고, 시간과 함께 창조되었다. 우주 창조 이전에는 영원이 있었을 뿐이다. 그리고 영원하신 하나님이 계셨다. 하나님은 "없는 것을 있는 것같이 부르시는 이"(롬 4:17)이시고, "어두운데서 빛을" 비추게 하시는 분이시다(고후 4:6).

하나님의 창조 연대에 대해서는 어셔(James Ussher 1581-1656)라는 사람이 성경상의 족보를 계산하여 주전 4004년이라고 주장한 바 있으나, 성경의 족보는 하나님의 구원의 역사를 소개하려는 목적에서 단지 만들어진 까닭에 연대를 계산하는 자료로서는 의미가 없다. 따라서 어셔의 천지 창조 연대 계산은 성경적으로나 과학적으로 결코 인정될 수가 없다. 반면에, 지구 과학자들은 지구의 연대를 수십 억 년으로, 그리고 우주의 연대는 측량할 수 없는 것으로 생각한다. 그러나 이것도 하나의 가정일 뿐 아무도 확실하게 알지 못한다. 창세기 1장에 사용된 "날"에 대해서도 여러 가지 해석이 있다. 24시간의 하루로 보기도 하고, 한 기간의 시대로 해석하기도 한다(참조, 욥 36:26).

3. 하나님은 어떻게 무엇을 구체적으로 창조하셨는가?

천지 창조에 대한 성경의 기록인 창세기 1장과 2장에 보면, 하나님이 천지와 그 안에 있는 모든 만물을 창조하셨다. "만물이 그(하나님)로 말미암아 지은 바 되었으니 지은 것이 하나도 그가 없이는 된 것이 없느니라"(요 1:3) 그리고, "만물이 주에게서 나오고 주로 말미암고 주에게로 돌아감이라"(롬 11:36)는 말씀대로, 하나님 이외에 존재하는 모든 것들이 다 하나님에 의해 창조되었다.

첫째, 하늘과 별들 그리고 해와 달을 창조하였다(시 136:5-9). 북두성, 삼성, 묘성, 남방의 밀실(constellations, 은하계와 같은 별들의 집)을 만드시고(욥 9:9; 38:31-33) 그것들로 밤과 낮을 주관하게 하셨다.

둘째, 땅과 바다와 구름과 비와 우뢰의 번개, 눈과 서리, 그리고 티끌을 만드셨다(욥 38:4-30, 38).

셋째, 땅과 바다에 사는 모든 동물과 식물 등 각종 생물들을 창조하셨다(욥 38:39-41:34). 특별히, 하나님이 "종류대로" 창조하셨다(창 1:11-12, 20-22). 이 땅 위의 생물들은 결코 진화되어 생겨난 것이 아니다.

넷째, 사람을 남자와 여자로 만드시되, 하나님의 형상으로 창조하셨다(창 1:27) 즉, 남자와 여자가 한 몸을 이루어 사람이 되게 하신 것이다(참고, 창 2:24).

다섯째, 천사들을 창조하셨다(골 1:16). 그래서 천사들은 하나님이 일꾼처럼 부리는 영들이다(히 1:14).

하나님은 천지와 만물을 창조하실 때 말씀으로 하시고(창 1:3; 히 11:3) 또 이차적으로는 흙으로 하셨다(창 2:7, 19). 창조주 하나님은 참되시고 사랑이 많으시고 공의로우신 분이신지라 다음과 같은 방식으로 창조하셨다.

첫째, 하나님은 자유롭게 창조하셨다. 하나님이 스스로 원하셔서 만드신 것이다.

둘째, 하나님은 사랑과 선하심으로 창조하셨다(참조, 시 136:1,5). 하나님은 사랑과 선하심이 흘러 넘쳐서 천지만물을 창조하신 것이다. 그래서 하나님의 만드신 만물 가운데 그의 신성, 능력, 영광이 나타나 있다(시 19:1; 롬 1:20).

셋째, 하나님은 질서와 조화가 있게 만드셨다. 제1장의 창조기사를 보면, 날에 따라 질서와 순서와 조화가 있고, 해와 달의 역할이 나뉘어져 있다. 우리는 이 같은 자연계의 질서와 조화 속에서 하나님의 부성애를 느끼는 것이다.

4. 하나님의 창조의 목적은 무엇이며, 창조 교리를 아는 것이 어떤 점에서 중요한가?

하나님이 천지와 사람을 창조하신 단 하나의 목적은 하나님의 영광이다. 하나님은 자기의 창조 세계에서 자신의 영광을 나타내시고(시 19:1), 그의 최고의 걸작품인 사람의 경우 영광을 나타내기를 뜻하셨다(사 43:7, 21). 그리고 그 창조 세계와 사람이 하나님의 영광을 보고 즐거이 누리게 하셨다(참조, 롬 5:2; 8:18, 21). 다시 말해서, 하나님의 천지 창조의 목적은 우주 만물과 사람을 통해서 그의 영광을 드러내고, 그 드러난 영광을 보고 온 우주 만물과 사람이 누리고 즐거워하는 가운데 행복해 하는 것이다. 하나님의 영광이 창조의 유일하고 궁극적인 목적이다.

그러므로 창조교리를 아는 것은 다음과 같은 실제적인 중요성이 있다.

첫째, 하나님의 영광이 나타나 있는 창조 세계에서 하나님을 발견하고 만날 수 있어야 한다(참조, 행 17:27).

둘째, 하나님의 영광을 드러내는 자연의 원리와 법칙 속에서 상호교통과 상호복종의 미덕을 배움으로 하나님의 영광을 나타내야 한다.

셋째, 창조세계에 나타난 하나님의 선하심, 능력, 지혜 등을 통해서 하나님의 부성애를 체험해야 한다.

넷째, 우리가 매일 하나님의 영광을 보고 즐기는 데 있어서, 하나님의 영광이 나타나 있는 창조세계 밖으로 나갈 필요가 없다. 이는 우리가 하나님의 뜻을 아는데 있어서 하나님의 기록된 말씀인 성경 밖으로 나갈 필요가 없는 것과도 같다(참조, 욥 42:5).

5. 하나님의 섭리란 무엇이며, 또 섭리의 목적은 무엇인가?

하나님의 섭리란 창조주 하나님이 모든 피조물과 그것들의 움직임들을 보존하고 통치하시는 하나님의 행위이다. 하나님은 가장 지혜롭고 거룩한 섭리에 의하여 이 우주 가운데 가장 큰 것으로부터 가장 작은 것에 이르기까지 그렇게 하심으로써, 하나님의 지혜와 선하심과 자비하심의 영광을 찬미하게 하신다(웨스트민스터 신앙고백 5장 1항).

하나님은 공중의 새를 기르시고, 길가에 풀도 자라게 하시는가 하면(마 6:26-29), 묘성과 북두성, 폭우와 번개, 바다의 물길과 별들의 길도 다스리신다(욥 38:25-33). 각 짐승마다 각기 처소를 정하여 주어 살게 하시고(욥 39:26-30; 시 104:17-26; 눅 9:58) 사람마다 경계를 정해 주시며(행 17:26) 자기의 사랑하는 자녀들은 특별하게 보호하신다(마 6:31-32; 시 17:8). 그리고 세상 나라의 흥망성쇠도 주관하신다(단 4:17). 이렇듯 하나님의 섭리는 사랑과 지혜와 능력으로 피조세계를 보존하고 통치하는 것이다.

이 섭리의 목적은 하나님의 창조의 경우처럼, 하나님의 지혜와 권능과 선하심과 자비하심의 영광을 찬미하게 하는 데 있다. 이에 대하여 이사야는 이렇게 말했다. "여호와의 신이 그들로 골짜기로 내려가는 가축같이 편히 쉬게 하셨도다. 주께서 이같이 주의 백성을 인도하사 이름을 영화롭게 하셨나이다 하였느니라"(사 63:14).

6. 하나님은 자연 만물을 어떻게 섭리하시는가? 우연하게 보이는 일도 사실상 하나님이 섭리하시는가?

첫째, 하나님의 섭리는 사랑의 보존이다. 사랑으로 먹이시고 기르시어 생명을 풍성하게 하고 살아가게 하신다(마 6:26-29). 지키시고 보존하시는 것이다(시 12:7; 17:8). 그래서 하나님의 얼굴을 보고 만족해한다(시 17:15).

둘째, 하나님의 섭리는 적극적 통치이다. 인간의 역사를 다스리는 일이나 죄를 해결하시는 일 등 모든 일에 하나님은 적극적이다. 자기의 택한 나라인 유다와 이스라엘도 범죄하면 예루살렘 성전을 파괴해 버리고 바벨론 포로가 되게 하시며(사 6:11, 12; 39:6-7), 자기 백성의 죄를 없이하고자 속죄제물을 친히 준비하셨다(요 3:16).

셋째, 하나님의 섭리는 특정적이고 개별적이다. 머리털 하나까지라도 세시고(마 10:30), 가난한 자와 궁핍한 자를 구체적으로 살피신다(시 113:5-6). 우리의 전후를 두르시고 앉고 일어서심을 아신다(시 139:2-5).

넷째, 하나님의 섭리에는 우연이나 운명이 없다. 사람의 눈에는 우연하게 보일지라도 하나님의 계획에 의한 것이다. 예컨대, 이스라엘의 악한 왕 아합이 아람 군대와 싸우던 때 한 군사의 화살에 우연히 맞아 죽은 것 같았으나 사실은 하나님이 미리 말씀하신 대로 된 것이었다(왕상 22:34, 38). 그리고 어떤 사람이 허무하게 일찍 죽을 경우 불길한 운명처럼 보이지만 사실은 하나님이 재앙을 미리 피하게 선처하신 것이다(사 57:1-2). 바울의 경우, 육체의 질병도 알고 보면 하나님의 은혜이다(고후 12:7-10).

7. 하나님이 지혜로 적절하게 섭리하시면, 사람이 힘써 노력하거나 기도로 하나님께 구할 필요가 있는가?

하나님의 예정교리의 경우 하나님의 예정 때문에 인간의 자유로운 행동이 필요하지 아니한 것이 아니듯이, 섭리의 경우도 마찬가지다. 하나님의 예정에서 하나님이 구원을 위한 방편들을 작정해 놓으시고, 하나님의 자녀들이 그 방편들을 열심히 자유롭게 사용하도록 되어 있듯이, 섭리의 경우도 하나님은 통상적인 여러 가지 수단과 방편들을 제공하시고 활용하신다. 생명의 보존을 위해서는 일용할 양식을 주시고(시 136:25; 마 6:31), 희락을 위해서는 잔치를 베풀고, 생명을 기쁘게 하는데 포도주를 주시고, 문제 해결을 위해서는 돈을 쓰게 하신다(전 10:19). 또한, 위장병을 위해서 포도주를 사용하고(딤전 5:23), 질병 치료를 위해서는 기름을 사용하고 기도해야 하는 것이다(약 5:14).

8. 하나님은 죄를 어떻게 다스리는가?

예수님을 배반하고 팔아넘긴 가룟 유다의 범죄의 경우를 보면, 그의 배반 행위는 하나님의 계획과 작정 가운데 있었다(행 1:16; 요 13:18). 하나님이 유다로 하여금 예수님을 배반하는 죄를 짓게 계획하신 것은 죄의 구원을 위한 속죄제물을 준비하려는 선한 동기에서 허용한 것이지만, 유다는 예수님을 팔아서 돈을 벌고자 하는 악한 정욕의 동기에서 죄를 범하였다. 그리고 유다의 마음속에 사단이 들어가 충동질하였다(요 13:2, 27). 다시 말해서, 하나님은 선한 동기와 의도를 갖고 악인들의 죄를 허용하시지만, 악인들은 사단의 충동질을 받아 악한 동기와 의도를 가지고 죄를 범하여 하나님을 대적한다. 그러기에, 가룟 유다와 사단이 죄에 대하여 책임이 있다. 하나님은 이 책임을 물어 공의로 심판하여 악인을 형벌로 다스리시는 것이다. 이에 가룟 유다는 자살하였다(행 1:18).

하나님은 빛도 짓고 어두움도 창조하며 평안도 짓고 환난도 창조하는 바 이 모든 일을 행하신다(사 45:7). 하지만, 그는 가장 거룩하고 의로우시기에 결코 죄를 짓게 하시지 않는다. 오히려 죄와 사단을 꺾으시고, 죄인들을 회개시켜 겸비하게 만드신다(참고, 삼하 12:13). 하나님은 죄를 결코 간과하지 않고, 오히려 적극적으로 미워하신다(시 1:5, 6).

9. 하나님의 섭리를 아는 것이 어떤 점에서 실제적으로 중요한가?

첫째로, 마음의 소원이 이루어지는 경우, 하나님께 깊은 감사를 드리고 그를 크게 즐거워 할 수 있게 된다. 범사에 하나님을 인정하며(잠 3:6), 하나님께 감사하며 항상 기뻐하는 것이다(살전 5:16, 18).

둘째로, 역경에 처할 경우, 하나님의 손길을 기다리는 가운데 위로를 받거나, 십자가의 고난을 묵상하는 가운데 자기를 부인하며 하나님을 더욱 앙망한다(시

73:25; 사 40:31).

 셋째로, 하나님의 섭리를 생활 속에서 체험하면 하나님에 대한 신뢰가 더욱 생겨난다(시 9:10; 71:5). 그리고 더욱 더 찬송하게 된다(시 71:14). 그래서, 하나님의 섭리를 아는 것은 최고의 행복이나, 섭리에 대한 무지는 최고의 불행인 것이다.

10. 이적이란 무엇이며, 하나님이 이적을 행하시는 목적이 무엇인가?

 하나님은 일반적으로 섭리하실 때 누구나 예측할 수 있고 일상적으로 경험할 수 있는 방식으로 여러 수단들을 통상적으로 사용하신다. 그러나 자기의 기쁘신 뜻을 따라 때때로 그 수단들 없이, 그것들을 초월하여 또는 그것들의 통상적 원리에 역행하여 색다르게 일하신다. 이것이 소위 이적이며 비상섭리이다. 성경에 소개되어 있는 하나님의 초자연적 사건들은 모두 이적이다. 하나님이 이적을 행하시는 목적은

 첫째로, 모세의 열 가지 재앙에서 볼 수 있는 대로, 하나님의 살아 계심을 나타내 보여주는 것과(출 7:5), 유월절 사건과 홍해를 가르신 사건이 보여주는 대로 하나님의 구속 사역을 준비하는데 있다(출 14:30; 참조, 고전 10:1, 2).

 둘째로, 예수가 성자 그리스도이심(막 5:25-34; 요 20:30-31)과 그의 죽으심과 부활하심의 복음이 진리임을 확증하기 위함이다(행 14:3; 행 19:10-12, 17-20).

 셋째로, 성령 하나님의 능력을 확증할 뿐 아니라(행 10:38; 19:6-7) 그리스도의 사역자들의 권세를 세상에 나타내 보이기 위함이다(막 6:7-13; 행 19:15; 고후 12:12).

 넷째로, 하나님의 말씀이 지금도 살아 운동력이 있어서 사람들의 무지하고 완악하며 강퍅한 마음을 감동시켜 그 말씀을 믿고 예수를 그리스도로 영접토록 하기 위함이다(행 19:11-12, 20).

 다섯째로, 궁핍한 중에 있는 자들에게 긍휼을 베풀어 급한 도움을 기적을 통해 베풀어줌으로써 하나님께 영광을 돌리고 하나님을 기쁨으로 섬기게 하기 위함이다. 예컨대, 예수께서 긍휼을 베풀어 문둥병을 치료해 준 사마리아 사람 문둥이(눅 17:11-16)와, 베드로를 통해 예수의 이름으로 걷게 된 나면서 앉은뱅이 된 자

(행 3:1-10)의 경우 하나님을 찬미하며 영광 돌렸다.

11. 하나님이 이적을 행하시는 목적에 비추어 볼 때 과학이 최고로 발달된 오늘날에도 하나님은 이적을 행하셔야 하는가?

오늘날에도 교회 안에서 하나님은 이적을 계속적으로 행하고 있는가? 아니면 이적 행하심이 사도시대로 끝나고 지금은 없는가? 은사가 중지되었다고 주장하는 학자들의 견해를 보면, 하나님이 이적을 행하시는 유일한 목적은 예수의 그리스도이심과 그의 구속사역과 복음 계시가 하나님께로부터 온 것임을 확증하기 위함이었다(막 16:20; 행 5:12-14, 32). 그래서 예수의 그리스도이심과 그리스도의 구속 사역이 그의 죽으심과 부활하심을 통해 이미 성취되었고, 복음의 계시도 정경의 완성으로 완결되었으며, 예수와 그의 사도들을 통해서 복음 계시가 이미 충분하게 확증됐으므로 정경의 완성과 함께 이적 시대가 끝났다는 것이다.

그러나 은사 중지론자들의 주장과는 다르게 하나님의 이적 행하심은 복음계시를 확증하는 데만 필요한 것이 아니고, 하나님의 계시활동이 지금도 계속 되고 있을 뿐 아니라 하나님의 살아 계심을 믿지 않고 부인하는 자들이 여전히 많이 있으며, 하나님의 긍휼의 도우심을 급하게 필요로 하는 경우와, 복음의 사역자들의 권위가 확증되어야 할 필요 또한 많기 때문에, 오늘날도 하나님은 이적의 은사를 베풀어 이적들이 나타나게 해야 하시는 것이다. 하나님께서는 주 예수 그리스도께서 다시 오실 때까지, 그리고 복음이 온 땅에 전파되기까지 이적들을 여전히 행하시고 또 행하실 것이다.

12. 하나님은 왜 우주 만물과 인류를 구원하시는 일과 심판하여 역사를 완성하는 일까지 계획하셔야 했는가?

아담의 죄로 인하여 그의 후손들까지 죄 아래 있게 되고(창 3:15; 롬 5:12) 또 온 우주가 저주를 받아 황폐하게 된 까닭에(창 3:18; 롬 8:20, 21) 예수 그리스도로 말미암아 구원을 받아야 하고, 또 하나님이 시간 창조와 함께 우주 만물을 창조하시어 역사를 시작하신 까닭에 역사를 완성하여 그의 영광을 선포하는 것은 지극히 당연한 일이다. 따라서 하나님이 죄에서 인류와 자연 만물을 구원하시고 역사를 완성하는 일을 계획하신 것이다.

제 10 과 하나님의 영광스런 생명: 바탕, 틀, 노릇

기본적인 질문:

1. 동양철학의 인내천 사상과 불교의 생불(살아있는 부처) 사상에 의하면 사람은 무엇인가?

2. 성경의 가르침(예: 시 8:4; 139:13-17; 창 2:7; 욥 27:3)에 의하면 어떤 점에서 사람이 하나님의 영광스런 생명인가?

3. 사람은 하나님이 만드신 피조물이다. 이로 보건대, 하나님과 사람은 어떤 관계에 있는가? 이 점에서 사람에게는 어떤 본성이 있는가?

4. 하나님이 사람을 흙으로 만드시고 코에 호흡을 불어 넣었다는 사실(창 2:7)로 보아 신토불이(身土不二)는 성경적인가?

5. 사람은 하나님의 형상으로 창조된 지정의를 갖춘 인격체이다. 이 점에서 사람에게는 어떤 본성이 있는가?

6. 사람은 하나님이 남자와 여자로 만드시고 한 몸을 이루게 하셨다(창 1:27; 2:4). 이 점에서 사람에게는 어떤 본성이 있는가?

7. 하나님의 영광스런 생명인 사람은 본성 면에서 의존적, 책임적(또는, 독립적), 그리고 공동체적이다. 이 같은 본성을 가진 사람이 더욱 사람다워지려면 어떤 습관들을 길러야 성공할 수 있는가?

8. 마태복음 10:28; 데살로니가 전서 5:23; 히브리서 4:12 등의 말씀으로 보아, 사람은 어떤 틀을 가진 존재인가?

9. 사람이 짐승과 어떤 점에서 본질적으로 다른가? 사람의 독특한 바탕은 무엇인가?

10. 하나님은 사람을 자기의 형상으로 만드셨다(창 1:26-28). 성경적으로 형상이

> 라는 단어는 무슨 뜻이 있는가?(참고, 신 4:16; 롬 1:23; 참조, 시 18:5; 습 3:17)
>
> 11. 하나님이 사람에게 주신 기본적인 직분은 예수 그리스도의 경우처럼 왕, 제사장, 선지자 등 세 가지가 있다. 이 점에서 하나님의 형상으로 만들어진 사람의 기본적인 노릇은 무엇인가?
>
> 12. 하나님이 사람을 자기의 형상으로 만드시되(창 1:26-28) 흙으로 만들어 코에 호흡(즉, 생기)을 불어 넣어 생명체가 되게 하신 것(창 2:7)을 종합해 보면, 사람이 사람 노릇하는 원동력은 무엇인가?

1. 동양철학의 인내천(人乃天) 사상과 불교의 생불(生佛, 살아있는 부처) 사상에 의하면 사람은 무엇인가?

동양의 인내천 사상에 의하면, 사람이 하늘이요 하늘을 뒤집으면 사람이다. 사람(人)이 위대하여(大) 하늘(天)인 것이다. 다시 말해서, 이 세상에는 사람이 제일 크고, 또 사람보다 더 큰 것이 없기에 하늘이다. 이렇듯 동양의 인내천 사상은 철저한 인본주의다.

불교에서는 모든 사람(중생, 衆生)이 바로 살아있는 부처 곧 생불(生佛)이다. 불교의 이 같은 인간관을 잘 보여주는 실례로 조선의 이성계와 불교계의 무학대사 간의 유명한 일화가 있다. 이성계가 무학대사에게 돼지같이 생겼다고 조롱하자, 무학대사는 이성계를 가리켜 부처님같이 보인다고 정중하게 예를 갖추어 대답했다고 한다. 부처의 눈으로 보면 모든 사람이 부처로 보인다는 뜻이었다. 이렇듯, 불교의 인간관도 철저한 인본주의이다.

동양 사상이나 불교는 창조주 하나님을 모르는 까닭에, 세상에서 사람을 제일 높고 큰 존재로 보는 것이다.

2. 성경의 가르침(예, 시 8:4; 139:13-17; 창 2:7; 욥 27:3)에 의하면, 어떤 점에서 사람이 하나님의 영광스런 생명인가?

성경의 가르침에 의하면, 하나님이 사람을 만드실 때 영화와 존귀로 관을 씌우셨고(시 8:4), 사람의 오장육부를 모태에서 기묘하게 만드셨으며(시 139:13-17),

사람의 코에 호흡(생기, 또는, 하나님의 기운)을 불어 넣으신 까닭에(창 2:7; 욥 27:3) 사람은 하나님의 영광스런 생명이다. 성경에 의하면, 사람이 영광스럽고 존귀한 생명인 것은 하나님께서 기묘하고 존귀하게 만드신 까닭이다. 이렇듯, 기독교의 인간관은 신본주의다.

3. 사람은 하나님이 만드신 피조물이다. 이로 보건대, 하나님과 사람은 어떤 관계에 있는가? 이 점에서 사람에게는 어떤 본성이 있는가?

하나님이 흙으로 빚어 코에 호흡을 불어넣어 창조한 사람은 본래 연약한 존재이다. 그래서 사람은 잠깐 보이다가 없어지는 안개와 같고(약 4:14) 수에 칠 가치가 없어서 의지할 만한 존재가 못된다(사 2:22). 연약한 인생은 도울 힘이 사실상 없는 것이다(시 146:3, 4). 사람을 뜻하는 히브리어 '에노쉬'(여기서 '에노스' 라는 이름이 나왔다. 참조, 창 4:26)는 사람의 연약함을 가리킨다(참고, 욥 4:17; 시 9:20; 사 31:3). 이 같은 까닭에, 사람은 연약하여 창조주 하나님을 의존하지 않고서는 결코 살 수 없는 의존적 존재이다. 그래서 시편 기자는 이렇게 고백했다. "내가 주의 신을 떠나 어디로 가며 주의 앞에서 어디로 피하리이까"(시 139:7) "여호와 외에 누가 하나님이며 우리 하나님 외에 누가 반석이뇨 이 하나님이 참으로 내게 띠 띠우시며 내 길을 완전하게 하시며… 나로 실족치 않게 하셨나이다"(시 18:31-36).

이로 보건대, 하나님의 피조물인 사람은 의존성의 존재로서, 하나님 없이 살 수가 없다. 때마다 일마다 범사에 하나님을 가까이 하는 가운데 하나님의 영광을 즐겨야 행복하다(참고, 시 73:28).

4. 하나님이 사람을 흙으로 만드시되 코에 호흡을 불어 넣었다는 사실(창 2:7)로 보아 신토불이(身土不二)는 성경적인가?

세속적인 사람들은 사람(身)과 자연(土)이 둘이 아니라 하나라고 생각한다. 즉 사람이 자연의 일부이기 때문에 자연이 사람이요, 사람이 자연이라는 것이다. 그래서 사람은 자기가 살고 있는 땅에서 난 식물을 제 철에 먹어야 한다고 주장한다. 한국 사람은 한국 땅에서 난 것을 먹되, 봄에는 봄나물, 여름에는 여름 과일(수박, 도마도)과 여름 곡물(보리), 가을에는 가을 과일(감, 사과), 그리고 겨울에는 호두와 밤 등을 먹는다.

하나님이 사람을 흙으로 만드신 까닭에 사람이 흙과 친화적 관계에 있음은 사실이다. 그래서, 사람은 흙을 가까이 하고, 자기가 사는 땅에서 생산된 식물을 제철에 먹어야 성인병이 예방되어 건강하고 아름다운 삶을 살 수 있다. 자기 땅에서 제 철에 나지 않은 식품이나 인위적으로 만든 가공식품(fast-food, 또는 junk-food)은 사람의 몸과 성품 뿐 아니라, 가정과 사회를 파괴하는 바 유해 식품이다. 그러나 사람이 흙 즉 자연과 친화적 관계에 있다고 해서 자연과 사람이 하나인 것은 아니다. 칼빈이 사람을 소우주라고 한 바 있으나, 그것은 우주가 하나님의 영광을 드러내고 있는 것처럼, 사람의 몸도 소우주로서 그렇다는 뜻이지, 자연과 사람이 하나라는 뜻은 아니다. 하나님이 사람의 코에 호흡(히브리어, '니쉬마')을 불어 넣은 것은 성령으로 생명의 기운을 주신 것을 뜻한다. 히브리어의 경우 '호흡'('니쉬마')이 '성령'(히브리어, '루아흐')과 동의어로 쓰이기도 한다(참고, 욥 27:3; 34:14; 겔 37:5-10). 이로 미루어 보아, 하나님이 사람에게 성령으로 생기를 주신 점에서 사람은 자연과 다르다.

5. 사람은 하나님의 형상으로 창조된 바 지정의를 갖춘 인격체이다. 이 점에서 사람에게는 어떤 본성이 있는가?

사람은 하나님의 피조물이기에 의존성을 가진 존재이지만, 지정의를 갖춘 인격체이기에 의지적 책임적 존재이다. 다시 말해서, 사람은 피조된 인격체(a created person)이기 때문에, 의존적이면서 또한 책임적 존재인 것이다. 사람은 이처럼 그 바탕에 의존성과 책임성을 가지고 있다. 그래서 하나님은 사람에게 본래 의지의 자유를 주셔서 하나님의 계명과 말씀에 순종할 수 있는 능력이 있게 하셨고, 사람이 죄 아래 있을 때에도 일반적인 재능과 도덕적 양심을 따라 세속적인 선을 행하므로 하나님의 영광을 나타내게 하셨으며 (그러나, 영적 선을 행하는 데는 전적으로 부패하고 무능력함), 성령으로 거듭나는 경우는 은혜로 하나님의 자녀의 권세를 따라 영적 선을 행할 수 있게 의지의 자유를 회복시켜 주셨다.

그런 까닭에, 사람은 하나님을 철저하게 항상 범사에 의존하면서도, 독자적으로 몸과 마음과 힘과 뜻을 다하여 하나님의 뜻을 헤아려 가지고 하나님께 열심히 순종하고 그를 사랑하되, 하나님이 마련해 주신 모든 영적, 세속적 방편들을 성실하게 활용해야 하는 책임이 있다. 그러므로 여행을 위해서는 교통수단을, 정보 수집을 위해서 인터넷을, 병 치료를 위해서는 병원과 약국을 활용하고, 구원을 풍성하게 누리기 위해서는 성경 읽기와 묵상 그리고 기도하는 일에 열심을 다해야 하는 것이다.

웨스트민스터 신앙고백에도 이에 대하여 다음과 같이 진술되어 있다. "하나님이 (그의 진노와 저주를 피할 수 있게 하는데) 우리에게 요구하는 것은 하나님에 대한 회개와, 우리 주 예수 그리스도에 대한 믿음과, 그리스도가 자기의 중보의 유익들을 우리에게 전달해 주는 외적 방편을 부지런하게 사용하는 일입니다"(대요리 153문답). "선을 행할 수 있는 신자들의 능력은 결코 그들 자신에게서 나오는 것이 아니고 전적으로 그리스도의 영으로부터 나온다… 그렇다고 해서 성령의 특별한 역사가 없으면 아무런 의무도 실천할 필요가 없는 것으로 오해하여 나태에 빠져서는 안 되고, 그들 안에 있는 하나님의 은혜를 힘써 불 일듯하게 해야한다"(신앙고백 16장 3항). 하나님의 은혜 아래 있는 사람의 경우는 의지적으로 자원하여 즉 자유롭게 결심하여 하나님의 뜻을 따라 최선을 다해야 하는 것이다(웨스트민스터 신앙고백 9장 4항).

이로 보건대, 실제적으로 말하자면, 하나님의 자녀의 삶은 전적으로 하나님의 은혜로 되어지는 것이지만, 또한 전적으로 사람 편에서의 열심과 책임으로 되어지는 것이다. 하나님의 은혜의 주권 100 퍼센트, 사람의 의지적 책임 100 퍼센트, 그리고 합하여 하나님의 섭리 100 퍼센트인 것이다.

6. 사람은 하나님이 남자와 여자로 만드시고 한 몸을 이루게 하셨다(창1:27; 2:24). 이 점에서 사람에게는 어떤 본성이 있는가?

성부와 성자와 성령 삼위 하나님이 서로 함께 섬김과 사귐을 갖는 사랑의 위격 공동체(a personal communion of love) 이시기 때문에, 하나님의 형상으로 창조된 사람도 사랑을 나누며 사는 공동체성을 가진 존재이다.

창세기 1장 27절에 보면, 하나님이 남자와 여자를 사람(단수형 명사)으로 만드시고, 창세기 2장 24절에서는 남자가 여자와 연합하여 둘이 한 몸을 이루게 하셨다. 이로 보건대, 하나님은 처음부터 사람을 공동체로 만드셨다. 부부는 가장 기본적인 단위의 공동체인 것이다. 그리고 하나님은 아담의 혈통을 따라 모든 족속을 하나의 큰 공동체로 만들어 놓으셨다(행 17:26). 사단의 시험으로 말미암아 세상에 죄가 들어와 인류 안에서 공동체적 섬김과 사귐이 깨어지고 서로 대적하게 되자, 하나님은 예수 그리스도를 화목제물로 삼으셔서 그의 십자가로 말미암아 유대인과 이방인간에 막힌 담을 허실 뿐 아니라, 사람들 간에 화목하게 하심으로 인류의 공동체성을 회복하셨다(엡 2:15-16; 고후 5:18-19).

그래서 그리스도의 교회는 하나님의 가족, 그리스도의 몸, 성령의 전으로서 성도들의 공동체(a communion of saints)이며, 예수 그리스도께서는 그의 교회의 한 몸임을 위하여 성찬(Holy communion)을 친히 제정해 주셨던 것이다.

7. 하나님의 영광스런 생명인 사람은 본성 면에서 의존적, 책임적(또는, 독립적), 그리고 공동체적이다. 이 같은 본성을 가진 사람이 더욱 사람다워지려면 어떤 습관들을 길러야 성공할 수 있는가?

스티븐 코비(몰몬교 신자로 알려져 있어서 교리적으로 이단에 속함)가 쓴 「성공하는 사람들의 일곱 가지 습관」에 의하면, 첫째, 모든 일에 앞장 서 주도하는 습관, 둘째, 목표를 확립하고 사는 습관, 셋째, 중요한 것부터 우선순위를 정하여 하는 습관을 길러야 책임성 면에서 사람이 성공할 수 있다. 그리고 넷째, 상호 이익을 추구하는 습관, 다섯째, 상대방을 경청하여 이해하고 설득할 줄 아는 습관, 여섯째, 서로 힘을 합할 줄 아는 습관을 길러야 공동체성 면에서 성공할 수 있다. 그러나 이 모든 습관이 제대로 성공을 하려면, 일곱째, 심신을 단련하는 습관을 길러야한다.

이 일곱 가지를 성경적으로 생각해 보면, 사랑은 적극적으로 솔선수범을 통해서 나타나고, 우리의 삶이 하나님이 정해 주신 목적과 목표를 따라 살아야 하며, 급한 것보다는 중요한 것부터 하는 것이 신앙의 기본자세이기에 처음 세 습관들은 책임성 면에서 아주 중요한 습관들이다. 그리고 사랑은 서로 짐을 나누어지는 것이요, 서로 용납하는 것이기에 나중 세 습관들 역시 공동체성 면에서 필요한 습관들이다. 또한, 성도들에게는 경건의 훈련이 필요하므로 신앙적으로 영성과 경건 훈련 차원에서 심신을 훈련하는 것은 무엇보다 중요한 습관이다.

8. 마태복음 10:28; 데살로니가 전서 5:23; 히브리서 4:12 등의 말씀으로 보아, 사람은 어떤 틀을 가진 존재인가?

성경은 하나님의 형상으로 그리고 흙으로 창조된 사람을 어떤 틀을 가진 존재로 보는가? 예수님의 하신 말씀 가운데 "몸은 죽여도 영혼은 능히 죽이지 못하는 자들을 두려워 말라"(마 10:28)는 말씀과, 바울의 서신 가운데, "너희 온 영과 혼과 몸이 우리 주 예수 그리스도의 강림하실 때에 흠 없게 보전되기를 원하노라"(살전 5:23)는 말씀, 그리고, "하나님의 말씀은… 혼과 영과 및 관절과 골수를 찔러 쪼개기까지 하며"(히4:12)라는 말씀 등으로 미루어 보아, 사람의 구성 요소로 비물질적인 영과 혼(또는, 영혼) 그리고 물질적인 몸(또는, 육체)이 있다. 이 구성 요소를 놓고서 영과 혼을 하나로 보고서 주장하는 이분설과, 영과 혼을 별개로 보고서 주장하는 삼분설이 있는가 하면, 영과 혼과 몸이 내적으로 강력하게 합성된 통일체(a unitary compound) 곧 영육통일체(a psycho-somatic unity)로 보는 견해가 있다. 이분설과 삼분설은 공통적으로 비물질적인 영혼과 물질적인 몸이 분리되어 있는 것으로 본다. 그래서 삼분설에 의하면 영은 하나님과 가까운 요소이고, 혼은 인간적인 요소이며, 육은 동물적인 요소로 우열의 차별이 있으며, 이분설도 육체를 영혼의 감옥으로 오해할 만큼 영혼은 선하나 육체는 악한 것으로 간주한다. 이로써, 결국은 사람 안에서 영혼과 육체가 서로 충돌하고 대적하는 것으로 보는 이원론이 득세한 것이다.

그러나 성경의 가르침에 의하면, 사람의 경우 영혼과 육체가 대립하는 것이 아니고, 성령과 마귀적인 육체의 정욕이 대립한다(롬 8:5-7). 사람의 경우, 죄를 범하면 영이나 육이 아니라 전인(a whole man)으로서 사람이 주체가 되어 범하고, 죄에서 구원을 받게 되는 경우 영혼이 아니라 전인으로서의 사람이 구원받는다. 질병 치료의 경우도, 육체가 아니라 전인으로서의 사람이 치료받는다. 그래서 마지막 날 전인으로서 몸이 부활하는 것이요, 육체 없는 영이나 영 없는 육체가 결코 부활하는 것이 아니다.

이로 보건대, 의존적이면서도 책임적이요, 개인적이면서도 공동체적인 사람은 영과 혼(또는 영혼)과 육체가 하나인 영육통일체인 것이다. 사람의 영은 하나님께 기원을 두고 하나님을 지향하는(Godward) 생명이요(참고, 민 16:22; 히 12:9;

롬 8:16; 전 12:7), 혼은 사람 안에 존재하는 생명 자체(the very life)로서 땅을 지향하고(earthward) 감각적인 사물들을 감지한다(참고, 욥 38:18, 22; 사 55:2; 시 42:1; 마 6:25).

사람을 영육통일체로 보는 성경적 견해가 실제적으로 중요한 것은 전인 목회와 전인 치유와도 관련이 있다. 목회는 성도의 영혼만을 고려하지 않고 육체의 건강과 일상생활까지도 살펴주며, 치유는 영혼 뿐 아니라 육체까지를 하나로 묶어서 고려하는 것이기에, 기본적으로 사람을 영육통일체로 보아야 온전한 목회와 치유가 가능하다. 영혼과 육체의 분리는 죽음이요, 죽음은 생명의 파괴이므로, 영과 육의 분리를 함축하고 있는 이분설이나 삼분설은 성경적 가르침과 어울리지 않는다.

9. 사람이 짐승과 어떤 점에서 본질적으로 다른가? 사람의 독특한 바탕은 무엇인가?

사도 베드로가 육체의 더러운 정욕대로 행하는 자들을 가리켜 "이성 없는 짐승" 같다고 한 말(벧후 2:12)로 미루어 보아 사람과 짐승의 근본적인 차이점 가운데 하나는 이성과 지혜이다. 또한 사람에게는 하나님을 알 만한 의식 곧 신 의식(sense of God)이 있다(롬 12:19, 21). 그리고 양심이 있다(롬 2:14-15). 이 같은 근본적인 차이점은 사람이 하나님의 형상으로 창조된 까닭이다. 그래서 사람에게는 하나님을 경외하는 지혜와 지식이 있고(잠 1:7), 하나님의 뜻을 분변하는 이성도 있고(딤후 2:15), 하나님의 율법을 아는 양심(롬 2:14-15) 등 본능적 또는 자연적 재능(natural endowments)이 있다. 그리고 사도 바울이 말하는 바에 의하면, 하나님의 형상은 의와 진리와 지식과 거룩함 등 영적 자질(spiritual quality)이다(엡 4:24; 골 3:10). 예수 그리스도 안에서 새 사람이 된 자들에게는 하나님의 속성들이 회복됨으로써 이 같은 영적 자질들이 있는 것이다.

이로 보건대, 사람의 독특한 바탕은 이성, 양심, 신 의식 등 자연적 재능들과, 의와 지식과 거룩함 등 영적 자질이며, 이 같은 바탕이 사람에게 독특하게 있어서 짐승과 근본적으로 다르다.

10. 하나님은 사람을 자기의 형상으로 만드셨다(창1:26-28). 성경적으로 형상이라는 단어는 무슨 뜻이 있는가?(참고, 신 4:16; 롬 1:23; 참조, 시 18:5; 습 3:17)

사람이 하나님의 피조된 인격체요, 영육통일체요, 공동체적 존재인 것은 하나님이 사람을 남자와 여자로 만드시되 하나님의 형상으로 만드셨기 때문이다. 하나님의 형상이라는 용어에서 "형상"이라는 단어는 신명기 4:16, "아무 형상대로든지 우상을 새겨"(make for yourselves an idol, an image of any shape), 그리고 로마서 1:23, "버러지 형상의 우상으로"(헬라어, 엔 호모이오마티 에이코노스)에서 보면, "우상"이라는 단어와 동의어이다. 본래 우상이란 가장 자랑스럽고 기쁨이 되는 것이다. 예를 들어, 어떤 축구 선수나 야구 선수 그리고 영화 배우나 가수가 어떤 계층의 젊은이들의 우상이 된 경우 그 사람이 그들의 기쁨이요 자랑인 것이다.

하나님의 형상인 사람의 경우도 이와 같이 하나님의 우상이다. 시편 8:5에는, "영화와 존귀로 관을 씌우셨다"고 했고, 스바냐서 3:17에는 "그가 너로 인하여 기쁨을 이기지 못한다"고 하였다. 이는 마치 바울이 데살로니가 교회의 성도들을 향하여 "우리의 소망이나 기쁨이나 자랑의 면류관이 무엇이냐… 너희는 우리의 영광이요 기쁨이니라"(살전 2:19-20)한 경우와도 같다. 이로 보건대, 하나님의 형상인 사람은 하나님의 기쁨이요, 영광이요, 자랑이요, 면류관인 것이다. 하나님의 특별한 사랑을 받는 자이다(시 23:6; 100:3; 사 43:4).

11. 하나님이 사람에게 주신 기본적인 직분은 예수 그리스도의 경우처럼 왕, 제사장, 선지자 등 세 가지가 있다. 이 점에서 하나님의 형상으로 만들어진 사람의 기본적인 노릇은 무엇인가?

사도 베드로가 말한 "오직 너희는 택하신 족속이요, 왕 같은 제사장들이요 거룩한 나라요 그의 소유된 백성이니"(벧전 2:9)에서 알 수 있듯이, 하나님의 형상으로 창조된 사람에게는 왕직, 제사장직, 그리고 선지자직이 있다. 그래서 믿음의 조상 아브라함이나 이스라엘의 위대한 지도자 모세 뿐 아니라(창 20:7; 신 18:15) 다윗도 역시 선지자로 불리웠다(행 2:30). 그리고 아브라함은 족장으로서 방백 곧 왕으로 호칭되었는가 하면(창 23:6) 롯을 위해 중보 기도함으로 제사장의 직분도 행사하였다(참고, 창 18:22-33; 19:29). 물론, 모세나 다윗도 왕이요 제사장의 기능을 행하여 다스리는 일과 중보 기도하는 일을 행하였다(참고, 출 17:8-16; 삼상 15:13, 23; 삼하 7:18-29).

그런데, 영적 자질로서의 하나님의 형상 개념에는 지식과 의와 거룩함이 있는 바(엡4:24; 골 3:10), 이 자질들은 지식의 경우 선지자직과, 의의 경우 왕직과, 그리고 거룩함의 경우 제사장직과 관련되어 있다. 선지자직은 하나님과의 관계에서 하나님의 말씀을 받아 하나님의 백성들에게 선포하여 그 백성들로 하여금 하나님을 성령과 진리로 예배하는 일을 돕는다(참조, 수가성의 여자가 예수를 선지자로 알고, 선지자의 역할을 예배와 관련지어 생각하고 있었다. 요 4:19-26). 제사장직은 하나님과 사람 사이뿐만 아니라 사람과 사람 사이에서 거룩함으로 중보하여 화목하게 하고, 거룩한 사랑으로 서로 섬김과 사귐을 나누게 한다. 예컨대, 문둥병 환자를 치료하여 하나님과 화목하고 가족과의 관계를 회복하는 일을 제사장이 맡아했다(레 14장; 참조, 마 8:1-4). 왕직은 하나님이 주신 권세를 가지고 공의로 하나님의 백성과 땅을 다스린다. 하나님은 이미 아담을 창조하시던 때에 땅을 다스리며 경작하라는 직분을 주신 바 있다(창 1:28; 2:15).

다시 말해서, 하나님의 형상인 사람은 지식과 선지자직의 면에서 하나님과의 관계에서 영적 존재로서 예배자의 노릇을 해야 한다. 하나님을 아는 지식을 따라 성령과 진리로 예배해야 하는 것이다. 그리고 거룩함과 제사장직의 면에서 하나님 및 이웃과의 관계에서 사회적 존재로서 즉 사귐과 섬김을 나누며 사는 존재로서 거룩함으로 기도하고 화평하게 하는 일을 해야 한다. 또한 의와 왕직의 면에서 세상과 땅과의 관계에서 공의로 다스려야 하는 것이다.

이로 보건대, 하나님의 형상으로 만들어진 사람의 기본적인 노릇에는 하나님, 이웃, 세상과 및 땅과의 관계에서 영적 존재로서 예배자의 노릇, 사회적 존재로서 사귐과 섬김의 노릇, 그리고 권세적 존재로서 다스림의 노릇 등이 있다. 이렇듯, 하나님의 형상 개념에는 성품적 요소와, 관계적 요소와 기능적 요소가 함께 있는 것이다.

종합적으로 말하자면, 하나님의 형상으로 창조된 사람은 하나님의 자랑이요, 기쁨이요, 면류관이다. 그래서 창조주 하나님은 자기의 기쁨인 사람에게 자기의 좋은 것들 즉 자기의 위대하고 선한 성품들(지식, 의, 거룩 등) 뿐만 아니라, 사람이 하나님의 기쁨 노릇하는 데 필요한 직분들(왕직, 선지자직, 제사장직 등)을 주시는 것이다. 이는 마치 부모가 자기의 사랑하는 자녀에게 자기의 좋은 성품과 재능 뿐 아니라 사회적 신분이나 직분을 물려주는 것과도 같다. 그래서 하나님의 형상으로 창조된 사람은 성품적으로는 하나님을 닮아 의와 지식과 거룩함을 지니고 있으며, 기능적으로는 왕, 선지자, 제사장으로서 권세적 존재, 예배하는 영적 존재, 그리고 섬기며 사귀는 사회적 존재이다.

12. 하나님이 사람을 자기의 형상으로 만드시되(창 1:26-28) 흙으로 만들어 코에 호흡(즉, 생기)을 불어 넣어 생명체가 되게 하신 것(창 2:7)을 종합해 보면, 사람이 사람 노릇하는 원동력은 무엇인가?

하나님의 형상으로 창조된 사람에게는 하나님의 성품과 능력과 직분(왕, 선지자, 제사장)이 있고, 이 세상을 다스리는 권세가 있다. 이 같은 직분과 권세를 효과적으로 활용할 수 있게 하나님은 사람의 코에 성령으로 생기를 불어넣은 것이다.

사람이 성령으로 거듭나야 하나님 나라의 백성 노릇하고(요 3:3,5), 성령 충만을 받아야 하나님 나라의 일꾼 노릇을 하듯이(참고, 요 20:22; 행 2:1-4; 부활하신 주님이 제자들에게 호흡을 내쉬며 성령을 받으라 하신 대로 오순절에 성령을 받아 그리스도의 담대한 증인이 되었다), 최초의 사람 아담도 성령의 생기로 말미암아 세상을 다스리고 땅을 경작할 수 있었다(창 1:28; 2:15). 사람은 성령으로만이 사람 노릇할 수가 있는 것이다(참고, 욥27:3; 34:14-15).

제 11 과 생명의 파괴: 죄의 기원과 실체

기본적인 질문:

1. 인생의 근본 문제인 죄와 악과 및 불행과 관련하여, 유교가 조상 숭배, 불교는 불공, 그리고 이슬람교가 경전인 코란에 대한 절대 순종을 강조하는 이유는 무엇인가?

2. 성경에 의하면, 영광스런 사람을 저주받게 만들어 악과 불행에 빠지게 만들고, 아름다운 자연을 황폐시키며, 각종의 질병과 재난을 초래한 것은 무엇인가?

3. 창세기 3장 1-6절에서, 첫째 아담을 통해 본 죄의 기원은 무엇인가?

4. 마태복음 4장 1-11절(참조, 눅 4:1-13)에서, 둘째 아담을 통해 본 죄의 기원은 무엇인가?

5. 창세기 3장과 마태복음 4장 및 누가복음 4장에서 죄의 기원과 관련하여 죄의 실체는 무엇인가?

---

1. 인생의 근본 문제인 죄와 악과 및 불행과 관련하여, 유교가 조상 숭배, 불교는 불공, 그리고 이슬람교가 경전인 코란에 대한 절대 순종을 강조하는 이유가 무엇인가?

유교의 경우 사람의 윤리의 기본은 효(孝)이다. 사람 가운데 부모 그리고 부모와 같은 어른들(예, 왕, 선생, 고급관리 등)은 하늘과 같아서 하늘처럼 섬기는 것을 사람의 근본 도리로 여긴다. 그래서 불효(不孝)는 모든 죄의 뿌리요 불행의 원인이다. 이 같은 배경에서 죄와 불행을 예방하고 이 땅에서 복을 누리려면 조상을 숭배해야 한다고 강조했다. 이 조상 숭배는 죽은 조상에 대한 장례, 성묘, 제사 등의 방식이 특히 강조되었다.

불교의 경우 사람에게 고(苦)와 악(惡)이 있게 된 원인을 욕(慾)으로 본다. 그래서 욕심을 버리고 무(無)와 공(空)에 이르는 훈련이 불공(佛供)이다. 모든 중생(衆生)이 생불(生佛)이므로 사람에게 자비를 베푸는 것을 불교가 강조하는 것이다.

이슬람교는 경전인 코란에 대한 불순종을 죄와 불행의 원인으로 보고, 그래서 코란에 절대 순종할 것을 강조한다. 불순종하는 자에 대하여 알라 종교의 이름으로 단죄하고 칼을 휘둘러 벌하는 것을 일반적으로 허용한다.

2. 성경에 의하면, 영광스런 사람을 저주받게 만들어 악과 불행에 빠지게 만들고, 아름다운 자연을 황폐시키며, 각종 질병과 재난을 초래하는 것은 무엇인가?

성경 중에 첫 권인 창세기 3장에 보면 처음으로 저주라는 단어(14, 17절)와 고통과 수고라는 단어(16, 17절), 땅의 황폐(18절) 등이 언급되어 있다. 이 같은 저주와 고통과 황폐는 죄가 원인이다. 그리고 창세기 6장에 보면, 죄로 인하여 사람의 마음이 부패하고 사나워지며 땅이 황폐해진다(5, 11-12절). 특히, 하나님이 이스라엘 백성에게 특별하게 교훈하여 말씀하신 책인 신명기에 보면, 죄가 모든 저주와 각종 질병(예, 염병, 폐병, 열병, 학질, 한재, 풍재 등)과 재앙의 원인이다(신 28:15-24, 58-61). 그리고 죄가 원인이 되어 죽음이 결과 되었다(창 3:19; 롬 6:23).

3. 창세기 3장 1-6절에서, 첫째 아담을 통해 본 죄의 기원은 무엇인가?

하나님은 사람을 자기의 형상으로 영광과 존귀로 관을 씌워 만드심으로 사람에게 지정의의 인격과 의지의 자유와 능력을 주시어 하나님을 예배하고 이웃 사람을 섬기고 사귀며 자연을 다스릴 수 있게 하여 풍성한 생명을 누리게 하셨다. 뿐만 아니라, 에덴동산에서 행복하게 살 수 있게 가장 좋은 환경을 조성하시고 각종 실과나무에서 임의로 먹을 수 있게 하셨다. 다만, 하나님은 아담에게 사랑의 순종을 통하여 영생을 누릴 수 있도록 하고자 선악을 알게 하는 실과나무를 두시고 먹지 말라 명하셨다(창 2:16-17). 아담에게 있어서 이 같은 순종의 명령은 가장 가볍고 쉬운 것이었다(참고, 예수님이 우리에게 주시는 순종의 명령도 마찬가지로 가볍고 쉽다. 마 11:30).

그런데, 창세기 3장 1-6절에 보면, 사단 마귀가 들짐승 가운데 가장 간교한 뱀을 이용하여(참조, 계 20:2) 아담과 하와를 미혹하여 죄를 범하게 하였는데, 그 방법은 다음과 같다.

사단 마귀는 간교하여 우선 여자인 하와에게 접근했다. 이는 하와가 하나님의 말씀을 직접 받지 아니한 까닭에 그 말씀에 대하여 아담보다는 책임감이 덜할 수도 있고, 또한 전해들은 까닭에 자기가 알고 있는 것보다 더 잘 아는 체할 수도 있었기 때문인 듯하다. 이 같은 사실은 뱀과 하와와의 대화에서 미루어 짐작할 수 있다.

하나님께서는 아담에게 말씀하시기를, "동산 각종 나무의 실과는 네가 임의로 먹되 선악을 알게 하는 나무의 실과는 먹지 말라. 네가 먹는 날에는 정녕 죽으리라"(창 2:16-17)하셨다. 그런데 이 말씀을 두고 뱀이 말한 것을 보면, "하나님이 참으로 너희더러 동산 모든 나무의 실과를 먹지 말라 하시더냐?"(창 3:1) 하였다. 여기에는 그 간교함이 두 가지로 숨어 있다. 하나는 의문형의 말을 함으로 하와에게 의심을 불러일으키는 것이요, 다른 하나는 뱀이 하나님의 말씀에 대하여 자기는 직접 들은 바 없으므로 약간은 확실하게 알지 못하는 체하면서 하와로 하여금 자기 나름의 생각을 덧붙인 대답을 유도한 것이다.

이에 하와는 아담에게서 전해들은 말씀에 근거해서 자기가 뱀보다 하나님의 말씀의 깊은 뜻을 더 잘 알고 있을 뿐 아니라 더 정확하고 자세하게 알고 있다는 듯이 자기의 생각을 덧붙여 대답하였다. 그녀는 사실상 뱀의 간교한 꾀에 말려든 것이다. 이로써 하와는 뱀이 간교하게 의심을 심어 준 것을 간과하고서 자기의 생각대로 하나님의 말씀을 재해석했다. 그래서 대답하기를, "너희는 먹지도 말고 만지지도 말라, 너희가 죽을까 하노라 하셨느니라"(3:3)고 했다. 그녀는 하나님 말씀의 본래의 뜻을 크게 바꿔 놓았다. "만지지도 말라"는 말을 보탰을 뿐 아니라, "정녕 죽으리라"는 하나님의 본래의 말씀을 "죽을까 하노라"로 바꿔 버린 것이다. 하나님의 준엄한 명령적 경고의 말씀을 자애로운 경고(benevolent warning)로 재해석했다. 이렇게 해서, 하나님의 말씀의 권위 뿐 아니라 하나님 자신의 권위를 멸시하는데 이르른 것이다.

이렇게 되자, 뱀은 기다렸다는 듯이 여자를 더 적극적으로 미혹하여 말하기를, "너희가 결코 죽지 아니하리라. 너희가 그것을 먹는 날에는 너희 눈이 밝아 하나님과 같이 되어 선악을 알 줄을 하나님이 아심이라"(4-5절)고 거짓말을 할 뿐 아니라, 여자로 하여금 하나님과의 동등권을 주장하게 하고 교만해져 자신의 독자적 세계를 구축함으로써 하나님의 창조주요 아버지 되심을 거부하고 자기를 내세우도록 유도했다.

결과적으로, 여자는 하나님의 권위를 이미 멸시한지라 사단의 거짓된 미혹에 빠져 자기 생각만을 내세워 마음이 정욕으로 움직여 선악과를 따먹었다(6절). 즉, 하나님의 말씀을 단번에 불순종했다. 그리고서는, 옆에 함께 있던 남편인 아담에게도 주었고, 아담 역시 받아 먹음으로 하나님 말씀을 불순종하였다. 하와와 아담은 이렇게 죄를 범했던 것이다.

이렇듯 죄의 기원을 보면, 죄는 하나님의 말씀을 대강 건성으로 알므로 의심하는 데서 출발하되, 자기 생각대로 하나님의 말씀을 재해석하고, 이로써 그 말씀의 신적 권위를 멸시하고, 자기 생각을 내세움(自己主張, self-assertion)으로 교만해져 자신의 독자적 세계를 구축함으로 말미암아 하나님을 불순종한 것이다. 이는 마치 죄의 표본과 같은 사사시대의 사람들이 "각각 그 소견에 옳은 대로 행하니라"(삿 21:25)와도 같다. 한 마디로, 죄의 시작은 하나님의 말씀의 권위를 멸시하고 자기의 생각을 내세움으로 교만하여 행한 불순종이다. "죄는 하나님이 이성적 피조물에게 규칙으로 주신 율법을 순종함에 있어서 부족한 것이나, 또는 어기는 것입니다"(웨스트민스터 대요리 24문답).

4. 마태복음 4장 1-11절(참조, 눅 4:1-13)에서, 둘째 아담을 통해 본 죄의 기원은 무엇인가?

둘째 아담인 예수 그리스도가 유대광야에서 사단에게 받은 시험에도 죄가 어떻게 시작되는가가 잘 나타나 있다. 살인자요 거짓말쟁이요(요 8:44) 대적자요 훼방자(벧전 5:8)인 사단 마귀는 첫째 아담의 경우는 뱀을 이용하여 에덴동산에서 시험하였으나, 둘째 아담인 예수 그리스도의 경우는 사단이 직접 유대광야에서 시험하였다. 그러나 첫째 아담과는 달리, 둘째 아담은 성령으로 충만하여 성령의 인도를 받으시고(눅 4:1) 기도하는 가운데 하나님의 말씀을 성경대로 정확하게 인용하여 대답하심으로 사단의 시험을 이기셨던 것이다.

둘째 아담이신 예수님에게 사단이 미혹한 첫 번째 시험은 돌을 떡덩이가 되게 하라는 것이었다(마 4:3). 예수님은 하나님의 아들이시요 40일을 밤낮 주리셨고 또 지금 계신 곳이 유대광야인지라 먹을 양식을 구할 수도 없었기 때문에, 사단이 말하지 아니했어도 돌을 가지고 떡을 만들어 잡수셔도 괜찮을 것 같아 보였다. 그러나 예수님은 사단이 권하는 말에 대하여, 신명기 8장 3절의 말씀을 인용하여, "기록되었으되 사람이 떡으로만 살 것이 아니요 하나님의 입으로 나오는 모든 말씀으로 살 것이라 하였느니라"(마 4:4)고 답하셨다. 사단마귀는 40일간 금식하신 예수님에게 떡을 가지고 시험한 듯하나, 예수님의 대답을 보면 사단은 떡을 빙자하여 하나님의 말씀에 대한 예수님의 태도를 시험하였다. 즉, 사단의 시험의 핵심은 떡이 아니고 하나님의 말씀에 대한 것이었다.

예수님이 인용하신 신명기의 말씀은 광야에서 40년을 어렵게 살아온 이스라엘 백성에게 하나님이 주신 것으로, 이스라엘 백성들은 먹을 양식에 너무 마음이 뺏겨 있었기에 하나님은 그들에게 떡보다 하나님의 말씀을 사랑하고 하나님의 명령을 지켜 그 도를 행하며 하나님을 경외하는지를 알고자 하셨다(신 8:2, 6). 즉, 하나님이 광야에서 이스라엘 백성에게 만나를 주어 먹이신 것은 사람이 떡보다는 하나님의 말씀으로 사는 줄을 깨닫게 하기 위함이었다. 하나님은 이스라엘 백성이 광야에서 하나님의 말씀의 권위에 순종하기를 바라셨던 것이다. 예수님은 신명기의 말씀의 깊은 뜻을 잘 알고 계셨다. 그래서 사단이 떡을 가지고 시험했을 때 신명기를 인용하여 하나님의 말씀에 순종하여 하나님을 경외하는 것이 마땅함을 확실하게 대답하신 것이다. 이로 보건대, 하나님의 말씀의 권위에 순종하지 아니하면 죄가 됨을 알 수 있다.

예수님에게 던진 사단의 두 번째 시험은 예루살렘 성전 꼭대기에서 뛰어 내리라는 것이었다(마 4:5, 6). 이 시험에서 간교한 사단은 자기도 하나님의 기록된 말씀, 시편 91:11-12를 그대로 인용함으로써 하나님의 말씀의 권위를 높이는 체 하였다. 사단의 이 같은 시험에 대하여, "또 기록되었으되 주 너의 하나님을 시험치 말라 하였느니라"(마4:7)하시면서 신명기 6:16을 인용하셨다. 이 신명기의 말씀은 이스라엘 백성들이 애굽에서 나와 광야에 들어선 후 얼마 안 되어 르비딤의 맛사에서 마실 물이 없자 "우리에게 물을 주어 마시게 하라"(출 17:2)고 하면서 여호와 하나님을 시험한 사건을 배경으로 하고 있다. 그들은 여호와가 과연 자기들 가운데 함께 계신가를 확인하려고 시험했던 것이다(출 17:7).

이로 보건대, 예수님께 대한 사단의 시험의 핵심은 예루살렘 성전에서 뛰어 내리고 안 내리고 하는 것이 아니라, 하나님이 함께 계신지 아니 계신지를 확신하고 있는가 하는 것이었다. 40일간 유대광야에서 주리신지라 하나님 아버지께서 아들이신 자기와 함께 계시지 아니한 것이 아닌가 하는 생각이 예수님에게 들게 하기 위함이었다. 그러나 사단의 이 같은 시험에서 예수님이 보여 주신 것은, 그는 하나님 아버지께서 창세전부터 자기와 함께 할 뿐만 아니라 자기 안에 그리고 자기가 아버지 안에 계심을 알고 있었기에 사단의 간교한 요구대로 예루살렘 성전 꼭대기에서 뛰어 내릴 이유가 없었다는 점이다. 예수님은 아버지 하나님이 이미 천사들과 들짐승을 시켜 수종을 들게 하셨으므로(막 1:13), 아버지께서 함께 계심을 인하여 오히려 감사하고 기뻐했다. 한마디로, 하나님 아버지께서 우리를 결코 싫어 버리지 아니하시고(참고, 사 41:9) 우리와 함께 하시기를 기뻐하심(참고, 요 14:16, 23)을 알지 못하고 의심하는 데서 죄가 시작되는 것이다.

예수님에게 던진 사단의 세 번째 시험은 엎드려 경배하면 천하만국과 그 영광을 주겠다는 것이었다(마 4:8-9). 이에 대한 예수님의 대답은 간단명료했다. "사단아, 물러가라. 기록되었으되 주 너의 하나님께 경배하고 다만 그를 섬기라하였느니라"(마 4:10). 이 대답의 말씀은 신명기 6:13을 인용한 것이다. 이 말씀의 배경에는 하나님이 아름답고 좋은 것들을 주시는 때에 그를 잊지 말고 중심으로 경외하며 섬기라는 명령이다. 예수님은 자기가 지금 있는 유대광야가 아름답고 좋은 땅도 아니요, 풍부하게 먹을 것이 있는 것도 아니며, 자신은 40일 동안 주리신지라 하나님으로 즐거워하고 만족할 수 있을 것 같지 않다. 그래서 사단이 천하만국의 권세와 영광을 주겠다고 한 약속에 미혹될 것처럼 보였다. 그러나 예수님은 하나님 아버지께서 이미 하늘과 땅의 권세를 자기에게 주셨고(요 3:35; 마 28:18) 심판권도 주셨기에(요 5:27) 아버지 하나님으로 만족하고 그를 영원토록 즐거워하고 계셨다. 유대광야에서 잠시 겪는 굶주림은 그 같은 엄청난 권세와 영광과는 족히 비교될 수가 없었다(참조, 롬 8:18, "생각건대 현재의 고난은 장차 우리에게 나타날 영광과 족히 비교할 수 없도다"). 그런 까닭에, 아버지 하나님 외에 사단을 섬길 이유가 전혀 없었던 것이다.

이로 보건대, 우리가 누리고 있는 바 하나님 아버지가 주신 자녀로서의 영광과 권세로 만족하지 못하고, 세상적인 것에 마음을 빼앗기는 데서 죄가 시작된다.

창조주이시요 구속주이신 예수 그리스도를 믿고 그로 만족하지 못하면, 세속적인 탐욕에 미혹되어 죄를 범하게 되는 것이다. 죄의 출발점에는 탐욕과 정욕이 있다. 현재의 고난과 역경 때문에 하나님의 자녀의 권세와 영광을 누리지 못하는 것은 마치 에서가 장자권을 가볍게 여긴 망령된 죄와도 같다(창 25:32, 33; 히 12:16).

끝으로, 예수님이 받으신 세 번의 시험들을 전체적으로 보면, 예수님은 시험을 받으실 때마다 하나님의 기록된 말씀들을 인용하시었다. 즉, 그는 하나님의 기록된 말씀의 권위에 온전히 순복하심으로 시험을 이기셨다. 그가 성령으로 충만하신 증거는 바로 하나님의 기록된 말씀의 권위에 순복하는 것이다. 이렇듯 말씀에 순복함으로 그는 사단의 시험을 이겼고, 또한 성령의 권능을 덧입었다(눅 4:14). 이는 하나님의 기록된 말씀이 살았고 운동력이 있으며 성령의 검으로써 예리하여 사단을 넉넉히 물리칠 수 있기 때문이다. 하나님의 말씀의 권위에 순복하면 성령으로 충만하고, 성령의 권능이 있다.

결국은 하나님의 기록된 말씀의 권위에 순종하는 것은 의(righteousness)요, 성령 충만이요, 성령의 권능이지만, 그 말씀에 불순종하는 것은 죄요, 마귀 충만이며, 영적 패배이다.

5. 창세기 3장과 마태복음 4장과 누가복음 4장에서 죄의 기원과 관련지어 볼 때 죄의 실체는 무엇인가?

창세기 3장에서 첫째 아담을 미혹하여 범죄하게 한 것은 뱀 같으나, 마태복음과 누가복음에서 둘째 아담이신 예수를 시험한 것이 사단 마귀인 것과, 요한계시록 20장 2절에 보면 옛 뱀이 마귀요 사단이라 한 것으로 보아 그 뱀은 마귀였다. 결국, 첫째 아담의 경우도 둘째 아담의 경우처럼 사단 마귀가 죄의 조성자요, 죄의 실체인 것이다. 다시 말해서, 사람의 죄악된 행동의 주관자 곧 실체는 사람 자신이 아니고, 사단 마귀이며, 사람은 마귀의 노예요 종이다. 이 점에서, 예수 그리스도 밖에 있는 자들 곧 불신자들은 신분상 "악한 자의 아들들"(마 13:38), "마귀의 자식"(행 13:10), "마귀의 자녀들"(요일 3:10)이다. 이 마귀는 공중의 권세 잡은 자 곧 불순종의 아들들 가운데 역사하는 영(엡 2:2)이요, "하늘에 있는 악의 영들"(엡 6:12)이며, "흑암의 권세"(골 1:13) 곧 하나님을 대적하는 악한 영적 세력이다.

죄의 실체가 사단 마귀인 것에 대하여 바울은 창세기 3장을 배경으로 하여 로마서에서 확실하게 밝히고 있다. 바울에 의하면 죄는 윤리적 도덕적으로 하나님의 율법을 불순종하는 행위만이 아니고, 인격화된 악한 세력 곧 사단 자체를 가리키기도 한다. 그래서 바울에 의하면, 죄가 한 사람 아담으로 말미암아 세상에 들어왔고(롬 5:12), 사람에게 왕 노릇하며(롬 5:21), 주인 노릇하고(롬 6:14), 사람은 죄에게 종노릇한다(롬 6:6, 16-17, 20). 죄는 죽음을 삯으로 지불하여 주인 노릇한다(롬 6:23).

또한, 죄는 기회를 잡아 계명을 수단으로 하여 사람 안에서 각종 탐심을 일으킨다(롬 7:8). 뱀이 하와를 꾀어 선악과를 먹게 하고 이로써 죽이는 것처럼(창 3:13), 죄가 사람을 속이고 죽이는 것이다(롬 7:11, 13). 이와 같이 죄 곧 사단은 영적 악한 세력으로서, 하나님을 대적하고 성령을 거스리며 사람의 삶의 전반을 지배하면서 세상을 구조적으로 혼란과 무질서와 고통과 각종 질병의 도가니로 만드는 죄의 실체이다. 이 죄의 실체인 마귀와 그것의 일을 멸하시기 위해(요일 3:8) 예수님은 친히 이 땅에 오시어 마귀에게 시험을 받으시고 승리하셨다. 그가 승리하셨기에 마귀는 결박되었고(눅 10:17-18; 계 20:2), 성도들은 마귀의 종노릇에서 해방되어(롬 6:18, 22) 하나님의 자녀로서 그리스도와 함께 왕 노릇하는 것이다(딤후 2:12).

제 12 과 생명의 상실: 죄의 결과, 성질 및 요소

기본적인 질문:

1. 아담과 하와가 죄를 범함으로 생겨난 결과들 가운데 자신 곧 자아와의 관계에 무슨 일이 생겨나는가?(창 3:7)

2. 죄의 결과로 하나님과의 관계에 무슨 일이 생겨나는가?(창 3:8)

3. 죄의 결과로 이웃 사람과의 관계에 무슨 일이 생겨나는가?(창 3:12-16)

4. 죄의 결과로 몸 및 자연과의 관계에는 무슨 일이 생겨나는가?(창 3:16-18)

5. 아담 한 사람의 범죄가 인류에게 어떤 이유로 무슨 영향을 미치게 되는가?(롬 5:12-19)

6. 구약의 호세아 선지자의 아내 고멜의 이야기와 신약의 탕자의 비유(눅 15:11-16)에 나타난 죄의 성질은 무엇인가?

7. 죄가 사람에게 죽음을 가져다주고 또 사람을 더럽히는 점으로 미루어 보아, 죄의 주요한 요소는 무엇인가?

8. 죄의 결과, 성질 및 요소를 아는 것이 교리적으로 어떤 점에서 중요한가?

9. 지금까지 창조주 하나님과 하나님의 형상으로 피조 된 인격체인 사람을 공부하면서, 인생에서 가장 중요한 질문 일곱 가지를 꼽는다면 무엇 무엇인가?

1. 아담과 하와가 죄를 범함으로 생겨난 결과들 가운데 자신 곧 자아와의 관계에 무슨 일이 생겨나는가?(창 3:7)

아담과 하와가 죄를 범함으로 말미암아 첫째는 자아와의 관계에서, 둘째는 하나님과의 관계에서, 셋째는 이웃사람과의 관계에서, 그리고 넷째는 땅 곧 자연과의 관계에서 잘못된 결과들이 생겨난다. 그 네 가지의 결과들 가운데 첫째로 자아와의 관계에서, 죄를 범하는 사람 자신의 경우 "눈이 밝아 자기들의 몸이 벗은 줄을 알게"(창 3:7)된다. 즉, 수치를 느끼는 것이다. 이 수치심은 자아상실 또는 자학으로 이어진다. 사람이 죄를 범하여 마음에 수치를 느낌으로 하나님 경외하기를 싫어하며 하나님께서 그를 상실한 마음대로 내어 버려두심으로 스스로 자학한다(롬 1:28).

사람은 죄를 범하면 하나님의 형상으로서 영적 자질이 오염되어 마음이 허무해지고 곤고해지며, 이로 인하여 뼈가 마르고(잠 17:22) 병약해진다(잠 18:14). 사람이 하나님의 말씀을 거역하며 그의 뜻과 권위를 멸시하면 흑암과 사망의 그늘에 앉으며 곤고와 쇠사슬에 매이는 것이다(시 107:10-11). 죄악의 연고로 고난을 당하고(시 107:17), "오호라 나는 곤고한 사람이로다. 이 사망의 몸에서 누가 나를 건져내랴"(롬 7:24)하며 탄식한다.

2. 죄의 결과로 하나님과의 관계에 무슨 일이 생겨나는가?(창 3:8)

죄를 범하면 여호와 하나님의 낯을 피하여 숨는다(창 3:8). 빛이신 하나님께로 나아가는 대신에 하나님을 멀리하고 도망치려 한다. "악을 행하는 자마다 빛을 미워하여 빛으로 오지 아니하나니 이는 그 행위가 드러날까 함이요"(요 3:20; 참조, 요 8:12). 성령과 진리로 하나님을 예배하는 대신에, 자기의 부끄러운 행위가 드러날까 염려하는 까닭에 하나님께로 오지 않는다. 이사야 선지자 시대에 사람들이 하나님을 업신여기고 물러가듯이(사 1:4), 그리고 탕자의 이야기에서 탕자가 아버지를 멀리하고 떠나가듯이(눅 15:13) 죄를 범하면 하나님을 멀리한다. 죄가 이처럼 하나님과 사람 사이를 낸다(사 59:2).

3. 죄의 결과로 이웃 사람과의 관계에 무슨 일이 생기는가?(창 3:12-16)

아담에게는 하와가 가장 아름답고 사랑스런 여자였다. 그래서 "내 뼈중의 뼈요 살 중의 살이라"하였다(창 2:23). 그리고서는 둘이서 한 몸을 이루었다. 그러나 아담은 하와와 함께 선악과를 따먹고 범죄 한 후 아내에 대하여 돌변하였다. 하나님이 그에게 선악과를 따먹게 된 연유를 묻자, "하나님이 주셔서 나와 함께 하게 하신 여자 그가 그 나무실과를 내게 주므로 내가 먹었나이다"(창 3:12)하며 자기의 사랑스런 아내 하와의 탓으로 돌렸다. 이제는 아내가 걸림돌이 된 것이다. 그는 어리석게도 책임을 아내에게 전가했다.

그런가 하면, 아내인 하와는 자기 남편을 갖고 싶은 욕망을 갖게 되었다(창 3:16). "너는 남편을 사모하고"로 번역된 이 구절은 창세기 4:7과 함께 해석하면 그 뜻이 분명해진다. 이 두 구절에는 같은 단어들이 사용되어 있고, 문장 구조가 서로 완전히 동일하다. 여기서 "사모하다"(창4:7에는 "소원하다"로 번역됨)는 이 단어는 히브리어로 '테쉬카' 인데, 아가서 7:10에서는 남자가 자기의 아름다운 여자를 사모하되, 여자의 성적 매력에 사로잡혀(아 7:6-9상) 그녀를 갖고 싶어한다는 뜻이지만, 창세기 4:7에서는 죄 곧 사단 마귀가 가인을 갖고 싶어하는 욕망으로 불타고 있다는 뜻이다. 그래서 '테쉬카' 라는 이 단어는 남자와 여자가 사랑하는 까닭에 서로 몸을 갖고 싶어하는 것을 뜻하지만, 사단 마귀가 굶주린 사자처럼 한 입에 집어 삼키려고 먹이를 찾는 것과도 같이(참고, 벧전 5:8) 움켜 잡으려는 욕망을 뜻하기도 한다. 그런데, 창세기 3:16의 '테쉬카' 는 창세기 4:7의 용법과 같은 것으로 볼 수 있기 때문에, 아가서 7:10과 함께 종합적으로 살펴보면, 여자가 성적 욕망(sexual desire)에 사로잡혀 남편을 갖고자 하는, 즉 지배하고 주관하려는 것을 의미한다. 그래서, 바울은 이에 대하여 "여자가 남자를 주관하는 것을 허락지 아니한다"(딤전 2:12)고 함으로써, '주관하다' 는 말로 의역하였다.

이로 보건대, 죄가 세상에 들어오자, 가장 가까운 이웃인 부부관계에 심각한 문제가 생겨난 것이다. 여자가 남자를 존경하고 그 권위를 세워주며, 사랑함으로 자기의 몸을 남자에게 내어주는 대신, 이제는 남자에 대한 존경심이 사라지고 남편을 자기의 성적 욕망을 채우기 위해 지배하려 하는 것이다. 이에 남자는 아내를 다스리게 된다. '다스린다' 는 이 단어는 히브리어로 '마살' 인데, 창세기 4:7에서는 가인이 죄를 대적하여 다스리라는 뜻이다(참조, 벧전 5:8, 마귀는 우리의 대적 원수임; 약 4:7, 하나님께 순복하고, 마귀를 대적해야 함). 그래서 이 단어는 본래 왕이 다스리는 것을 의미하지만, 악하게 다스리는 폭군을 가리켜 사용되기도 한다(참고, 사 14:5; 28:14; 52:5). 이로 보건대, 창세기 3:16에서는 남편이 아내를 좋은 의미로 다스리는 것이 아니고, 폭군처럼 자기의 권위를 내세워 여자를 거칠게 주관하며 압제하는 것을 의미한다.

요약하자면, 아담과 하와는 죄를 범함으로 말미암아, 정상적 부부관계가 뒤틀려, 상대방에게 책임을 떠넘기는가 하면, 여자는 남자를 성적으로 지배하려는 욕망을 갖게되고, 남자는 여자에 대하여 폭군처럼 다스리려 하는 것이다. 이처럼, 가장 가까운 이웃 간에 사랑이 식어버린 것이다.

4. 죄의 결과로 몸 및 자연과의 관계에 무슨 일이 생기는가?(창 3:16-18)

죄를 범하게 되면 우리의 몸에 악과 고통이 생겨난다. 하와의 경우 임신과 해산할 때 고통과 수고가 따르며(창 3:16), 아담의 경우는 일하는 것이 힘들어 골병이 든다(창 3:17). 그리고 사람은 죽음을 당한다(창 3:19). 또한 죽음과 더불어 많은 질병에 시달린다(사 1:6). 그래서 시편 기자는 이렇게 울며 탄식했다. "주의 진노로 인하여 내 살에 성한 곳이 없사오며 나의 죄로 인하여 내 뼈에 평안함이 없나이다… 내 상처가 썩어 악취가 나오니 나의 우매한 연고로소이다. 내가 아프고 심히 구부러졌으며 종일토록 슬픈 중에 다니나이다"(시 38:3-6). 죄를 범하면 우리의 몸이 질병으로 악과 고통을 당할 뿐 아니라, 땅이 저주를 받아 엉겅퀴가 나고 황폐해지며(창3:17-18) 자연환경이 크게 오염된다(참조, 창 12:10). 이렇듯 땅이 저주를 받아 황폐해진 까닭에, 사람들이 힘들게 일하고 수고함으로 삶에 낙을 잃는다(창 5:29).

5. 아담 한 사람의 범죄가 인류에게 어떤 이유로 무슨 영향을 미치게 되었는가?(롬 5:12-19)

성경이 말씀하는 바에 의하면, 모든 사람이 죄를 범한 까닭에 하나님의 영광에 이르지 못한다(롬 3:23). 즉, 하나님의 영광을 누리거나 즐기지 못하는 것이다. 이는 사람들이 하나님께 영광 돌리지 아니하고 감사하지 아니하는 까닭이다(롬 1:21). 그러나, 사람이 이렇게 모두 죄를 범하여 하나님의 영광에 이르지 못하고 그 영광을 누리지도 못하게 된 것은, 첫째 아담 한 사람의 불순종으로 말미암아 죄가 세상에 들어오고, 이 죄로 말미암아 모든 사람이 죄를 지었기 때문이다(롬 5:12).

이에 대하여, 웨스트민스터 신앙고백은 이렇게 진술하였다. "그들이 온 인류의 시조이기 때문에, 그들이 범한 이 같은 죄의 죄책은 모든 후손들에게 전가되었다. 또한 그 죄로 인하여 바로 그 사망과 부패한 성품이 통상적인 출생법에 의하여 그 시조들에게서부터 후손들에게 유전되었다"(6장 3항). 아담과 하와는 온 인류의 혈통상의 시조일 뿐 아니라 언약적 대표이기 때문에, 그들의 한 범죄로 인한 죄책(罪責, guilt)이 모든 후손들에게 직접적으로 전가되어 모든 인류는 나면서부터 다 죄인이요, 실제로 죄를 범하여 저주와 형벌을 당하는 것이다. 또한, 그들의 부패한 성품도 혈통을 따라 간접적으로 후손들에게 유전되었다. 이로써 모든 사람이 죄를 범하게 되었고, 그 결과로 하나님께 영광을 돌리거나 감사하지 아니하고, 또 하나님의 영광에 이르지 못하며 그 영광을 누리지 못하는 것이다. 그래서 의인은 없나니 하나도 없으며(롬 3:10) 모두가 허물과 죄로 죽어 본질상 진노의 사람들이 되었다(엡 2:1, 3).

6. 구약의 호세아 선지자의 아내 고멜의 이야기와 신약의 탕자의 비유(눅 15:11-20)에 나타난 죄의 성질은 무엇인가?

선지자 호세아의 아내 고멜의 경우, 그 여자는 본성적으로 부패하고 음란하여 음란한 자식들을 낳고(호 1:2), 후에는 다른 남자를 연애하여 자기 남편을 버리고 떠나갔다(호 3:1). 그는 귀고리와 패물로 장식하고서 그 연애하는 자를 따라가 전 남편을 잊어 버렸다(호 2:13).

신약의 탕자의 비유를 보면, 둘째 아들인 탕자는 아버지에게서 자기 몫을 미리 챙겨 가지고 아버지와 자기 집을 버리고 먼 나라로 떠나가 거기서 허랑 방탕하게 살았다. 그는 기근 때문에 굶주림으로 절망적이 되었다. 그리고 죄 지은 것을 인해 양심이 고통을 당했다(눅 15:11-20). 이 두 경우를 통해서 볼 때 죄에는 다음과 같은 성질들이 있다.

첫째, 죄는 하나님을 떠나 물러가는 것(alienation from God)이다. 죄를 의미하는 히브리어 '하타'와 헬라어 '하마르티아'는 "물매로 돌을 던져 목표물을 맞추지 못하고 빗나가다"(삿 20:16)에 나타난 대로, "표적을 놓치다", "길을 잃다"를 뜻한다. 이렇듯 죄는 하나님과 사람 사이를 멀어지게 하는 것으로(사 59:2) 하나님을 멸시함으로(사 1:4) 또는 정욕 때문에(호 2:13) 또는 탐욕 때문에(눅 15:12; 딤전 6:10) 하나님을 멀리하고 물러가는 것이다. 아담의 경우도, 날이 서늘할 때,

즉 하나님께 예배하는 시간에(참고, 창 3:8, "서늘할 때"는 "바람의 때" "영의 때"인 바, 의역하면 성령으로 예배하는 시간을 의미함) 하나님의 낯을 피하여 몸을 숨긴바 있다. 이로 보건대, 하나님을 떠나 물러간다는 의미에서 죄에는 관계적 성질이 있다.

둘째, 죄는 사람이 자기를 사랑함으로 스스로 노예가 되어(bondage to ego) 하나님의 은혜를 거부하는 것이다. 마귀적인 정욕에 이끌려 자기를 사랑하는 자는, 고멜이나 탕자의 경우처럼, 돈을 사랑하고 쾌락을 즐거워하며(참고, 딤후 3:1-4) 허랑 방탕하여 각종 악을 행한다(참고, 롬 1:28-32). 이 점에서 죄에는 도덕적 윤리적 성질이 있다.

셋째, 죄는 하나님과 원수가 되어 대적하는 것(conflict with God)이다. 죄는 자기 생각을 내세워, 즉 자기를 주장함으로 하나님의 말씀의 권위 뿐 아니라 하나님 자신을 멸시하고, 이로써 하나님과 원수가 되어 대적한다(참고, 롬 8:7). 고멜이나 탕자는 남편이나 아버지의 말씀과 그들의 권위를 멸시했으며, 이로써 남편과 아버지를 대적했던 것이다. 이처럼 사람이 자기를 내세워 하나님을 대적하는 것이 죄가 되는 점에서, 죄에는 정치적 성질이 있다.

넷째, 죄는 영적 패배(defeat by the Evil)이다. 고멜이 남편을 버리고 떠나가 다른 남자를 사랑한 것이나, 탕자가 아버지를 버리고 먼 땅으로 가서 허랑 방탕하게 산 것은 마귀의 유혹에 빠져 영적으로 패배한 것을 보여 준다. 마귀의 올무에 걸려 영적으로 패배를 당한 것이다. 고멜은 벌거벗고 마른 땅에서 목말라 죽을 지경에 이르는가 하면(호 2:3), 탕자는 그 땅에 큰 기근이 들어 궁핍하게 된다는 것(눅 15:14)은 죄가 영적 패배임을 보여준다. 역사적으로, 이스라엘 백성들이 바알을 숭배하다가 예루살렘 성전이 바벨론에게 파괴되고 포로로 잡혀간 사건(왕하 25:1-26)은 죄가 본질적으로 영적 패배임을 가리킨다. 이 점에서 죄에는 영적 성질이 있다.

다섯째, 죄는 오염으로 더러워진 것(defilement by the corruption)이다. 고멜의 경우, 그녀는 본래 음란했을 뿐 아니라 다른 남자를 따라간 후에는 더욱 더 더러워진 음부가 되었다(호 3:1). 그리고 탕자의 경우는 먼 나라로 가서는 허랑 방탕하게 살았다(눅 15:13). 즉, 본성적으로 부패하고 더러워진 것이다. 이 점에서 죄에는 도덕적 성품적인 성질이 있다.

여섯째, 죄는 죄책으로 말미암아 고소하는 것(accusation by the guilt)이다. 호세아서에 보면 하나님이 고멜의 행음한 죄를 물으신다(호 1:2; 2:2-5). 누가복음의 탕자의 비유를 보면, 탕자는 죄 지은 것을 인하여 양심에 가책을 느끼고 괴로워했다(눅 15:18). 죄를 범하면 양심이(롬 2:15), 또는 율법이(롬 7:7) 고소하고, 때로는 사단이 하나님의 택한 자를 고소한다(슥 3:1). 탕자의 비유에서는 큰아들이 탕자에 대하여 분노한 것을 보면 죄에는 고소하는 형벌적 성질이 있다.

7. 죄가 사람에게 죽음을 가져다주고 또 사람을 더럽히는 점으로 미루어 보아, 죄의 주요한 요소는 무엇인가?

사람이 죽음의 문턱에 서면 두려움에 사로잡힌다. 그리고 사람들은 결심하고 죄를 범하지 않으려 노력하나 번번히 죄를 범하되, 평생토록 죄와 씨름한다. 이는 죄에는 형벌적 요소인 죄책과, 도덕적 요소인 오염이 있기 때문이다. 모든 죄는 하나님의 의로운 율법에 대한 위반이요, 그것에 반대되는 것으로서, 그것 자체의 성질 때문에 죄인에게 죄책을 가져다준다. 그 죄책으로 말미암아 사람은 하나님의 진노와 율법의 저주를 받게 되어(갈 3:10; 웨스트민스터 신앙고백 6장 6항) 양심이 공포에 떨며 무서워하는 것이다(참조, 대요리 28문답). 결국, 이 죄책이 제거되지 않으면 지옥 형벌을 받는다(눅 16:23, 24; 계 21:8).

한편, 아담과 하와의 부패한 성품을 간접적으로 혈통을 통하여 물려받은 인류는 그 마음이 오염되고 부패하여(렘 17:9), 그 마음에서 나오는 것은 "악한 생각과 살인과 간음과 음란과 도적질과 거짓 증거와 훼방"(마 15:19)뿐이다. 또한, 그 마음의 생각의 모든 계획이 항상 악할 뿐이어서(창 6:5-6) 영적으로 선을 행할 능력이 전혀 없다. 즉, 하나님이 뜻하신 인간의 목적을 따라 살아갈 도덕적 능력이 없는 것이다(의지의 노예 상태). 그러므로 만일 이 도덕적 성질의 오염이 성령과 하나님의 말씀으로 씻어지지 아니하면 우리는 늘 죄를 범하게 되는 것이다(참조, 엡 5:26; 딛 3:5).

이 본성의 오염과 부패는 중생한 성도들 안에도 남아 있어서, 그 부패함이 비록 그리스도 예수를 통하여 용서받고 억제되어 있다 할지라도 여전히 죄를 범하기 때문에(웨스트민스터 신앙고백 6장 5항), 죄를 항상 회개하고 용서를 구해야 하는 것이다(참고, 다윗의 회개기도, 시 51편).

8. 죄의 결과, 성질 및 요소를 아는 것이 교리적으로 어떤 점에서 중요한가?

첫째, 죄의 결과를 놓고 생각해 보면, 죄를 범하면 자아와 관계, 하나님과의 관계, 이웃사람과의 관계, 그리고 땅 곧 자연과의 관계에 있어서 문제가 생겨나기 때문에, 우리가 죄에서 구원받게 될 때 이 같은 네 가지 관계에서 구원을 누리게 되는 것이다.

둘째, 죄의 성질의 경우, 죄에는 관계적 성질, 윤리적 성질, 정치적 성질, 영적 성질 및 성품적 성질 등이 있기 때문에, 그리스도께서 십자가에서 죽으시고 죽은 자 가운데서 부활하심으로 성취한 속죄(atonement)는 이 같은 여섯 가지의 성질들과 관련지어 그 본질이 이해되어야 하는 것이다. 예컨대, 죄의 관계적 성질의 경우는 화목과, 죄의 윤리적 성질의 경우는 구속과, 죄의 정치적 성질의 경우는 화해와, 죄의 영적 성질의 경우는 대속과, 죄의 성품적 성질의 경우는 멸죄와, 그리고 죄책으로 말미암은 고소의 경우는 희생과 관련되어 있다.

셋째, 죄의 요소를 아는 것이 교리적으로 중요한 것은, 그리스도 예수 안에 있으면 죄책이 제거되어 의롭다함을 받아 형벌과 정죄가 없게 되고, 성령으로 거듭나고 말씀을 순종하면 죄의 오염이 씻겨져 성화 됨을 알게 되어 구원의 확신을 갖는데 도움이 된다. 즉, 칭의를 알려면 형벌적 요소인 죄책을, 성화를 알려면 도덕적 요소인 오염을 각각 알아야 하는 것이다. 우리가 예수를 믿음으로 죄 용서를 받아 의롭다 칭함을 얻었다 해도, 매일같이 죄를 여전히 범함으로 인하여 평생토록 죄 용서를 거듭 거듭 구해야 하고, 성령과 말씀으로 깨끗하고 거룩해져야 하는 것은 우리 속에 남아 있는 오염 때문이다. 따라서 죄의 요소를 교리적으로 잘 알면 구원의 확신을 가지고서 자기를 매일 부인하며 온전하게 믿음의 생활을 할 수 있는 것이다.

9. 지금까지 창조주 하나님과 하나님의 형상으로 피조된 인격체인 사람을 공부하면서, 인생에서 가장 중요한 질문 일곱 가지를 꼽는다면 무엇 무엇인가?

다니엘 핸더슨에 의하면, 첫째, "하나님은 누구이신가?"(Who is God?)를 묻는다. 이 질문은 인생에 가장 기초가 되는 것이다. 그 이유는 현대인들의 생각에는 아예 하나님에 대한 질문이 없기 때문이다. 우리는 청년의 때에 창조주 하나님을 알고 기억해야 한다(전12:1).

둘째, "나는 누구인가?"(Who is I?)를 묻는다. 이것은 인간의 정체성에 대한 질문이다. 역사적으로 철학의 고전적 명제는 "너 자신을 알라"이다. 사실, 사람이 자신의 참 모습을 알려면 하나님 앞에서 자신을 물어야 한다.

셋째, "내가 왜 여기에 있는가?"(Who is I here?)에 대한 질문이다. 즉, 나는 이 땅에서 무엇을 위해 살아야 하는가를 물어야 한다. 인생의 제일 되는 목적을 내가 살고 있는 상황에 비추어 물어야 하는 것이다. 다시 말해서, 나의 전체 삶을 바쳐야 할 만한 목적을 알아야 한다.

넷째, "무엇이 정말 중요한가?"(What really matters?)를 물어야 한다. 이것은 인생의 가치에 대한 질문이다. 인생의 목적과 관련하여 무엇이 가장 나의 인생에 중요한가를 물어야 하는 것이다. 솔로몬은 지혜를 구한바 있다(대하 1:7-12).

다섯째, "내가 무엇을 해야 하는가?"(What should I do?)에 대한 질문이다. 나의 인생의 목적을 위해 무엇을 먼저 해야 하는가, 즉 우선순위를 물어야 한다. 바울의 경우를 보면 복음 선포하는 일이 항상 먼저였다(행 20:24).

여섯째, "내가 어떻게 그것을 해야 하는가?"(How should I do it?)를 묻는다. 즉, 나의 인생의 목표와 계획에 대한 질문을 던져야 한다. 인생의 제일 되는 목적을 위하여 구체적인 계획을 세울 줄 알아야 한다.

일곱째, "내가 언제 그것을 해야 하는가?"(When should I do it?)를 물어야 한다. 이것은 시간 관리에 대한 질문이다. 시간을 잘 관리할 줄 알아야 계획을 잘 이루며, 계획이 있어야 우선순위의 삶을 살므로 인생의 가치가 얻어지고, 인생의 제일 되는 목적이 구체적으로 성취될 것이다. 이로써 나의 나됨이 하나님의 은혜임을 알 뿐 아니라, 하나님을 눈으로 뵈옵게 될 것이다(참고, 욥 42:5). (참고, 다니엘 핸더슨, 『인생에서 가장 중요한 일곱 가지 질문』 채천석 역, 한국강해설교학교 출판부, 2005).

제 13 과   하나님의 생명의 언약

기본적인 질문:

1. 창세기 3장 14-24절에서, 아담이 타락한 후에 하나님은 무슨 일을 하셨는가?

2. 창세기 4-11장에서, 하나님의 열심에도 불구하고 사람들은 어떻게 행했는가?

3. 바벨탑 사건 이후 하나님은 죄인들을 구원하시러 어떻게 행하셨는가? 믿음의 조상들을 부르신 목적이 무엇인가?

4. 아브라함에게 하나님이 주신 약속이 무엇이며(창 12:1-3), 하나님은 아브라함을 통하여 우리에게 무슨 복을 주시는가?

5. 이삭에게 하나님이 주신 약속이 무엇이며(창 26:2-5), 하나님은 이삭을 통하여 우리에게 무슨 복을 주시는가?

6. 야곱에게 하나님이 주신 약속이 무엇이며(창 28:13-15), 하나님은 야곱을 통하여 우리에게 무슨 복을 주시는가?

7. 하나님은 아브라함과 관련하여 모세를 통해서는 우리에게 무슨 복을 주시는가?(출 6:4-8)

8. 하나님은 아브라함과 및 모세와 관련하여 다윗을 통해서는 우리에게 무슨 복을 주시는가?(삼하 7:11-17; 시 89:3-4)

9. 하나님은 구약의 여러 선지자들을 통하여 언약과 관련하여 메시아에 대하여 우리에게 무슨 약속을 주셨고(사 7:14; 9:6-7; 렘 31:31-34; 겔 34:23-25; 37:24-28; 단 7:13-14), 그 약속들이 어떻게 성취되었는가?(참조, 마태복음 1장의 예수의 족보와 탄생이야기)

10. 구약의 약속들을 성취하러 예수님이 이 땅에 오신 주요한 이유가 무엇인가?
    (참고, 마 1:18-25; 막 1:14-15, 35-39; 눅 4:16-20)

1. 창세기 3장 14-24절에서, 아담이 타락한 후에 하나님은 무슨 일을 하셨는가?

하나님은 자기의 형상대로 창조된 아담과 하와가 타락하여 죄와 불행의 상태에서 멸망하는 것을 결코 원하지 않으시고, 또한 방관하지 않으신다. 호세아 선지자의 말을 빌리면, "나의 마음이 허락지 않는구나. 너를 불쌍히 여기는 애정이 불같이 강하게 치솟아 오르는구나"(호 11:8하) "내가 저희의 패역을 고치고 즐거이 저희를 사랑하리라"(호 14:4). 그래서 하나님은 사단의 미혹을 받아 타락한 아담과 하와를 향하여 불같이 타오르는 애정으로 긍휼을 베풀어 저희를 언약을 통해 죄와 불행에서 건져내어 구원하신다(참고, 웨스트민스터 대요리 30문답).

하나님은 아담을 창조하시고 에덴동산에 두셨을 때 생명의 언약을 맺으셨다. 동산에 있는 각종 나무의 과일은 마음대로 먹되 선악과는 먹지 말라 하시고, 먹는 날에는 반드시 죽으리라고 명하셨다. 아담이 선악과를 먹지 않으면 생명을 누리게 할 것이지만, 그것을 먹으면 죽음을 당하게 하는 것이다. 이렇게 해서, 사람에 대한 하나님의 사랑의 관계가 하나님 자신에 의해서 주권적으로 맺어졌다. 이 끊으려 해도 끊을 수 없는 관계가 바로 생명의 언약이다.

하나님은 이 언약 관계 때문에 아담이 타락하자 다시 언약을 맺으셔야 했다. 선악과를 따먹게 미혹한 사단의 씨와 선악과를 먼저 따먹은 여자의 씨 간에 원수가 되게 하신 것이다. "내가 너로 여자와 원수가 되게 하고 너의 후손도 여자의 후손과 원수가 되게 하리니 여자의 후손은 네 머리를 상하게 할 것이요 너는 그의 발꿈치를 상하게 할 것이니라"(창 3:15). 이 말씀에 의하면, 여자에게서 날 씨의 발꿈치가 상함으로 도리어 사단의 머리를 상하게 하여 패배시키고, 결과적으로 여자의 씨는 생명을 얻게 될 것이나, 사단의 씨는 망하게 되게 하는 것이다. 이 하나님의 말씀은 신약의 관점에서 해석해 보면, 여자의 씨는 예수 그리스도이고(참고, 갈 4:4), 발꿈치가 상한 것은 그리스도께서 십자가에 못 박힌 것을 가리키며(참고, 행 2:23) 사단의 머리가 상한 것은 그리스도께서 그를 멸하신 것을 뜻한다(참고, 요일 3:8; 히 2:14). 그래서 창세기 3:15의 말씀을 '원복음'(proto-evangelium)이라고 한다. 이처럼, 하나님은 아담이 타락해 그에게 저주와 형벌을 내리시는 중에, 그에 대한 구원의 약속을 주신 것이다.

아담은 하나님의 이 언약의 말씀 곧 원복음을 듣자, 사단에게 미혹된 여자를 통해서 저주를 받기도 했으나, 이제는 바로 그 여자에게서 날 씨를 통해서 구원의 생명을 얻게 된다는 하나님의 말씀을 믿었다. 그리고 여자의 이름을 '하와' 곧 '모든 산 자의 어미' 라고 지어 불렀다. 이에 하나님이 아담과 하와에게 가죽옷을 지어 입히심으로 그들을 즐거이 용납하시고 사랑하시는 증표를 주셨다. 호세아 선지자의 글대로, 여호와 하나님이 저희의 범죄를 고치시고 즐거이 사랑하신 것이다(호 14:4). 하나님이 아담과 하와에게 가죽옷을 입히신 것은 그들의 수치를 가리우기 위해 어떤 짐승을 희생 제물로 삼으신 사건으로, 장차 우리의 수치와 허물을 가리우기 위해 어린양 그리스도가 속죄 제물이 될 것을 예표한다. 이로 보건대, 하나님이 은혜와 긍휼에서 맺으신 언약이 사단의 미혹과 아담의 범죄를 이기신 것이다.

2. 창세기 4-11장에서, 하나님의 열심에도 불구하고 사람들은 어떻게 행했는가?

아담이 하나님의 은혜로 하와에게서 첫 번째로 얻은 가인은 안식일에(창 4:3, "세월이 지난 후에"는 안식일을 가리킴) 하나님께 예배함에 있어서 영광을 돌리거나 감사하는 마음과 믿음이 없었던 까닭에 그 자신과 그가 드린 제물을 하나님이 받아 주지 않으셨다. 대신 아벨과 그의 제물은 믿음으로 드려진 까닭에 하나님이 받으셨다(창 4:4, 5; 히 11:4). 이에 가인은 격분하여 하나님의 간곡한 회개 권유도 듣지 않고 동생 아벨을 쳐 죽였다(창 4:6-8). 그리고는 여호와의 앞을 떠나 자기의 도성을 만들었다(창 4:16, 17). 그의 후손 가운데 라멕은 여러 아내를 두었고 성질이 난폭하여 사람 죽이는 일을 함부로 하였다(창 4:23-24).

사람이 땅 위에 번성하기 시작하던 때, 하나님의 아들들 곧 힘이 센 사람들(참조, 히브리어 '엘로힘' 은 '권력자' 를 가리킴; 예, 시 82:1)이 사람의 딸들(참조, 코에 호흡이 있는 '사람' 은 '연약한 자' 임; 예, 사 2:22)의 아름다움을 보고 아내를 삼을 만큼 사람들의 마음과 생각의 모든 계획이 항상 악하고, 강포가 땅에 충만해졌다(창 6:1-8). 그래서 노아 때에 하나님이 홍수로 심판하셨다(창 6:9-7, 24). 세월이 흘러 노아의 후손들에게서 땅의 열국 백성이 나뉘었다(창 10:32). 그러나 언어가 하나였던 까닭에 하나의 나라로 통일하여 중앙집권체제의 제국을 세우고자 했다. 이를 위하여 상징적 기념물로 바벨탑을 쌓았다(창 11:1-9). 사람들은 교만하여 하나님을 대적하려 한 것이다. 하나님은 타락한 인간들을 구원하고자 하셨으나 사람들은 철저하게 타락하고 영적으로 부패해진 것이다.

3. 바벨탑 사건 이후 하나님은 죄인들을 구원하시려 어떻게 행하셨는가? 믿음의 조상들을 부르신 목적이 무엇인가?

사람이 아무리 타락하고 부패하여도 하나님의 열심과 긍휼은 결코 식지 않는다. 예레미야 선지자가 자기 백성의 부패함과 죄악을 보며 눈물을 흘리던 중 깨달은 대로, "여호와의 자비와 긍휼이 무궁하시므로 우리가 진멸되지 아니 함이니이다. 이것이 아침마다 새로우니 주의 성실이 크도소이다… 사람이 여호와의 구원을 바라고 잠잠히 기다림이 좋도다"(애가 3:21-26).

하나님은 바벨탑 사건 이후 이제는 새롭게 자기의 구원을 계획하셨다. 그는 갈대아 우르에 살고 있던 아브라함을 찾아 부르셨다. 그리고 그를 믿음의 조상으로 삼으셨다. 또한 그의 후손들 가운데 이삭과 야곱을 역시 믿음의 조상으로 삼으셨다. 하나님은 이제 믿음의 조상들을 1:1로 훈련시켜 구원의 역사를 계속하고자 하신 것이다.

하나님이 믿음의 조상들을 부르신 것은 첫째, 그들로 큰 민족 곧 하나님의 믿음의 나라를 이루고, 둘째, 그들로 인하여 땅의 모든 족속이 복을 받게 하며, 셋째, 그들을 통해서 구원 얻는 방법을 가르쳐 주시기 위함이었다(참고, 창 12:1-3; 26:2-5; 28:13-15).

4. 아브라함에게 하나님이 주신 약속이 무엇이며(창 12:1-3), 하나님은 아브라함을 통해서 우리에게 무슨 복을 주시는가?

하나님이 아브라함에게 주신 약속의 말씀(창 12:1-3; 15:4, 18; 17:7-8)을 보면, 하나님은 아브라함에게 나라를 세우실 것을 약속하셨다. 그래서 "네 후손을 통하여 큰 민족"을 이루겠다고 하시고, 가나안 일대를 기업(곧 영토)으로 주며, 열국의 아비가 되게 함으로 열왕이 그에게서 나게 하시겠다(즉, 통치권을 행사하게 하겠다)고 하신 것이다. 이것이 바로 아브라함과 맺은 언약이다. 아브라함은 하나님의 이 언약의 말씀 속에서 그리스도에 대한 약속을 보았다(참고, 갈 3:16; 요 8:56). 또한 그리스도를 통해서 모든 족속이 아브라함이 먼저 받은 구원의 복을 받게 될 것도 알게 되었다(참고, 갈 3:14; 행 3:25, 26). 그래서 아브라함이 하나님을 믿으매 이를 그의 의로 여기셨다(창 15:6). 즉, 아브라함은 하나님을 믿음으로 의롭다 함을 얻은 것이다(롬 4:3).

이로 보건대, 하나님은 아브라함에게 그를 통해서 자기의 나라를 세우실 것을 약속하셨고, 아브라함이 이 약속을 통해서 그리스도를 보고 믿으매 하나님은 아브라함을 의롭다 인정하셨다. 믿음으로 의롭다 함을 받는 복을 얻은 것이다. 다시 말해서, 믿음으로 의롭다 함을 받고, 이로써 하나님 나라를 기업으로 얻은 것이다. 하나님이 아브라함에게 주신 이 복이 그의 믿음의 발자취를 좇는 모든 영적 후손들에게도 동일하게 주어지는 것이다(참고, 롬 4:9, 16). 우리도 아브라함처럼 그리스도를 믿으면 그 믿음으로 말미암아 의롭다 함을 받아 하나님 나라를 기업으로 받는 복을 받게 된다.

5. 이삭에게 하나님이 주신 복이 무엇이며(창 26:2-5), 하나님은 이삭을 통하여 우리에게 무슨 복을 주시는가?

하나님이 이삭에게 주신 말씀(창 26:2-5)에 보면, 아브라함에게 약속한 그 복을 이삭에게도 그대로 주시겠다고 하셨다. 큰 자손을 주시고, 땅을 주시고, 만민을 위한 복의 근원이 되게 하시겠다고 하신 것이다. 그런데, 이삭의 경우는 몇 가지 특이한 사실이 있다. 하나님은 아브라함에게 큰 민족을 이루겠다고 약속하셨으므로 여러 자손들을 주셨어야 좋을 것 같은데 사라를 통해서는 단 한 명의 아들만을 주셨으며, 그것도 아브라함과 사라가 늙어서 사람의 힘으로는 낳을 수 없을 때 주셨다. 그리고 사라의 계집종인 하갈의 소생 이스마엘의 경우는 내쫓아 버리게 하셨다.

여기에는 하나님의 구원의 방법과 관련하여 숨은 뜻이 있다. 첫째는 그 한 아들을 통해서 그리스도를 보게 하려 하셨다(갈 3:16). 둘째는, 이삭이 사람의 혈통이나 힘으로 난 자라기보다는 성령을 따라 난 약속의 자녀임을 뜻한다(갈 4:28-29). 셋째는, 이삭처럼 성령으로 난 자가 아니면 하나님의 나라를 유업으로 얻지 못한다(갈 4:30). 따라서 이삭에게서 나는 자라야 아브라함의 씨가 되듯이(창 21:12; 롬 9:7-8), 성령으로 거듭난 자라야 아브라함의 믿음의 후손으로 하나님 나라에 들어갈 수가 있는 것이다.

이로 보건대, 하나님이 이삭을 통해서 우리에게 주시는 복은 성령으로 거듭나 하나님 나라를 유업으로 얻는 것이다. 사람이 하나님의 자녀의 권세를 얻는 것은 오직 예수 그리스도를 믿는 믿음을 통해서이며(요 1:12), 혈통이나 육신의 정이나 사람의 생각으로 되는 것이 아니고(요 1:13), 성령으로 거듭나야 된다(요 3:3).

6. 야곱에게 하나님이 주신 약속이 무엇이며(창 28:13-15), 하나님은 야곱을 통하여 우리에게 무슨 복을 주시는가?

하나님이 야곱에게 주시는 복도 아브라함과 이삭의 경우와 같다. 자손과 땅 그리고 열왕 곧 왕권을 약속하셨다(참고, 창 35:9-13). 야곱은 나면서부터 소행이 악하였고, 하나님이 외삼촌 라반의 집에 있던 20년의 세월 동안에 자녀들과 큰 재물의 복을 주셨지만(창 32:10) 그는 여전히 악하여 하나님의 천사와 밤이 맞도록 씨름하기도 했다(창 32:24; 참조, 호 12:3, 4). 그래서 하나님은 야곱의 환도뼈를 쳐 부러뜨리셨고, 이에 야곱은 울면서 회개하였다. 그 후 야곱은 벧엘에 다시 올라가 첫 믿음을 되찾고 온전히 회개함으로 거룩하여졌다(창 35:1-15).

야곱은 본성이 간사한 자였으나, 하나님이 사랑하여 복중에 지어지기도 전에 선택함을 받았고(창 25:23; 참조, 롬 9:11-13), 그는 소행이 악하되 계속해서 늙어서까지 여전히 부패하였으나 하나님은 그를 결코 싫어 버리지 않으시고 긍휼을 베푸시고 끝까지 참으셔서 마침내 거룩함에 이르게 하셨다(참고, 사 41:8-9; 43:1).

이로 보건대, 하나님이 야곱을 통해서 우리에게 주시는 복은, 우리가 본질상 진노의 자녀인데도 그리스도 안에서 은혜로 선택을 받는 것과, 우리의 행하는 모든 것들이 악한데도 하나님이 길이 참으시고 마침내 회개하게 하여 거룩함에 이르게 하시는 것이다. 회개하여 거룩함에 이르는 구원의 복을 하나님이 야곱을 통하여 우리에게 주셨다.

7. 하나님은 아브라함과 관련하여 모세를 통해서는 우리에게 무슨 복을 주시는가?(출 6:4-8).

구약성경에서 하나님의 언약 및 구원 역사와 관련하여 가장 중요한 인물은 아브라함과 모세와 다윗이다. 아브라함은 믿음의 조상으로서 중요하고, 모세는 이스라엘 백성을 애굽에서 인도해낸 일과 시내산에서 십계명의 율법을 하나님께로부터 받은 일로, 그리고 다윗은 이스라엘 왕국을 온전하게 세우고 예루살렘 성전 건축을 준비한 일로 중요하다.

아브라함과 관련하여 모세를 보면, 이스라엘 백성이 애굽에서 430년을 사는 동안에 아브라함의 참 신앙을 상실하였다. 그들은 아브라함과 이삭과 야곱이 믿고 섬겨온 하나님을 잊었다. 그리고는 육체의 정욕을 따라 살아왔다. 하나님을 예배하지 않고 살아왔던 것이다. 그래서 그들은 하나님의 이름도 잊고 있었다(참고, 출 3:13). 하나님은 바로왕의 압제 하에서 고통하는 이스라엘의 신음소리를 들으시고, 아브라함과 맺은 언약을 따라 모세를 통하여 다시 언약을 맺으셨다. 그는 이스라엘 자손에게 그들로 이제는 자기 백성을 삼으시고 그들의 하나님이 되시며 믿음의 조상들에게 약속한 그 땅을 주되(출 6:7-8) 제사장 나라 거룩한 백성이 되게 하겠다고 하셨다(출 19:5-6). 그리고 그들 가운데 거하시리라 약속하셨다(출 29:45-46).

모세와 맺은 언약을 아브라함의 경우와 비교해 보면, 아브라함의 경우는 큰 민족을 이루게 하겠다고 하시고, 가나안땅을 기업으로 주며, 열왕이 나오게 하겠다고 하신 데 비하여, 모세의 경우는 이미 이스라엘이 큰 민족이 되어 있는지라 자기 백성으로 삼겠다 하시고, 가나안 땅으로 다시 들어가게 해주시겠다고 하며, 제사장 나라로 삼겠다고 하였다. 이로 보건대, 아브라함에게 약속한 것이 모세 때에는 부분적으로 이미 성취되었다. 큰 민족이 되었고, 제사장 나라로 삼아진 것이다.

그러나, 하나님은 이스라엘 자손을 자기의 거룩한 백성, 제사장 나라로 삼으심에 있어서, 우선 먼저 저희를 애굽의 바로왕의 굴레에서 벗어나게 하고, 하나님의 백성으로 사는데 필요한 율법, 그리고 거룩한 제사장 나라로서 하나님을 섬기며 예배하는 방법을 주셔야 했다. 그런 이유로, 하나님은 어린양의 피를 이스라엘 자손이 믿고서 자기들의 집의 문설주에 바르게 하여 죽음의 재앙을 면하게 하시고(출 12:1-36) 그들을 애굽에서 이끌어 내셨다. 그리고, 나중에 홍해를 건너게 하심으로 애굽에서 완전히 벗어나 광야생활을 시작하게 하셨다. 하나님이 그들을 애굽의 종살이에서 구원하신 것이다(출 14:1-31; 15:2).

여기서, 유월절 사건의 어린양은 예수 그리스도를 예표하고(고전 5:7), 홍해의

물을 건넌 사건은 세례를 받아 교회 곧 하나님의 제사장 나라가 된 것을 예표하며(고전 10:1, 2), 바로왕의 애굽에서 벗어난 것은 죄와 사단의 굴레에서 해방되어 하나님의 자녀의 자유를 누리는 구원을 뜻한다(참고, 신 5:15). 뿐만 아니라, 출애굽 사건 후 모세를 통하여 십계명을 주시고 또 성막과 제사장제도 및 제사법(즉, 예배법)을 제정해 주심으로 하나님을 규칙대로 만나 섬기는 가운데 축복과 안식을 누리게 하셨다. 또한, 만나(출 16:4)와 생수의 근원인 반석(출 17:6)과, 장대에 매달린 구리뱀(민 21:4-9) 등을 예수 그리스도에 대한 예표로 주어 그리스도를 믿는 믿음을 갖게 하셨다. 그래서 모세는 그리스도를 위하여 받는 능욕을 기쁨으로 받았던 것이다(히 11:26).

이로 보건대, 모세를 통하여 하나님이 우리에게 주신 복은 유월절 어린양이신 예수 그리스도, 생명의 떡이요, 생수의 근원이시요, 십자가에 못 박힌 속죄 제물이신 예수를 믿음으로 우리도 하나님의 거룩한 백성, 제사장 나라가 된 것이다. 그리고, 모세를 통해 주신 십계명은 오늘도 우리에게 하나님 나라의 백성으로서 필요한 계명이다.

8. 하나님은 아브라함과 및 모세와 관련하여 다윗을 통해서는 우리에게 무슨 복을 주시는가?(삼하 7:11-17; 시 89:3-4)

모세와 그의 후계자 여호수아가 죽은 후 이스라엘 백성들은 가나안 족속들의 우상숭배에 오염되어 여호와를 알지 못하며 여호와께서 이스라엘을 위하여 행하신 일도 알지 못하였다. 대신, 여호와의 목전에서 악을 행하여 여호와를 진노하게 하였다(삿 2:6-15). 여호와께서 그럼에도 불구하고 자기 백성을 위하여 열심을 내시고 긍휼을 베푸시어 사사(재판관)들을 세워 구원을 베푸셨다(삿 2:18). 하지만, 이스라엘 자손들이 끝내 회개하지 아니하고, 그들 가운데 왕이 없으므로 각각 자기 소견에 좋은 대로 행하며 범죄하였다(삿 21:25).

이에 하나님이 이스라엘 자손들의 요청대로 사무엘을 통해 사울을 왕으로 세웠으나, 그가 교만하여 불순종한 까닭에, 하나님은 마침내 자기 마음에 합한 다윗을 이스라엘의 왕으로 세우셨다(참고, 삼상 15:23; 16:13; 삼하 2:2; 참조, 행 13:22). 그리고 그와 언약을 맺어 하나님은 다윗의 몸에서 날 자식을 세워 그 나라의 왕권을 견고하게 하고자 하셨다(삼하 7:12-13). 다윗은 자기의 몸에서 날 그 아들이 혈통상의 아들이라기보다는 "멜기세덱의 계열에서 나온 영원한 대제사장이요"(시 110:4), 하나님의 아들로서 철장으로 열방을 질그릇같이 부수는(시 2:7-9) 심판권을 가지신 주 하나님이신 것을 알았다(시 110:1,5). 이렇듯 하나님은 아브라함과 모세에게 약속한 것에 근거하여 다윗에게 약속한 대로 그의 씨에서 이스라엘을 위하여 구주를 세우셨으니 곧 예수이시다(행 13:23).

이로 보건대, 하나님은 다윗을 통하여 앞서 아브라함과 모세에게 약속한 대로 영원한 나라와 왕이신 예수를 약속하고 하나님 나라의 모형을 우리에게 보여 주셨다. 다시 말해서, 하나님 나라의 유력한 왕권을 행사하여 세상 나라들을 쳐 복종시켰고 이스라엘을 공의로 다스렸으며(삼하 8:14, 15), 영토를 넓혔고(삼하 8:1-14), 그의 통치 조직을 강화했다(삼하 8:16-18).

9. 하나님은 구약의 여러 선지자들을 통하여 언약과 관련하여 메시아에 대하여 우리에게 무슨 약속을 주셨고(사 7:14; 9:6-7; 렘 31:31-34; 겔 34:23-25; 37:24-28; 단 7:13-14), 그 약속은 어떻게 성취되었는가?(참조, 마태복음 1장의 예수의 족보와 탄생이야기)

하나님은 아브라함과, 모세와, 그리고 다윗과 동일한 언약을 반복적으로 맺으신 것은 그의 능력이나 사랑에 문제가 있거나 부족해서가 아니고, 그의 사랑이 어떠하며, 또한 그의 능력이 어떠한가를 오히려 잘 보여주려는 것이다. 그래서 그는 오랜 세월 동안 많은 선지자들을 통해서 그가 앞서 아브라함과 모세와 다윗에게 약속한 여자에게서 날 자, 모세와 같은 선지자, 다윗의 자손에 대하여 더욱 확실하게 약속하며 계시하셨다.

주요한 예언의 약속들을 살펴보면, 이사야 선지자의 경우, 처녀가 잉태하여 낳을 아들을 하나님이 약속하시는데, 그의 이름은 임마누엘이요(사 7:14), 그는 전능한 하나님, 기묘자, 평강의 왕이며, 다윗의 왕좌에 앉아서 그 나라를 굳게 세우고 공의로 통치할 자이다(사 9:6-7). 그는 수난의 종으로 하나님의 백성들의 모든 죄와 형벌을 대신 담당할 어린양이시기도 하다(사 53장).

예레미야의 경우를 보면, 하나님이 이스라엘 자손과 새 언약을 세우시고 그들의 마음판에 하나님의 법을 기록하여 하나님을 아는 지식을 갖게 하고 이로써 언약을 재확인시키신다(렘 31:31-34). 그리고 에스겔의 경우는, 하나님이 목자 없는 양 같은 이스라엘 백성 가운데 한 목자를 세우되, 다윗 같은 왕을 세우고 그들을 좋은 꼴로 먹이는 가운데 평화의 언약 곧 영원한 언약을 맺으신다(겔 34:5, 23-25). 이 목자는 다윗처럼 영원한 왕이 되어 이스라엘을 다스리고, 하나님은 그들과 영원한 평화의 언약을 맺어 그의 성소를 그들 가운데 영원토록 있게 하시어 그들과 함께 하시는 것이다(겔 37:24-28). 다니엘의 경우는, 하나님이 인자 같은 이를 세워 그에게 영원한 권세와 영광과 나라를 주어 다스리게 하고, 모든 백성과 나라들로 그를 섬기게 하실 것을 약속하셨다(단 7:13-14).

　하나님이 선지자들에게 한 약속은 아브라함, 모세, 다윗과의 언약에서처럼, 여자에게서 날 아들을 영원한 왕 메시아로 삼아 영원한 나라를 세우고 공의로 통치하며 그들 가운데 한 목자로 영원히 있게 함으로써, 하나님이 자기 백성 가운데 영원히 거하시는 것이다. 하나님의 이 약속은 아브라함과 다윗의 자손 예수 그리스도의 나심으로 성취되었다(마 1:1). 그는 마리아에게서 성령으로 잉태되어 나신 까닭에(마 1:8), 이사야의 예언대로 되었고, 그 이름은 예수로 불리움으로(마 1:21) 자기 백성을 죄에서 구원하는 까닭에 예레미야의 예언대로 하나님이 죄를 사하시고 새 언약을 성취하는 것이 되었으며, 또한 그 이름이 임마누엘로 불리움으로(마 1:23) 하나님이 영원히 자기 백성 가운데 함께 계시는 바 에스겔의 예언대로 되었고, 예수님 자신이 친히 자신을 인자라 칭하심으로(마 16:13) 다니엘의 예언이 성취되었다.

　이로 보건대, 하나님은 그의 유일하신 아들 예수 그리스도를 유월절 희생양으로 삼아 자기 백성의 죄를 사하시고 모든 저주와 형벌을 그에게 담당시키셨으며, 또한 그 아들을 온유와 겸손과 평화의 왕으로 세워 공의로 다스려 그의 나라를 견고하게 하시는 가운데 최고의 능력과 최선의 사랑을 나타내신 것이다.

10. 구약의 예언을 성취하러 예수님이 이 땅에 오신 주요한 이유가 무엇인가?(참고, 마 1:18-25; 막 1:14-15, 34-39; 눅 4:16-20)

　구약의 약속들을 성취하러 예수님이 이 땅에 오신 주요한 목적들 가운데 몇 가지를 예로 들면 다음과 같다.

　첫째, 그의 오심은 자기 백성을 저희의 죄에서 구원하기 위함이다(마 1:21). 그가 어린 아기의 몸으로 애굽으로 피신했다가 애굽에서 얼마 후 나오신 사건은 호세아의 예언에 의하면(호 11:1) 출애굽 사건의 성취였다. 예수는 자기 백성을 죄와 사단 마귀의 올무에서 해방시켜 구원하러 오신 것이다.

둘째, 그의 오심은 자기 백성과 함께 하시기 위함이다(마 1:23). 모세와 다윗을 통하여 성막과 성전을 세우시고 그 가운데 자기 백성과 함께 하셨으나, 이제는 예수님이 친히, 성막과 성전이 되시고(요 1:14; 2:21) 또 자기 백성들을 성전 삼아 (고전 3:16; 6:19) 그들 가운데 영원토록 함께 하신다(참조, 요 14:23).

셋째, 하나님의 나라를 세우고 하나님의 복음을 선포하시기 위함이다(막 1:14, 15). 예수의 오심으로 하나님의 나라가 이 땅에 시작되었고(참조, 눅 17:21), 복음이 선포되었다(참조, 눅 4:16-20).

넷째, 자신의 목숨을 많은 사람의 대속물로 주고(막 10:45), 잃어버린 자를 찾아 구원하며(눅 19:10), 풍성한 생명을 주시기 위함이다(요 10:10).

다섯째, 마귀와 마귀의 일을 멸하러 오셨다(요일 3:8). 이로써 자기 백성이 마귀의 올무에서 벗어나 자유롭게 하시는 것이다(딤후 2:26).

제 14 과 생명의 주 예수 그리스도

기본적인 질문:

1. 이스라엘 백성이 애굽에서 해방되어 홍해를 건너 40년간 거칠은 광야에서 생활을 하던 때, 하나님이 주신 만나(출 16:4)와, 생수가 솟아나는 반석(출 17:6), 그리고 장대에 매달린 구리뱀(민 21:4-9)은 무엇을 예표한 것인가? 그 예표들을 통해 이스라엘 백성이 얻은 복이 무엇인가?

2. 이 세상은 황폐해진 광야와 같아서 고통과 질병과 재난으로 말미암아 괴로운 삶이 연속되고 있다. 죄로 인한 수많은 악과 고통에 대한 하나님의 해결책은 무엇인가?

3. 우리 구주 예수 그리스도의 주요한 이름과 호칭들을 아는 것이 왜 중요하며, 그 이름과 호칭들은 무엇인가?

4. '예수' 라는 이름은 어떤 점에서 '구원하다' 를 의미하는가?

5. '그리스도' 의 삼중직이 어떤 점에서 우리에게 구원이 되는가?

6. '임마누엘' 은 하나님의 언약과 관련하여 어떻게 우리에게 구원이 되는가?

7. '하나님의 아들', '주', '하나님' 이라는 호칭들이 예수님에게 어떤 의미로 사용되어 있는가?

8. 예수님은 어떤 의미에서 '구주' 이신가?

9. 예수님 자신이 즐겨 사용한 '인자' 의 의미는 무엇이며, 예수님에게 무슨 권세가 있음을 보여주고 있는가?

10. '임금' (헬라어, '아르케곤')이신 예수님은 어떤 분이시며, 우리에게 무슨 면류관을 주시는가?

11. 예수님이 특별하게 '내니라' (I Am)는 호칭을 사용하고 계심은 무슨 뜻이 있는가?

> 12. '마지막 아담', '어린양', '종', '다윗의 자손', '알파와 오메가', 그리고 '선생'이라는 호칭들은 어떤 의미로 사용되었는가?
>
> 13. '말씀' 또는 '영생의 말씀'이라는 호칭은 어떤 의미로 사용되었는가?

1. 이스라엘 백성이 애굽에서 해방되어 홍해를 건너 40년간 거친 광야에서 생활을 하던 때, 하나님이 주신 만나(출 16:4)와, 생수가 솟아난 반석(출 17:6), 그리고 장대에 매달린 구리뱀(민 21:4-9)은 무엇의 예표인가? 그 예표들을 통해 이스라엘 백성이 얻은 복이 무엇인가?

이스라엘 백성이 광야에서 굶주림으로 힘들어하던 때에 하나님이 그들에게 매일같이 주신 만나(출 6:4)는 생명의 떡이신 예수님의 예표이다. 예수님은 디베랴 바다 건너편 외진 빈들에서 유월절 무렵 목자 없는 양떼처럼 굶주려 있던 큰 무리에게 보리떡 다섯 개로 배불리 먹이셨다(요 6:1-15). 이와 관련하여, 예수님은 친히 이렇게 말씀하셨다. "내가 곧 생명의 떡이로라. 너희 조상들은 광야에서 만나를 먹었어도 죽었거니와, 이는 하늘로서 내려오는 떡이니 사람으로 하여금 먹고 죽지 아니하게 하는 것이니라. 나는 하늘로서 내려온 산 떡이니 사람이 이 떡을 먹으면 영생하리라. 나의 줄 떡은 곧 세상의 생명을 위한 내 살이로라"(요 6:48-51). 이렇듯, 모세를 통해서 하나님이 주신 만나는 하늘로서 내려온 생명의 떡이신 예수님을 예표한다.

광야에서 생수가 솟아나게 한 반석(출 17:6)은 생수의 근원이신 예수님을 예표한다. 예수님은 수가라는 동네에 있는 야곱의 우물에서 한 여자에게 말씀하시기를, "이 물을 먹는 자마다 다시 목마르려니와 내가 주는 물을 먹는 자는 영원히 목마르지 아니하리니 나의 주는 물은 그 속에서 영생하도록 솟아나는 샘물이 되리라"(요 4:13, 14) 하셨다. 이에 바울은 "그 반석은 곧 그리스도라"(고전 10:4)고 밝히 지적하였다.

그리고 광야에서 모세가 장대에 매달은 구리뱀(민 21:4-9)에 대해서는 예수님께서 친히 말씀하시기를, "모세가 광야에서 뱀을 든 것같이 인자도 들려야 한다"

(요 3:14)고 하신 대로, 십자가에 못 박혀 달리신 예수님 자신을 예표했다. 이로써 그를 믿는 자마다 영생을 얻는다(요 3:16).

이로 보건대, 광야에서 하나님은 이스라엘 백성들에게 만나를 통해 생명을, 반석을 통해 생수를, 그리고 장대에 매달린 구리뱀을 통해 예수 그리스도를 믿는 믿음으로 죽음에서 생명으로 옮겨지는 축복을 얻게 하신 것이다.

2. 이 세상은 황폐해진 광야와도 같아서 고통과 질병과 재난으로 말미암아 괴로운 삶이 연속되고 있다. 죄로 인한 수많은 악과 고통에 대한 하나님의 해결책은 무엇인가?

성경에 보면 수가성의 괴로움 많은 여자에게 인생의 기쁨을 회복시켜 주고(요 4:28-30), 38년 된 병자에게 건강을 되찾아 주며(요 5:1-9), 소경의 눈을 뜨게 하고(요 9:1-12), 문둥이를 깨끗하게 하시며(마 8:1-4; 눅 17:11-19) 귀신들린 자들을 고치신(마 8:28-34) 분은 바로 예수 그리스도이시다. 나면서 앉은뱅이 된 자를 고쳐준 것도 예수 그리스도의 이름이다(행 3:6-7). 그래서 베드로는 확실하게 선포했다. "다른 이로서는 구원을 얻을 수 없나니 천하 인간에 구원을 얻을 만한 다른 이름을 우리에게 주신 일이 없음이니라"(행 4:12). 또한 바울도 말하기를, "주 예수를 믿으라. 그리하면 너와 네 집이 구원을 얻으리라"(행 16:31) 하였다.

거칠은 광야에서 굶주림과 목마름과 질병으로 고통스러워하던 이스라엘 백성에게 예표들을 통해 그리스도를 믿음으로 구원과 생명을 얻게 하셨듯이, 하나님은 오늘날에도 불행과 악과 비참함과 마귀의 올무에서 우리를 자유하게 하려고 예수 그리스도를 영원한 구원의 근원(히 5:9; 고전 1:18, 30)으로 주신 것이다. 이로써 전에는 마귀에게 사로잡혀 마귀의 뜻을 좇았으나 이제는 예수 그리스도로 말미암아 마귀의 올무에서 벗어났다(딤후 2:26).

3. 우리의 구주 예수 그리스도의 주요한 이름과 호칭들을 아는 것이 왜 중요하며, 그 이름과 호칭들은 무엇인가?

하나님의 이름과 호칭들에 하나님이 어떤 분이신가가 계시되어 있을 뿐 아니라, 이름이 곧 하나님 자신과 동일시되듯이, 예수의 이름과 호칭들의 경우도 마찬가지이다. 예수 그리스도의 이름과 호칭들을 앎으로 그가 누구이신가를 알게 되면, 그 이름은 우리에게 몇 가지 중요한 유익을 준다.

첫째, 예수의 이름을 부르는 자는 구원을 얻는다(행 2:21; 4:12). 둘째, 예수의 이름으로 기도하면 응답이 있다(요 16:24). 셋째, 예수의 이름으로 구하면 질병에서 치유된다(행 4:10; 약 5:14). 넷째, 예수의 이름으로 구하면 마귀가 물러간다(행 19:12, 13; 막 16:17; 행 5:16; 막 9:38). 다섯째, 예수의 이름으로 구하면 성령을 선물로 받는다(요 7:39; 행 2:38; 11:17).

예수님의 호칭들에는 예수, 그리스도, 임마누엘, 하나님의 아들, 주, 하나님, 구주, 인자, 임금, '내니라'(I Am), 마지막 아담, 어린양, 종, 다윗의 자손, 알파와 오메가, 선생 등이 있다.

4. '예수'라는 이름은 어떤 점에서 '구원하다'를 의미하는가?

왜 하나님의 아들이 예수로 불리는가? 이는 그가 우리를 우리의 죄에서 구하여 건져주신 까닭이다. 이로써 우리는 다른데서 구원을 찾아서는 안 된다(하이델베르그 요리문답 29문답). 예수라는 이름이 가지고 있는 구원의 의미는 모세의 후계자 여호수아와 스가랴서에 나오는 대제사장 여호수아에게서 발견된다.

첫째, 모세의 후계자 여호수아의 경우를 보면, 그는 이스라엘 백성이 요단강을 건너 여리고성을 무너뜨리고서 약속의 땅 가나안으로 들어가게 한 지도자였다. 그 약속의 땅은 이스라엘 백성에게는 평화와 안식이 약속된 젖과 꿀이 흐르는 땅이었다. 하나님은 이 여호수아를 통하여 하나님의 대적을 물리치고 자기 백성에게 평화와 안식을 주고자 하신 것이다(참고, 히 4:8-9). 그래서 예수는 안식일의 실제 주인으로서(마 12:8) 마귀를 멸하시고(마 4:1-11) 자기 백성에게 영원한 안식을 주시는 점(마 11:28)에서 구원이시다.

둘째, 스가랴서에 나오는 대제사장 여호수아의 경우는, 하나님 앞에서 더러운 옷을 벗고 아름다운 옷을 입는 환상에서 하나님이 베푸시는 구원을 찾을 수 있다(슥 3:3-4). 이사야서의 글에 비추어 보면, 더러운 옷은 죄악으로 더러워진 옛 사람(사 64:6)이고, 아름다운 옷은 죄에서 구원을 얻은 새 사람이다(사 61:10). 그러기에, 예수는 우리가 죄의 정욕을 벗어버리고 새롭게 입어야 하는 의(義)요 구원이다(롬 13:12, 14).

그래서 예수님은 영아기에 애굽으로 피신하였다가 거기서 다시 나오심으로 출애굽 사건을 친히 재현하셨던 것이다(마 2:13-15). 그는 하나님의 백성 곧 새 이스라엘의 왕이요 목자로서(마 2:2, 6) 자기 백성을 죄에서 구원하시어 새로운 피조물 되게 하신 것이다. 또한 십자가의 죽음을 통해서도 새로운 출애굽의 구원 사건을 이루셨다(참고, 눅 9:31에서 '별세'는 헬라어로 '엑소두스'이다.)

5. '그리스도'의 삼중직이 어떤 점에서 우리의 구원이 되는가?

왜 예수는 그리스도 곧 기름 부음 받은 자로 불리는가? 이는 그가 성부 하나님께로부터 직임을 받고 성령으로 기름 부음을 받은 까닭이다. 그는 첫째, 우리의 대선지자로서 구약의 모세나 엘리야, 이사야, 예레미야 등이 보여 준대로 우리의 구원에 관한 하나님의 비밀스런 계획과 뜻을 온전하게 계시하셨다. 둘째, 그는 우리의 유일한 대제사장이 되시어 자기 몸을 단번에 희생 제물로 드리어 우리를 사셨을 뿐 아니라 아버지 하나님께 우리를 위해 중보의 기도를 계속적으로 드리신다. 셋째, 그는 우리의 영원한 왕이 되시어 그의 말씀과 성령으로 우리를 다스리시고 우리를 보호하고 지키시되 우리를 위해 그가 값 주고 사신 구원을 즐기게 하신다(하이델베르크 요리문답 31문답).

예수는 성령과 능력으로 기름 부음을 받은 하나님의 아들로서, 삼중의 직분 곧 선지자, 제사장, 그리고 왕의 직분을 처음부터 가지고 계셨으나, 그가 로마 군병들에게 체포되어 유대의 대제사장들 앞에 죄인으로 끌려가 섰을 때에야 자기가 그리스도이심을 마침내 주장하셨다(막 14:61-62; 마 26:63-64). 그는 여하한 종류의 물리적 군사적 정치적 행위나 힘의 사용이 불가능한 상태에 있는 것이 사람들에게 확인된 그 때에야 비로소 자신의 정체와 신분을 밝히 드러내신 것이다. 이로 보건대, 예수 그리스도는 고난당하고 십자가에 못 박혀 죽으심으로 자기 백성을 죄에서 자유하게 하시는 메시아이신 것이다(마 16:21).

6. '임마누엘'은 하나님의 언약과 관련하여 어떻게 우리에게 구원이 되는가?

'임마누엘'이라는 이름은 번역하면, "하나님이 우리와 함께 계시다"이다(마 1:23).

구약에서 보면, 비록 이스라엘 백성이 하나님을 알지 못하고 업신여겨 멀리하고 물러가 범죄하고 허물이 많고 부패하였으나(사 1:4), 하나님은 그들을 보배롭고 존귀하게 여기고 사랑하여 함께 하시되(사 43:4-5) 도와주시며 붙잡아 주시기를 기뻐하셨다(사 41:9-10). 이렇듯 하나님은 자기 백성을 향하여 마음이 항상 뜨겁고 간절하셨다. 그래서 마침내 하나님은 에스겔에게 말씀하신 바, "내 처소가 그들 가운데 있을 것이며, 나는 그들의 하나님이 되고 그들은 내 백성이 되리라 내 성소가 영원토록 그들의 가운데 있으리라"(겔 37:27-28) 약속하신 대로, 그리스도를 통하여 친히 우리 안에 그리고 우리와 함께 계신다.

이에 대하여, 사도요한은 그의 복음서에 하나님이신 예수 그리스도가 육신을 입으시고 우리 가운데 성전으로 거하시게 됨으로써, 우리가 그의 영광을 보게 되었다고 감격하였다(요 1:14). 사실상, 임마누엘 예수는 하나님의 영광의 성전이요, 하나님의 나라요, 교회의 머리이시며, 장차 있을 신천신지의 중심이시다. 이 임마누엘로 말미암아 그의 지체된 우리도 하나님의 성전이요(고전 6:19-20), 하나님의 나라이며, 그리스도와 함께 교회를 이루며, 신천신지의 백성이 된다. 이로 말미암아, 그리스도 예수와 함께 하나님의 자녀의 권세로 우리가 죄와 마귀를 넉넉히 이기며, 천지를 주관하는 바 왕노릇을 하는 것이다(딤후 2:12; 계 20:4).

7. '하나님의 아들', '주', '하나님' 이라는 호칭들이 예수님에게 어떤 의미로 사용되는가?

가이사랴 빌립보에서의 베드로의 고백에 의하면, 예수 그리스도는 '주' 요 '하나님의 아들' 이시다(마 16:16). '하나님의 아들' 이라는 호칭은 성부 하나님과의 동등 됨을 뜻할 뿐 아니라(요 5:18), 성부 하나님의 유일하신 하나님(the unique God)이심을 뜻한다(요 1:18). 이로 보건대, '하나님의 아들' 이라는 호칭은 예수께서 아버지 하나님을 자신의 하나님 됨(Godhead)의 기원으로 삼고 있으나, 성부와 동등 됨을 뜻하되, 성부와 독특한 관계에 있음을 알 수 있다. '주' 라는 호칭은 구약에서 '여호와' 를 대신하는 호칭으로서, 신약에서는 예수가 십자가에서 죽으시고 부활하신 후 도마가 '나의 주, 나의 하나님' 이라 고백하면서(요 20:28), 오순절 성령강림 후 베드로의 첫 설교에서 예수를 '주' 와 '그리스도' 로 선포함으로 흔하게 사용되었다. 특히 바울은 그의 서신마다 '주 예수 그리스도' 라는 호칭을 즐겨 사용함으로, 예수가 구약의 여호와와 동등하고 동일함을 강조하였다. 이렇 듯 바울의 복음 전파의 핵심은 그리스도 예수의 주되심이었다(참고, 고전 12:3; 고후 4:5). 예수의 주되심(Lordship)은 천지의 주재권(마 28:18)과 그의 영원성과 편재성(마 28:20) 그리고 심판권(요 5:22)으로 나타나 있다.

이처럼, 예수의 주되심으로 말미암아, 하나님의 유일한 아들이신 그는 유일하신 하나님(요 1:18), '나의 참 하나님'(요 20:28; 요일 5:20)이요, '만물 위에 계셔 세세에 찬양을 받으실 하나님'(롬 9:5)이시며, '우리의 크신 하나님'(딛 2:13)이시다. 사도 베드로도 예수를 그의 서신에서 '우리 하나님이신 구주'라 칭하였다(벧후 1:1).

결론적으로 말하자면, 예수 그리스도는 하나님의 유일한 아들로서 성부와 동등하시고, 구약에서 여호와가 '주' 이시듯이 신약에서는 예수님이 바로 그 '주' 이시며, 따라서 그는 우리의 참 하나님, 위대하신 하나님, 구주 하나님이시다.

8. 예수님은 어떤 의미에서 '구주' 이신가?

구약에서는 여호와 성부 하나님이 구원자로 호칭되었다(출 15:2; 사 43:3, 11; 호 13:4). 그러나 신약에서는 예수의 탄생을 두고서 벌써 '구원할 자' 또는 '구주'로 호칭되었다(마 1:21; 눅 2:11). 수가성의 여자도 예수를 '세상의 구주'로 고백하였다. 그러나 예수를 '구주'라고 교회에서 공적으로 부르게 된 것은 베드로의 설교(행 5:31)와 바울의 설교(행 13:23) 등에서였다.

이렇듯, 구약에서 성부 하나님이, 신약에서는 성자 예수 그리스도가 '구주'로 호칭되어 있는바, 이에 대하여 바울은 동일한 의미의 '구주' 이심을 강조하고자 디도서의 경우, 1장 3절, 2장 10절, 3장 4절에서는 성부를 구주라 하고, 곧 뒤이어 1장 4절, 2장 13절, 3장 6절에서는 성자 예수를 구주라 칭하였다. 디모데전서 1:1; 2:3; 4:10에서는 성부 하나님을 구주라 하였으나, 디모데후서 1:9-10에서는 '우리 구주 예수 그리스도'라 하였다. 특별히, 디도서 2:13에서는 '우리의 크신 하나님 구주 예수 그리스도'라 하였는바, 예수는 구약의 성부 하나님과 똑같은 구주이시다. "나 곧 나는 여호와라. 나 외에 구원자가 없느니라"(사 43:11)고 구약에 말씀되어 있는 대로, 신약에서는 오직 예수 외에는 구원이 없다(행 4:12). 그래서, 오직 예수님만이 길이요 진리요 생명이시다(요 14:6).

9. 예수님 자신이 즐겨 사용한 '인자'의 의미는 무엇이며, 예수님에게 무슨 권세가 있음을 보여 주고 있는가?

가이사랴 빌립보에서 예수님이 자신의 제자들에게 "사람들이 인자를 누구라 하느냐"(마 16:13)고 물으셨을 때 뿐 아니라, 소경 거지를 치료해 주시면서 "네가 인자를 믿느냐"(요 9:35) 물으시던 때, 예수님은 스스로 가리켜 자신을 '인자'라 칭하셨다.

그런데, 이 '인자'라는 호칭은 다니엘서에서 '인자 같은 이'(a Son of Man)이 었으나, 예수님은 '바로 그 인자'(the Son of Man)로 자신을 지칭하셨다. 다니엘서의 '인자 같은 이'는 영광과 권세를 가지고 계신 까닭에 모든 백성들과 나라들에게서 섬김을 받으시는 신적 존재이시다(단 7:13, 14). 바로 그 인자이신 예수님은 장차 영광과 능력 중에 구름타고 심판주로 오실 분이시요(계 1:6-7; 마 25:31; 26:64; 막 8:38; 14:62), 만물의 창조주요 구속주이시며(히 2:10), 하나님의 우편에 계시는 분이시다(행 7:55-56). 따라서 '인자'라는 호칭은 창조주요, 구속주이시요, 심판주이신 예수님을 가리키며, 그의 신성을 두고 사용된 것이다. 그러나 예수님이 참 하나님이시면서 참 사람이신 데서 알 수 있듯이, 인자이신 예수님은 영광과 능력으로 충만하신 창조주요, 구속주요, 심판주께서 많은 사람을 섬기되 자기의 목숨을 대속 제물로 내어주기까지 고난을 받으셨으며(막 10:45), 죄를 용서하시고(마 9:6; 막 2:28; 눅 6:5), 안식일의 주인으로서 영원한 안식을 주신다(마 12:8; 참고, 마 11:28).

요약하자면, 바로 그 참 인자(the Son of Man)이신 예수님은 영광과 존귀로 관을 쓰신 만물의 창조주요 구속주이시되, 병든 자와 죄인들을 섬기는 종이시요, 저희를 위하여 자기의 목숨을 대속제물로 내어주시는 분이시며, 죄를 용서하는 권세를 가지신 분이요, 죄인들에게 참된 안식을 주시는 분이시며, 장차 영광 중에 재림하시어 심판하실 심판주이시다.

10. '임금'(헬라어, '아르케고스')이신 예수님은 어떤 분이시며, 우리에게 무슨 면류관을 주시는가?

'임금'이라는 호칭이 신약에 4회 사용되어 있는데 첫째, 사도행전 3:15 '생명의 주'(author of life)이다. 이 생명의 창시자인 예수는 십자가에서 못 박혀 죽으셨으나 죽은 자 가운데서 살아나신 우리의 생명의 근원이시다. 그래서 생명의 임금이신 예수는 살리는 영(고전 15:45)으로서, 시험을 참고 이겨내며 죽도록 충성한 자들에게 생명의 면류관을 주신다(약 1:12; 계 2:10).

둘째, 히브리서 2:10 '구원의 주'(author of salvation)이다. 이 예수는 죽음의 고난을 통해서 영광과 존귀로 관을 쓰신 분으로 우리보다 앞서 하늘의 영광에 들어가신 까닭에 우리를 이끌어 하늘 영광에 들어가게 하신다. 이 예수로 말미암아 우리에게 영광의 하늘 시민권이 있고, 장차 영광의 몸의 형체로 변화되는 것이다(빌 3:20-21). 그리고 우리에게 영광의 면류관을 씌워 주시는 분이 바로 우리의 구원의 주 예수님이시다(벧전 5:4).

셋째는, 히브리서 12:2 '믿음의 주'(author of faith)이다. 믿음의 창시자이신 이 예수는 우리가 믿음의 선한 싸움을 다 싸우고 달려갈 길을 마치는 때에 우리에게 의의 면류관을 씌워 주신다(딤후 4:8).

끝으로, 사도행전 5:31 '임금'(Prince, 또는 Leader)이다. 성부 하나님이 예수를 높여 하나님의 우편에 계시게 하여 임금과 구주를 삼으신 것이다. 임금이신 이 예수가 우리의 구주시요, 또한 중보자이신 까닭에(히 8:1) 우리를 위하여 기도하신다(히 7:25; 롬 8:34). 그래서 그리스도의 사람들에게는 오직 승리만이 있다(롬 8:37). 이로써, 우리가 주님께서 강림하실 때 그 앞에서 자랑의 면류관(crown of glory)이 되는 것이다(참고, 살전 2:19-20).

11. 예수님이 특별하게 "내니라"(I Am)는 호칭을 사용하고 계심은 무슨 뜻이 있는가?

구약의 '여호와'라는 이름이 신약의 헬라어로 '에고 에이미'이고 영어로 번역하면 'I Am'이며, 우리말로는 '내니라'이다. 헬라어 '에고 에이미'가 '내가 있느니라'로 신약성경에서 번역된 경우는 요한복음 8:58, "아브라함이 나기 전부터 내가 있느니라"이다. 그러나 바로 그 앞에서 예수님은 '에고 에이미'를 '내가 그이다' 곧 '내니라'는 뜻으로 사용하셨다(8:28). 예수님은 최후의 만찬 자리에서도(요 13:19) 그리고 가룟 유다가 데리고 온 군인들에게 잡히시던 때에도(요 18:5-6, 8) '내니라'는 뜻으로 자신의 호칭을 사용하셨다. 이 호칭에는 신적 위엄이 있었던 까닭에 그 호칭을 듣자 군인들이 물러나 땅에 죽은 듯이 엎드렸다(요

18:6). 예수님은 또한 부활하신 후 자기를 보고 무서워하는 제자들에게 '에고 에이미' 라는 호칭을 '내니라' 는 의미로 사용하신 바 있다(눅 24:39). 특별히, 요한복음에 나오는 일곱 마디의 '에고 에이미' ('나는… 이니라')는 예수님이 의도적으로 사용하신 호칭이다(참고, 6:35; 8:12; 10:7; 10:11; 11:25; 14:6; 15:1). 이 같은 용법은 구약에서 하나님에 대한 호칭으로 사용된 '아니-후' ('내가 곧 그니라')에 대한 헬라어 번역이다(참고, 신 32:39; 사 41:4; 45:19; 48:12; 52:6; 63:1).

이로 보건대, 예수께서 스스로 자신을 가리켜 사용한 바 '내니라' 는 구약의 '여호와' 에 해당한다. 즉, 예수 그리스도는 선재하신 하나님이시되 언약의 성취이시자 언약 자체이신 바로 그 분 여호와이시다. 그래서, 신약성경에서 예수님이 '주' (Lord, 여호와를 대신하는 호칭)로 흔히 불리우는 것은 자연스러운 것이다.

12. '마지막 아담', '어린양', '종', '다윗의 자손', '알파와 오메가', 그리고 '선생' 이라는 호칭들은 어떤 의미로 사용되었는가?

첫째, '마지막 아담' 은 구약의 인류의 혈통상의 조상인 첫째 아담과 대조되는 호칭이다(롬 5:14). 첫째 아담은 단순히 피조물로서 산 생명(a living being)이었으나, 마지막 아담(또는, 둘째 아담)이신 예수 그리스도는 살리는 영(a life-giving Spirit)이시다(고전 15:45). 이 첫째 아담을 통해서는 죄가 세상에 들어오고 그 죄로 말미암아 사망이 모든 사람 위에 임하여 왕노릇하였으나, 이 마지막 아담을 통해서는 은혜와 의가 생명으로 왕노릇하게 되었다(롬 5:12-19). 우리는 이 마지막 아담이신 예수로 말미암아 장차 하늘에 속한 자의 형상을 입어 영광스럽고 신령한 몸으로 다시 살게 된다(고전 15:43-44).

둘째, '어린양' 으로 번역된 이 호칭은 헬라어로는 '아르니온' 과 '암노스' 가 있다. '암노스' 의 경우는 주로 세상 죄를 지고 가는 하나님의 희생 제물된 어린양을 가리킨다(요 1:29, 36; 벧전 1:19). 이에 비하여, '아르니온' 은 요한계시록에 주로 사용되어 있는데, 하나님의 말씀과 예수의 증거를 인하여 죽임을 당한 영혼들(순교자들)처럼(계 6:9; 20:4) 연약하지만 한편으로는 사자처럼 "능력과 부와… 영광과 존귀와 찬송을 받으시기에 합당한" 어린양을 가리킨다(계 5:12-13; 7:12) 그가 만왕의 왕, 만주의 주이시다(계 19:16).

셋째, '종' 은 헬라어로 '둘로스' 와 '파이스' 가 사용되는데, 수난과 죽임을 당하신 종이다(사 42:1; 53:11; 행 3:13, 26). 이 예수는 우리 가운데 섬기는 자로 계신다(눅 22:27). 섬기되 그 몸으로 우리의 죄를 담당하러 십자가에 매달리기까지 하셨다(벧전 1:21-24; 빌 2:6-8; 참조, 막 10:45).

넷째, '다윗의 자손' 은 시편 110:1에 예언된 바, 다윗의 위를 이어 받아 권능과 영광의 보좌에 앉으신 영원한 왕이 곧 예수님이심을 가리킨다(막 12:35-37; 롬 15:12).

다섯째, '알파와 오메가' 는 하나님 보좌 우편에 앉아 계시는 예수 그리스도께서 자신을 친히 소개한 호칭이다(계 1:8, 17; 21:6; 22:13). 알파와 오메가이신 예수는 '이제도 있고 전에도 있었고 장차 오실 자이시오 전능한 주 하나님이시며, 세세토록 살아계시고 사망과 음부의 권세를 가지신 분이시다. 또한 마지막 날에 만물을 새롭게 하시고, 생명수 샘물로 목마른 자들에게 값없이 주실 분이시다. 그래서 그는 창조주요, 구속주요, 심판주이시요, 역사를 시작하시고 완성하시는 "내니라"(I Am)이시다(참고, 사 41:4; 43:10). 그는 땅의 임금들의 머리가 되시는 분이시다(계 1:5).

여섯째, '선생' 은 예수님을 인간적으로 존경하여 사용된 호칭으로(눅 5:5; 8:24; 막 5:35) 예수님의 부활 승천 후에는 사용되지 아니했다.

13. '말씀' 또는 '영생의 말씀' 이라는 호칭은 어떤 의미로 사용되었는가?

요한복음 1:1-14에서 예수 그리스도는 특별히 '말씀'(헬라어, '로고스', 신약성경에 330회 가량 사용됨)으로 호칭되어 있고, 요한복음 6:68에서 베드로는 예수님을 가리켜 '영생의 말씀' 으로 고백한바 있다. 요한일서 1:1에는 '생명의 말씀' 으로 호칭되어 있다.

예수 그리스도가 '말씀' 으로 호칭된 것은 그 호칭에 함의되어 있는바 창조적 능력과 계시적 기능 때문이다. 그래서 만물이 '말씀' 으로 말미암아 지은바 되었고(요 1:3, 10), 하늘과 땅에 있는 모든 것들과 천사들까지도 그로 말미암아 지은바 된 것이다(골 1:15-16). 뿐만 아니라 '말씀' 이 육신이 되어 우리 가운데 거하시매 은혜와 진리 및 하나님의 영광이 충만하여(요 1:14) 하나님을 계시하셨다(요

1:18). 그는 하나님의 영광의 광채요(히 1:3) 신성의 모든 충만이 그의 육체 안에 거하셨다(골 2:9).

요약하자면, '말씀' 이신 예수 그리스도는 그의 성육신을 통해 그 안에 신성과 인성이 결합되어 있어서 본질상 참 하나님이시고, 또 참 사람으로서 하나님을 온전하게 계시하신 분이시다.

14. "성결의 영" 이라는 호칭은 무슨 의미인가?

사도 바울은 로마서 1:4 에서 예수 그리스도가 성결의 영으로는 죽은 자들 가운데서 부활하셨다고 하였다. 그가 말한 성결의 영은 단순히 성령을 가리키지 않고 영으로서(참고, 고전 15:45 "생명을 주는 영"; 고후 3:17, 18 "영이신 주님") 영적 존재이심을 뜻한다. 베드로도 이와 같은 의미로 영 곧 영적 존재로서는 살리심을 받았다고 하였다(벧전 3:18 하).

제 15 과 예수의 본성과 직분

기본적인 질문:

1. 교회 역사적으로 예수 그리스도의 본성에 대하여 있었던 주요한 논쟁들은 무엇인가?

2. 19세기 이후로 역사적 예수에 대한 연구가 어떻게 진행되어 왔는가?

3. 예수 그리스도의 본성에 대하여 전통적인 신앙고백은 어떻게 진술하고 있는가?

4. 예수 그리스도는 왜 참 하나님이셔야 하는가?

5. 예수 그리스도가 참 하나님이심을 보여주는 성경적 증거들은 무엇인가?

6. 예수님이 참 하나님이신 것을 알고 믿어야 하는 이유가 무엇인가?

7. 참 하나님이신 예수 그리스도는 왜 또 참 사람이셔야 하는가?

8. 예수 그리스도가 참 사람이심을 보여주는 성경적 증거들은 무엇인가?

9. 예수님이 참 사람이신 것을 알고 믿어야 하는 이유가 무엇인가?

10. 예수님은 어떻게 참 하나님이시면서 참 사람이실 수 있는가?

11. 우리에게는 참 하나님이시자 참 사람이신 중보자가 왜 필요한가?

12. 예수님은 우리의 중보자로서 어떻게 선지자의 직분을 행하셨는가?

13. 예수님은 우리의 중보자로서 어떻게 제사장의 직분을 행하셨는가?

14. 예수님은 우리의 중보자로서 어떻게 왕의 직분을 행하셨는가?

15. 구약의 선지자, 제사장, 왕의 직분들과 예수님의 삼중직은 속죄의 성취와 관련하여 어떤 점에서 근본적으로 차이가 있는가?

1. 교회 역사적으로 예수 그리스도의 본성에 대하여 있었던 주요한 논쟁들은 무엇인가?

4세기와 5세기에 그리스도의 신성과 인성에 대하여 벌어졌던 격렬한 논쟁들로는 다음 네 가지가 있다.

1) **아리우스와 아타나시우스 간의 논쟁**: 아리우스는 성자를 최초의 피조물로 보고 하나님 같은 존재(a God)라고 주장한 데 반하여, 아타나시우스는 성자가 하나님이 아니시면 결코 구주가 될 수 없다고 생각하고서 그를 '참 하나님'(the God)이라고 주장했다. 이들 간의 논쟁은 니케아 회의(325년)에서 아타나시우스의 주장대로 결의되었다.

2) **아폴리나리우스의 기독론 논쟁**: 성자 예수가 '참 하나님' 이심에 대하여 아폴리나리우스는 예수가 인간의 영 대신에 로고스를 가지신 분이라고 주장했다. 즉, 그는 예수를 혼합된(composed) 존재로 이해한 것이다. 이로써 예수의 온전한 사람됨(인성)을 부인하고 말았다. 이에 대하여 콘스탄티노플 회의(381년)는 예수가 참 사람(the very man)이심을 확인하였다.

3) **네스토리우스와 씨릴 간의 논쟁**: 콘스탄티노플 회의에서 예수가 참 하나님이시자 참 사람이시다고 결의되자 이에 대하여 네스토리우스는 "하나님은 어머니를 가질 수 없고, 따라서 마리아는 하나님을 낳지 아니했다"고 생각하고서, 대신 그리스도를 낳았다고 주장했다. 그래서 그는 마리아와 관련하여 '하나님을 낳은 자'(데오토코스)라는 단어 대신 '그리스도를 낳은 자'(크리스토토코스)라는 단어를 사용했다. 이로써, 그는 두 본성(신성과 인성)의 두 위격(하나님됨과 사람됨)을 가지신 '분리된'(separated) 그리스도를 주장하였다.

이에 대하여 씨릴은 마리아를 '하나님을 낳은 자'(데오토코스)라 주장했다. 즉 예수는 두 본성을 가진 한 위격으로 보았다. 다시 말해서 예수는 사람의 몸을 입고 있으나 여전히 참 하나님이시므로, 마리아가 하나님을 낳은 자인 것이다. 이들 간의 논쟁은 에베소 회의(431년)에서 씨릴의 주장대로 결의되었다. 예수 그리스도는 참 하나님이시자 참 사람이시지만 그의 한 위격 안에서 신성과 인성 두 본성이 분리될 수 없게 연합되어 있다.

4) 유티커스의 기독론 논쟁: 에베소 회의의 결의에 대하여 유티커스는 예수님께서 성육신 이전에는 두 본성을 가지셨으나 연합 이후에는 한 본성만을 가지셨다고 주장했다. 즉, 예수의 인성이 신성에 흡수되어 한 본성만을 가지고 계신다고 한 것이다. 그의 주장에 의하면 예수 그리스도는 혼동된(confused) 존재이다.

그의 주장을 놓고서 칼케돈 회의(451년)가 소집되었고, 결의하기를 예수 그리스도는 참 하나님이자 참 사람이시며, 혼동 없이, 전환 없이, 분할 없이, 그리고 분리됨 없이 두 본성이 한 위격으로 연합되어 있다고 하였다. 이 칼케돈 회의의 결의가 지금까지 성경적인 기독론으로 전통적으로 받아들여지고 있다.

2. 19세기 이후로 역사적 예수에 대한 연구가 어떻게 진행되어 왔는가?

스트라우스(David F. Strauss, 1808-1874)는 그의 저서 『예수의 생애』(Leben Jesu)에서 주장하기를, 예수는 나사렛의 보통사람으로서 하나님의 아버지되심과 인류의 형제됨을 가르친 도덕 교사요, 도덕적이고 모범적인 역사적 인물에 지나지 아니했다고 했다.

이에 반하여, 바르트(Karl Barth, 1886-1968)는 그의 『로마서 주석』에서 스트라우스의 역사적 예수 연구를 정면으로 부정하고, 예수를 신앙의 대상으로 초자연적 계시사건 또는 '사람에게 임재하신 하나님'(God present to man)으로 이해함으로써, 그리스도 예수의 역사성에 대하여 지나치게 부정적인 입장을 보였다. 바르트의 신정통주의적 예수 연구는 신자유주의 신학자들(예, 튜빙겐 대학의 케제만, 말버그 대학의 에벨링, 괴팅겐 대학의 콘젤만 등)에 의하여 비판되었다. 그들은 예수를 신앙의 증인, 곧 이웃에게 개방된 존재, 자기를 비운 실존적 존재로 이해하였다.

이에 비하여, 영국의 종교 철학자인 존 힉(John Hick)은 그의 저서 『성육신하신 하나님의 신화』(The Myth of God Incarnate, 1977)에서 예수는 유일한 그리스도(the Christ)가 아니고 하나의 그리스도(a Christ)로서, 역사적으로 중요한 인물(historic Jesus)에 지나지 않는다고 주장했다. 이와 맥을 같이하여, 남미의 해방 신학과 한국의 민중 신학은 예수를 정치적 경제적으로 눌림을 당한 가난하고 힘없는 민중으로 이해하였다.

3. 예수 그리스도의 본성에 대하여 전통적인 신앙고백은 어떻게 진술하고 있는가?

"삼위 중에 제2위이신 하나님의 아들은 참되고 영원하신 하나님이시요, 성부와 한 본체이시며, 또한 동등한 분으로서 때가 차매 인간의 본성을 입으셨다. 또한 인간의 본성에 속한 모든 본질적인 성질들과 일반적인 연약함을 아울러 취하셨으나 죄는 없으시다. 그는 성령의 능력으로 동정녀 마리아의 몸에 잉태되시고, 그녀의 피와 살을 받아 태어나셨다. 그러므로 두 개의 온전하고 완전한 구별된 본성인 신성과 인성이 전환이나 혼합이나 혼동됨이 없이, 한 위격으로 분리할 수 없게 서로 결합되었다. 그 위격은 참 하나님이자 참 사람이시되 한 분 그리스도요, 하나님과 사람 사이에 유일한 중보자이시다"(웨스트민스터 신앙고백 8장 2항).

"은혜 언약의 유일한 중보자이신 주 예수 그리스도는 성부와 한 본체이시요, 동등하신 하나님의 영원한 아들로서 때가 차매 사람이 되셨습니다. 그래서 그는 과거에도 그리고 앞으로도 계속해서 영원히 두 구별된 본성을 가진 한 위격의 하나님이자 사람이십니다"(웨스트민스터 대요리 36문답).

4. 예수 그리스도는 왜 참 하나님이셔야 하는가?

예수 그리스도가 참 하나님이셔야 하는 이유는 "그의 하나님 되심(Godhead)의 능력으로 말미암아 하나님의 진노의 무거운 짐을 그의 인성으로 감당하고, 의와 생명을 우리를 위하여 획득하여 우리에게 회복시켜 주기 위함이다"(하이델베르크 요리문답 17문답).

웨스트민스터 대요리문답이 가르치는 바에 의하면, 첫째, 하나님의 무한한 진노의 죽음의 권세에 그의 인성이 침몰되지 않도록 지탱해 주기 위함이다(행 2:24, 27; 13:37). 즉, 하나님의 진노로 십자가에 못 박혀 죽임을 당하던 때 예수는 "나의 하나님 나의 하나님 어찌하여 나를 버리시나이까?"하며 절규하시고 숨을 거두었으나, 사망의 권세를 이기고 죽은 자 가운데 부활하신 것은 그가 하나님이시기 때문이었다.

둘째, 그의 고난과 순종과 중보 기도가 가치와 효능이 있도록 하기 위함이다(히 9:14).

셋째, 하나님의 공의를 만족시키기 위함이다(롬 5:19; 엡 5:2).

넷째, 하나님의 은총을 얻기 위함이다(롬 3:24-26).

다섯째, 특정한 사람들을 값 주고 사기 위함이다(행 20:28). 하나님이신 예수 그리스도가 자기 피로 성부 하나님이 택하신 자들을 값 주고 사셨다.

여섯째, 하나님의 택하신 자들에게 성령을 주기 위함이다(요 1:33; 행 2:33).

일곱째, 하나님의 택하신 자들을 미혹하여 대적하는 모든 원수들을 이기기 위함이다(눅 1:69, 74). 예수 그리스도가 하나님이시기에 사단 마귀보다 크시므로 이기신다(참고, 요일 4:4; 계 3:21).

여덟째, 하나님의 택하신 자들에게 영원한 구원을 얻도록 하기 위함이다(딛 2:13-14; 히 9:15)(웨스트민스터 대요리 38문답).

5. 예수 그리스도가 참 하나님이심을 보여주는 성경적 증거들은 무엇인가?

예수의 사도된 자들의 증거에 의하면, 성자 예수는 태초에 성부 하나님과 함께 계셨고, 하나님 자신이시며, 창조주요, 생명 자체이시고(요 1:1-4), 그래서 생명을 주러 오신 분이시다(요 10:10). 그는 생명의 떡이요(요 6:35), 세상을 위한 생명의 참 빛(요 1:4; 8:12)이시며, 영생의 말씀이시다(요 6:68). 그는 태초부터 있는 생명의 말씀이요 영원한 생명이며(요일 1:1-2), '참 하나님이요 영생' 이시다(요일 5:20). 그 안에는 신성의 모든 충만이 육체로 거하신다(골 2:9). 도마의 증거에 의하면, '나의 주, 나의 하나님' (요 20:28)이시다.

그래서, 예수님 자신이 하나님과 동등함을 주장하셨고(요 5:18), 구약에서 성부 하나님이 자기 이름을 여호와 곧 '나는 스스로 있는 자니라' 또는 '내니라'(I Am)고 하신 것처럼(출 3:14), 예수님도 스스로 '나는 스스로 있느니라' (요 8:58) 또는 '내니라' (I Am)고 하셨다(요 6:20; 8:28; 18:5-6, 8; 눅 24:39).

바울은 예수 그리스도에게 '하나님' 이라는 호칭을 자연스럽게 사용하여, "만물 위에 계셔 세세에 찬양을 받으실 하나님"(롬 9:5) "우리의 크신 하나님"(딛 2:13)이라 하였다.

예수님 스스로 사용하셨거나, 사도들이 예수님에 대하여 사용한 이름과 호칭들이 예수님의 하나님되심을 확실하게 증거해 줄 뿐 아니라, 그가 가지고 계신 권세들이 이를 뒷받침해 준다. 그는 성부 하나님과 같이, 죄 사하는 권세(막 2:5,

10), 심판하는 권세(요 5:22-23; 마 25:31-46), 안식일의 주인으로서 안식을 주는 권세(막 2:27-28), 하나님의 아들의 권세(요 19:7), 그리고 하늘과 땅에 대한 권세(요 3:35; 마 28:18) 등을 가지고 계셨던 까닭에, 본체와 영광과 권능에서 동일한 하나님이시다.

6. 예수님이 참 하나님이신 것을 알고 믿어야 하는 이유가 무엇인가?

예수님이 참 하나님이신 것을 알고 믿어야 하는 주요한 이유들은 다음과 같다.

첫째, 예수님이 참 하나님이 아니시면, 그는 하나님과 사람 사이에 유일하고 참된 중보자가 아니시다. 이는 중보자는 한편으로는 사람이셔야 하고 다른 한편으로는 하나님이셔야 하기 때문이다. 즉, 참 하나님이시자 참 사람이신 예수님만이 유일한 중보자이신 것이다(참고, 딤전 2:5). 그런 까닭에, 만일 예수가 참 하나님이 아니시면, 우리에게 중보자가 없으므로 우리가 하나님 아버지께로 나아갈 수도 없고(참고, 요 14:6) 예수와 함께 하늘에서 하나님 우편에 앉을 수도 없다(참고, 엡 2:6).

둘째, 예수님이 참 하나님이 아니시면, 사실상 아무런 권세도 없기 때문에 우리를 구원하실 수가 없다. 특히 사망의 권세 아래 얽매어 있어서 능력으로 부활하시지 못하므로(참고, 요 10:18; 행 2:24; 롬 1:4) 우리의 믿음이 헛되고 우리가 여전히 죄 아래 있게 된다(고전 15:14-19).

셋째, 예수님이 참 하나님이 아니시면, 죄와 죄의 실체인 사단 마귀를 그가 이기실 수가 없고(참고, 요일4:4) 마귀를 멸하실 수도 없다(요일 3:8; 고전 15:55-57, 25-26). 이로 말미암아 우리가 마귀를 대적할 수 없고(참조, 약 4:7) 마귀의 굴레에서 벗어날 수도 없게 되는 것이다(참조, 롬 6:17-18).

넷째, 예수님이 참 하나님이 아니시면, 그가 하나님을 계시하실 수가 없기 때문에(참조, 요 1:18; 마 11:27) 우리가 하나님을 볼 수도, 알 수도, 믿을 수도 없다(요 14:9).

7. 참 하나님이신 예수 그리스도는 왜 또 참 사람이셔야 하는가?

참 하나님이신 예수 그리스도께서 육신을 입은 참 사람이셔야 하는 이유는,

첫째, 죄에 대하여 몸으로 배상해야 하기 때문이다. 하나님의 공의가 요구하는 바에 의하면, 죄를 지은 당사자인 사람이 죄에 대하여 배상을 해야 하나 죄인 스스로는 자신의 허물과 부족함 때문에 자신을 위해서나 다른 사람들을 위하여 전혀 배상을 할 수가 없기 때문이다(하이델베르크 요리문답 16문답). 참 사람이신 예수 그리스도만이 죄가 없으시기 때문에 자신을 온전한 대속 제물로 드리실 수가 있는 것이다(참고, 막 10:45; 히 9:12-14; 10:12-14). 이로써, 우리가 죄 씻음을 받아 거룩하게 된다.

둘째, 예수께서 우리 인간의 본성을 덧입고 율법에 순종하며, 우리를 위해 고난당하고 중보 기도하며, 그리고 우리의 연약함을 동정하시기 위해서이다(참고, 히 2:18; 4:15).

셋째, 참 사람이신 예수로 말미암아, 우리가 하나님의 자녀로 입양되고, 위로를 얻으며, 은혜의 보좌 앞으로 담대하게 나아갈 수 있기 위함이다(참고, 히 10:19-20) (웨스트민스터 대요리 39문답).

넷째, 예수님이 우리의 중보자이실 뿐아니라 범사에 우리의 형제요 친구가 되시며, 특별히 그가 십자가에서 죽으심으로 사망의 권세 잡은 마귀를 없이 하시고 우리를 마귀의 권세와 사망의 두려움에서 해방되게 하시기 위함이다(히 2:14-16). 그가 참 사람이셔야 우리의 중보자요 형제요 친구가 되어 우리를 친히 곁에서 도우실 수가 있는 것이다.

8. 예수 그리스도가 참 사람이심을 보여주는 성경적 증거들은 무엇인가?

예수 그리스도가 참 사람이신 것에 대해서 초대교회의 일부 영지주의(Gnosticism)의 사람들을 제외하고는 부인하는 자들이 역사적으로 지금까지 거의 없었다.

그는 사람의 몸을 입고 마리아의 피와 살을 받아 이 땅에 태어났으며(눅 2:1-7), 지혜와 키가 자라는 가운데 정상적인 유년기를 거쳤다(눅 2:52). 그는 배고픔(마 4:2), 목마름(요 4:7; 19:28), 피곤함(요4:6) 등을 보통 사람들처럼 느끼셨고, 육체적으로 고통을 당하면 아파하셨다(요19:34). 그는 사랑을 느낄 줄 알았고(요 11:3; 13:23) 기쁨도 알았으며(요 15:11; 17:13), 슬퍼 괴로워하기도 하고(마

26:37), 때로는 울기도 하셨다(요 11:35). 그는 우리와 동일한 육체를 가지신 보통의 사람이셨다(히 2:14).

9. 예수님이 참 사람이신 것을 알고 믿어야 하는 이유가 무엇인가?

예수님이 참 사람이신 것을 알고 믿어야 하는 이유는 그가 참 사람이셔야 하는 이유들에서 알 수 있듯이,

첫째, 그가 참 사람이신 것을 알지 못하면, 그가 우리를 위한 영원한 대제사장이요 대속 제물 되심을 알지 못하게 된다(히 7:21; 10:12). 우리의 속죄를 위해서는 예수님이 참 사람으로서 우리의 영원한 대속 제물이시자 또한 영원한 대제사장이심을 알고 믿어야 한다.

둘째, 그가 참 사람이신 것을 알지 못하면, 우리를 범사에 도와 줄 형제와 친구가 우리에게 있음을 알지 못한다. 예수는 우리의 영원한 친구요(요 15:14) 영원한 형제인 것이다(히 2:17). 그는 우리가 시험받을 때 우리를 불쌍히 여기며 능히 도우실 수가 있다(히 2:18).

셋째, 그가 참 사람이신 것을 알 때, 우리에게 중보자 되심을 알게 된다(딤전 2:5). 그가 중보자이시기에 우리를 위해서 기도하시고(히 7:25) 변호하신다. 그래서 사단 마귀가 우리를 고소하거나 정죄하지 못하는 것이다(롬 8:34).

10. 예수님은 어떻게 참 하나님이시면서 참 사람이실 수 있는가?

성령으로 동정녀 마리아에게서 탄생하심으로 말씀이 사람의 육신을 입으신 예수님이 참 하나님이시면서 또한 참 사람이 되신 것은 사람의 이성으로는 도저히 이해할 수가 없기에 그는 '기묘자'(the Wonderful)이시다(사 9:6). 그래서 사람들이 이에 대하여 진술할 수 있는 바로는, 예수 그리스도는 참 하나님이자 참 사람이며 혼동이나 전환이나 분할이나 분리나 혼합됨이 전혀 없이 그의 신성과 인성이 한 위격으로 서로 결합되어 있다(참고, 칼케돈 회의와 웨스트민스터 신앙고백 8장 2항).

그는 참 하나님이시자 참 사람이시기에, 참 하나님으로서 그가 피를 흘려 교회를 사셨고(행 20:28), 영광의 하나님으로서 십자가에 못 박혀 죽으셨으며(고전

2:8), 태초부터 있는 영원한 생명의 말씀이신 그를 우리가 손으로 만졌고(요일 1:1), 하나님이신 그가 우리를 위하여 자기 목숨을 버리실 수 있었다(요일 3:16). 이러한 일들이 예수님에게 가능한 것은 성육신 하신 그 안에서 신성과 인성이 서로 온전하게 교통(communication of properties)하고 있기 때문이다.

11. 우리에게는 참 하나님이시자 참 사람이신 중보자가 왜 필요한가?

예수 그리스도가 왜 참 하나님이셔야 하며 왜 참 사람이셔야 하는가를 통해서 알 수 있듯이, 우리에게는 참 하나님이시자 참 사람이신 중보자가 다음과 같은 이유로 필요하다.

첫째, 오직 중보자만이 타락한 인간을 도울 수 있기 때문이다. 이는 온 인류가 아담 한 사람 안에서 타락하여 멸망한 까닭에, 하나님의 형상으로 창조된 인간의 탁월성과 존귀성은 중보자 없이는 우리에게 아무런 유익도 못주고, 오히려 큰 수치가 되기 때문이다. 그리고 중보자 없이는 창조주 하나님을 아는 지식 전체가 쓸모없게 된다. 이는 중보자이신 그리스도를 통해서만 성부 하나님을 신앙의 눈으로 볼 수 있기 때문이다. 또한 웅대한 극장인 하늘과 땅을 통해서는 우리가 하나님을 아는 지식을 확실하게 얻지 못하기 때문에, 구원에 이르는 지혜나 지식을 얻을 수가 없어서 중보자가 필요한 것이다.

둘째, 중보자만이 하나님의 은혜에 대한 소망을 줄 수 있기 때문이다. 구약의 희생제물 제도가 의미하고 있는 바에 의하면 중보자이신 그리스도의 희생 사역이 없이는 어디에서도 구원의 소망을 우리가 얻을 수 없다. 중보자 없이는 하나님이 죄악된 인류와 결코 화목하실 수도 없는 것이다.

셋째, 중보자가 언약과 참 신앙에 필수적이기 때문이다. 하나님의 언약의 중심에는 그리스도이신 중보자가 있다(사 55:3-4; 렘 23:5-6; 겔 34:23-25). 하나님은 이 중보자 그리스도를 통해서만 자기의 언약적 사랑과 긍휼과 자비를 나타내 보이셨다. 그리고 중보자 없이는 하나님을 알 수도 없고, 믿을 수도 없다. 이는 중보자를 믿음으로 하나님을 믿을 수 있고(요 14:1), 중보자를 앎으로 하나님을 알 수 있기 때문이다(요 8:19).

넷째, 참 하나님이시자 참 사람이신 중보자 그리스도만이 우리의 온전한 속죄를 성취하는데 있어서 대선지자, 대제사장, 대왕의 직분을 맡아 그 기능과 역할을 완전하게 수행할 수 있기 때문이다.

12. 예수님은 우리의 중보자로서 어떻게 선지자의 직분을 행하셨는가?

우리의 중보자이신 하나님의 아들 예수가 성령으로 기름 부음을 받아 성령의 충만과 능력 가운데서 그리스도로 세우심을 입은 것은 선지자, 제사장, 왕의 삼중의 직분을 위해서였다. 그래서 예를 들면, 성령의 충만과 능력 가운데서 유대 광야에서 사단의 시험을 이기신 후(참고, 눅 4:1-15) 메시아이신 그는 천국 복음을 전파하심으로(눅 4:15, 43) 선지자의 직분을 행하셨고, 굶주리고 목마른 자들을 불쌍히 여겨 먹이시고(요 4:14; 막 6:34-43), 귀신들린 자와 열병에 걸린 자와 여러 가지 질병으로 앓는 자들을 불쌍히 여겨 치료하심으로(눅 4:31-41) 제사장의 직분을 행하셨으며, 베드로에게 명하여 그물을 내려 물고기를 잡게 하는 이적을 행하심으로(눅 5:1-11) 왕의 직분을 행하셨다.

그리고 마태복음 6:9-13에 있는 주기도를 분석해 보면, 예수 그리스도는 대제사장으로서 아버지 하나님의 이름을 거룩하게 하는 일(예배)과 죄 용서를 간구 하는 일(중보기도)을 가르치셨고, 왕으로서 나라가 임하게 하는 일(통치)과 시험에 빠지지 않는 일(마귀로부터의 보호와 마귀에 대한 대적)을 위하여 기도하게 하셨으며, 그리고 선지자로서 하나님의 뜻에 순종하는 일과 악에서 건짐 받는 일(개혁운동)을 기도하게 하셨다.

그러면 좀더 구체적으로, 그리스도 예수는 그의 선지자의 직분을 어떻게 행하셨는가?

첫째, 구약의 모세처럼 말과 일에 능하신 선지자(눅 24:19)로서 예수는 하나님의 복음의 말씀을 권세 있게 선포하고(마 7:28-29) 이루시며(마 5:17; 요 19:20) 하나님을 친히 계시하셨다(요 1:18).

둘째, 구약의 선지자들처럼 세상의 죄악을 바로 잡고 개혁하기 위해서 그는 저주와 심판을 선포하실 뿐 아니라(마 11:20-24; 23장) 복음을 전파하셨다(마 4:17). 그의 가르침의 내용은 그 당시 바리새인들이나 서기관들과는 다르게 천국의 비밀과 진리에 관한 것이어서 신선한 충격을 주었다(예: 산상설교와 천국비유 등).

셋째, 육신을 입고 이 땅에 오시기 전에는 그가 선지자들의 입을 빌려서 계시를 증거 했고(벧전 1:11), 육신으로 이 땅에 계시는 동안에는 입으로 가르치고 몸으로 행하여 진리를 선포했으며(눅 24:19), 승천하신 후에는 교회를 통해서 성령으로 계속적으로 계시를 밝히신다(요 16:13-15).

넷째, 그의 경우 가르침과 삶이 일치하였고(요 13:14), 그의 가르침에는 비전이 있었다(예, 세계선교와 만민 제자화, 마 28:19).

요약하자면, 예수 그리스도는 교회의 건덕과 구원에 관한 모든 일에 있어서 하나님의 온전한 뜻을, 모든 세대에 성령과 말씀을 통해서 여러 가지의 시행 방법으로, 교회에 계시하심으로 그의 선지자 직분을 행하셨다(웨스트민스터 대요리 43문답).

13. 예수님은 우리의 중보자로서 어떻게 제사장의 직분을 행하셨는가?

구약의 경우 제사장의 주요 사역은 희생제물을 드리는 일, 성전에서 섬기는 일, 구제와 환자 관리하는 일 그리고 율법을 가르치는 일(대하 17:7-19) 등이었다. 이와 같이 예수님의 제사장 직분도 네 가지로 수행되었다.

첫째, 그는 자기의 몸을 죄를 위한 유월절 어린양 곧 흠 없는 대속 제물로 드리셨다(막 10:45; 고전 5:7).

둘째, 그는 대제사장으로 자기의 몸을 성전 삼아 자기의 이름으로 하나님의 택한 백성들을 위하여 중보 기도하셨다(히 7:25).

셋째, 그는 굶주린 무리들을 불쌍하게 여겨 먹이시는 일(요 6:1-15)과 각색 병을 앓는 자들을 치료하는 일(마 4:23-25)을 하시고, 그들을 거룩하게 하여 하나님과 화목하게 하셨다(롬 5:10).

넷째, 회당에서 하나님의 말씀을 읽고 가르치셨다(눅 4:16) (참고, 웨스트민스터 대요리 44문답).

14. 예수님은 우리의 중보자로서 어떻게 왕의 직분을 행하셨는가?

구약의 경우 왕은 공의와 사랑으로 자기 백성을 다스리고, 선한 지도자로서 그들을 보호하고, 원수들을 대적하여 승리를 얻는 일 등을 하였다. 예수님은 다음과 같이 왕의 직분을 수행하셨다.

첫째는, 그는 세상에서 한 백성을 불러내어 자기에게 속하게 하시고 그들로 교회를 이루게 하심으로 교회 안에서 교회의 머리로서 그들을 다스리신다(벧전 2:9-10; 골 1:8). 특히, 교회에게 천국 열쇠를 주어 다스리시는 것이다(마 16:18-19).

둘째, 그는 자기의 택한 백성에게 구원의 은혜를 베푸신다. 그들이 시험과 고난을 당할 때 항상 지키시고 힘이 되어 주시며(요 8:1-11), 그들의 모든 대적, 특히 사단 마귀를 억제하고 이기신다(눅 10:17-20).

셋째, 하나님을 알지 못하고 불순종하는 자들에 대해서는 그가 복수하신다(요 5:27-29).

넷째, 그는 만왕의 왕으로서 자연을 복종시키고(눅 8:22-25), 하늘과 땅의 모든 것들이 그에게 무릎을 꿇게 하신다(빌 2:9-10).

다섯째, 그는 특별히 죄와 사망을 이기시며 다스리신다(고전 15:55-57) (참조, 웨스트민스터 대요리 45문답).

15. 구약의 선지자, 제사장, 왕의 직분들과 예수님의 삼중직은 속죄의 성취와 관련하여 어떤 점에서 근본적으로 차이가 있는가?

첫째, 예수님은 참 하나님이시기에 영원하고 무한하고 불변하다. 구약의 선지자들이나 제사장들이나 왕들은 그리스도의 모형 또는 예표에 지나지 않을 뿐더러 흠이 많고 수명이 제한되어 있으며 온전하지 못하였으나(참고, 히 7:23, 28), 예수님의 삼중직은 왕직의 경우, 영원한 왕, 권능이 크신 왕이요, 그의 나라는 흔들림이 없다(단 2:44; 요 18:36). 제사장직의 경우도 영원하고 그가 드린 속죄제물 또한 영원하고 온전하며 그 효력이 무한하다(히 9:12; 10:10-12). 선지자직의 경우 그는 하나님 나라의 비밀을 확실하게 알 뿐더러(참고, 마 13:11), 하나님의 뜻을 온전하게 아셨다(요 4:34).

둘째, 예수님은 성령으로 충만하고 권능이 충만하셨다(참조, 눅 4:1, 14; 행 10:38). 그래서 사단 마귀를 이기실 뿐 아니라(참조, 눅 4:13; 마 4:11) 마귀에게 눌린 모든 자들을 고쳐 주셨다(행 10:38하). 그는 마귀와 마귀의 일을 멸하실 수 있었다(요일 3:8).

셋째, 예수의 삼중직은 그의 삶에 의하여 뒷받침된 까닭에 권세가 있고, 속죄를 성취할 수 있었다. 그는 온유하고 겸손하며 십자가에 못 박혀 죽기까지 철저하게 아버지 하나님께 순종하시었다. 이로써 그가 구원을 이루신 것이다(빌 2:8; 히 5:6; 롬 5:18-19).

제 16 과 예수그리스도의 복음(Ⅰ)

기본적인 질문:

1. 예수 그리스도가 우리의 중보자요 구속주로서 그의 역할과 기능과 직분을 온전히 행하여 속죄를 성취하려면 그에게는 어떤 삶의 단계들이 필요한가?

2. 예수 그리스도의 삶의 단계들과 관련하여, 그 단계들이 성공적이기 위하여 그는 어떤 은혜의 방편들을 사용하셨는가?

3. 우리의 중보자요 구주이신 예수 그리스도는 사단 마귀의 시험을 어떻게 이기셨는가?(참고, 마 4:1-11; 눅 4:1-15). 그의 승리는 우리에게 무슨 유익을 주는가?(참고, 딤후 2:26; 약 4:7; 요일 4:4; 5:4, 18; 롬 8:31, 33, 39)

4. 예수 그리스도의 낮아지심의 삶의 단계들은 무엇인가?

5. 예수 그리스도의 탄생은 어떤 것이며, 어떤 점에서 복음인가?

6. 예수 그리스도의 순종의 삶은 구체적으로 어떤 것들이며, 어떤 점에서 복음인가?

7. 예수 그리스도는 왜 빌라도의 법정에서 재판을 받으셨는가? 그의 재판 받으심이 어떤 점에서 복음인가?

8. 예수 그리스도는 왜 십자가에 못 박혀 죽으셨는가? 다른 방법으로 죽으실 수는 없었는가? 그가 십자가에 못 박히신 것이 어떤 점에서 복음인가?

9. 예수 그리스도는 참 하나님이시기 때문에 죽음을 면할 수도 있었을 것인데, 왜 죽으셨는가? 그의 죽으심은 어떤 점에서 복음인가?

10. 예수 그리스도께서 죽으신 후 무덤에 묻히신 것은 무슨 의미가 있으며, 어떤 점에서 복음인가?

11. 그리스도 예수께서 우리를 위하여 죽으셨다면, 성도된 우리가 왜 죽어야 하는가?

> 12. 그리스도의 십자가 희생과 죽음으로부터 우리가 얻는 또 다른 도덕적인 유익은 무엇인가?
>
> 13. 예수 그리스도께서 죽으신 후 지옥에 내려가신 사실에 대하여 성경적인 근거는 무엇이며, 여기에 대해 어떤 해석들이 있는가?
>
> 14. 예수 그리스도가 지옥에 내려가신 것이 어떤 점에서 복음이며, 우리에게 위로가 되는가?

1. 예수 그리스도가 우리의 중보자요 구속주로서 그의 역할과 기능과 직분을 온전히 행하여 속죄를 성취하려면 그에게는 어떤 삶의 단계들이 필요한가?

예수 그리스도께서는 선지자로서 말씀을 가르치시되 하나님 나라의 복음을 전파하시고, 왕으로서 하나님 나라를 세우시고 마귀와 마귀의 일을 멸하실 뿐 아니라 하늘과 땅의 권세를 가지고 자연만물을 친히 다스리며 교회를 통해서 천국 열쇠를 가지고 통치하고, 제사장으로서 목자 없는 양 같은 백성들을 긍휼히 여겨 먹을 것을 주시며 병든 자를 치료하심으로 중보자의 역할과 기능을 다 하셨다.

그러나 그의 중보자로서의 역할과 기능이 속죄를 성취하려면 그의 삶이 뒷받침되어야 했다. 이는 마치 목사가 아무리 설교를 잘 하고 치유와 상담과 구제의 은사가 있어 성도들을 잘 섬기고 교회를 잘 치리하며 사회적 책임을 효과적으로 잘 감당한다고 해도 그의 삶이 뒷받침되지 아니하면 헛수고가 되기 쉬운 것과도 같다.

예수 그리스도는 낮아지심의 단계의 삶과 높아지심의 단계의 삶 곧 그의 전체의 삶을 통해서 죄에서의 구원을 성취하고 하나님 나라를 세우며, 파괴된 공동체를 회복시켰다.

2. 예수 그리스도의 삶의 단계들과 관련하여, 그 단계들이 성공적이기 위하여 그는 어떤 은혜의 방편들을 사용하셨는가?

예수 그리스도는 그의 낮아지심 단계의 삶과 높아지심 단계의 삶을 통해서 구원을 성취함에 있어서 하나님이 작정해 놓으신 은혜의 방편들 곧 하나님의 말씀, 기도, 성례, 및 순종의 훈련을 철저하게 활용하셨다. 이는 마치 그리스도께서 성취해 놓으신 구원을 성도 된 우리가 받아 누림에 있어서 그 은혜의 방편들을 열심히 사용해야 하는 것과도 같다(참고, 웨스트민스터 대요리 154문답).

예수 그리스도는 어려서부터 성경말씀 공부에 열심이 많으셨고(눅 2:46, 47) 하나님의 말씀을 성취하며 그것의 권위를 높이고 말씀의 본래의 깊은 뜻을 해석하여 가르치는데 탁월하였다(마 5:17-48). 그는 습관을 좇아 기도하실 뿐 아니라(눅 22:39) 새벽에 기도하시고(막 1:35) 또 밤이 맞도록 기도하시되(눅 6:12) 애쓰고 힘써 하셨으며(눅 22:44) 40일 금식하시기도 했다(눅 4:1,2). 또한, 그는 세례 요한에게서 세례를 받으셨고(눅 3:21-22), 친히 성찬을 제정하셨으며(마 26:26-29) 이로써 새 언약을 성취하셨다(참고, 마 26:28; 히 13:20). 그리고, 그는 십자가에 죽기까지 순종하는 훈련을 하셨다(마 26:36-39; 히 5:7-8; 빌 2:8).

3. 우리의 중보자요 구주이신 예수 그리스도는 사단 마귀의 시험을 어떻게 이기셨는가?(참고, 마 4:1-11; 눅 4:1-15) 그의 승리는 우리에게 무슨 유익을 주는가?(참고, 딤후 2:26; 약 4:7; 요일 4:4; 5:4, 18; 롬 8:31, 33, 39)

첫째 아담은 에덴의 동산에서 사단의 미혹을 받았을 때 하나님의 말씀의 권위에 순복하지 아니하고 성령의 인도함을 받지 못하여 실패하였고, 모세의 지도 아래 애굽의 종살이에서 해방되고 홍해를 건너 하나님의 구원을 경험한 이스라엘 백성들은 광야에 있던 때 하나님의 말씀에 불순종함으로 실패하였었다.

그러나 둘째 아담이신 예수님은 유대 광야에서 마귀에게 시험을 받으시던 때 성령으로 충만하고 성령의 인도를 받으셨다(눅 4:1). 그는 앞서 세례 요한에게 세례를 받을 때 기도하셨고, 그 기도하시던 중에 성령의 충만을 받으셨다(눅 3:21, 22). 그는 성령으로 충만한 가운데 40일간 금식하며 기도하셨다. 그리고 마귀의 시험에 대하여 하나님의 기록된 말씀들, 특히 하나님이 광야에서 이스라엘 백성에게 주신 그 말씀들을 인용하여 시험을 이기셨다.

에덴 동산의 첫째 아담과 광야에서의 이스라엘 백성이 하나님의 성령의 인도를 받지 아니하고 기도하지도 아니하고, 하나님의 말씀의 권위에 순종하지도 아니한 까닭에 사단 마귀의 시험에 실패한 것과는 달리, 둘째 아담이신 예수는 유대 광야에서 먹을 양식도 없고 마실 물도 없으며 옆에 도움을 줄 사람도 없었어도(첫째 아담의 경우는 풍부한 과일과 아내가 있었고, 이스라엘 백성의 경우도 만나와 반석에서 나온 물이 있었고 지도자 모세가 있었는가 하면 구름 기둥과 불기둥이 있었다), 성령 충만하고 열심히 기도하고 하나님의 말씀의 권위에 순종함으로 사단 마귀의 시험을 이기셨던 것이다. 물론, 그는 세례 요한의 세례 의식을 귀하게 여겨 받으셨다. 성례도 시험을 이기는데 아주 중요한 은혜의 방편이다.

예수 그리스도께서 유대 광야에서 사단의 시험을 이김으로 그는 마귀와 마귀의 일을 멸하시고 구원을 이루는 일을 사실상 시작하시었다(참고, 눅 4:13; 10:18-20). 그래서 그의 승리로 말미암아 우리가 마귀의 올무에서 벗어나게 되고(딤후 2:26), 마귀를 대적하여 물리치며(약 4:7), 마귀에 대한 승리가 보장되어 있고(요일 4:4; 5:4), 마귀를 이기신 우리의 중보자가 우리를 지키심으로 마귀가 우리를 대적하거나 해하지 못하며(요일 5:18; 롬 8:31), 마귀가 우리를 고소하거나 하나님의 사랑에서 결코 끊을 수가 없다(롬 8:31, 39). 우리에게도 항상 승리가 있을 뿐이다(롬 8:37). 혹시 현재 고난이 있을지라도 하나님의 영광을 소망하며 즐거워하고 훈련도 달게 받을 수가 있는 것이다(롬 5:25; 8:18).

4. 예수 그리스도의 낮아지심의 삶의 단계들은 무엇인가?

그리스도 예수의 낮아지심은 그가 탄생하시되 비천한 상태에서 율법아래 복종하신 것과, 이 세상의 여러 가지 비참함과 하나님의 진노하심과 십자가에서 저주의 죽음을 당하시고 장사지낸 후 얼마 동안 사망의 권세 아래 거한 것이다(웨스트민스터 소요리 27문답). 즉, 비천한 상태에서 동정녀에게서 탄생한 것, 율법에 순종하심, 빌라도의 법정에서 재판을 받으신 것, 십자가에서 하나님 저주와 진노를 당하여 못 박혀 매달린 것, 그리고 죽으시고, 무덤에 묻히시고, 사망의 권세가 주장하는 지옥에 내려가신 것 등이 바로 예수그리스도의 낮아지심의 삶의 단계들이다.

이 낮아지심의 단계들은 하나하나가 그 자체로서 복음이지만, 나머지 전체 단계들과 더불어서만 복음이다. 어느 단계이든 나머지 다른 단계들이 없으면 복음으로서의 효력을 잃으며, 반대로 어느 하나라도 없으면 그 나머지 단계들도 복음이 될 수 없는 것이다.

5. 예수 그리스도의 탄생은 어떤 것이며, 어떤 점에서 복음인가?

첫째, 예수 그리스도는 성령으로 잉태되어 동정녀 마리아에게서 나셨다(마 1:18). 그는 무죄함과 거룩함으로 잉태되고 태어나신 것이다. 그래서 그는 세상 죄를 지기에 합당한 유월절 어린양으로 흠이 없고 깨끗한 몸으로 태어나셨다.

둘째, 예수 그리스도는 때가 차매 여자에게서 태어나셨다(갈 4:4). 하나님이 아브라함과 다윗에게 약속하신 대로 종말의 때에 태어나셨다(히 1:2). 예수가 여자의 몸에서 때가 차서 태어나심으로 하나님이 첫 아담에게 말씀하신 사단의 머리를 상하게 할 자가 태어나신 것이요(창 3:15), 새 역사의 시대가 열린 것이다. 그리고 우리의 발아래서 사단이 속히 패하게 되는 것이다(롬 16:20).

셋째, 예수 그리스도는 아브라함과 다윗에게 하나님이 약속한 언약의 성취로 태어나셨다(마 1:1). 여러 선지자들을 통해서 수없이 예언되었고, 하나님의 이스라엘 백성들이 오래도록 기다린 구주 그리스도로 태어났다(눅 2:11). 그래서 그는 이스라엘의 소망이었고 위로였다(눅 2:25, 38).

넷째, 예수 그리스도의 태어나심은 하나님의 영원하신 말씀이 육신을 입고 우리 가운데 성전으로 거하신 사건이다. 요한복음 1:14, "말씀이 육신을 취하여 우리 가운데 거하시매 우리가 그 영광을 보니 아버지의 유일하신 아들의 영광이요 은혜와 진리가 충만하더라"(주: 헬라어 원문의 뜻을 따른 번역임). 이 본문의 말씀에 따르면, 예수 그리스도는 육신을 취하신 말씀 (the Word Incarnate)이시요, 육신을 취하신 하나님(the God Incarnate)이시요, 우리 가운데 세워진 성막 곧 영광과 은혜와 진리가 충만한 성전이시다(참고, 요 2:21). 그리고 마태복음 1:23에 기록된 대로, 예수는 임마누엘이시다. '하나님이 우리와 함께 계시다'는 뜻을 가진 이 호칭은 예수님이 영광의 성전으로서 우리 가운데 거하심을 가리킨다. 이 임마누엘 예수 그리스도는 또한 '아버지 품속에 있는 유일하신 하나님' (God the One and Only, who is at the Father's side)으로서 하나님을 계시하셨다(요 1:18).

그러므로 예수의 탄생 곧 육신을 취하여 이 땅에 오신 것은 말씀이신 하나님이 우리 가운데 영광의 성전을 세워 거하신 사건이요, 하나님의 특별 계시 자체인 것이다. 예수를 보는 자는 하나님을 보는 것이요, 예수를 영접하여 믿는 자는 하나님을 믿는 것이다(요 14:9). 그러므로 예수의 탄생은 하나님을 직접 눈으로 보고 알고 믿게 하는 특별계시이자, 하나님의 영광스런 나타남이다. 그의 탄생은 하나님의 영광의 임재요, 하나님과의 만남과 예배와 경배의 자리이다.

다섯째, 예수 그리스도는 이름 없는 동정녀 마리아에게서 베들레헴의 한 마구간에서 낮고 천한 목수의 아들로 태어나셨다(마 2:22; 눅 2:1-7). 그가 이렇게 태어나심은 섬김을 받는 신분이 아니라 섬기는 종의 신분으로 이 땅에 오신 것이요(막 10:45), 하나님과의 동등 됨을 주장하는 대신(빌 2:6-7) 율법의 저주 아래 태어나신 것을 의미한다(갈 4:5). 그러기에, 예수 그리스도의 탄생은 우리를 율법의 저주에서 자유하게 하는 대속제물로 자신을 내어 주기 위한 것이었다(갈 4:4-5). 그는 처음부터 자신을 대속제물로 내어주고 저주의 죽음을 당하기 위해서 육체를 취하여 태어나신 것이다(참고, 막 10:45). 그래서 그는 창세전에 이미 죽임을 당한 어린양이시요(계 13:8), 세상 죄를 지고 가는 어린양이셨다(요 1:29). 그런 까닭에, 그의 탄생은 하나님께는 영광이요 사람들에게는 평화와 기쁨의 복음이다(눅 2:14; 참고, 웨스트민스터 대요리 47문답).

이로 보건대, 예수 그리스도의 탄생을 통해서 우리가 받는 유익들은 첫째, 순결함, 둘째, 사단 마귀에 대한 승리의 보장, 셋째, 위로와 소망, 넷째, 하나님의 특별계시와 영광의 임재, 다섯째, 율법의 저주에서의 자유, 그리고 여섯째, 평화와 기쁨의 복음이다.

6. 예수 그리스도의 순종의 삶은 구체적으로 어떤 것들이며, 어떤 점에서 복음인가?

예수 그리스도께서는 자기의 생애 가운데서 다음과 같이 두 가지로 자신을 낮추어 순종하셨다. 첫째, 그는 율법에 순종하여 그것을 온전하게 성취하셨다. 즉, 적극적 계율적(active preceptive)인 면에서 순종하셨다. 그래서 그는 말씀하시기를, "내가 율법이나 선지자나 폐하러 온 줄로 생각지 말라 폐하러 온 것이 아니요 완전하게 함이로라"(마 5:17)하셨고, 십자가상에서는 "다 이루었다"(요 19:30)고 하시고 죽으셨다(참고, 웨스트민스터 대요리 48문답).

둘째, 그는 세상의 멸시와 사단의 시험과 육체의 연약함 뿐 아니라 모든 저주와 형벌을 당하시되 범죄자 가운데 하나로 취급당하셨다. 즉, 수동적 형벌적(passive penal)인 면에서 순종하셨다. 그는 짐승의 더러운 구유에서 태어나셨고(눅 2:7), 지역적 차별과 직업상의 차별을 받으며 나사렛 사람으로 그리고 목수의 아들로 자라나셨으며(요 1:46; 마 2:23; 13:55), 비방의 표적이 되었고(눅 2:34), 육체의 연약함을 다 당하셨으며(마 8:17; 요 4:6-7), 세상의 멸시와 조롱을 당하셨고(막 14:65), 마침내 빌라도의 법정과 골고다 언덕에서 채찍에 맞고 온갖 수모를 겪으셨다(마 26:67, 68; 27:39-42).

예수 그리스도의 이와 같은 순종과 이로 말미암아 우리가 얻는 유익에 대하여, 하이델베르크 요리문답에는, "예수는 전 생애를 통하여 특히 그가 마지막 순간에 전 인류의 죄에 대한 하나님의 진노를 친히 몸과 영혼으로 받으셨습니다. 이로써 유일한 화목제물인 그리스도 예수의 고난을 통하여 우리의 몸과 영혼을 영원한 정죄로부터 속량하고 하나님의 은총과 의와 영생을 우리를 위하여 얻으셨습니다" 라고 진술되어 있다(하이델베르크 요리문답 37문답).

이로 보건대, 예수 그리스도가 율법에 순종하심으로 말미암아 하나님의 은혜로 우리가 의롭다 함을 받게 되고(롬 5:17-19), 또 저주와 형벌을 받으심으로 영원히 정죄나 심판을 받지 않는다(롬 8:1). 이렇듯 그의 순종은 구원의 놀라운 근원이기에 복음이다(참고, 히 5:9).

7. 예수 그리스도는 왜 빌라도의 법정에서 재판을 받으셨는가? 그의 재판 받으심이 어떤 점에서 복음인가?

예수 그리스도께서 죄가 없으셨으나 세상에 사는 동안에 멸시와 조롱을 당하시고 세상의 재판관에게 마침내 재판을 통해 정죄되신 것은 우리가 당해야 하는 하나님의 준엄한 심판으로부터 우리를 자유하게 하기 위함이었다(하이델베르크 요리문답 38문답).

예수 그리스도는 죄가 없으시기 때문에 재판받을 이유도, 그리고 심판과 정죄를 당할 이유가 전혀 없으셨으나, 사람들은 생각하기를, 그가 징벌을 받아서 하나님에게 매를 맞는다고 하였으나(사 53:4; 마 27:39-42), 사실은 마땅히 형벌 받아야 할 자들의 허물을 인함이요, 하나님께서 그들의 죄악을 친히 그에게 담당시키고자 하심이었다(사 53:8, 11; 요 1:29; 벧전 2:24). 그래서 예수를 믿는 자에게는 심판이 없고(요 3:18) 정죄가 없다(롬 8:1). 이로 보건대, 그의 재판 받으심이 우리에게 복음인 것이다.

8. 예수 그리스도는 왜 십자가에 못 박혀 죽으셨는가? 다른 방법으로 죽으실 수는 없었는가? 그가 십자가에 못 박히신 것이 어떤 점에서 복음인가?

예수께서 유월절 전날에 십자가에 못 박히신 것은 그가 영아시기에 애굽으로 피신했다가 나온 사건(마 2:13-15)과 함께 모세 때 하나님이 행하신 유월절 어린 양의 피로 말미암은 출애굽 사건을 온전히 완성하신 것이다(참조, 눅 9:31; 헬, '엑소두스').

우리가 죄를 범하면 죄책으로 인하여 저주와 형벌을 받게 되고 오염으로 인하여 영적으로 무능력하고 마음이 부패해지는 까닭에, 죄에서 구원을 받으려면 죄의 형벌적 요소인 죄책과 저주를 면하고 죄의 도덕적 요소인 오염과 부패를 깨끗하게 씻음 받아야 한다.

이와 관련하여, 예수께서 십자가에 못 박히심은 첫째로, 하나님의 저주를 받은 것이다. "나무에 달린 자는 하나님께 저주를 받았음이라"(신 21:23)는 말씀대로 그는 십자가에 못 박힘으로 우리를 위하여 율법의 저주를 받으시고 우리를 속량하신 것이다(갈 3:13; 벧전 2:24).

둘째, 그는 십자가에 못 박히실 때 머리에 가시관을 쓰시고 양손과 발에 못이 박히고, 옆구리는 창에 찔림으로 머리로부터 온 몸이 피로 온전히 적셔졌다. 뿐만 아니라 채찍에 맞으심으로 온 몸에서 피가 터져 흘렀다. 이는 그의 피 흘림으로 그의 몸인 교회 전체를 깨끗하게 씻어 거룩하게 하신 것이다(히 9:14). 그러므로 그가 십자가에 못 박혀 피 흘리신 것은 우리의 죄의 오염과 부패를 씻어내는 것이다.

셋째, 예수의 십자가에 못 박히심은 그의 치유 사역의 절정이다. 이는 그가 채찍에 맞고 십자가에 못 박히심으로 우리가 나음을 입었기 때문이다(사 53:4; 마 8:17). 예수께서 각색 병든 자들을 치유하신 것들이 십자가 사건을 통해서 절정에 이른 것이다. 이는 그 십자가를 바라보고 믿는 자마다 멸망하지 않고 영생을 얻기 때문이다(요 3:14-16).

넷째, 예수의 십자가에 못 박히심은 영원한 희생 제사였다. 그는 세상 죄를 지고 가는 하나님의 유월절 어린양으로 죄를 대속하는 희생 제물이었다(요 1:29; 사 53:10). 그는 그의 희생 제사를 통하여 저주를 담당하였고, 피 흘림으로 우리의 죄를 씻으셨으며, 그 피로 우리를 사셨다(행 20:28; 고전 6:20). 그래서 우리가 그의 교회요, 거룩한 성전인 것이다.

다섯째, 예수의 십자가에 못 박히심은 하나님의 지혜요 능력이며, 또한 그의 사랑과 공의를 드러낸 사건이었다. 그가 십자가에 못 박히신 것은 우리를 구원에 이르게 하는 바 하나님의 지혜요 능력이다(롬 1:16; 고전 1:18, 24). 하나님께서 그의 아들을 십자가에 못 박히게 내어 주심으로 자기의 공의를 만족시킴과 동시에 사랑을 확증하셨다(롬 5:8). "사랑은 여기 있으니 우리가 하나님을 사랑한 것이 아니요 오직 하나님이 우리를 사랑하사 우리 죄를 위하여 화목제로 그 아들을 보내셨음이니라"(요일 4:10). "이 예수를 하나님이 그의 피로 인하여 믿음으로 말미암는 화목 제물로 세우셨으니 이는… 자기의 의로움을 나타내려 하심이니 곧 이 때에 자기의 의로움을 나타내사 자기도 의로우시며 또한 예수 믿는 자를 의롭다 하려 하심이니라"(롬 3:25, 26).

여섯째, 예수의 십자가에 못 박히심은 구약의 출애굽 사건과 마찬가지로 해방과 승리의 사건이었다. 그리고 창세기 3:15의 원복음의 실현이었다. 십자가에 예수가 못 박히심으로 그는 실패하고 사단 마귀가 승리한 것처럼 보였으나, 사실은 사단의 머리를 상하게 하였다(참고, 롬 16:20; 히 2:14). 애굽의 바로왕의 장자와 애굽인의 장자들 그리고 애굽 군대가 출애굽 사건과 관련하여 죽임을 당한 것이 이를 반영한 것이다. 이로 보건대, 예수의 십자가 사건은 구약의 출애굽 사건의 완성이요, 모든 악한 권세들을 무장해제하고 구경거리로 만든 승리의 사건이었다(골 2:15).

일곱째, 예수의 십자가에 못 박혀 피 흘리심은 우리에게 죄 사함을 주시는 새 언약의 증표이었다. 다시 말해서, 예수의 흘리신 피는 죄 사함을 얻게 하려고 많은 사람을 위하여 흘리는 언약의 피였고(마 26:26-28), 이처럼 피를 흘리심으로 더 좋은 영원한 언약의 보증이 되셨다(히 7:22-25; 9:11-15). 즉, 영원한 새 언약이 예수의 십자가의 보혈로 세워진 것이다. 그러기에, 예수님이 십자가에 못 박혀 피 흘리신 것은 하나님의 사랑과 공의의 복음이요, 새 언약의 복음이다.

여덟째, 그리스도께서 십자가에서 우리를 위하여 저주를 받으심으로 말미암아 율법의 저주에서 우리를 속량하셨을 뿐 아니라, 그리스도 예수 안에서 아브라함의 복(칭의와 하나님의 자녀 됨)이 이방인에게도 미치고 또 믿음으로 성령을 받게 하였다(갈 3:14).

9. 예수 그리스도는 참 하나님이시기 때문에 죽음을 면할 수도 있었을 것인데, 왜 죽으셨는가? 그의 죽으심은 어떤 점에서 복음인가?

예수님께서는 가이사랴 빌립보에서 베드로의 신앙고백을 들으시고 "내가 이 반석 위에 교회를 세우리라"(마 16:18)하신 다음에 곧 이어서 자기가 예루살렘에 올라가 많은 고난을 받고 죽임을 당할 것을 비로소 공개적으로 말씀하신 바 있다(마 16:21). 이에 베드로가 예수님에게 강력하게 반대하자 "사단아 내 뒤로 물러가라. 너는 나를 넘어지게 하는 자로다. 네가 하나님의 일을 생각지 아니하고 도리어 사람의 일을 생각하는도다" 하시고 제자들에게 "나를 따라오려거든 자기 십자가를 지고 좇으라"(마 16:23-24) 하셨다.

그리고 예수님께서 유월절 바로 전 예루살렘에 예배하러 온 헬라인 몇이 빌립과 안드레에게 예수를 뵈옵고자 청했을 때 예수님은 말씀하시기를, "한 알의 밀이 땅에 떨어져 죽지 아니하면 한 알 그대로 있고 죽으면 많은 열매를 맺느니라"(요 12:24)고 하시면서 자기의 죽음의 필요성을 밝히 말씀하셨다. 뿐만 아니라, 예수를 잡으러 칼과 몽치를 가지고 온 군병들 중의 한 사람의 귀를 베드로가 칼로 쳤을 때, "너는 내가 내 아버지께 구하여 지금 열두 영(큰 군대) 더 되는 천사를 보내시게 할 수 없는 줄로 아느냐. 내가 만일 그렇게 하면 이런 일이 있으리라 한 성경이 어떻게 이루어지리요"(마 26:53-54) 라고 예수님이 베드로에게 말씀하신 것을 보면, 그의 죽음은 성경에 이미 하나님이 정하신 뜻이었다. 그래서 그는 겟세마네 동산에서 그의 죽음을 목전에 두고 기도하시던 때 아버지의 뜻대로 되기를 간절히 간구하였던 것이다(마 26:36-39).

이렇듯, 첫째, 예수님의 죽으심은 하나님의 뜻이요, 성경에 이미 기록된 것이었다(참고, 사 53:12-13). 그의 죽음은 하나님의 공의와 진리가 요구하는 바요, 다른 방법으로는 우리의 죄에 대한 배상(satisfaction)이 충족될 수 없었기 때문에 절대 필요했다(하이델베르크 요리문답 40문답).

둘째, 예수의 죽으심은 하나님의 은혜의 보좌로 나아가는 길이다. 예수님이 죽으시던 때 예루살렘 성전의 휘장이 한가운데로 찢어졌는데, 이는 하나님의 은혜의 보좌로 나아가는 길이 활짝 열린 것을 가리켰다. "그러므로, 형제들아 우리가 예수의 피를 힘입어 성소에 들어갈 담력을 얻었나니 그 길은 우리를 위하여 휘장 가운데로 열어 놓으신 새롭고 산 길이요 휘장은 곧 저의 육체니라"(히 10:19-20). 그래서 십자가에서 죽으신 그 예수는 우리를 앞서 먼저 하늘휘장 안으로 대제사장이 되어 들어가셨다(히 6:19-20). 그러기에 그가 말씀한대로, "내가 곧 길이요 진리요 생명이니 나로 말미암지 않고는 아버지께로 올 자가 없느니라"(요 14:6)하셨다. 이렇듯 예수님의 죽으심은 우리를 위한 천국행 길이다. 그는 십자가로 우리를 하나님과 화해하고 화목하게 하심으로(롬 5:10) 그 천국행 길을 만드신 것이다.

셋째, 예수님의 죽으심은 죄에 대하여 단번에 죽으심이다(롬 6:10). 이로써, 우리도 예수님과 함께 죄에 대하여 단번에 죽게 된다(롬 6:3, 4). 그러므로 예수님의 십자가의 죽으심으로 말미암아 죄인 된 우리가 율법의 저주에서 해방되고 죄 사함과 죄 씻음을 받아 죄에서 구원되어 의인으로서 변화된 신분을 얻고, 죄에 대하여 죽음으로 마귀를 패배시키고, 죄의 종에서 해방됨으로써 섬기는 주인이 마귀에서 하나님으로 바뀌었고, 그리스도 안에서 옛 사람은 죽고 새 사람이 되어 변화된 삶을 살게 되는 것이다(참고, 웨스트민스터 신앙고백 8장 5항, 대요리 49문답).

이로 보건대, 예수님의 죽으심은 죄에 대한 충분한 배상이요, 하나님의 은혜의 보좌로 나아가는 길이요, 죄에 대한 단번의 죽음이요, 하나님의 뜻을 이루는 것이요, 더 많은 생명을 결실하기 위한 길이기에 복음이다.

10. 예수 그리스도께서 죽으신 후 무덤에 묻히신 것은 무슨 의미가 있으며, 어떤 점에서 복음인가?

예수 그리스도께서 무덤에 묻히신 것은 그가 진실로 죽으셨음을 입증하기 위함이다(하이델베르크 요리문답 41문답). 무덤이 죽음을 입증하는 것이다. 어떤 사람이 바다에서 익사한 경우 그의 시신을 찾아내어 무덤에 묻지 못하면 죽은 것이 아니고 법적으로는 실종 처리되듯, 무덤에 묻혀야 죽음이 사실로 입증된다. 이로 보건대, 예수님이 무덤에 묻히심으로 사망을 확실하게 입증하셨고, 이로써 죄의 값을 확실하게 지불해 주셨다.

또한 예수님께서 십자가에 못 박혀 죽고 묻히심으로써, 우리의 옛 사람도 함께 확실하게 죽음으로 말미암아 육체의 부패한 정욕이 우리 안에서 더 이상 왕 노릇 못하게 되며, 우리도 우리 자신을 하나님께 감사의 제물 뿐 아니라 의의 병기로 드리게 되는 것이다(하이델베르크 요리문답 43문답). 이런 까닭에, 예수가 무덤에 묻히신 것이 복음이다.

11. 그리스도 예수께서 우리를 위하여 죽으셨다면, 성도된 우리가 왜 죽어야 하는가?

예수 그리스도께서 십자가에 못 박혀 피 흘려 죽으시고 무덤에 묻히심으로 우리가 죄책과 오염에서 구원받았을 뿐 아니라 죄 값이 완전히 지불되어 예수 안에 있으면 더 이상 죽음도, 정죄도, 심판도 없고 오직 영생만 있는데(참고, 요 5:24; "믿는 자는 영생을 얻었고 심판에 이르지 아니하나니 사망에서 생명으로 옮겼느니라") 왜 우리가 죽는가?

성도들의 죽음은 죄에 대한 배상 곧 죄 값이 아니고, 오히려 죄가 멸하여지는 것이며, 영생으로 들어가는 문이다(하이델베르크 요리문답 42문답). 예수님의 죽음이 죄 값에 대한 지불이지만 다른 한편으로는 천국으로 나아가는 길인데 비하여, 성도들의 죽음은 예수님의 죽음의 값을 인하여 예수가 만들어 놓으신 길을 따라 천국으로 들어가는 문이다. 예컨대, 예수님의 죽음이 고속도로이면 성도의 죽음은 그 고속도로 진입을 위해 통과하는 톨게이트와도 같다. 성도들은 이 세상에 사는 동안에는 이미 성령으로 중생하였어도 몸 안에 죄의 잔재들이 남아 있는데, 이 잔재들이 죽음과 함께 온전히 씻어지는 까닭에, 성도들의 죽음은 죄를 멸하는 것이다(참고, 고후 5:1-3; 롬 6:6). 그러므로 성도의 죽음은 축복이요 영광이다.

12. 그리스도의 십자가 희생과 죽음으로부터 우리가 얻는 또 다른 도덕적인 유익은 무엇인가?

예수 그리스도의 십자가는 자기를 희생 제물로 드림이요, 그의 죽으심은 하나님께 향한 철저한 순종이었다. 한 알의 밀이 땅에 떨어져 죽는 것과 같은 희생이요, 하나님의 영광을 위하여 자기의 뜻과 생각을 포기하는 것이다. 그래서 예수께서는 제자들에게 말씀하시기를 자기를 부인하고 날마다 자기 십자가를 지라 하셨다(마 16:24). 뿐만 아니라, 십자가에 거꾸로 매달릴 각오도 하고(요 21:19) 남의 십자가까지 함께 지라 하셨다(갈 6:2). 십자가의 고통과 희생은 우리의 육신의 정욕을 죽이며(갈 5:24) 자기를 철저히 부인케 하는 것이다. 이로써 예수의 희생 정신과 마음을 본받게 된다(빌 2:5).

우리가 예수의 십자가를 바라보면 믿음이 생겨 죄사함과 씻음을 받고 하나님의 은혜의 보좌로 나아가게 되지만(히 9:14; 10:19-22), 그 십자가를 질 때에 믿음이 가슴에 깊이 체감된다. 특히 십자가에 매달리거나 남의 것까지 지면 믿음이 더욱 크게 자라고 예수를 더 많이 닮는다.

13. 예수 그리스도께서 죽으신 후 지옥에 내려가신 사실에 대하여 성경적인 근거는 무엇이며, 여기에 대해 어떤 해석들이 있는가?

어떤 사람들의 주장에 의하면, 예수 그리스도는 죽자마자 지옥에 내려가신 것이 아니고 곧바로 낙원으로 가셨다고 한다. 그 근거로 십자가에 매달린 한 행악자와의 대화를 거론한다. 한 행악자와 예수님 간의 대화에 의하면, "오늘 네가 나와 함께 낙원에 있으리라"(눅 23:43) 하신 것으로 보아 죽으신 그 날 바로 그 회개한 행악자와 함께 낙원에 가신 것이 분명하다.

그러나 베드로의 설교 가운데 "너희가 법 없는 자들의 손을 빌어 못 박아 죽였으나 하나님께서 사망의 고통을 풀어 살리셨으니 이는 그가 사망에게 매여 있을 수 없음이라"(행 2:23, 24)는 말씀에 의하면, 예수님은 죽으신 후 일시적으로 사망에 매여 고통을 당하셨음이 또한 분명하다. 더욱이 베드로의 그 설교를 전체적으로 살펴보면, 십자가에 죽으심(행 2:23)과 사망의 고통(행 2:24)이 순서적으로 언급되어 있고, 그가 인용한 시편 16편의 말씀에도 '음부'와 '썩음'이 부활 및 하나님 우편에 앉으신 것과 함께 언급되어 있으며, 그 인용한 말씀에 이어 계속된 설교에서도 '음부에 버림'과 '육신의 썩음'과 함께 부활 사건 및 성령 부어주심의 사건 등이 언급되어 있다(행 2:31-33). 뿐만 아니라, 베드로의 서신에도 보면, 십자가에 죽으심(벧전 3:18), 지옥 강하(벧전 3:19) 그리고 부활 및 승천(벧전

3:21-22)이 순서대로 언급되어 있다. 예수의 십자가의 죽으심과 부활 및 승천이 역사적 사실이라면 그의 지옥 강하도 역사적 사실임이 분명하다.

그런데, 욥기에 보면 "하나님 앞에는 음부도 드러난다"(욥 26:6)고 되어 있고, 시편에는 "내가 하늘에 올라갈지라도 거기 계시며 음부에 자리를 펼지라도 거기 계시니이다"(시 139:8)라고 말씀되어져 있는 바, 음부 곧 지옥도 하나님의 통치 아래 있는 것이다. 그렇다면, 순결한 영으로서 참 하나님이신(고후 3:17, 18) 예수 그리스도께서 지옥에 내려가 사망의 고통을 당하셨으나 그 고통의 멍에를 끊고 부활 승천하시는 것은 결코 불가능한 일이 아니다.

칼빈의 표현을 빌리면, 예수 그리스도는 순결한 영이시기에 그가 몸으로 십자가에 못 박혀 달려 계시는 그 순간에도 온 우주에 충만하게 계시고(기독교강요 2권 12장 4절), 그의 성찬에도 영으로 실제로 임재해 계시기 때문에(기독교강요 4권 17장 30절), 예수 그리스도께서 무덤에 묻혀 계시든, 지옥에 내려가 계시든지 그는 영이시므로 온전하게 온 우주 뿐 아니라 낙원에도 계실 수 있는 것이다.

이 지옥 강하에 대하여 로마가톨릭교회의 경우는, 그리스도 예수가 연옥에 문자적으로 내려가서 죽은 영들에게 복음을 전파하여 그들을 연옥에서 낙원으로 옮겨 주신다고 주장하나, 지옥 외에 연옥을 성경은 말하지 아니하고 또 죽은 자의 경우 지옥에서 낙원으로 옮겨지는 일이 불가능하기 때문에(눅 16:26) 성경적으로 용납될 수가 없다.

루터의 경우는 그리스도가 거룩하신 까닭에 지옥 한 가운데로 내려가신 것이 아니라 지옥 문 앞에까지만 내려가시어 자기가 십자가에 못 박히신 것을 보이심으로 죽은 자들이 받은 심판의 정당함을 선언하셨다고 주장한다. 그러나 이 같은 루터의 견해는 지옥의 한 가운데와 문 앞을 경계선을 그어 구분할 수 있는지가 의문스럽고, 또 사도행전 2장의 베드로의 설교에서 예수가 사망의 고통 가운데 일시적으로 있었다고 한 말씀에 비추어 볼 때(행 2:24) 성경적으로 부적절하다.

칼빈의 경우는 아예 예수 그리스도의 문자적인 지옥 강하를 인정하지 아니하고, 그가 십자가상에서 당한 고통이 너무 컸던 까닭에 그처럼 극에 달한 고통과 슬픔을 지옥강하로 비유적으로 해석했다. 이 같은 칼빈의 견해는 루터의 생각과 비슷하게 그리스도의 거룩성에 비추어 부정적으로 해석한 것이다. 그러나 지옥도 하나님의 통치 아래 있는 것과, 그리스도의 편재하심의 사실을 고려한다면,

그리스도의 지옥 강하는 문자적으로 받아들이는 것이 성경적이다. 베드로의 설교와 서신이 문자적인 지옥 강하를 뒷받침하고 있고, 웨스트민스터 신앙고백도 지옥 강하를 문자적으로 받아들였다(웨스트민스터 신앙고백 8장 4항).

14. 예수 그리스도가 지옥에 내려가신 것이 어떤 점에서 복음이며, 우리에게 위로가 되는가?

그리스도가 죽으신 후 무덤에 묻히시고, 죽은 자 가운데 삼일동안 사망의 권세 아래 계속 머물러 있었던, 이것이 다른 말로 표현하면 '그가 지옥에 내려가셨다'이다(웨스트민스터 대요리 50문답). 예수께서 지옥에 내려가시어 사망의 고통과 지옥의 어두움의 공포를 우리 대신 당하심으로 우리들이 그 고통과 공포로부터 해방된 것을 확신할 때 우리에게 큰 위로가 된다(참고, 하이델베르크 요리문답 44문답). 이 점에서 예수님의 지옥에 내려가심도 복음인 것이다.

제 17 과   예수 그리스도의 복음(Ⅱ)

> 기본적인 질문:
>
> 1. 예수 그리스도의 높아지심의 삶의 단계들은 무엇인가? 그의 낮아지심의 삶의 단계들과는 어떤 관계에 있는가?
>
> 2. 예수 그리스도의 부활은 어떤 것이며, 어떤 점에서 복음인가?
>
> 3. 예수 그리스도께서 승천하셨다는 것이 무엇이며, 어떤 점에서 복음인가?
>
> 4. 예수 그리스도께서 하나님 보좌 우편에 앉으심이 무엇이며, 어떤 점에서 복음인가?
>
> 5. 예수 그리스도는 언제 어떻게 재림하시는가? 그의 재림은 어떤 점에서 복음인가?
>
> 6. 왜 예수 그리스도의 복음만이 죄인을 구원하는 능력인가? 죄의 성질과 관련지어, 예수께서 그의 삶의 단계들을 통하여 성취해 놓으신 속죄의 본질을 고려하여 그 이유를 말하라.

1. 예수 그리스도의 높아지심의 삶의 단계들은 무엇인가? 그의 낮아지심의 삶의 단계들과는 어떤 관계에 있는가?

예수 그리스도의 높아지심의 삶의 단계들은 사흘 만에 죽은 자 가운데서 다시 살아난 것과 하늘로 올라가신 것과 하나님 아버지의 우편에 앉아 계신 것과 마지막 날에 세상을 심판하러 오시는 것 등이다(웨스트민스터 소요리 28문답). 즉, 그의 부활, 승천, 하나님 보좌 우편에 앉으심, 그리고 재림 등이다.

예수 그리스도의 높아지심의 삶의 단계들이 그의 낮아지심의 삶의 단계들에 이어 있어야 하는 것은 예수 그리스도가 본성에 있어서 참 사람이시자 참 하나님이시기 때문 뿐 아니라, 높아지심의 삶의 단계들이 없으면 낮아지심의 단계들이 구원을 성취함에 있어서 헛되기 때문이다. 예수 그리스도는 본체와 능력과 영원성에 있어서 참 하나님이시기에 영광과 존귀를 받으시기에 합당하고, 본질상 그에게는 영광과 은혜와 진리가 충만하시다(요 1:14; 계 4:9-11; 5:12). 그는 본래 영광의 주님이시다(고전 2:8). 창세전부터 하나님과 함께 영광 중에 계셨다(요 1:2; 17:5). 그래서 그에게는 목숨을 버릴 뿐 아니라 스스로 취할 권세가 있고(요 10:18), 하늘 보좌에 앉을 권세도 있다(히 1:8; 시 45:6-7; 단 7:13-14). 본래 하늘이 그의 보좌이시기 때문이다(참고, 요 3:31).

그리고 예수 그리스도의 높아지심의 삶의 단계가 구원의 성취와 관련하여 필요한 것은 그 단계들이 없이는 낮아지심의 삶의 단계들을 통해서 성취한 구원이 헛되기 때문이다. 만일에 예수님이 십자가에 못 박혀 피 흘려 죽으시고 무덤에 묻히시며 지옥에 내려가 사망의 권세 아래 머물러 있는 것으로 그의 삶이 끝났다고 하면, 그는 죄와 사망 및 사단 마귀에게 패배한 것이기 때문에, 그는 하나님도 아니요, 구주도 아니며, 구원을 전혀 성취한 것이 아닌 것이다. 그래서, 바울은 말하기를, 그리스도 예수가 죽은 자 가운데서 살아나시지 아니했다고 하면, 복음도, 믿음도 헛되고 우리가 여전히 죄 아래 있게 되고 세상에서 가장 불쌍한 자라 하였다(고전 15:12-19). 그가 부활하셨기에 생명의 주(author)로 선언된 것이다(행 3:15).

그런데, 바울이 말한 바에 의하면, "사람의 모양으로 나타나셨으매 자기를 낮추시고 죽기까지 복종하셨으니 곧 십자가에 죽으심이라. 이러므로 하나님이 그를 지극히 높여 모든 이름 위에 뛰어난 이름을 주사… 모든 입으로 예수 그리스도를 주라 시인하여 하나님 아버지께 영광을 돌리게 하셨느니라"(빌 2:8-11) 하신 바, 이로 보건대, 성자 예수 그리스도는 그가 참 하나님이시요, 생명의 주 곧 창시자요, 하늘 보좌가 본래 자기의 자리이며, 영광의 주이시지만, 이러한 권세들을 주장하시지 않고, 자기를 낮추시어 십자가에서 죽기까지 아버지 하나님께 순종하신 까닭에, 그 결과로 부활 승천하셨다. 그리고 지금도 살아 계셔서 우리 가운데 거처를 정하시고 우리를 거룩한 성전 삼아 우리와 함께 계시는 것이다. 이로써 그에게 더 큰 찬송과 영광을 돌리는 것이다.

2. 예수 그리스도의 부활은 어떤 것이며, 어떤 점에서 복음인가?

예수 그리스도의 부활은 초자연적인 이적의 사건으로 인간의 이성이나 경험으로는 이해될 수 없는 성질의 것이다. 그래서 어떤 사람들은 사도들이 거짓으로 조작한 것이라고 주장하는가 하면, 사실은 예수님이 기절한 것뿐이었다고 하는 주장이 있었고, 또 정신적으로 흥분 상태에 있던 사도들과 몇몇 여자들이 예수의 환영(幻影, a phantom)을 본 것에 지나지 않다고 주장하였으나 모두가 성경적 사실과는 전혀 다르다.

예수님의 부활은 그가 죽은 자 가운데서 단순히 본래의 몸으로 살아난 것이 아니고, 그의 육체가 현저하게 변화되어, 그것이 참된 육체이면서도 시간과 공간을 초월하고 눈으로 볼 수 있고 손으로 만질 수 있으면서 투명인간이었다. 신령한 몸, 하늘에 속한 영광스런 몸이었다(눅 24:31, 36, 39; 요 20:19; 21:7; 고전 15:50). 그는 부활을 통해서 살리는 영(고전 15:45)이 되셨다. 부활을 통하여 죄와 사망과 사단을 이기셨던 것이다. 그래서 그의 부활은 첫째, 그가 십자가에 못 박혀 피 흘려 죽으심으로 성취하신 속죄(atonement)를 하나님 아버지께서 참된 것으로 확증하신 것이 되었다. 그의 희생 제사를 기뻐 받으신 것을 확증하신 것이다.

둘째, 그의 죽으심의 희생제사가 하나님 아버지께 받아들여진 까닭에, 그의 부활로 말미암아 우리가 하나님께 의롭다 함을 받게 되는 것이다. 그래서 바울은 말하기를, "예수는 우리의 범죄함을 위하여 내어 줌이 되고 또한 우리를 의롭다 하심을 위하여 살아나셨느니라"(롬 4:25) 하였다. 다시 말하면, 그리스도의 희생을 통해서 죄 값이 지불되어 하나님의 공의가 만족되고, 또한 그의 피로 우리의 죄가 씻어지고 가리워진 까닭에, 그리스도가 획득한 의(義)에 참여할 뿐 아니라 그 의로 말미암아 의롭다 함을 받는 것이다.

셋째, 그의 부활의 권능으로 말미암아 살리는 영이신 그가 우리를 새 생명으로 살리시고 장차 부활하게 하신다. "만일 우리가 그리스도와 함께 죽었으면 또한 그와 함께 살 줄을 믿노니"(롬 6:8). "그리스도를 죽은 자 가운데서 살리심과 같이 우리를 또한 새 생명 가운데서 행하게 하려 함이니라"(롬 6:4하). "예수를 죽은 자 가운데서 살리신 이의 영이 너희 안에 거하시면 그리스도 예수를 죽은 자 가운데서 살리신 이가 너희 안에 거하시는 그의 영으로 말미암아 너희 죽을 몸도 살리시리라"(롬 8:11). "아담 안에서 모든 사람이 죽은 것 같이 그리스도 안에서 모든 사람이 삶을 얻으리라"(고전 15:22).

넷째, 그리스도 예수의 부활은 우리의 복된 부활의 확실한 보증이다. 예수님이 부활의 첫 열매이신 것은 우리의 부활이 마지막 열매임을 확실하게 보증한다(고전 15:20). 이 점에서, 그의 부활은 우리의 중생과 칭의와 성화 및 몸의 부활의 원인이기도 한 것이다(롬 5:10; 빌 3:10, 11; 벧전 1:3).

이와 같이, 그리스도 예수의 부활하심으로 말미암아, 우리가 의롭다함을 받고 새 생명으로 살아나며 장차 우리 몸도 부활하기 때문에, 그의 부활이 복음이다. 예수 그리스도의 부활을 믿고 우리의 육체의 부활을 소망한다면 모든 악과 역경과 죽음도 이겨내는 부활의 정신으로 무장되어야 한다.

3. 예수 그리스도께서 승천하셨다는 것이 무엇이며, 어떤 점에서 복음인가?

부활하신 예수 그리스도께서 40일간 이 땅에 계시면서 사도들을 만나 주셨고, 그가 말씀하신 성경대로 부활하신 것을 확인시키며(마 28:6; 눅 24:27), 평강을 빌어주며(눅 24:36), 자기의 못 박힌 손과 발을 보여주시고(눅 24:40), 구운 생선을 받아 잡수시는가 하면(눅 24:42-43), 베드로에게는 자기의 양을 치라 부탁하시고(요 21:15), 아버지께서 약속한 성령을 기다리라 하시며(눅 24:49; 행 1:4-5), 모든 족속으로 제자를 삼으라고 명하셨다(마 28:18-20; 행 1:8). 그 후 그는 그의 제자들이 지켜보는 가운데서 하늘로 올라가셨다(행 1:9-11).

그는 승천하심으로 영광과 존귀로 관을 쓰시고(히 2:9) 신적 영광의 광채를 발하셨다(참고, 히 1:3). 그리고 하나님의 보좌 우편에 앉으신 것이다(히 1:3하). 그가 십자가에 못 박혀 죽으시던 때에 하나님의 보좌로 나아가는 길을 만들어 놓으셨기에, 그가 그 길로 친히 하늘에 먼저 올라가신 것은 너무나도 당연한 일이다.

예수님의 이 같은 승천에 대하여 히브리서 기자는 그가 멜기세덱의 계열에 따른 영원한 대제사장이 되어 우리를 위해 하늘 지성소에 앞서 들어가신 것으로 해석했다(히 6:20). 예수님께서 이처럼 하늘 지성소로 승천하신 것은 마치 배의 닻이 깊은 바다 속에 들어감으로 그 배가 흔들리지 않고 견고하게 된 것처럼, 우리의 부활의 소망이 튼튼하고 견고하게 되었다는 것이다(히 6:19).

다시 말해서, 예수 그리스도가 부활하시고 영원한 대제사장으로서 하늘 지성소에 우리를 앞서 들어가신 까닭에 하나님 나라의 기업에 대한 우리의 부활의 소망이 확실하게 되었다. 이 점에서 예수님의 승천이 복음이다.

4. 예수 그리스도께서 하나님 보좌 우편에 앉으심은 무엇이며, 어떤 점에서 복음인가?

예수 그리스도는 죽은 자 가운데서 부활하시고, 영원한 대제사장이 되어 자기가 놓은 길을 따라 하늘로 올라가심으로 영광과 능력을 입고서 하나님의 아들이요 주(主)로 선언되고 영화롭게 되어 하나님의 보좌 우편에 앉으셨다. 우리를 위한 속죄 제물 되신 예수 그리스도가 그 영광스런 보좌에 대제사장으로 앉으신 것은 우리에게 다음과 같은 몇 가지 유익을 준다.

첫째, 그가 보좌 우편에 앉으심으로 우리를 위해 중보 기도하신다. 그는 보좌 우편에서 우리의 중보자로서 우리를 위하여 항상 간구 하신다(히 7:25; 롬 8:34). 그는 십자가에 못 박혀 죽으심으로 우리의 속죄제물이 되셨는데, 이제는 그 희생 제물된 자기의 피 흘린 몸을 가지고 친히 대제사장이 되어 우리의 중보자로서 우리를 위해 기도하시는 것이다. 이 점에서 그의 속죄 사역과 중보 사역은 원인과 결과의 관계가 있으며, 속죄 제물 되신 그가 친히 대제사장이 되어 중보 기도하시기 때문에, 그의 속죄와 기도는 온전하게 효력을 발휘하는 것이다.

둘째, 그가 보좌 우편에 앉아 중보 기도함으로 하늘에서 땅을 통치하신다(참고, 마 18:18-19; 계 2:26-27). 하늘에서 드려지는 기도가 땅에서 하나님 나라의 통치 행위로 능력과 권세를 발휘한다. 예수님이 만왕의 왕으로서 통치하심으로(사 9:6-7; 계 7:13-17) 그의 지체된 성도들도 하늘에서 그와 함께 왕 노릇 한다(계 20:4-6).

셋째, 그가 보좌 우편에 앉아 우리를 위하여 중보 기도하심으로 우리가 넉넉히 승리한다(롬 8:37). 이는 전에 하나님의 법정에서 성도들을 대적하고 고소하던 (욥 2:1; 슥 3:1) 사단 마귀가 하늘에서 밀려 떨어져(눅 10:17) 이제는 더 이상 우리를 고소하지도 못하고, 또 정죄하지도 못하며, 그리스도의 사랑에서 끊을 수가 없기 때문이다(롬 8:33-35). 예수 그리스도의 중보 기도가 항상 하나님 아버지께 드려짐으로 사단 마귀가 우리를 해치지 못하는 것이다(요일 5:18).

넷째, 그가 보좌 우편에 앉으심으로 성부로부터 보혜사 성령을 보내신다(요 14:16; 행 2:33). 이렇게 성령을 부어 주심으로 자기의 교회를 세우실 뿐 아니라(행 2:1-4, 42), 성령으로 권능을 주시어 많은 기적과 능력을 행하게 하고(행 2:43), 성령이 탄식함으로 저희 안에서 함께 기도하게 하신다(롬 8:26).

다섯째, 보좌에 앉아 계시는 그리스도 예수가 성령의 부요한 은사들을 믿음의 분량대로 주신다(롬 12:5-8). 그리고 우리가 실수하고 허물이 있음에도 불구하고 은혜의 보좌로 담대히 나아갈 수 있게 하시며(히 7:25상), 우리의 몸과 행한 일들이 하나님 앞에 열납되게 한다(출 28:38; 히 11:4; 참고, 웨스트민스터 대요리 55문답).

여섯째, 예수 그리스도가 하나님 보좌 우편에 앉아 계심으로, 그를 믿는 지체들도 그와 함께 거기 앉는다(엡 2:4-8). 이로써 그의 지체된 우리가 하늘의 시민권자가 되고(빌 3:30), 그와 함께 그의 중보 기도에 동참하여 거룩한 제사장들로서 중보 기도한다(참고, 딤전 2:1). 우리는 중보 기도로 세상을 움직일 수 있으며, 세상은 우리의 중보 기도를 필요로 한다.

이와 같이 그리스도 예수님께서 부활 승천하시어 하나님 보좌 우편에 앉으심으로 중보 기도하시고, 성령을 부어 주시고, 우리로 하여금 승리하게 하시며, 성령의 부요한 은사들을 주시고, 우리도 하늘에 앉아 그와 함께 중보 기도할 수 있게 하심으로, 이것이 우리에게 복음이다.

5. 예수 그리스도는 언제 어떻게 재림하시는가? 그의 재림은 어떤 점에서 복음인가?

예수 그리스도는 하나님 보좌 우편에 앉아 계시다가 거기로부터 갑작스럽게, 눈으로 볼 수 있게, 친히, 부활하신 몸으로, 영광스럽게 다시 오신다(마 24:30, 42-43; 26:64; 행 1:11). 그가 재림하시는 목적은 다음과 같다.

첫째, 예수님의 재림으로 새 하늘과 새 땅이 창조되어 온 우주 만물이 새롭게 되고 구원받는다(사 65:17-25; 66:10-14; 계 21:1-2, 5).

둘째, 그 신천신지에서 영생을 누릴 수 있도록 성도들이 신령한 몸으로 부활한다(고전 15:44). 그리고 의와 생명과 영광의 면류관을 받아쓰고서 상급을 받는다(계 2:20; 벧전 5:4; 딤후 4:8; 마 25:21, 34).

셋째, 의인들과 동시에 함께 부활한 악인들에게는 형벌의 심판이 있다(마 26:46; 계 22:12). 영원한 지옥 형벌에 처해지는 것이다.

넷째, 예수가 재림하시는 때에 죄와 사망과 사단에 대한 최종적 승리가 완성된다(고전 15:26).

다섯째, 예수님의 재림으로 성도들의 구원도 최종적으로 완성되어 영원한 기쁨과 위로와 영생을 누린다(마 25:31-34; 계 21:4, 6). 그리고 하나님의 언약이 최종적으로 성취되어 하나님이 자기 백성 가운데 친히 함께 계신다(계 21:3).

예수 그리스도의 재림으로 말미암아 이와 같이 신천신지가 열리고, 만물이 완전히 새롭게 되며, 성도들은 영광스럽게 부활하여 면류관과 상급을 받고 기쁨과 위로와 생명을 누리고, 언약이 최종적으로 성취되어 하나님이 친히 저희 가운데 함께 계시는데 반하여, 악인들은 심판을 받아 영벌에 처해지고 사망과 사단 마귀가 완전하게 패배 당한다. 이 점들에서 그리스도 예수의 재림이 복음이다.

6. 왜 예수 그리스도의 복음만이 죄인을 구원하는 능력인가? 죄의 성질과 관련지어, 예수께서 그의 삶의 단계들을 통하여 성취해 놓으신 속죄의 본질을 고려하여 그 이유를 말하라.

우리가 예수 그리스도의 복음을 듣고서 성령으로 마음이 밝아져 예수님을 믿고 회개하면 구원을 받는 까닭에 복음은 구원의 능력이다(롬 1:16; 고전 1:18). 이에 대하여, 구체적으로 죄의 성질과 관련지어 그리스도가 성취하신 속죄의 본질을 비교해 보면 그리스도 복음만이 구원의 능력임을 확인할 수 있다.

첫째, 죄를 범하면 죄의 형벌적 요소인 죄책으로 말미암아 마귀 뿐 아니라 우리의 양심과 하나님의 율법이 우리를 고소한다(accusation, 롬 8:33; 2:15; 3:20). 이 고소로 말미암아 우리가 정죄를 받는 것이다(롬 7:10; 8:34). 이에 대하여, 그리스도께서 십자가에 못 박혀 피 흘려 죽으심으로 자기를 희생 제물로 바치셨다. 이로 보건대, 그리스도가 성취한 속죄의 본질은 희생(sacrifice)이다. 이 희생으로 말미암아 우리의 죄가 사해지고 씻어지며 가려져 의롭다함을 받는다.

둘째, 죄를 범하면 하나님과 멀어진다(alienation from God). 하나님과 사람 간에 사이가 벌어진다(사 59:2). 이로써 하나님과 원수가 되고 적대적이 된다(롬 8:7, 8). 자기 생각을 주장하며 하나님의 말씀의 권위를 멸시하는 것이다. 이에 대하여, 그리스도의 십자가가 하나님과의 화목(reconciliation)을 이룬다. 하나님과의 거리감과 적대 관계를 없이 하고 화평을 누리게 한다(롬 5:8-10). 뿐만 아니라, 사람들 간에도 거리감과 적대 관계를 없이 하여 하나님과의 친밀한 교제를 회복하여 준다(고후 5:18; 엡 2:12-14, 17-18).

셋째, 죄를 범하면 자기를 사랑함으로 죄의 노예가 된다(bondage to ego). 죄의 노예가 되면 쾌락과 돈을 사랑하며(딤후 3:2-4), 율법의 저주와 속박 아래 있게 되는 것이다. 이에 대하여, 그리스도께서 십자가에 피 흘려 죽으심으로 그의 희생을 속전(ransom) 곧 죄값으로 지불하여 하나님의 공의를 만족시켰다. 이로써, 죄의 속박에서 해방시켜 자유를 얻게 구속(redemption)하셨다(갈 3:13; 4:4-5; 롬 8:2).

넷째, 죄를 범하면 하나님의 법을 떠나 허랑방탕해진다(참고, 눅 15:13). 이로써 하나님을 대적하는 것(conflict with God)이 되고, 하나님의 진노와 불쾌감을 불러일으킨다(참고, 출 32:7-10) 이에 대하여 예수 그리스도의 희생은 피 흘림을 통하여 죄를 덮어 가리고(참고, 레 4:35; 시 32:1; 롬 4:7-8), 이로써 하나님의 진노와 불쾌감을 가라앉게 하여 관계 회복의 화해(propitiation)를 이룬다(롬 3:25). 예수 그리스도는 우리의 죄를 위한 화해 제물이시다(요일 2:2; 4:10).

다섯째, 죄를 범하면 영적으로 마귀에게 패배한다(defeated by the Evil). 영적으로 패배한 죄인들은 자기의 힘으로는 죄 문제를 해결할 수가 없다. 영적으로 무능력하고 마귀의 지배 아래 있기 때문이다(롬 8:3; 7:19-24). 이에 대하여, 그리스도 예수께서 우리를 대신하여 율법에 순종하실 뿐 아니라, 율법의 저주까지도 순종하여 받으심으로 우리를 대속(substitution)해 주셨다. 그의 순종하심으로 말미암아 우리가 대속되어 영적 패배에서 벗어나는 것이다. 우리가 마귀를 이기며 의롭다 함을 얻는다(롬 5:9).

여섯째, 죄를 범하면 오염으로 인하여 불결해진다(defiled by corruption). 불결해진 몸으로는 하나님을 가까이 할 수도 없고 섬길 수도 없다. 하나님은 죄인들과 그들의 제사 곧 예배를 물리치신다(참고, 사 1:11-15). 이에 대하여 그리스도가 십자가에서 흘리신 피로 씻어 없이 하셨다. 그리스도의 피로 멸죄(expiation)하셨다(참고, 히 9:14).

이로 보건대, 그리스도 예수께서 삶의 단계들을 통해서 성취해 놓은 속죄에는 이와 같이 본질상 희생과, 화목과, 구속과, 화해와, 대속 및 멸죄하는 효력과 가치가 있기에, 마귀의 고소와, 하나님을 떠난 소외와, 자기사랑으로 말미암은 죄의 노예와, 자기주장으로 말미암은 하나님에 대한 대적과, 마귀에게 당한 패배 및 오염으로 인한 불결로부터 죄인들을 구원하는 능력이 있다. 이 점에서 그리스도 예수의 복음만이 죄인을 구원하는 능력이다.

제 18 과 생명의 영, 보혜사

> **기본적인 질문:**
>
> 1. 예수 그리스도가 그의 낮아지심과 높아지심의 삶의 단계들을 통하여 성취해 놓은 속죄와 관련하여, 왜 우리에게 성령을 보내주셔야 하는가? 성령이 없으면 속죄를 못 받는가?
> 2. 성령에 대하여 많은 사람들이 어떻게 오해하고 있는가? 동양의 기(氣, energy)와 기독교의 영(靈, Spirit)을 동일시하려는 근거 또는 이유가 무엇인가?
> 3. 성령이 인격이심을 보여주는 성경적 근거들은 무엇인가?
> 4. 성령이 하나님이심을 보여주는 성경적 근거들은 무엇인가?
> 5. 성령의 이름과 호칭에는 어떤 것들이 있는가?
> 6. 성령의 일반적 사역과 관련하여 그는 어떤 점에서 생명을 주시는 분인가?
> 7. 성령의 특별한 사역과 관련하여 그는 어떤 점에서 생명을 주시는 분인가?
> 8. 예수 그리스도께서 성취해 놓으신 속죄를 성령께서는 어떻게 하나님의 자녀들에게 베푸시는가?

1. 예수 그리스도가 그의 낮아지심과 높아지심의 삶의 단계들을 통하여 성취해 놓은 속죄와 관련하여, 왜 우리에게 성령을 보내주셔야 하는가? 성령이 없으면 속죄를 못 받는가?

우리는 예수 그리스도가 아니고서는 구원을 받을 수가 없다. "다른 이로서는 구원을 얻을 수 없나니 천하 인간에 구원을 얻을 만한 다른 이름을 우리에게 주신 일이 없음이라"(행 4:12). "주 예수를 믿으라 그리하면 너와 네 집이 구원을 얻으리라"(행 16:31). "하나님의 아들이 있는 자에게는 생명이 있고 하나님의 아들이 없는 자에게는 생명이 없느니라"(요일 5:12). 그런데, 예수가 그리스도이심을 알고 고백하는 것은 성령이 아니고서는 할 수가 없다(고전 12:3). 그리고 성령이 아니고서는 우리가 거듭나 하나님을 볼 수도, 하나님 나라에 들어갈 수도 없다(요 3:5). 그러므로 그리스도 예수가 성취해 놓은 속죄는 성령이 없으면 받아 누릴 수가 없다. 아무리 좋은 밥상이 차려졌어도 입맛이 없어 먹지 않으면 소용없는 것과도 같다.

2. 성령에 대하여 많은 사람들이 어떻게 오해하고 있는가? 동양의 기(氣, energy)와 기독교의 영(靈, Spirit)을 동일시하려는 근거 또는 이유가 무엇인가?

종교개혁 당시의 이탈리아 신학자들인 소시누스 숙질(이탈리아식으로는 '소지니', 라틴어식으로는 '소키누스', 영어식으로는 '소시누스'라 발음함; 삼촌은 Lelio, 1525-1562이고, 조카는 Fausto, 1539-1604)은 성경의 삼위일체를 부정하고, 그리스도 예수의 경우 하나님께 순종하심을 통하여 부활한 사람이요, 우리가 신앙적으로 본 받아야 할 하나님의 대리자라고 주장했는가하면, 성령에 대해서는 하나님께로부터 사람에게 흘러내리는 능력 또는 감화력으로 보았다. 이 소시누스의 주장을 뒤이은 일위신론자들인 유니테리안들(1560년대에 폴란드의 죠지 블란드라타, 1650년대에 영국의 존 비들, 19C에 영국의 J. 마르티노와 미국의 T. 파커 등에 의해 발전됨)에 의해서 성령의 인격성과 삼위일체의 제3위되심이 더욱 더 부정되었다. 슐라이어마허(1768-1834)와 리츨(1822-1889) 등 자유주의 신학자들도 성령이 하나님이심을 부정하였다.

이 성령이 히브리어로는 '루아흐' 요 헬라어로는 '프뉴마'인데 이 단어들이 '바람' 또는 '호흡', '생기' 등으로도 번역되며, 라틴어 '스피리투스'도 '호흡'을 뜻하기 때문에, 많은 사람들이 성령을 바람이 가지고 있는 능력이나, 호흡을 통해서 얻는 생기, 그리고 도덕적인 감화력으로 오해했다(참고, 창 3:8; 8:1; 왕상 19:11; 요 3:8 등에는 '바람'으로, 창 2:7; 6:17; 겔 37:5, 6 등에는 '호흡' 또는 '생기'로 번역됨). 그리고 라틴어 '스피리투스'에서 온 영어 'spirit'이 '기질, 정신, 긍지' 등의 뜻으로도 사용되고 있어서 인격의 개념보다는 도덕적 성품으로만 흔히 오해한다.

특히, 동양에서는 그리고 동양 사상에 영향을 받은 뉴에이지 운동과 최근의 각종 기(氣)운동에서는 기독교의 '영'을 동양적인 '기'와 동일시하고 있다. 하나님의 존재를 알지 못하는 자들에게는 성령이 삼위일체 하나님의 제3위로 보일 수가 없다.

3. 성령이 인격이심을 보여 주는 성경적 근거들은 무엇인가?

성령이 인격이심을 보여 주는 성경 구절은 많이 있으나, 몇 가지만 예를 들면, 우선 요한복음 14:16, 17, 26; 15:26; 16:7-15; 로마서 8:16 등이다. 요한복음 14:16, 17, "내가 아버지께 구하겠으니 그가 또 다른 보혜사를 너희에게 주사 너희와 함께 있게 하시리니 저는 진리의 영이라. 세상은 능히 저를 받지 못하나니 이는 저를 보지도 못하고 알지도 못함이라. 그러나 너희는 저를 아나니 저는 너희와 함께 거하심이요 또 너희 속에 계시겠음이라." 그리고 26절, "보혜사 곧 아버지께서 내 이름으로 보내실 성령 그가 너희에게 모든 것을 가르치시고 내가 너희에게 말한 모든 것을 생각나게 하시리라." 이 구절들에서 '보혜사'는 헬라어의 경우 남성명사이고, 또 그 명사를 받는 대명사가 사람을 지칭하는 '저' 또는 '그'(영어로는 'he'와 목적격 'him')인 점으로 보아 비인격적인 어떤 신적 힘이나 기(energy)로 볼 수가 없다. 그리고 이 보혜사는 '영'이신데, 이 '영'이 헬라어는 '프뉴마'인 바, 이 단어는 중성명사이다. 그러나, 이 '영'을 받는 인칭대명사는 남성(영어로 'he')이다. 다시 말해서, '영'(헬라어, '프뉴마')은 비록 중성명사이지만, 그 '영'이신 '보혜사'와 그것을 지칭하는 인칭대명사는 남성이다.

그리고 '다른 보혜사'라는 표현은 첫째 보혜사인 예수 그리스도를 대신하는 분이 바로 성령님이심을 지칭하는 바, 예수 그리스도가 참 사람이요 참 하나님으로서 인격이시기 때문에 그를 대신하는 성령님이 인격이신 것은 너무나 당연하다. 또한 내용을 보더라도, '함께 있게 한다', '가르친다', '생각나게 한다'(참고, 요 15:26에는 '증거한다')는 표현들은 성령님이 인격이심을 분명하게 하고 있다. 이 같은 표현들을 의인화된 것으로 보는 것은 적절하지 못하다. 요한복음 16:7-15 에도, 성령님은 예수 그리스도를 대신해서 오시는 보혜사이시고, 오셔서 죄와, 의와, 심판에 대하여 세상을 책망하시고 교회를 진리 가운데로 인도하시며 그리스도의 영광을 나타내신다고 표현되어 있다. 여기에서도 물론 보혜사 성령을 가리키는 대명사는 남성이다. 고린도전서 12:3에는 성령께서 예수를 주(主)라 고백하게 하며, 로마서 8:16절에는 성령께서 우리의 영과 함께 우리가 하나님의 자녀인 것을 증거하시며, 이어서 26절에는 성령이 우리의 연약함을 도우시어 우리를 위하여 친히 간구하여 주신다고 하였다.

이렇듯, 성령은 인격이시기에 가르치고, 인도하고, 증거하며, 책망하고, 간구하며, 또 우리 안에 거하기도 하시는가 하면, 그는 근심하시고 탄식하시며(엡 4:30; 사 63:10), 바울의 경우 그의 선교의 발걸음을 제지하기도 하시고(행 16:7) 자기의 뜻대로 행하여 은사들을 각 사람에게 나눠 주시며(고전 12:11), 그는 하나님의 깊은 것을 통달하신다(고전 2:10, 11). 또한 예수 그리스도에게는 능력을 주어 귀신 들린 자를 고치게 하시고(행 10:38), 그의 제자들에게도 권능을 주어 복음을 권세 있게 증거하게 하신다(행 1:8; 2:29; 4:13).

4. 성령이 하나님이심을 보여 주는 성경적 근거들은 무엇인가?

성령님이 하나님이심을 보여 주는 성경적 근거들로는 이름과 호칭, 속성, 하시는 일과, 그리고 성부 성자와의 삼위일체적 관계 등이다.

첫째, 호칭에서 성령은 하나님이시다. 사도행전 5:3, 4에 보면, 아나니아와 삽비라 부부가 자기의 소유를 팔아 헌금할 때 일부를 감춘 일이 있는데, 이를 두고 베드로가 성령을 속였다고 하고 나서 그것이 곧 하나님께 거짓말을 한 것이라고 하였다. 이로 보건대, 성령과 하나님이 동일시된 것이다. 그리고 고린도 후서 3:17에서, "주는 영이시라" 한 것은 성령님이 곧 주님이심을 가리킨다. 성부와 성자와 성령이 모두 '주'이시다(참조, 엡 4:4-6, "성령이 하나… 주도 하나… 하나님도 하나이시니"). 그리고 고린도전서 3:16, "너희가 하나님의 성전인 것과 하나님의 성령이 너희 안에 거하시는 것을 알지 못하느뇨"의 경우, 그리스도인들이 하나님의 성전인 것은 하나님의 성령이 그들 가운데 거하시기 때문인데, 이로 보면, 하나님이 거하시는 것과 성령이 거하시는 것이 동일하고, 결과적으로 성령이 하나님이시다. 또한, 베드로 후서 1:21에서도, 성령의 감동하심을 두고 하나님께 받은 것이라 한 것은 성령이 하나님이심을 보여 주는 것이다.

둘째, 성령의 속성으로 보아 하나님이시다. 성령은 어디에나 계시고(시 139:7-

10), 모든 것을 아시며(사 40:13, 14; 고전 2:10, 11), 그 뜻대로 무엇이든 행하시고(고전 12:11), 영원하시다(히 9:14).

셋째, 성령의 하시는 일로 보아 하나님이시다. 성령님도 그의 능력으로 천지를 창조하시고(창 1:2; 욥 26:13), 땅을 새롭게 하시며(시 104:30), 중생하게 하시고(요 3:5, 6), 죄를 씻으시며(히 9:14; 딛 3:5), 죽은 자를 살리신다(롬 8:11).

넷째, 성부 성자와의 삼위일체적 관계로 보아 하나님이시다. 마태복음 28:19, "그러므로 너희는 가서 모든 족속으로 제자를 삼아 아버지와 아들과 성령의 이름으로 세례를 주고." 여기서 주의할 것은 '이름'이라는 단어가 복수형이 아니고 단수형이라는 사실이다. 이것은 성부와 성자와 성령이 한 하나님이시기에 한 이름으로 세례를 주라는 뜻이다. 이와 비슷한 경우가 바울의 축복 기도인 고린도후서 13:13이다. "주 예수 그리스도의 은혜와 하나님의 사랑과 성령의 교통하심이 너희 무리와 함께 있을지어다." 이 외에도 에베소서 4:4-6; 베드로 전서 1:2; 히브리서 9:14 등이 있다.

5. 성령의 이름과 호칭에는 어떤 것들이 있는가?

삼위일체 하나님 중 제3위이신(참고, 마 28:19; 고후 13:13) 성령님은 신약 성경에서 다음과 같은 호칭들로 불린다.

1) 하나님의 영

성령은 성부 하나님께서 보내시는 영이시요, 그 하나님에게서 신적 기원을 가지고 계시기에 하나님의 영이시다(롬 8:9; 고전 3:16). 이 하나님의 영은 순결한 영적 존재(a pure Spirit)이시요, 그 영(the Spirit)이시다.

2) 그리스도의 영

성령은 성자 예수 그리스도께서 성부 하나님께로부터 보내시는 영이시기에 그리스도의 영이시다(행 16:7; 롬 8:9). 베드로의 첫 설교에 보면, "하나님이 오른손으로 예수를 높이시매 그가 약속하신 성령을 아버지께 받아서 너희 보고 듣는 이것을 부어 주셨느니라"(행 2:33). 예수 그리스도는 성령을 보내실 것을 자주 말씀하셨다(요 14:16).

3) 영

성령은 일반적으로 "영"으로 불리운다(요 4:24; 롬 8:10). 이 "영"은 영적 존재이신 성부 하나님과 성자 하나님께로부터 오시기에 "하나님의 영" 또는 "그리스도의 영"(롬 8:9) 으로서 성부와 성자와 함께 영적 존재이시다.

4) 보혜사

성령의 대표적 호칭은 보혜사(위로자, Comforter)이시다(요 14:16; 15:26). 그는 죄를 범하여 하나님의 진노 아래 있는 자들을 복음으로 불러내어 그리스도를 믿고 영접하게 하시고 정답게 위로하신다. 우리 안에 그리고 곁에 함께 계시어 힘이 되고 위로가 되시며, 실제로 성부 하나님이 하시는 것처럼(사 40:1-2) 정답게 위로하시며 때때로 우리를 위하여 탄식하며 기도하시고 근심하기도 하신다(롬 8:26; 엡 4:30).

5) 진리의 영

성령은 복음의 진리를 깨닫게 하는 진리의 영이시요(요 14:17), 계시의 영이시다(엡 1:17). 이 성령이 우리로 하나님을 알게 하시고, 부르심의 소망과 하늘나라 기업의 풍성한 영광도 알게 하신다(엡 1:18). 진리의 성령은 예수께서 가르치신 복음을 생각나게 하고(요 14:26), 모든 진리 가운데로 인도하여 장래 일도 알게 하신다(요 16:13).

6) 약속의 영

예수 그리스도가 보내신 성령은 아버지 하나님이 미리 약속하신 바(눅 24:49; 행 1:4-5) 약속의 영이시다. 이 약속의 성령이 오순절에 교회 위에 오심으로 신약의 교회 곧 그리스도의 몸된 교회가 탄생되었고(행 2:1-4), 복음의 진리의 말씀을 가지고 이 성령님이 그리스도의 지체들을 인쳐 그리스도의 것으로 삼아 함께 교회를 이루게 하셨다(엡 1:13; 2:20-22).

7) 성령

성령은 영이신 성부와 성자와 구별되는 거룩한 영이시요(눅 1:15, 참고, 신약에서는 성령에 대하여 특별히 '거룩한' 이라는 형용사를 사용하고 있다) 죄인들을 거룩하게 하는 영이시다(살후 2:13). 구약에서는 성부 하나님을 가리켜 '이스라엘의 거룩한 자'(시 71:22; 89:18; 사 10:20)로 부르고 영광과 찬양을 돌려 드렸으나, 신약에서는 성령께 '거룩한'을 덧붙여 불렀다. 이는 하나님께서 거룩한 자로 자신을 계시하신 것이 성령과 성령의 거룩하게 하는 사역을 통해서 하기 때문인 듯하다. 성령께서 하나님의 성전된 성도들 가운데 거처를 정하고서 그들을 성별시켜 하나님께로 인도하고 또한 죄에서 씻으신다(고전 3:16; 히 9:14; 딛 3:5). 이 성령이 우리의 육신을 쳐 복종시키고(갈 5:24) 성령의 열매를 맺게 하신다(갈 5:22-23). 이런 까닭에, 신약에서는 이 하나님의 영을 '성령'이라 호칭한 것이다.

8) 생명의 영

태초에 천지를 창조함에 있어서 모든 피조물의 생명을 창조하시고 그 생명을 생성시켜 힘을 공급하는 하나님의 능력의 영이신 성령은 생명의 영이시다(롬 8:2). 이 성령이 우리의 죽을 몸도 살리신다(롬 8:11).

9) 양자의 영

성령은 우리로 하여금 하나님을 아버지로 알고 부르게 하며, 하나님의 자녀의 권세를 누리게 하는 양자의 영이시다(롬 8:15-16). 성령은 이 땅에서 우리가 죄 용서를 받고 영생을 누리는 권세를 보증하실 뿐 아니라, 장차 마지막 날에 육체의 부활을 소망하게 하신다(롬 8:23).

10) 영광의 영

성령은 하나님의 영광을 나타내시고, 또 성도들이 고난 중에서도 하나님을 즐거워하고 기뻐하는 가운데 하나님께 영광을 돌리게 하는 영광의 영이시다(벧전 4:13-16). 영광의 성령은 하나님의 택하신 백성들이 하나님의 부르심을 받아 의롭다 함을 얻어 영화롭게 되게 하심으로, 하나님의 아들의 영광스런 형상을 본받게 하신다(롬 8:29-30).

11) 믿음의 영; 회개의 영

성령은 성도들이 예수를 그리스도로 믿게 하는 믿음의 영이요(고전 12:3; 고후 4:13) 성도들의 연약함을 도와 말할 수 없는 탄식으로 우리를 위하여 친히 하나님의 뜻대로 간구하실 뿐 아니라(롬 8:26-27), 우리로 기도할 수 있게 하시며 우리의 기도에 활력을 불어 넣으시는 회개의 영이시다(슥 12:10). 그래서 우리는 성령 안에서 즉 성령을 힘입어 기도하는 것이다(엡 6:18).

12) 은혜의 영; 심판의 영; 지혜와 지식의 영

성령은 우리에게 예수 그리스도의 십자가의 피의 은혜를 깨닫게 하여 구원을 베푸시는 은혜의 영(히 10:29)이요, 세상을 심판하는 심판의 영 곧 소멸하는 영(사 4:4; 요 16:8)이요, 그리스도와 그의 사람들에게 지혜와 총명과 지식과 재능을 주시는 지혜와 지식의 영이다(사 11:2; 출 35:31).

6. 성령의 일반적 사역과 관련하여 그는 어떤 점에서 생명을 주시는 분인가?

성령의 일반적 사역은 구원받지 못한 사람이나 구원받은 성도를 불문하고 누구에게나 해당되며 유익을 주는 것을 가리킨다. 성령의 일반적 사역으로는

첫째, 우주만물을 창조하시는 일이 있다. 성령께서 그의 능력으로 천지와 만물을 만드셨다. 하나님의 성령이 우주 공간에서 일하셨다(창 1:2). 즉, 성부 하나님이(from the Father) 성자 하나님을 통해서(through the Son) 창조하시되 성령의 능력으로(by the power of the Holy Spirit) 하신 것이다(사 40:12, 13). 성령은 창조 사역의 완성자(the completer)이시다. 즉, 성령이 천지를 단장하셨다(욥 26:13). 그리고 사람에게 생기도 불어 넣으셨다(창 2:7; 욥 33:4).

둘째, 생명을 살리는 일을 하신다. 하나님의 성령은 우리에게 생기를 넣어 생명을 살린다(욥 33:4; 겔 37:5-10). 이 성령께서 만상 곧 우주 만물을 그 기운으로 살리셨다(욥 33:6).

셋째, 성령은 성부와 함께 천지 만물을 창조하실 뿐 아니라, 그것들을 보존하고 통치하며 온 땅에 충만히 계신다. 그는 땅을 늘 새롭게 하시고(시 104:30), 하늘과 땅 어디에나 계신다(시 139:7, 8).

넷째, 성령은 사람들에게 예술적인 영감과 과학적 재능들을 주시어 문화를 발전시킨다. 예를 들면, 성령께서는 사람들에게 지혜를 주어 제사장 아론과 그의 아들들의 거룩한 옷을 지을 수 있게 하시고(출 28:3) 금은보석과 놋을 다루어 성막과 거룩한 물건들을 짓게 하셨다(출 31:3-11; 35:35). 그리고 선지자 사무엘에게 안수 받고 다윗은 성령으로 크게 감동됨으로 수금을 잘 타고 호기와 무용과 구변이 뛰어났다(삼상 16:13-18). 이로 보건대, 성령께서는 건전한 과학 기술과

예술 등 문화 창달을 도우심으로써, 이 세상이 흥겨운 삶의 마당이 되게 하신다.

7. 성령의 특별한 사역과 관련하여 그는 어떤 점에서 생명을 주시는 분이신가?

성령께서는 그리스도 예수께서 성취하신 속죄를 하나님 아버지의 택하신 자녀들에게 베푸시는 구속 사역(redemptive work) 외에도, 다음과 같은 특별한 사역들을 하나님의 자녀된 성도들을 위하여 행하신다.

첫째, 성령은 구약의 선지자들과 신약의 사도들을 특별하게 감동하여 성경을 기록하게 하셨다(딤후 3:16; 벧후 1:21). 성령께서 그들에게 하나님의 특별한 계시들을 가르치신 것이다(고전 2:13).

둘째, 성령은 구속 사역을 위하여 그리스도 예수에게 충만하게 기름 부으시고 권능을 주셨다. 그가 세례 요한에게 세례 받으시던 때 성령이 그 위에 충만하게 임하시고(눅 3:21, 22), 유대 광야에서 사단에게 시험받으시던 때 성령으로 충만하여 성령에게 이끌리셨고(눅 4:1, 2), 시험을 이기신 후 성령의 권능을 받으셨다(눅 4:14). 하나님께서 나사렛 예수에게 성령과 능력을 기름 붓듯 하신 것이다(요 3:34; 행 10:38). 그는 마리아에게 성령으로 잉태되었고(마 1:18), 성령으로 지혜가 자라셨다(눅 2:40, 52). 특별히 하나님은 성령으로 예수의 몸에 부으셔서 영원한 속죄제물을 준비하셨다(참고, 눅 3:22과 히 10:5-7).

셋째, 성령께서 교회를 세우시고(행 2:1-4; 고전 6:19), 하나님의 거하실 처소로 지으시며(엡 2:21, 22) 자라게 하신다(행 2:41, 47; 6:7; 9:31).

넷째, 성령은 기사와 표적들을 행하여 교회를 도우신다(행 2:43). 스데반의 경우 성령으로 충만하여 큰 표적들을 행하여 교회가 부흥되게 하였던 것이다(행 6:7-8).

다섯째, 성령은 복음 전하는 자들이 담대하게 하나님의 말씀을 전할 수 있게 했다(행 4:31; 6:10). 그리고 친히 그리스도를 증거 하셨다(행 5:32). 그리고 그리스도의 영광을 나타냈다(요 16:14).

여섯째, 성령은 교회가 오류에 빠지지 않도록 지키신다. 즉 진리 가운데로 인도하심으로 오류에 빠지지 않도록 하시는 것이다(요 16:13). 그리고 거짓이 없이 참되게 하신다(요일 2:27).

8. 예수 그리스도께서 성취해 놓으신 속죄를 성령께서는 어떻게 하나님의 자녀들에게 베푸시는가?

그리스도 예수께서 자기의 낮아지심과 높아지심의 삶의 단계들을 통해서 대제사장, 왕, 선지자로서 성취하신 속죄의 구원을 효과적으로 그리고 확실하게 적용하고 전달함에 있어서, 성령이 하나님의 말씀을 가지고 또 그 말씀을 통해서 사람들을 설복하여 믿고 순종하게 함으로 베푸신다(웨스트민스터 신앙고백 8장 8항; 대요리 58,59문답).

다시 말해서, 성령은 죄로 말미암아 우리가 하나님과 원수 관계에 있음을 깨닫게 하시고(요 16:8), 복음의 말씀을 듣고 하나님의 초청에 응답하게 하시며(행 16:14; 고전 2:4-5; 벧전 2:9), 거듭나게 하시고(요 3:1-5; 딛 3:5), 인을 쳐주시며(엡 1:13), 의롭다 칭하시고(골 3:10), 죄와 죽음의 권세에서 해방시켜(롬 8:11), 죄를 이기게 하시고(롬 6:14), 거룩하게 하며(살후 2:13), 능력을 주시어(행 1:8; 살전 1:5; 딤후 1:7) 하나님을 섬기며 즐거워하게 하신다(행 1:13, 14; 롬 14:17; 시 16:8, 9; 참조, 웨스트민스터 신앙고백 3장 6항).

9. 성령에 대한 상징적 호칭들은 무엇인가?

성령을 상징적으로 부르는 호칭들로는 인(엡 1:14), 물(요 7:37; 사 44:3; 겔 36:25), 기름(요일 2:20, 27) 그리고 불(눅 3:16) 등이 있다. 인이신 성령은 하나님의 택한 자들을 하나님의 소유로 삼으시는 역할을 하신다. 물이신 성령은 하나님의 백성들을 정결케 씻어 주신다. 기름이신 성령은 하나님의 백성에게 직분과 능력을 주시되 생기를 회복시키신다. 그리고 불이신 성령은 육욕을 불태우고 하나님께 대한 헌신의 열정을 일으키시는가 하면, 그리스도와 함께 심판하시기도 한다.

제 19 과　생명의 구원: 계획, 원인 및 목적

기본적인 질문:

1. 사람들은 그리스도 예수가 성취해 놓은 속죄의 구원을 왜 받아야 하는가?

2. 사람들이 받아야 할 구원이 무엇인가?

3. 당신이 오늘밤 혹시라도 죽음을 맞게 된다면(죽음은 누구에게나 예고없이 오기 때문에 미리 준비하는 것이 지혜롭다. 지혜로운 사람은 자기가 입을 수의와 묻힐 무덤을 준비한다.) 하나님의 나라에 들어가 하나님 앞에서 기쁨과 영광을 누릴 수 있을 줄로 확신하는가? 만일 확신이 없다면 그 까닭이 무엇이며, 반대로 만일 확신이 있다면 그 까닭이 무엇인가? 또는, 만일 확신이 약하다고 하면 그 까닭은 무엇인가?

4. 하나님은 자신의 사랑의 열심 때문에 구원을 계획하심에 있어서 언제 어떻게 하셨는가?

5. 하나님은 구원의 계획과 관련하여 메시아를 어떻게 약속하셨고, 또 메시아와 관련하여 성령을 어떻게 약속하셨는가?

6. 하나님의 구원의 원인은 무엇인가? 즉 무엇으로 인하여 하나님이 우리에게 구원을 주실 수 있는가?

7. 하나님이 구원을 베풀어 주시는 목적은 무엇인가?

8. 하나님의 구원은 어떤 점에서 하나님의 선물인가?

1. 사람들은 그리스도 예수가 성취해 놓은 속죄의 구원을 왜 받아야 하는가?

사람들은 스스로 생각하기를 자신은 양심적으로나 도덕적으로 그리고 법률적으로 정직하고 흠이 없다고 여길지 모르나, 털어서 먼지 안 날 사람은 아무도 없다는 말대로 사람마다 사실은 허물투성이다. 이미 성경은 사람의 마음의 생각에 대하여 다음과 같이 말하고 있다. "만물보다 거짓되고 심히 부패한 것은 마음이라"(렘 17:9). "여호와께서 사람의 죄악이 세상에 관영함과 그 마음의 생각의 모든 계획이 항상 악할 뿐임을 보시고 땅 위에 사람 지으셨음을 한탄하사 마음에 근심하시니라"(창 6:5, 6). "마음에서 나오는 것은 악한 생각과 살인과 간음과 음란과 도적질과 거짓 증거와 훼방이니 이런 것들이 사람을 더럽게 하는 것이요"(마 15:19, 20). "의인은 없나니 하나도 없으며… 선을 행하는 자는 하나도 없도다"(롬 3:10-12). "모든 사람이 죄를 범하였으매 하나님의 영광에 이르지 못하더니"(롬 3:23).

이렇듯, 인류의 조상 아담과 하와가 범죄 하여 타락하고 부패해진 이후 모든 사람의 본성과 양심이 부패하여 그 부패한 본성의 정욕을 따라 날마다 죄를 범하며, 그 죄로 인한 저주와 비참 속에 살되 자신과 이웃을 해치는 악하고 그래서 무가치한 삶을 살고 있는 것이다. 이런 까닭에, 사람은 죄와 관련하여 한번은 죽게 되어 있는바 죽은 후에는 사람의 행한 대로 심판이 있다(히 9:27). 하나님의 심판을 받으면 무서운 영원한 지옥 형벌을 당하게 된다. "거기(지옥)는 구더기도 죽지 않고 불도 꺼지지 아니하느니라. 사람마다 불로서 소금 치듯 함을 받으리라"(막 9:48, 49). "두려워하는 자들과 믿지 아니하는 자들과 흉악한 자들과 살인자들과 행음자들과 술객들과 우상 숭배자들과 모든 거짓말하는 자들은 불과 유황으로 타는 못(지옥)에 참예하리니 이것이 둘째 사망이라"(계 21:8).

이로 보건대, 사람이 처해 있는 저주스럽고 비참한 현실과, 예고 없이 어느 때든 곧 다가올 죽음과, 그리고 두려운 심판과 영원한 지옥 형벌 때문에, 사람마다 지금 여기에서 곧 바로 구원을 필요로 하는 것이다. 그리고, 우리의 인생이 짧다는 사실 뿐 아니라 죽음이 예고 없이 찾아올 수 있다는 사실을 고려하면 구원은 우리에게 참으로 절박하다. 또한, 이 땅에 사는 모든 사람은 예외 없이 죄를 범하고 있기 때문에 모두 다 누구에게나 구원은 가장 긴급하다. 사람마다 사실은 낭떠러지 끝에 아주 위급하게 서 있는 것이다. 낭떠러지로 떨어지면 그 순간 영원히 멸망된다. 지금 당장 구원의 밧줄을 잡고서 위기에서 탈출해야 한다. "보라 지금은 은혜 받을 만한 때요, 보라 지금은 구원의 날이로다"(고후 6:2).

2. 사람들이 지금 당장 받아야 할 구원이 무엇인가?

'구원'(히브리어, '예샤', 헬라어, '소테리아')은 '온전함', '건강함' 등의 뜻을 담고 있다. 예를 들면, 구약의 경우, "여호와여 주는 나의 찬송이오니 나를 고치소서 그리하시면 내가 낫겠나이다. 나를 구원하소서 그리하시면 내가 구원을 얻으리이다"(렘 17:14). 이 구절에서 '고치다'(히브리어, '라파', 영어, 'heal')가 '구원하다'와 동의어로 쓰이고 있다. 그리고 신약의 경우, "딸아 네 믿음이 너를 구원하였으니 평안히 가라. 네 병에서 놓여 건강할지어다"(막 5:34). 여기에서도 '구원하다'와 '건강하다'(헬라어, '휘기에스')가 같은 뜻으로 쓰였다(참고, '구원'을 가리키는 고대 영어 'hoel'은 현대 영어 'heal'과 'health'에 해당한다. 'heal'이 '고치다'이고 'health'가 '건강함'을 각기 뜻하므로, 본래 구원과 병 고침과 건강함이 동의어인 것이다.). 이로 보건대, 병을 앓던 사람의 경우 병으로 인하여 사람들과의 관계가 끊어졌다가 건강을 되찾으면 상실되었던 그 인간관계가 바르게 회복되어 삶의 기쁨과 행복을 충만하게 누리는 것처럼, 사람이 죄를 범하여 타락하면 온전함이 상실될 뿐 아니라 하나님과의 관계도 끊어지나 예수 그리스도로 말미암아 죄를 용서받으면 온전할 뿐 아니라 하나님과의 관계도 회복하여 전체적으로 건강해지고 사망의 두려움에서 해방되어 하나님의 영광과 기쁨을 누리게 되는 바, 이것이 우리가 지금 당장 받아야 할 구원이다. 사람마다 병이 있으면 당장 치료를 받아야 건강과 생명을 잃지 않는 것처럼, 죄와 그로 말미암은 비참함과 고통은 더욱 시급하게 치료되어야 하는 것이다.

요약하자면, 구원이란 사람의 죄와, 그 죄의 결과인 부패와 비참함, 고통과 죽음 및 심판과 영원한 형벌로부터 해방되어 하나님의 자녀의 권세를 얻어 의롭다 인정을 받고, 이로써 하나님과의 바른 관계를 회복함으로써 죽음의 공포와 마귀의 올무에서 벗어나 죽음이나 심판을 두려워하지 아니하고, 영원한 형벌 대신 영원한 생명을 지금 이 땅에서 뿐 아니라 영원히 내세에서도 누리는 것이다. 예수를 믿으면 지금 당장 하나님의 자녀의 권세와 자유를 얻고, 사망에서 생명으로 옮기며, 심판이 없다(요 1:12; 5:24).

3. 당신이 오늘밤 혹시라도 죽음을 맞게 된다면(죽음은 누구에게나 예고 없이 오기 때문에 미리서 준비하는 것이 지혜롭다. 지혜로운 사람은 자기가 입을 수의

와 묻힐 무덤을 준비한다.) 하나님의 나라에 들어가 하나님 앞에서 하나님의 기쁨과 영광을 누릴 수 있을 줄로 확신하는가? 만일 확신이 없다면 그 까닭이 무엇이며, 반대로 만일 확신이 있다면 그 까닭이 무엇인가? 또는, 만일 확신이 약하다고 하면 그 까닭은 무엇인가?

예수님이 말씀하신 한 비유에 의하면, 한 부자가 농사가 잘되어 풍족하게 되자 자기 영혼에게 이르기를 '영혼아, 여러 해 쓸 물건을 많이 쌓아 두었으니 평안히 쉬고 먹고 마시고 즐거워하자' 하지만, 하나님이 오늘밤 그 영혼을 도로 찾으시면 그 재물이 뉘 것이 되겠느냐고 하였다(눅 12:16-21). 아무리 이 땅에서 재물을 많이 쌓아두고, 명예와 권세를 얻어도 오늘밤 죽음을 맞게 되면 다 헛된 것이다. 그래서 전도서 기자는 말하기를, "헛되고 헛되며 헛되고 헛되니 모든 것이 헛되도다. 사람이 해 아래서 수고하는 모든 수고가 자기에게 무엇이 유익한고"(전 1:2, 3) 하였다.

자기의 죽음을 준비하지 않고, 이 땅에서 천년만년 인생을 평안히 살며 즐길 줄로 생각하는 것처럼 어리석은 것이 없다. 사람마다 자기의 인생의 짧음을 깨달아야 한다. "우리의 연수가 칠십이요 강건하면 팔십이라도 그 연수의 자랑은 수고와 슬픔뿐이요, 신속히 가니 우리가 날아가나이다.… 우리에게 우리 날 계수함을 가르치사 지혜의 마음을 얻게 하소서"(시 90:10, 12). 사람은 한 번 죽으면 자기의 운명을 바꿀 수가 없다. 천국으로 올라가든, 아니면 지옥으로 내려가든 하게 되어 있다. 뒤늦은 후회는 소용없다(참고, 눅 16:19-31, '한 부자와 거지 나사로'에 대한 이야기). 죽어서 천국에 들어가는 자는 기쁨과 즐거움이 있다. 예수님이 말씀하신 '한 부자와 거지 나사로'의 이야기에서 나사로는 죽어서 천사들에게 받들려 낙원에서 위로를 받았으나, 한 부자는 지옥의 고통 중에서 뒤늦은 후회를 했다(눅 16:22-23). 천국에서는 충만한 기쁨과 영원한 즐거움이 있다(시 16:11). 그러므로 죽어서 천국에 들어가 하나님의 기쁨과 영광을 보고 즐길 수 있게 될 것을 지금 여기서 확신한다는 것은 대단한 축복이 아닐 수 없다. 세상에서 이 보다 더 큰 축복과 영광은 없다.

그런데, 이 같은 확신을 아직 가지고 있지 않다면, 그 까닭이 무엇인가를 확인해 보아야 한다. 사람은 누구나 자신의 허물과 비참함을 알기에 스스로는 자기 자신을 구원할 수 없음도 알고 있다. 사람에게는 스스로 하늘로 올라갈 수 있는 날개가 없다. 오직 여호와를 앙망함으로 창조주 하나님이 우리에게 새 힘을 주실 때 독수리 날개 치며 올라가듯 올라갈 수가 있는 것이다(사 40:28-31). "길이요 진리요 생명이신"(요 14:6) 예수 그리스도를 통하지 않고서는 하늘나라에 올라갈 수가 없기에, 예수 그리스도의 도움이 없으면 사후의 세계에서 누릴 축복에 대해 확신이 있을 수 없는 것이다. 오직 예수 그리스도를 구주로 믿어 하나님의 긍휼과 은총을 입은 자만이 확신을 가질 수가 있다. 혹 확신이 약하고 흔들리는 경우라면, 그것은 일시적으로 영적 생활을 게을리 함으로 인하여 믿음이 약해진 까닭이다.

4. 하나님은 자신의 사랑의 열심 때문에 구원을 계획하심에 있어서 언제 어떻게 하셨는가?

그리스도 예수의 삼중직과 삶의 단계들을 통해서 성취된 구원은 성부 성자 성령 삼위 하나님 간에 창세전에 이미 계획되었다. 성부 하나님은 성자 예수 그리스도를 속죄 제물로 주실 것을 승낙하셨고(참고, 요 3:16; 계 13:8), 성자는 성부께서 택하신 자들을 위하여 자기 생명을 속죄 제물로 바칠 것을 승낙했으며(참고, 요 10:17), 성령은 성자가 성취한 구원을 성부의 택함 받은 자들에게 실제로 베풀 것을 승낙하였다(롬 8:9, 14, 16). 이 같은 삼위간의 합의가 바로 구속 언약(redemptive covenant)이다(참고, 슥 6:13). 이 언약에 근거하여 하나님이 메시아이신 성자를 약속하신 것이다.

5. 하나님은 구원의 계획과 관련하여 메시아를 어떻게 약속하셨고, 또 메시아와 관련하여 성령을 어떻게 약속하셨는가?

하나님은 창세전에 삼위 간에 세운 구속언약에 근거하여 아담과 아브라함과 모세와 다윗 등과 언약을 세우셨는데, 이것이 소위 은혜 언약(covenant of grace)이다. 하나님께서는 사람들이 타락하여 죄와 불행의 상태에서 멸망하는 것을 원하지 않으시기 때문에, 자기의 순수한 사랑과 긍휼을 베풀어 자기의 택함 받은 자들을 이 은혜 언약을 통해 죄와 불행에서 건져내어 구원에 이르게 하시는 것이다(참고, 웨스트민스터 대요리 30문답).

하나님은 아담이 범죄 하여 타락하자 곧바로 약속하시기를, 여자의 씨를 주시고, 그 씨를 통해서 사단의 머리를 상하게 할 것이라 하셨다. 사단은 그 씨의 발꿈치를 상하게 한다(창 3:15). 여자의 이 씨가 바로 예수 그리스도이시다(참고, 갈 4:4). 이 약속에도 불구하고 아담의 후손들이 여전히 타락하고 부패하여 죄를 범하고 노아의 홍수 심판에도 불구하고 바벨탑을 쌓기도 하자 인류를 흩으셨으며(창 11:1-9), 흩어진 자들 가운데서 갈대아 우르의 아브라함을 부르셔서 그와 언약을 맺으셨다. 그리고 그에게 이르시기를, "네 씨를 통하여 큰 민족을 이루고" 가나안 일대를 기업으로 주어 "나는 너와 네 후손의 하나님이 되리라"고 하셨다(창 12:1-3; 17:7-8). 아브라함의 이 씨가 곧 예수 그리스도이시다(갈 3:16).

아브라함과의 이 약속에 근거하여, 이스라엘 백성이 애굽에서 430년간 종살이하던 때에 모세와 또 언약을 맺으셨다. 하나님은 아브라함과 맺은 언약을 기억하고서(출 6:5), "너희로 내 백성을 삼고 나는 너희 하나님이 되리니"(출 6:7), "너희가 내 말을 잘 듣고 내 언약을 지키면 제사장 나라 거룩한 백성이 되리라"(출 19:5-6)하셨고, 하나님이 그들 가운데 거하실 것이라고 약속하셨다(출 29:45-46). 이때 하나님이 만나(출 16:4)와 생수의 근원인 반석(출 17:6)과, 장대에 달린 구리 뱀(민 21:4-9) 등을 메시아에 대한 예표로 주셨다(참고, 요 6:48-51; 요 7:37-38; 요 3:14-15; 고전 10:4).

하나님은 이스라엘 백성 가운데 왕 제도를 세우신 후 다윗과 언약을 맺으셨다. 다윗의 몸에서 날 자식을 세워 그 나라의 왕권을 견고하게 하고 "나는 그 아비가 되고 그는 내 아들이 되리라"(삼하 7:14)하셨다. 다윗은 자기 몸에서 날 그 아들이 영원한 대제사장이요(시 110:4), 심판권을 가지신 주(主) 하나님(시 2:7-9; 110:1, 5)이신 것을 알았다(참고, 히 1:13). 이렇듯, 하나님은 역사를 통해서 반복적으로 언약을 세우시고, 아담, 아브라함, 모세 그리고 다윗 등을 통해서 메시아를 약속하신 것이다. 그리고 이 메시아에게 성령으로 기름 부으실 것을 말씀하셨다(시 2:2). 이 기름부음 받은 자 곧 메시아에게 지혜와 총명의 신, 모략과 재능의 신, 지식과 여호와를 경외하는 신을 부으시고(사 11:2), 자기 백성을 위로하기 위해 목자를 세우시고 그 목자에게 여호와의 신을 주시며(사 40:11-13), 그가 여호와의 신으로 충만하여 공의와 긍휼을 베푸시고(사 42:1-4), 여호와께서 그에게 성령을 기름 붓듯 하시어 가난한 자에게 복음을 전하고 은혜의 해와 원한을 풀어줄 날을 선포하여 위로하게 하신다(사 61:1-2). 또한, 여호와께서 '의의 교사'인 메시아를 보내시고(욜 2:23) 그를 통해서 만민에게 성령을 부으시어 누구든지 여호와의 이름을 부르는 자는 구원을 받게 하실 것을 약속하셨다(욜 2:28-32). 이 약속은 오순절 성령 강림의 날에 성취되었고, 누구든지 이제는 주 예수 그리스도의 이름을 부르는 자마다 구원을 얻게 하신다(행 2:16-21, 38).

6. 하나님의 구원의 원인은 무엇인가? 즉, 무엇으로 인하여 하나님이 우리에게 구원을 주실 수 있는가?

하나님의 구원의 원인에 대하여 바울은 다음과 같이 명쾌하게 밝혔다. "그리스도 예수 안에 있는 구속으로 말미암아 하나님의 은혜로 값없이 의롭다 하심을 얻은 자 되었느니라. 이 예수를 하나님이 그의 피로 인하여 믿음으로 말미암는 화목 제물로 세우셨으니 이는 하나님께서 길이 참으시는 중에 전에 지은 죄를 간과하심으로 자기의 의로움을 나타내려 하심이니 곧 이 때에 자기의 의로움을 나타내사 자기도 의로우시며 또한 예수 믿는 자를 의롭다 하려 하심이니라"(롬 3:24-26). 이 말씀에서 하나님이 밝히신 대로, 우리가 구원을 얻는데 첫째, 궁극적 원인 곧 작용인(作用因, efficient cause)은 하나님의 은혜이다. 이 은혜가 바로 하나님의 열심에서 나오는 사랑이요, 그의 선하신 뜻이다(엡 1:5). 하나님은 "우리로 사랑 안에서 그 앞에 거룩하고 흠이 없게 하시려고 그 기쁘신 뜻대로 우리를 예정하사 예수 그리스도를 말미암아 자기의 아들들이 되게"(엡 1:4-5)하셨다.

둘째, 질료인(質料因, material cause)은 예수 그리스도의 피이다. 하나님은 우리를 사랑하셔서 자기의 유일하신 아들 예수 그리스도를 속죄의 희생 제물로 주시고(요 3:16; 막 10:45) 그 희생 제물의 피로 죄 사함을 얻게 하신 것이다(마 26:28).

셋째, 공로적 원인(meritorious cause)은 예수 그리스도의 순종의 죽음과 부활이다. 예수 그리스도의 피가 하나님의 은혜를 얻어낼 수 있는 것은 그의 죽으심과 부활이 하나님의 진노를 가라앉게 하고 하나님과의 화목을 이루는 바 공로이기 때문이다. 그는 십자가에서 죽으심으로 저주와 형벌을 당하셨고, 죽은 자 가운데서 부활하심으로 죄와 사망을 이기셨던 것이다.

넷째, 구원의 방도적 원인(instrumental cause)은 믿음과 회개이다. 예수 그리스도를 믿는 믿음과 죄에 대한 회개가 구원을 얻는 유일한 방편이다. 예수 그리스도께서 성취해 놓으신 구원이 은행에 예금된 돈이라고 하면, 믿음은 그 돈을 자유롭게 인출할 수 있는 현금 인출 카드와도 같다. 특히, 가족이 함께 사용할 수 있는 카드의 경우 아버지의 계좌에서 가족 누구나 어디서든(외국에서도) 자유롭게 인출 할 수 있듯이, 하나님의 자녀의 권세가 있는 자는 믿음을 방편으로 하여 그리스도가 성취해 놓은 구원을 자유롭게 누릴 수가 있는 것이다.

이로 보건대, 우리가 구원을 얻는 것은 첫째 오직 하나님의 은혜로, 둘째 오직 예수 그리스도의 피로, 셋째 오직 예수 그리스도의 순종의 죽으심과 부활로, 넷째 오직 믿음으로 말미암는다.

7. 하나님이 구원을 베풀어 주시는 목적은 무엇인가?

첫째, 그의 의로움을 나타내기 위함이다. 이것은 목적적 원인(final cause)이기도 하다. 하나님께서는 우리의 전에 지은 죄를 간과하심으로 자기의 의로움을 나타내시어, 자기도 의로우시고 또 예수 믿는 자들을 의롭다 하려 하신다(롬 3:25 하-26).

둘째, 하나님의 구원의 목적은 그의 은혜의 영광을 찬미하게 하려는 것이다(엡 1:6, 14). 우리가 죄 용서를 받아 구원을 얻으면, 하나님의 은혜와 열심과 사랑에 감동되고 심령이 뜨거워져 전적으로 그를 신뢰하고 순종하고 사랑하고 경외하며, 하나님의 영광을 보고 즐거워하고 하나님으로 만족하여, 입술로 하나님을 아버지로, 그리고 마음으로 예수를 그리스도요 주로 고백하고 자랑하며 기뻐하는 것이다(롬 10:10). 이로써, 하나님의 은혜의 영광을 찬미한다.

셋째, 성령으로 육신을 쳐 복종시키고(갈 5:24; 고전 9:27) 자신을 부인하고 날마다 십자가를 지는 경건한 삶을 살게 하려는 데 구원의 또 다른 목적이 있다(참고, 마 16:24).

8. 하나님의 구원은 어떤 점에서 하나님의 선물인가?

사람은 자기의 구원을 위해서 스스로 전혀 아무 것도 할 수 없다. 하나님만이 사랑과 은혜로 그리고 권능으로 열심을 다해 구원하실 수 있다. "무릇 사람으로서는 할 수 없는 것을 하나님은 하실 수 있느니라"(마 19:26; 막 10:17; 눅 18:27).

낙타가 바늘귀로 들어가는 것이 사람이 스스로 구원하여 천국에 들어가는 것보다 쉽다고 하신 예수님 비유의 말씀(마 19:24)이 이 같은 사실을 가리키고 있다.

야곱이나 이스라엘 백성들이나 예수님 당시의 바리새인들과 서기관들의 경우에서 볼 수 있듯이, 사람은 본래 부패하고 죄악 되어 전혀 선한 것이 없으며 영적으로 무능력하여 자기의 구원을 위해 아무것도 할 수 없다. 그러나 하나님께서 열심을 내어 죄인들을 끝까지 사랑하시는 까닭에 하나님의 은혜로 예수 그리스도를 통해서 성령으로 구원하시기 때문에, 하나님의 구원은 선물이다.

그리고 하나님의 구원을 얻는데 있어서 하나님이 믿음을 요구하시는데(롬 1:17; 3:25), 이 믿음은 구원의 조건이라기보다는 방편이다. 더욱이 "너희가 그 은혜를 인하여 믿음으로 말미암아 구원을 얻었나니 이것이 너희에게서 난 것이 아니요, 하나님의 선물이라. 행위에서 난 것이 아니니 이는 누구든지 자랑치 못하게 함이니라"(엡 2:8, 9)는 말씀대로, 구원의 방편인 믿음도 하나님이 은혜로 주신 것이기에 하나님의 선물이다. 사실, 예수 그리스도가 우리의 믿음의 창시자요 완성자이시며(히 12:2) 믿음의 길을 마치고 믿음을 지키도록 곁에서 우리를 강건하게 하시는 것이다(딤후 4:17).

이로 보건대, 사람이 자기의 능력으로 할 수 없는 것을 하나님이 열심을 내어 능력과 사랑으로 구원을 베풀어주시니 그 구원이 하나님의 선물이요, 또 구원의 방편인 믿음도 하나님이 은혜로 예수 그리스도를 통해서 심어 주시고 견고하게 하시고 완성시켜 주신 까닭에 구원이 선물인 것이다. 즉, 구원뿐만 아니라 믿음까지도 하나님의 선물이다. 하나님이 우리를 열심히 사랑하시어 주시는 은혜의 선물이다.

제 20 과 하나님 편에서의 구원 사역

기본적인 질문:

1. 구원은 성부 하나님이 계획하시고(예정), 성자 예수 그리스도가 성취하시며(속죄), 성령께서 적용하여 베푸신다(구원의 과정). 그렇다면, 성경적으로 우리가 경험하는 과정은 어떤 것인가?

2. 구원의 과정 가운데 오직 하나님 편에서만 하시는 것들은 무엇인가? 이로 보건대, 하나님은 구원을 어떻게 시작하시고, 확정지으시며 끝마무리하시는가?

3. 구원의 과정은 시간적인 것인가? 아니면 구원이라는 큰 사건의 여러 경험 또는 국면들인가?

4. 하나님 편에서의 구원 사역 가운데 첫 번째인 부르심이란 무엇인가? 부르심의 방법은 무엇이며, 성령의 역할은 무엇이고, 효과적인 부르심의 특징은 무엇인가?

5. 부르심과 함께 경험되는 중생은 무엇이며, 왜 필요하고, 중생의 일반적 방편은 무엇인가? 중생의 시간이나 날짜를 알 수 있는가?

6. 부르심에 이어 경험되는 '의롭다 함'(칭의)은 무엇이며, 그것의 요소 및 근거는 무엇인가?

7. 칭의에는 어떤 본질적 성격이 있으며, 어떤 점에서 종말론적 성격도 있는가?

8. 칭의와 함께 경험되는 확정적(또는, 순간적) 성화란 무엇인가? 이 성화는 칭의와 어떤 점에서 다른가?

9. 칭의와 함께 또 경험되는 양자 됨(adoption)은 무엇인가? 하나님의 자녀가 되면 무슨 권세가 있는가?

10. 구원의 끝마무리 단계인 '영화롭게 됨'(glorification)은 무엇인가? 영화의 최종적 목표는 무엇인가?

1. 구원은 성부 하나님이 계획하시고(예정), 성자 예수 그리스도가 성취하시며(속죄), 성령께서 적용하여 베푸신다(구원의 과정). 그렇다면, 성경적으로 우리가 경험하는 구원의 과정은 어떤 것인가?

성경적으로 구원은 하나님의 은혜의 선물이요, 하나님이 주도적으로 계획하여 성취하시고 베푸신다. 구원의 처음도, 과정도, 끝마무리도 모두 하나님이 행하신다. 성경을 살펴보면, 성자 예수 그리스도 안에서 성취된 속죄를 하나님의 선택된 자들에게 적용함에 있어서, 성부 하나님이 부르시고, 부르신 자들을 의롭다 하시며, 의롭다 하신 자들을 영화롭게 하신다(롬 8:30). 그런데, 부르실 때 성령으로 거듭나며(요 3:3, 5), 거듭난 자 안에 예수 그리스도께서 성령으로 믿음을 심어 주시고(엡 2:8; 히 12:2) 회개하게 하시는데(고후 7:11; 행 2:38), 또한 성령으로 말미암아 회개하고 믿음으로 의롭다함과 거룩함(성화)을 얻게 된다(고전 6:11). 그리고 의롭다 함과 함께 하나님의 자녀의 권세를 얻으며(요 1:12; 롬 8:14, 15) 죄에 대하여 확정적 순간적으로 죽는다(롬 6:2). 이것이 바로 확정적 성화이다. 이 확정적 성화는 당연히 점진적 성화로 연결된다(롬 6:13, 19). 그런데, 점진적 성화의 과정에서 하나님이 오래 참으시고 긍휼히 여기신다(롬 2:4). 끝으로, 그리스도께서는 우리의 믿음을 완성시키시고(히 12:2) 그 믿음으로 영화롭게 되어 신령한 몸으로 부활하게 한다(고전 15:44).

요약하자면, 하나님의 택함을 입은 자는 부르심, 거듭남, 믿음과 회개, 칭의, 하나님의 자녀 됨, 확정적 성화, 점진적 성화, 오래 참음, 영화롭게 함 등의 과정을 경험하는 것이다. 이 모든 과정은 예수 그리스도 안에서 즉, 그리스도와의 신비한 연합 속에서 경험되는 것이다(참고, 엡 1:3, 4, 6, 7, 10, 11, 12, 13, 15, 20). 그래서 예수님은 말씀하셨다. "내 안에 거하라… 나를 떠나서는 너희가 아무것도 할 수 없음이라"(요 15:4, 5).

2. 구원의 과정 가운데 오직 하나님 편에서만 하시는 것들은 무엇인가? 이로 보건대, 하나님은 구원을 어떻게 시작하시고, 확정지으시며, 끝마무리하시는가?

하나님의 구원 과정에는 하나님께서 주권적으로 행하시는 것들이 있는가 하면, 하나님이 주도하시되 사람 편에서 반응하고 자원하여 행하는 것들이 있다. 로마서 8:30에 보면, 하나님이 예정하여 선택한 자들의 경우 하나님이 때를 따라서 부르시고, 부르신 자들을 의롭다 하시며, 의롭다 하신 자들을 영화롭게 하시는 과정은 하나님 편에서 주권적으로 행하신다. 그리고 요한복음 3:3, 5에서, 성령으로 거듭나게 하는 일과, 양자의 영이신 성령께서 우리에게 하나님을 아버지로 알고 부르게 하며 죄에 대하여 그리스도와 함께 순간적으로 그리고 확정적으로 죽게 하는 일(롬 6:2; 8:14, 15)도 하나님이 주권적으로 행하신다.

이로 보건대, 구원의 과정의 시작 단계에서 하나님이 부르시고 거듭나게 하시며, 확정 단계에서 의롭다 하시고 하나님의 자녀의 권세를 주어 죄에 대하여 죽고 하나님께 대하여 확실하게 살게 하시며, 끝마무리 단계에서 영화롭게 하시는 것이다. 구원은 처음부터 끝까지 하나님이 주권적으로 행하시기 때문에, 그리고 믿음을 심어주시고 완성시키는 것까지도 그리스도 예수께서 맡아 해주시기 때문에 하나님의 택한 백성의 구원은 처음부터 끝까지 보장되어 있어서, 누구도 구원의 선물을 빼앗아 갈 수 없으며, 누구도 구원의 과정에서 탈락될 리 없고, 끝까지 믿음의 선한 싸움을 싸워 승리하여 의의 면류관을 쓰게 되는 것이다(참고, 딤후 4:7, 8).

하나님은 자기의 자녀를 결코 싫어버리지 않으시며 도우시고 붙드시며(사 41:9, 10), 처음에 품에 안은 대로 백발이 되기까지 품고 안으신다(사 46:3, 4). 그의 자녀 된 우리는 그의 보배롭고 존귀하고 사랑스런 자요, 그의 영광을 위하여 창조된 자이기에(사 43:4, 7) 결코 잊지 않으신다(사 44:21).

3. 구원의 과정은 시간적인 것인가? 아니면, 구원이라는 큰 사건의 여러 경험 또는 국면들인가?

하나님의 구원 과정에는 순서가 있다. 부르시지도 않은 자를 의롭다 할 수 없고, 영화롭게 하는 일과 부르심도 그 순서가 바뀔 수가 없다. 순서가 있으므로 구원의 과정이 시간을 따라 되는 것은 당연하다. 우리가 받는 구원은 한 순간에 끝나는 것이 아니고 우리의 평생에 진행되기 때문에 구원의 과정은 순서가 있고, 그 순서는 시간을 따라 진행된다.

그러나 어떤 경우는 시간적인 순서를 가릴 수가 없고, 동시적인 경험이 있다. 마치 어떤 처녀가 혼인식을 올리고 시집을 가게 되면, 살던 집이 바뀌고 호적과 주민등록이 바뀌며 친족상속권이 바뀌고 몸도 처녀에서 신부로 바뀌고 삶의 방식도 바뀐다. 즉 동시에 여러 가지가 한꺼번에 바뀌어 버린다. 각기 다른 경험들이지만 시간적인 순서를 따질 수 없다.

이와 같이, 구원의 과정에서도 부르심과 중생은 시간상의 선후를 가릴 수가 없고, 믿음과 회개는 동전의 양면과 같으며 칭의와 하나님의 자녀 됨과 확정적 성화도 시간상 선후가 없이 점진적 성화와 회개와 오래 참으심도 일평생 지속되는 것이어서 항상 함께 경험되어야 하는 구원의 다른 국면들이다.

그러므로 구원의 과정을 시간적인 것만으로 생각하면 안 된다. 구원의 과정은 항상 전체적으로 경험되어야 하는 구원의 큰 사건의 여러 다른 국면들인 것이다. 시간적으로 회개의 단계를 지나 믿음의 단계로 나아가거나, 칭의의 단계를 지나 성화의 단계로 나아가는 것이 아니다. 회개나 믿음은 평생 힘써야 할 과정이요 칭의는 평생 유지되는 하나님과의 관계이고 성화 또한 평생 힘써야 하는 것이기에 시간적으로 종결되는 것이 아니다. 중생도 성화로 연결되어 있고, 하나님 자녀의 권세도 몸의 부활과 함께 충만하게 누리게 되어 있다. 시간적인 단계로 구원의 과정을 생각하게 되면, 한번 회개하면 다시는 회개할 것이 없다고 오해할 수가 있고 한번 믿으면 다 되는 줄로 착각할 수 있으며, 한번 의롭다 함을 받으면 다시는 칭의 선언이 필요 없는 줄로 생각한다. 그래서 로마서의 칭의와 야고보서의 칭의를 서로 다른 경험의 칭의로 오해하는 것이다. 로마서의 칭의도 창세기 15:6만을 배경으로 한 것이 아니고, 아브라함의 생애 전체에 걸친 믿음을 배경으로 한 것이다(참고, 롬 4:17-22).

4. 하나님 편에서의 구원사역 가운데 첫 번째인 부르심이란 무엇인가? 부르심의 방법은 무엇이며, 성령의 역할은 무엇이고, 효과적인 부르심의 특징은 무엇인가?

하나님의 부르심이란 하나님의 전능한 능력과 은혜로 되어지는 일로서, 하나님의 특별한 사랑과 열심으로 말미암으며, 하나님이 자기의 말씀과 성령을 통해서 자기가 기뻐하시는 때에 하나님의 택함 받은 자들을 예수 그리스도에게로 초청하여 인도하시는 행위이다. 이로 말미암아 그 택함 받은 자들이 그들의 머리이시자 남편이시요 목자요 친구요 중보자이신 그리스도 예수에게 영적으로 그리고 신비하게, 그렇지만 실제적으로 그리고 분리될 수 없게 연합되어지는 것이다(웨스트민스터 대요리 66, 67문답).

　이 부르심은 성령께서 친히 복음의 말씀을 전하며 증거하심으로 되어진다. "말하는 이는 너희가 아니라 너희 속에서 말씀하시는 자 곧 너희 아버지의 성령이시니라"(마 10:20). 사도행전에 보면, 베드로와 사도들이 복음의 말씀을 증거할 때 성령께서 하셨다(행 5:29-32). 이 부르심에는 복음제시와, 회개하고 믿어 예수를 그리스도로 영접할 것을 요구하는 초청과, 그리고 죄 용서와 구원에 대한 약속 등이 반드시 포함되어야 온전하고 효과적인 부르심이다. 그런 까닭에, 효과적인 부르심에는 첫째, 성령의 역사를 통해서 하나님의 복음인 말씀이 힘 있게 증거되고(고전 1:23, 24), 둘째, 성령이 듣는 자의 심령에 감동을 주는 것이며(참고, 행 2:37, "마음에 찔려", 행 13:48, "듣고 기뻐하여… 다 믿더라"), 셋째, 취소되지 않는 특징들이 있다(롬 11:29).

5. 부르심과 함께 경험되는 중생은 무엇이며, 왜 필요하고, 중생의 일반적인 방편은 무엇인가? 중생의 시간이나 날짜를 알 수 있는가?

　삼위 하나님이 복음의 말씀을 가지고 하나님의 택함 받은 자를 부르실 때, 그들은 영적으로 부패하여 죽은 상태에 있을 뿐 아니라 마음이 돌같이 굳어 있고 금고 문처럼 굳게 닫혀 있는지라(참고, 엡 2:1, "너희의 허물과 죄로 죽었던"; 계 3:20, "내가 문밖에 서서 두드리노니"; 겔 36:26, "너희 육신에서 굳은 마음을 제하고"), 성령께서 마음을 열어 부드럽게 하시며 하나님의 자녀로 거듭나게 하신다. 이것이 바로 중생이다.

　이로 보건대, 우리가 본성적으로 죄로 부패해 있고, 마음이 닫혀 있으며, 영적으로 죽어 있어서 자기의 구원을 위하여 아무것도 할 수 없게 무능력한 까닭에, 중생은 우리의 구원을 위해 시작 단계에서 필요하다. 그리고 이 중생은 성령께서 하나님의 살아 있는 말씀을 가지고 하신다(벧전 1:23; 요 3:3). 이 거듭남을 통해서 하나님의 택함 받은 자 안에 새 생명이 싹트고 죽음이 사라지기 시작하는 것이다(참조, 웨스트민스터 신앙고백 10장 1항, 2항; 대요리 67문답).

　이 중생은 성령께서 복음의 말씀을 가지고 주권적으로 행하시되, 영적으로 죽어 있는 상태에서 새 생명을 주어 살리는 역사이므로, 사람은 전적으로 수동적이요, 그리고 사람의 무의식적 잠재 의식 속에서 되어지는 까닭에 중생하는 당시에는 일반적으로 의식하지 못하는 것이다. 그래서 중생의 시간을 모른다(요 3:8).

6. 부르심에 이어 경험되는 '의롭다 함'(칭의)은 무엇이며, 그것의 요소 및 근거는 무엇인가?

'의롭다 함'이라는 용어는 죄인을 본성적으로 의로운 사람으로 변화시킨다는 것이 아니고, 죄인을 신분상 의로운 사람으로 선언하고 인정하여 준다는 것이다. 즉, 죄로 인하여 하나님과 원수가 되어 하나님을 대적하는 관계에 있는 죄인을 법적으로 죄 탕감을 선언하여 하나님과 바른 관계가 회복되게 하는 것을 뜻한다. 다시 말해서, 본성적으로는 여전히 죄인이지만, 그 죄의 본성과 관계없이 죄를 용서하여 죄 없는 것으로 간주하여 하나님 앞에서 의인으로 인정하고 선언하는 것을 가리켜 칭의 곧 '의롭다 함'이라 한다. 그러므로 의롭다 함을 받은 자는 마귀와의 관계가 단절되고 하나님과의 관계가 회복되어, 지난날 마귀의 종으로 마귀의 뜻을 좇아 살던 방식을 버리고 이제는 하나님의 자녀로 하나님 앞에서 의연하게 하나님의 뜻을 좇아 그의 영광을 즐거워하며 산다.

이 칭의의 경우, 죄의 형벌적 요소인 죄책(레 6:4; 민 5:6; 약 2:10)이 용서되고 제거됨으로 정죄와 심판을 면하게 되고(롬 8:1), 예수 그리스도의 의로 옷 입어 옛 사람이 죽고 새 사람으로 살게 되는 것이다(엡 4:22-24; 골 3:9-10; 롬 13:14). 그래서 이 칭의에는 예수 그리스도의 의(義)를 근거로 하여 죄책이 제거되는 죄 용서함이 있고(시 51:1-2), 하나님의 자녀의 권세를 얻어 영생에 참여하는 권리가 주어진다(롬 8:15-17). 이로 말미암아 의롭다 함을 받으면 신분상 더 이상 죄인이 아니고, 하나님 나라의 상속자로서(롬 4:13) 그리스도로 말미암아 생명으로 왕노릇하게 된다(롬 5:17하). 이 칭의는 오직 믿음으로 말미암는다. 이 칭의의 방편되는 믿음이 성질상 일회적인 것이 아니고 평생 지속되는 것이기 때문에 칭의 또한 영생에 이르는 과정이기도 하다. 그래서 바울이 로마서 4장에서 아브라함의 경우를 실례로 들 때 창세기 15:6을 인용한 것은(롬 4:3) 그 믿음이 처음부터 믿어왔고 앞으로도 평생 믿을 것이 확실했으며, 특별히 그리스도를 바라고 믿었기 때문이다(참고, 갈 3:8, 16). 그런 까닭에, 바울은 로마서 4:18-20에서는 창세기 17장에서 22장까지의 아브라함의 믿음을 소개하고 그가 칭의됨을 반복하여 진술했다(롬4:22). 이로 보건대, 아브라함은 창세기 12장에서 이미 실제로 칭의되었고(실제적 칭의) 15장에서는 선언되었으며(선언적 칭의) 22:12에서는 증명된 것이다(증명적 칭의; 참고, 약 2:21-23).

7. 칭의에는 어떤 본질적 성격이 있으며, 어떤 점에서 종말론적 성격도 있는가?

죄인들이 아직 본성적으로 죄가 있음에도 불구하고, 하나님이 예수 그리스도를 믿는 믿음을 보시고, 그의 순종과 대속적 배상에 근거하여 하나님의 법정에서 선언하는 이 칭의에는 다음과 같은 본질적 성격이 있다.

첫째, 사람 자신에게서 난 것이 아니고 대리적이다(not personal but vicarious). 본성적으로 허물된 사람에게서 난 어떤 공로나, 심지어는 믿음 때문이 아니라, 오직 예수 그리스도의 공로와 의로 말미암기 때문에, 칭의는 대리적이다.

둘째, 주입된 것이 아니라 전가된 것이다(not infused but imputed). 이 칭의는 사람의 내면적 성품이나 상태를 바꾸는 것이 아니고, 사람의 죄책을 그리스도에게 담당시키고 대신 그의 의를 덧입는 것, 즉 그의 의로 말미암아 신분상 새 사람되는 것이기에 전가된 것이다.

셋째, 경험적인 것이 아니고 법정적이다(not experiential but judicial). 칭의는 사람이 내면에서 성품의 변화를 일으켜 몸으로 경험하는 것이 아니고, 하나님께서 선포하고 인정하는 것이기 때문에 법정적이다.

넷째, 우리 자신의 의가 아니고 밖에서 온 의이다(not our own but alien righteousness). 첫째 성격과 관련된 것으로 칭의는 오직 예수 그리스도의 의를 근거하기 때문에, 밖에서 온 의인 것이다. 사람 속에 있는 의가 아니다.

다섯째, 노력하여 획득하는 것이 아니고 은혜로 주어진 것이다(not earned but graciously given). 이 칭의는 오직 하나님의 은혜로 믿음을 통해서만 주어지고, 사람의 선행으로 얻는 것이 결코 아니다. 오직 은혜, 오직 믿음으로만 주어지는 것이다(롬 3:24, 25).

여섯째, 이 칭의는 사단 마귀가 선언하는 정죄와 반대되는 것으로 믿는 순간에 선언되는 바 순간적인 신분의 변화이다. 죄인의 신분에서 의인의 신분으로 바뀌고, 마귀의 종에서 하나님의 자녀로 그 신분이 변화되는 것이다.

일곱째, 이 칭의는 하나님과의 바른 관계의 회복이다. 예수를 믿음으로 하나님과 화해하여 바른 관계가 회복되어 하나님과의 원수 관계 곧 하나님을 대적하는 관계가 청산된다. 이 점에서 칭의에는 관계적 성격이 있으며, 이 관계는 일평생 유지되는 것이기 때문에 칭의는 영생의 과정이다. 칭의는 법정적으로 선언되는 것으로, 이로써 하나님의 자녀의 권세 곧 죄를 용서받는 권세(사죄권)와 영생권을 얻게한다. 그래서, 하나님은 우리의 삶 속에서 지속적으로 고백되는 한(one and the same) 믿음을 보시고 수시로 우리를 의롭다고 선언하시는 것이다(참조, 롬 4:3, 11, 17-22). 그러나 반복해서 선언되는 칭의는 내용상 동일한 것이기 때문에, 사실상 칭의 선언은 하나이다. 그리고, 믿음도 하나이다.

여덟째, 칭의는 믿음을 온전히 지켰을 때 마지막 심판 날에 최종적으로 선언되는 것이므로 종말론적이다. 하나님은 우리가 믿음의 선한 싸움을 다 싸우고 믿음의 길을 달린 후 그의 심판의 날에 우리에게 의의 면류관을 씌워주심으로 최종적으로 의롭다 선언하시는 것이다(딤후 4:8).

그렇지만, 하나님께서는 예수 믿는 자를 지금 여기서 단번에 의롭다 선언하시어 마지막 날 받을 형벌적 심판을 미리 면하게 하시고(롬 8:1), 대신 의의 면류관과 영광의 면류관을 약속해 주셨으며, 사망에서 생명으로 옮겨 주셨다(요 5:24). 그래서 누구도 그리고 아무것도 예수 믿는 자를 더 이상 송사하거나 정죄하지 못한다(롬 8:33-34). 오히려 마지막 날 누릴 영생의 구원을 지금 여기서 단번에 사실상 누리고 있을 뿐 아니라 그 구원이 영구적으로 보장되어 있으며, 취소되거나 변경되지도 않는다. 이 점에서 칭의는 종말론적이다.

이 칭의는 우리가 믿음으로 얻는 신분의 변화와 관련해서는 과거적, 단회적이지만, 하나님과의 관계 회복 면에서는 현재적, 지속적이며, 의의 면류관과 관련해서는 미래적, 종말론적이다.

8. 칭의와 함께 경험되는 확정적(또는, 순간적) 성화란 무엇인가? 이 성화는 칭의와 어떤 점에서 다른가?

그리스도 예수를 믿는 믿음으로 말미암아 하나님의 은혜로 의롭다 함을 받아 동시에 새 사람 곧 의인이 되어 하나님과의 바른 관계가 회복되면, 그와 동시에 죄에 대하여 즉각적, 순간적, 확정적으로 죽고 이로써 거룩해진다. 즉, 예수 그리스도를 믿으면 그와 신비한 연합을 이루고 있는 까닭에, 십자가에 단번에 죽으신 그리스도와 함께 죄에 대하여 순간적으로 확실하게(definitively) 죽고 거룩해지는 것이다. 이로써, 마귀와 죄가 더 이상 주관할 수 없게 되고, 마귀와 죄의 종노릇에서 결정적으로 해방된다(롬 6:2-3, 10-11).

예수 그리스도를 믿는 자는 그와의 신비한 연합을 통해 하나님께 의롭다 함을 받아 신분상의 변화가 있게 되면, 죄에 대하여 죽고 거룩해지는 본성적 상태의 변화가 동시에 경험되는 것이다. 즉 본성적 내면적 인격의 변화가 일어난다. 그리하여 하나님 앞에서 변화된 바른 삶을 산다. 이는 마치 여자가 혼인식을 올려 신분의 변화가 있으면 첫날밤 부부관계를 통해 내면적 몸의 변화를 경험하는 것과도 같다. 그래서 칭의 없는 성화 없고, 성화 없는 칭의 없다.

혼인식이 신분의 변화를 가져오고, 첫날밤은 몸의 변화를 가져오듯 칭의는 신분의 변화요, 성화는 본성과 상태의 변화이다. 칭의는 형벌적 요소인 죄책의 제거요, 성화는 도덕적 요소인 오염의 제거이며, 칭의는 하나님 자녀의 권리 회복과 하나님과의 바른 관계 회복이나, 성화는 하나님 형상의 회복이요 하나님 앞에서 바른 삶의 회복이다. 칭의와 성화는 다같이 그리스도를 믿는 믿음의 결과이지만, 칭의는 특별히 성부의 사역으로, 그리고 성화는 성령의 사역으로 돌려진다. 그리고 칭의는 하나님의 선포이기에 법정적 성격을 가지나 성화는 죄에 대하여 실제로 죽는 것이기에 내면적 경험적 성격이 있다.

9. 칭의와 함께 또 경험되는 양자 됨(adoption)은 무엇인가? 하나님의 자녀가 되면 무슨 권세가 있는가?

예수 그리스도를 알지 못하여 믿지 아니한 때에는 우리가 본질상 진노의 자녀요(엡 2:3) 불경건한 죄인들이었으나(롬 5:8), 믿음으로 말미암아 하나님의 은혜로 하나님 앞에 의롭다 함을 받고 죄에 대하여 단번에 죽는 순간에, 우리는 성령의 인치심을 받아 하나님을 아바 아버지라 부르는 양자가 되어(롬 8:15) 하나님의 자녀로서 자유와 권리를 누린다. 이로써 기쁨과 평화 가운데 하나님 은혜의 보좌로 담대하게 나아가며(히 4:16), 하나님으로부터 온전한 보호와 공급을 받는다(잠 14:26; 벧전 5:7). 또한 영원한 하늘나라의 상속자가 되는 것이다(벧전 1:3-4).

하나님의 자녀의 권세로는 첫째, 죄 용서를 지속적으로 받는 것(참고, 요일 1:7, 9: 참조; 하나님의 자녀는 비록 중생하고 죄에 대하여 죽어도 여전히 죄의 잔재가 남아 있어서 자녀 되고 의롭다 함을 받은 후에도 죄를 범하기 때문에 지속적인 죄 용서가 필요하다)과, 둘째, 영생의 구원을 보장받아 지금 여기서 누리는 것(벧전 1:3-5)과, 셋째, 그리스도와 함께 하늘에 앉아(엡 2:5-6) 영원한 구원의 상속자가 되는 것이다(히 1:4; 롬 8:16-17).

우리가 누리는 양자의 권리는 마지막 날에 충만하게 누리게 되어 있으나(롬 8:23), 지금 여기서 양자의 영으로 말미암아 미리 앞당겨 맛보는 것이다(참고, 웨스트민스터 신앙고백 12장; 대요리 74문답). 이로써 하늘의 영광과 영생과 기쁨뿐만 아니라, 예수 그리스도의 생명과 능력과 거룩함과 영광을 함께 누리고, 그리스도의 형상 곧 하나님의 형상으로 닮아 가는 복을 누린다(참고, 롬 5:1, 2, 10-11; 롬 8:17).

10. 구원의 끝마무리 단계인 '영화롭게 됨'(glorification)은 무엇인가? 영화의 최종적 목표는 무엇인가?

하나님의 자녀 된 자들은 비록 죄에 대하여 확정적으로 죽었으므로 죄가 그들을 주관할 수 없으나, 아직도 그들의 몸 안에 죄의 부패한 잔재가 남아 있기 때문에 일평생 마귀를 대적하는 가운데(엡 6:11, 12) 죄와 더불어 싸운다(참고, 롬 7:17-20). 그러나 성령께서 성도들에게 계속적으로 힘을 공급하여(롬 6:14) 성도들이 은혜로 강하여져(딤후 2:1) 하나님을 경외하는 가운데서 거룩함을 온전히 이루어 영화롭게 된다. 이를 위하여 성도들은 하나님을 두려워하는 가운데 육과 영의 온갖 더러운 것에서 자신을 깨끗하게 한다(고후 7:1). 이로써 성령으로 말미암아 주의 영광을 보는 가운데 주님의 형상으로 변화하여 영광스럽게 되는 것이다(고후 3:18). 즉, 상태(인격과 본성과 삶)의 변화가 완성된다. 이것이 바로 '영화롭게 됨'(glorification)이다.

이 영화롭게 되는 것은 성도가 죽음을 맞는 순간 그 몸에서 죄와 그것의 잔재가 소멸됨으로 말미암아 완성되며, 그래서 성도는 죽음의 대문을 통하여 천국행 길이신 그리스도를 따라 하나님의 은혜의 보좌로 나아간다. 하나님께서는 자기를 사랑하는 자들 곧 자기의 뜻대로 부르심을 입은 자들에게 모든 것이 합력하여 선을 이루어 하나님의 아들의 형상을 본받게 함으로 영화롭게 하시는 것이다(롬 8:28-30). 이로 보건대, 우리가 하나님의 은혜로 영화롭게 됨의 최종 목표는 그리스도의 형상으로 변화되는 것이다.

제 21 과 하나님과 사람 양편에서의 구원 사역

기본적인 질문:

1. 구원의 과정 가운데 하나님과 사람 양편에서 하는 것들은 무엇인가? 어떻게 양편에서 하는가? 이와 관련하여 웨스트민스터 신앙고백의 차례에는 어떻게 되어 있는가?

2. 성령의 내적사역 가운데 믿음이란 무엇인가? 믿음에는 어떤 요소들이 갖추어져야 하는가?

3. 믿음은 어떻게 생겨나며 훈련되는가? 믿음의 강약정도에 따라 구원이 좌우되는가?

4. 성령의 내적사역 가운데 믿음과 함께 하는 회개란 무엇인가? 회개는 한번만으로 충분한가?

5. 믿음과 회개의 직접적인 결과들은 무엇인가?

6. 믿음과 회개의 결과인 점진적 성화는 무엇이며, 칭의와 어떤 점에서 다른가?

7. 성도들의 성화가 이 세상을 사는동안에는 불완전한데 그 까닭이 무엇인가? 이 불완전함을 극복하려면 어떻게 해야 하는가?

8. 성도들의 성화가 불완전함에도 불구하고 그들이 인내하여 구원을 잃지 않는 것은 무엇 때문인가?

9. 이사야 29:17-21에 보면, 구원에는 어떠한 세 가지의 차원이 있는가?

10. 구원은 무엇으로부터의 자유요 해방인가? 그리스도 예수 안에서 성령으로 이 같은 구원의 자유를 누리는 "나는 누구인가?"

11. 믿는 자마다 구원의 확신을 어떻게 하면 가질 수 있는가?

12. 구원의 목적은 무엇인가?

1. 구원의 과정 가운데 하나님과 사람 양편에서 하는 것들은 무엇인가? 어떻게 양편에서 하는가? 이와 관련하여 웨스트민스터 신앙고백의 차례에는 어떻게 되어 있는가?

구원의 사역에 대하여 사도 바울은 다음과 같이 밝히 말했다. "너희의 허물과 죄로 죽었던 너희를 살리셨도다… 전에는… 본질상 진노의 자녀이었더니 긍휼에 풍성하신 하나님이 우리를 사랑하신 그 큰 사랑을 인하여 허물로 죽은 우리를 살리셨고(너희가 은혜로 구원을 얻은 것이라) 또 함께 일으키사 그리스도 예수 안에서 함께 하늘에 앉히시니… 너희가 그 은혜를 인하여 믿음으로 말미암아 구원을 얻었나니 이것이 너희에게서 난 것이 아니요 하나님의 선물이라"(엡 2:1-8).

하나님의 구원 사역은 전적으로 하나님의 주권적인 은혜와 긍휼에서 베풀어진 선물이다. 본질상 진노의 자녀인 우리는 부패하고 무능력하여 아무 것도 할 수 없다. 그러나 하나님께서 성령으로 우리에게 믿음을 심어 주시고 회개하게 하심으로 하나님의 뜻에 순종하는 마음을 주시고 죄와 싸우며 하나님의 말씀으로 죄를 씻는 일을 하며 인내로 믿음의 길을 걷게 하신다. 그래서 하나님이 성령으로 믿음과 회개를 하게 하심으로 인하여 우리 또한 더욱 힘써 거룩함에 이르도록 노력하고 믿음의 인내의 경주를 한다.

따라서 구원의 과정 가운데 하나님과 사람 양편에서 하는 것들로는 믿음과 회개, 점진적 성화와 오래 참음(성도의 견인) 등이 있다. 이 모든 과정에서 하나님이 주권적으로 우리 안에서 먼저 행하시고 그 결과로 우리가 자원하여 결심하고 행동하는 것이다(빌 2:13). 우리는 다만 더욱 힘써 우리의 부르심과 택하심을 견고하게 해야 구원을 이룰 수 있다. 이와 관련하여 웨스트민스터 신앙고백의 차례를 보면, 먼저 부르심과 중생을 소개하고(10장) 이어서 칭의(11장)와 양자됨(12장)을 다루며 그리고 성화(영화롭게 됨을 포함)를 진술하고 있다(13장). 즉, 로마서 8:30의 말씀대로, 하나님의 예정과 관련지어 그의 부르심과 칭의와 영화(성화) 등 하나님 편에서만 행하시는 구원의 과정을 먼저 다루었다. 그리고 믿음(14장)과 회개(15장)를 다루고 회개의 증거로서 거룩한 생활 곧 선행(16장)을 언급하며, 하나님의 은혜로 끝까지 인내하는 것 곧 오래 참음(또는, 성도의 견인)을 다루며(17장), 결과적으로 구원의 확신을 갖게 되는 것(18장)을 진술한다.

이로 보건대, 웨스트민스터 신앙고백은 구원 과정의 순서를 배려하되, 하나님

편에서 하는 구원사역과 하나님과 사람 양편에서 하는 구원 사역을 구별하여 진술해 놓은 것이다. 후자의 경우, 먼저 성령에 의한 하나님 은혜의 사역임이 강조된다(참고, '믿음의 은혜', '그리스도의 영의 역사', '전적으로 그리스도의 영으로부터' 라는 표현이 반복 사용되어 있다). 그리고 그와 병행하여 사람 편에서의 순종과 자원함, 결심과 노력, 개인적인 간구 등이 또한 언급되어 있다. 이렇듯, 이 신앙고백은 하나님의 구원 사역을 다룸에 있어서 하나님 중심의 실제적인 영적 체험과 신앙생활을 고려하여 진술해 놓은 것이다.

2. 성령의 내적사역 가운데 믿음이란 무엇인가? 믿음에는 어떤 요소들이 갖추어져야 하는가?

그리스도 예수께서 성취하신 구원을 얻는 데 유일한 방편인 믿음은 그리스도께서 성령으로 하시는 일이기 때문에 하나님의 은사 곧 선물이다. 믿음의 창시자요 완성자가 그리스도 예수이시요(히 12:2), 성령의 도우심으로 믿어 구원에 이른다(참고, 갈 3:5; 빌 1:19). 성령으로 아니하고는 누구든지 예수를 주(主)시라 할 수 없다(고전 12:3). 그래서 하나님께서 영생을 주시기로 작정된 자들이 믿음을 선물로 얻는 것이다(참고, 행 13:48; 살전 3:2).

우리가 의롭다 함을 얻는 믿음에 대하여 웨스트민스터 신앙고백은 이렇게 정의했다. "의롭다 하는 믿음이란 하나님의 말씀과 성령으로 죄인의 심령 속에서 역사하는 바 구원의 은혜이다. 이 말씀과 성령을 통해서 죄인이 자기의 죄와 불행에 대해서 뿐 아니라, 자기의 버림받은 상태로부터 자기를 회복할 수 있는 능력이 자신에게나 아무 다른 피조물에게도 전혀 없다는 것을 확신하게 된다. 그래서 그는 복음의 약속의 진리를 찬동할 뿐 아니라 복음에 계시되어 있는 바 그리스도와 그의 의를 받아들이고 의지한다. 이로써, 죄 용서를 받고, 하나님이 그를 받아 주시며, 하나님 보시기에 그의 인격을 의롭다고 간주하심으로 구원을 얻은 것이다."

이 정의에 의하면, 믿음은 복음의 진리 곧 예수 그리스도와 그의 의를 대상으로 한다. 그리고 그 복음의 진리를 주신 하나님을 믿는다. 다시 말하면, 사도신경대로 천지의 창조주이신 하나님 아버지와 주 예수 그리스도와 성령을 믿되, 예수 그리스도께서 성경대로 성령으로 잉태되어 마리아에게서 나시고 빌라도에게 고난을 받으시고 십자가에 못 박혀 죽으시고 지옥에 내려가시어 사흘 만에 부활 승천하여 하나님 보좌 우편에 앉아 계심으로 성취하신 구원과 및 그의 의를 믿으며, 장차 그가 심판하러 재림하실 것을 믿는다. 또한, 예수 그리스도로 말미암아 죄를 용서받고 몸이 부활하여 영원히 사는 것 곧 영생을 믿는다. 이 믿음은 성령이 복음의 말씀을 가지고 우리 속에 역사함으로 심어진다(행 17:4, 12).

따라서 이 믿음에는 첫째로, 복음의 말씀에 계시되어 있는 진리를 아는 지식이 있어야 한다. 즉, 이 믿음은 우선 머리에서 시작된다. 머리 곧 이성을 통해서 복음의 진리를 깨달음으로 믿음이 싹트는 것이다. 그래서 복음의 진리를 듣고(롬 10:17) 성경을 공부해야 믿음이 생긴다(행 17:11, 12).

둘째로, 머리에서 지식적으로 시작된 믿음은 가슴에 뿌리를 내려야 한다. 즉, 복음의 진리를 마음으로 믿고 입으로 고백해야 한다(롬 10:10). 다시 말해서, 복음에 대한 정서적 또는 감정적 찬동이 있어야 한다. 이렇듯 믿음은 복음의 진리에 나타나 있는 하나님 아버지의 한없는 사랑(unfailing love)을 마음으로 체감함으로, 하나님만이 모든 좋은 것의 원천이시요, 우리에게 모든 것이 되시며, 우리의 자랑과 기쁨과 영광과 만족이 되는 것이다(롬 5:11). 이로써, 믿음은 우리의 심령 속에서 샘솟는 사랑으로 역사한다(갈 5:6).

셋째로, 머리에서 시작하여 가슴에서 체감된 믿음은 우리의 구주요 중보자이신 그리스도 예수를 삶에서 전적으로 즉 인격적으로 신뢰하고 경외하는 것이다. 그리스도에게 우리의 몸과 마음을 드리고 순종하는 것이다. 이로써 그리스도가 내 안에 사시는 것이다(갈 2:20).

요약하자면, 믿음에는 복음의 진리를 머리로 아는 지적 요소인 지식(notitia)과 복음에 나타나 있는 하나님의 사랑을 가슴으로 느끼는 감정적 요소인 찬동(assensus)과, 복음이신 예수 그리스도를 몸으로 신뢰하고 순종하는 의지적 요소인 신뢰(fiducia) 등 3요소가 있다. 그런데, 복음진리의 말씀을 들음에서 나는 이 믿음은 우리의 삶의 어느 한 순간에만 있어서는 안 되고, 우리의 삶 전체 속에서 평생토록 지속되어야 참 신앙이다(눅 8:15). 믿음은 삶 곧 생활이요, 인격적 관계이다.

3. 믿음은 어떻게 생겨나며 훈련되는가? 믿음의 강약의 정도에 따라 구원이 좌우되는가?

믿음은 복음의 진리를 들음으로 생겨난다(롬 10:17). 복음을 듣지 않고서는 믿음을 가질 수가 없다. 그런데, 복음을 들을 때 믿음이 생겨나는 것은 그리스도의 성령께서 마음을 밝혀 그 복음을 깨닫게 하시고 이로써 믿음을 심어주시기 때문이다(행 17:4, 12). 이 성령은 그리스도가 보내시는 영이시기에 사실상 믿음을 심어주시는 분은 예수 그리스도이시다(히 12:2). 그러므로 예수 그리스도께서 성령으로 복음의 말씀을 가지고 우리 심령 속에 믿음을 심어 주신다(히 4:2).

이 믿음의 훈련을 위해서 하나님은 은혜의 방편으로 하나님의 말씀인 성경과 성례와 기도를 주셨다(웨스트민스터 대요리 154문답). 그래서 우리의 믿음을 튼튼하게 하기 위해서는 성경을 읽고 듣기를 부지런히 해야 하며, 세례를 받고 성찬 예식에 성실하게 참여하고, 쉬지 않고 시간을 내어 규칙적으로 기도해야 한다. 이로써, 우리의 믿음이 훈련되어 튼튼해짐으로 성령의 검인 성경 말씀을 가지고 죄와 마귀를 대적하며, 믿음을 방패삼아 죄의 유혹과 마귀의 공격을 막아내어 하나님의 저주와 진노를 피할 뿐 아니라 하나님의 생명의 축복을 풍성하게 누리게 되는 것이다(참조, 웨스트민스터 대요리 153문답). 그래서 우리 주 예수 그리스도께서는 하나님의 택함 받은 자들에게 단 한번만 믿음을 주시는 것이 아니라 믿음을 끝까지 지키도록 해 주신다(히 12:2). 그러나 하나님 자녀들의 믿음에는 사람에 따라 정도의 차이가 있을 수 있고(참고, 롬 12:3), 때를 따라 믿음이 강하기도 하고 약할 수도 있다.

그러면, 신앙의 분량이나 강약에 따라 구원이 좌우되는가? 마가복음 5:25-34에 나오는 혈루증 앓은 여자의 경우 예수님의 옷자락을 그 여자가 힘 있게 손으로 잡아서 구원받았는가? 사도행전 3:1-10에 나오는 나면서 앉은뱅이 된 자는 그가 오른손을 내밀어 베드로의 손을 강하게 잡아서 구원받았는가? 그리고 주의 이름을 힘 있게 불러야만 구원을 확실하게 받을 수 있는가? 만일 그리스도 예수를 믿는 우리의 믿음이 구원의 실질적인 원인이나 공로라고 하면, 다시 말해서 나의 믿음의 손이 나를 구원하는 것이라고 하면, 나의 믿음의 분량과 강약의 정도에 따라 구원의 유무가 좌우될 수 있을 것이다. 그러나 구원은 예수 그리스도께서 주신다. 다시 말해서, 능력의 주님이 그의 강한 능력과 사랑의 손으로 우리를 붙잡아 구원하신다. 우리는 그저 주님의 그 손을 우리의 연약한 손을 내밀어 잡을 뿐이다. 따라서 예수를 그리스도로 믿고 영접하며 그 이름을 부르는 자는 누구나 신앙의 분량이나 강약에 관계없이 구원을 하나님의 은혜로 얻는 것이다(엡 2:8-9).

4. 성령의 내적 사역 가운데 믿음과 함께 하는 회개란 무엇인가? 회개는 한번만으로 충분한가?

"생명에 이르는 회개는 하나님의 성령과 말씀으로 말미암아 죄인의 심령 속에 역사하는 구원의 은혜이다. 이로써 자기의 죄의 위험함과 추하고 가증함을 보고 느끼는가 하면, 그리스도 안에 있는 하나님의 긍휼을 깨달아 회개한다. 그리하여 자기의 죄를 슬퍼하고 싫어하게 되며, 모든 죄에서 돌이켜 하나님께로 향하고, 새롭게 순종하는 모든 삶에서 항상 하나님과 함께 행하기를 계획하고 힘쓴다"(웨스트민스터 대요리 76문답).

죄는 하나님과 사람 사이에 거리가 멀어지게 한다. 탕자의 비유에서 아들이 아버지를 떠나 멀리 가고, 동생 아벨을 죽인 가인이 여호와의 앞을 떠나가며(창 4:16), 이사야 시대에 이스라엘 백성이 여호와 하나님을 멸시하고 멀리 물러가듯(사 1:4), 죄는 하나님을 멀리한다. 이 점에서 회개는 탕자가 뉘우치고 아버지께로 되돌아오듯, 하나님께로 방향을 바꾸어 나아오는 것이다. 방향을 바꾸어 돌아온다는 점을 고려하면 회개는 순간적, 단회적으로 되어진다. 즉, 방향전환(conversion)이라는 점에서는 순간적, 단회적이다.

그러나 회개는 모든 죄에서 돌이켜 하나님께로 향하여 나아오는 방향전환으로 끝나는 것이 아니고, 새롭게 순종하는 모든 삶에서 항상 하나님과 동행하기를 계획하고 힘쓰는 것이다. 이 점에서 회개는 일평생 지속적이다. 따라서 이 회개는 한 번으로 충분하지 않고, 하나님의 자녀요 의인으로서 부끄럽게도 죄를 범할 때마다(참고, 믿음으로 의인된 하나님의 자녀도 몸 안에 여전히 남아 있는 죄의 잔재로 인하여 날마다 죄를 범한다) 낱낱이 힘써 죄를 고백하고 죄 용서를 구해야 하는 것이다. 예수 안에 있으면 정죄나 심판이 없다고 해서, 죄를 범하고서도 회개하고 죄 용서를 구하지 않으면 안 되고, 기회를 타서 하되(시 32:6) 오래 전에

잊혀진 죄와 어려서부터 지은 죄까지도 고백해야 한다(시 19:12; 51:5).

고린도후서 7:11에 대한 칼빈의 해석에 의하면, 하나님의 뜻대로 하는 회개는 첫째, 마귀의 올무에서 벗어나 성령의 지배를 받아 살고자 하는 간절함(earnestness)이요, 둘째, 자신의 무죄함을 변명하기보다는 다만 용서를 구하고자 하는 미안함(excuse)이요, 셋째, 자신의 허물에 대한 분개(indignation)요, 넷째, 하나님의 진노에 대한 두려움(fear)이요, 다섯째, 열심을 품고서 기꺼이 하나님께 순종하고자 하는 열망(longing)과 열정(zeal)이요, 여섯째, 우리 자신의 죄를 날카롭게 검토하고 하나님의 긍휼을 기다리는 자신에 대한 엄중한 책벌(avenging)이다(참고, 『기독교 강요』3권 5장 15절).

이로 보건대, 회개에도 믿음의 3요소의 경우처럼 지적, 감정적, 의지적 요소가 있다. 성경에 근거하여 죄가 무엇인지를 알아야한다. 하나님의 말씀을 거슬러 행한 불법이 죄인 줄 알고 회개해야 하는 점에서 회개에는 지적 요소가 있다. 그리고 죄에 대하여 슬퍼하고 죄를 미워하며 분개하는 감정적 요소도 있다. 또한, 하나님께 항상 순종하여 살고자 하는 열망을 가져야 하는 점에서 회개에는 의지적 요소도 있다. 진정한 회개는 마귀와의 관계를 끊고, 하나님께로 나아와 하나님과 동행하면서 그를 진정으로 경외하여 순종하며 사는 것이요(행 17:30-31), 육체의 소욕을 죽이며 성령의 열매를 맺는 삶으로 이어져야 한다. 이 점에서 회개는 인격과 삶의 변화 곧 성화를 위한 방편이다.

5. 믿음과 회개의 직접적인 결과들은 무엇인가?

죄를 회개하고 예수를 그리스도로 믿어 영접하면 첫째, 죄 용서를 받아 의롭다 함을 얻어 하나님의 자녀가 되고 정죄가 없으며, 둘째, 죄에 대하여 순간적이고 확정적으로 죽을 뿐만 아니라 지속적으로 정욕을 죽이고 말씀과 성령으로 죄를 씻어 성화되고, 셋째, 예수 그리스도를 힘입어 환난과 시험 중에도 오래 참아 믿음을 지킨다.

예수 그리스도를 믿으면 예수와 신비한 연합을 이루어 예수 안에 있으므로 새로운 피조물(고후 5:17)이 된다. 즉, 옛 사람을 단번에 벗어버리고 새 사람이 되어 날마다 그리스도와 함께 새롭게 사는 것이다(엡 4:22-24; 골 3:10). 회개와 믿음의 직접적인 결과들은 칭의, 양자(하나님의 자녀 됨), 성화, 그리고 오래 참음 등이다. 이 가운데서 특히 회개는 성화와 관련이 깊다.

6. 믿음과 회개의 결과인 점진적 성화는 무엇이며, 칭의와 어떤 점에서 다른가?

하나님의 택한 백성들이 예수 그리스도를 믿고 회개하면 하나님과 바른 관계가 회복되고 하나님 앞에서 의롭다 함을 받아 하나님의 자녀가 될 뿐 아니라, 죄에 대하여 순간적으로 그리고 확정적으로 단번에 죽는다. 그러나 죄의 정욕의 잔재가 몸 안에 남아 있는 까닭에, 성령과 하나님의 말씀으로 죄를 씻어내는 삶을 살아야 한다. 그리스도 안에서 변화된 새 사람으로서 하나님과의 변화된 관계에 걸맞는 변화된 삶을 살아야 하는 것이다. 즉, 회개를 통하여 죄에 대하여 점점 더 죽고, 하나님의 형상을 따라 새롭게 되어야 한다(참고, 웨스트민스터 대요리 75문답).

이렇듯 성화는 성령과 하나님의 말씀과 믿음을 통하여 죄를 씻어 지속적으로 점점 깨끗해지고, 하나님의 형상이 점차적으로 회복되어 범사에 하나님을 감사 찬미하고 순종하며 즐거워함으로 하나님의 영광을 나타내는 삶이다. 이로써, 칭의 곧 변화된 관계는 성화 곧 변화된 삶과 병행한다. 우리는 성령 안에서 죄 씻음과 거룩함과 의롭다함을 함께 얻는다(고전 6:11).

이 성화는 칭의와 불가분하게 연결되어 있지만 서로 분명히 구별되고 본질상 다르다. 칭의의 경우는 그리스도의 의가 전가되고, 죄가 용서되며, 하나님의 저주와 진노로부터 자유롭게 되어 정죄가 없으며, 하나님과의 관계의 회복을 가져오지만, 성화의 경우는 성령의 은혜로 의롭게 사는 것이요, 죄와 싸워 이기고 정복하는 것이며, 하지만 금생에서는 결코 완전히 거룩하지 못하여 완전한 성화를 향하여 점점 더 진보해 나감으로써, 하나님과의 회복된 관계에 걸맞는 변화된 삶을 사는 것이다(웨스트민스터 대요리 77문답).

7. 성도들의 성화가 이 세상을 사는 동안에 불완전한데 그 까닭이 무엇인가? 이 불완전함을 극복하려면 어떻게 해야 하는가?

성도들의 성화가 이 세상을 사는 동안에 불완전한 것은 그들의 몸의 모든 지체들 안에 거하고 있는 죄의 잔재들과 성령을 대적하는 육체의 지속적인 정욕에 기인한다. 이로 인하여 그들은 흔히 유혹을 받아 좌절하고 많은 죄에 빠지며 영적으로 봉사하는 일에 방해를 받는다(웨스트민스터 대요리 78문답).

다윗을 예로 들어 보면, 그는 하나님의 마음에 합한 자로서(행 13:22) 사무엘이 기름 부어 장차 왕이 될 자로 세우던 때 그는 성령에게 크게 감동되었고(삼상 16:13), 후에는 여호와의 이름으로 골리앗을 쳐 이겼으며(삼상 17장), 사울 왕이 죽은 후 북쪽 이스라엘과 남쪽 유다의 통합 왕이 되어 여호와께서 그와 함께 하심으로 그가 어디를 가서 싸우든지 이기게 하셨다(삼하 8:14). 그러나 그는 우리아의 아내 밧세바의 목욕하던 알몸을 보는 순간 정욕에 마음이 흔들려 간음죄를 범하고 이어서 우리아를 전쟁터에서 죽게 만드는 살인죄까지 범하였다. 이렇듯 다윗의 행위가 여호와 보시기에 악했었다(삼하 11:27).

다윗만이 아니다. 믿음의 조상 아브라함도 창세기 15:6에서 여호와를 믿음으로 의롭다 함을 받고서도, 20장에서 보면 그랄 왕 아비멜렉에게 자기 아내를 누이라고 속여 죄를 범한 바 있고(창 20:2), 22장에서 자기의 독자 이삭을 하나님께 제물로 드릴만큼 온전하게 순종하였으나, 나중에 사라가 죽은 후 그두라라는 여자를 후처로 얻어 여섯 명의 자녀를 얻기도 하는 실수를 범했다(창 25:1, 2).

믿음의 사람들이 거룩함에 있어서 불완전하여 죄를 범하는 원인은 특별히 성령을 대적하고 육체의 정욕대로 행하는데 있다. 그러므로 이 같은 불완전함을 극복하려면 육체의 정욕을 죽이고 성령의 열매를 맺는 삶을 살아야 한다. "성령을 좇아 행하라 그리하면 육체의 욕심(곧 정욕)을 이루지 아니하리라"(갈 5:16). "그리스도 예수의 사람들은 육체와 함께 그 정과 욕심을 십자가에 못 박았느니라"(갈 5:24). 그러기에, 성도들은 성령으로 충만하고(엡 5:18), 마귀의 유혹을 대적하기 위하여 하나님의 전신갑주를 입어야 하며(엡 6:11), 성령 안에서 기도하기를 항상 힘써야 한다(엡 6:18). 또한, 성령으로써 육체의 정욕을 죽이려면(롬 8:13) 자기를 부인하고 자기 십자가를 지는 훈련을 해야 한다(마 16:24). 즉 고난과 환난의 십자가를 통하여 자기를 부인하는 것을 연습하고, 우리의 몸을 의의 병기로 하나님께 날마다 드리기를 힘써야 하는 것이다(롬 6:13, 19). 하나님께 바쳐지는 헌신이 바로 성화의 적극적 방법이기도 하다. 성화의 최종적 목표가 영화롭게 되는 것, 즉 예수 그리스도의 형상을 닮는 것이요 그리스도의 장성한 분량에 이르는 것(엡

4:13)이므로, 우리의 모든 삶에 있어서 하나님의 말씀을 따라서 행하되, '예수님이라면 어떻게 하실까?' 물으며 행할 수 있어야 한다.

8. 성도들의 성화가 불완전함에도 불구하고 그들이 인내하여 구원을 잃지 않는 것은 무엇 때문인가?

믿음의 조상 아브라함이 여러 번의 실수에도 불구하고 구원을 잃지 않은 것은 하나님이 그를 참으시고 오히려 후대하여 '선지자'로 인정해 주는가 하면(창 20:7), 말씀대로 이삭을 주어 격려하시고(창 21:1, 2), 이삭을 제물로 바치는 순종을 통해서 믿음을 견고하게 하는 기회를 주신 까닭이다(창 22:1-19). 다윗의 경우도 나단 선지자를 통하여 하나님이 죄를 용서하여 주시고(삼하 12:13), 밧세바에게서 은혜로 솔로몬을 얻게 하셨다. 이로써 하나님이 여전히 다윗을 사랑하고 계심을 보이셨던 것이다(삼하 12:24, 25).

하나님은 자기가 택하여 부르신 자들을 자기의 것으로 삼으시면 그들의 손을 붙잡으시고 백발이 되기까지 보호하시며 길이 참아주신다(사 41:9-10, 13-14; 46:3-4). 그리고 그들이 은혜 가운데 강할 수 있도록 그들을 불쌍히 여기시고(히 4:15) 끊임없이 위하여 그리스도와 성령이 기도해 주신다(롬 8:27, 34). 그러므로 하나님의 오래 참으심이 구원이 될 줄로 알아야 한다(벧후 3:15; 참조, 롬 2:4). 이렇듯, 성도들은 하나님의 능력으로 보호를 받고, 그의 변함 없는 사랑을 덧입으며, 그들이 끝까지 인내할 수 있게 하나님이 그들과 맺은 언약을 기억하시고, 그들을 위해 그리스도와 성령이 끊임없이 기도하며, 하나님의 전신갑주를 입혀 주시고, 성령을 좇아 행하는 가운데 육체의 정욕을 쳐 복종시키도록 도우심으로 마침내 끝까지 인내하여 구원에 이르는 것이다(웨스트민스터 대요리 79문답).

요약하자면, 하나님이 자기의 사랑스런 자녀들인 성도들을 끝까지 참아주시고, 또 그들이 하나님의 은혜와 능력 가운데서 끝까지 믿음으로 참음으로써 구원을 잃지 않는 것이다.

그러므로 자기를 거역한 우리들을 끝까지 참으신 우리의 믿음의 주요 완전하게 하시는 예수 그리스도를 생각하며 바라보고(히 12:2-3), 피곤한 손과 연약한 무릎을 일으켜 세우고(히 12:12) 끝까지 인내해야 한다(히 12:1).

9. 이사야 29:17-21에 보면, 구원에는 어떠한 세 가지의 차원들이 있는가?

죄의 결과를 보면, 자아와의 관계에서 양심의 가책과 수치심을 느끼고, 이웃 사람과의 관계에서 서로 주장하며 갈등하게 되고, 하나님과의 관계가 소원해지고, 자연과의 관계에 있어서 자연이 황폐해진다.

이 같은 죄의 결과와 관련하여 보면, 먼저 영적 차원에서 이사야 29:19, 20, "겸손한 자가 여호와를 인하여 기쁨이 더하겠고, 빈핍한 자가 이스라엘의 거룩하신 자를 인하여 즐거워하리니"라는 말씀대로, 구원은 영적으로 하나님과의 만남을 통하여 하나님의 변함없는 사랑과 신실하심을 체감하여 하나님을 예배하는 가운데 생명의 기쁨을 누리는 것이다.

둘째, 이웃과의 관계 면에서, 즉 사회적 차원에서, 이사야 29:21, 22, "이는 강포한 자가 소멸되었으며, 경만한 자가 그쳤으며…"라는 말씀대로, 이웃 동료와의 바른 관계를 회복하여 섬김과 사귐의 삶을 살고, 이웃의 생존권과 행복권을 보호하는 가운데 서로 사랑하는 것이 구원이다. 주 안에서 같은 마음을 품고 서로 관용하며, 겸손한 마음으로 각각 자기보다 남을 먼저 생각하고 낮게 여길 때 구원이 있다(참고, 빌2:2-3; 4:2, 5).

셋째, 자연과의 관계 면에서, 즉 우주적 차원에서, 이사야 29:17, "레바논이 기름진 밭으로 변하지 않겠으며"라는 말씀대로, 구원은 자연이 환경오염으로부터 해방되어 자유를 누리는 것이다(롬 8:21). 이 점에서 자연 환경을 오염시키는 각종의 요인들, 예컨대, 질병, 전쟁, 과잉소비, 테러, 가난 등을 예방하거나 해소시키는 일을 해야 한다.

요약하자면, 구원에는 예배와 관련된 영적 차원, 섬김과 관련된 사회적 차원, 그리고 환경보전과 관련된 우주적 차원이 있다.

10. 구원은 무엇으로부터의 자유요 해방인가? 그리스도 예수 안에서 성령으로 이 같은 구원의 자유를 누리는 "나는 누구인가?"

예수 그리스도를 믿음으로 성령으로 거룩해져 얻는 구원은;

첫째, 죄의 종노릇에서의 자유이다. 우리 몸에 죄가 왕노릇하지 못한다(롬 6:17-18).

둘째, 죄의 정죄로부터 자유이다. 예수 그리스도 안에 있으면 정죄나 심판이 없다(롬 8:1).

셋째, 죄의 실체요 세력인 사단 마귀로부터 자유하다. 이는 그리스도께서 마귀를 없이 하신 까닭이다(히 2:14). 전에는 마귀의 종으로서 마귀의 뜻을 좇아 살았으나, 이제는 마귀를 대적함으로 오히려 마귀가 도망간다(딤후 2:26; 약 4:7).

넷째, 죄의 삯인 죽음에서 해방되었다. 예수를 믿는 자는 사망에서 생명으로 이미 옮겼고(요 5:24), 예수와 함께 성령으로 살아났다(롬 8:11).

다섯째, 율법의 저주에서 해방되었다. 그리스도께서 우리를 대신하여 율법의 저주를 받으신 까닭에, 우리가 율법의 저주에서 해방되었다(갈 3:13).

여섯째, 마귀의 나라에서 해방되었다. 예수 그리스도를 믿고 성령으로 거듭난 자는 하나님의 자녀의 권세로 하나님 나라의 시민이 되었다(빌 3:20).

일곱째, 죽음의 공포에서 자유하다. 그리스도께서 죽은 자 가운데서 부활하시어 죽음을 이기신 까닭에 우리에게는 죽음에 대한 두려움이 없다(히 2:15; 고전 15:54-57).

여덟째, 가난에서 자유하다. 예수를 믿는 가운데 하나님의 의와 나라를 구하는 자에게는 하나님이 물질적으로도 축복하시고 형통하게 하신다(마 6:33; 롬 8:32). 그리고 또, 가난한 중에서도 성도는 하나님으로 만족하고 범사에 감사한다(살전 5:18).

아홉째, 질병에서 자유하다. 예수를 믿는 성도는 병 낫기를 위하여 예수의 이름으로 서로 기도해야 한다(약 5:16). 치유함 받는 은혜를 누리는 것이다(마 8:17). 그리고 질병 중에서도 하나님의 은혜를 성도는 감사할 수 있다(고후 12:7-9).

열째, 고난과 환난에서 자유하다. 그리스도 예수를 믿는 자는 고난과 환난 중에서 오히려 강하다(고후 12:10). 그리고 고난 중에서 주님의 영광을 보고 즐거워한다(롬 5:2-3; 8:18). 그리스도를 위하여 고난을 받되 참고 기뻐하는 자는 천국의 영광을 누리는 복이 있다. 하늘에서 상이 크다(마 5:10-12). 모세가 그 복을 누렸었다(히 11:26). 구원은 복음의 진리로 우리를 자유하게 한다(요 8:32).

이제 그리스도 예수 안에서 성령으로 이 같은 구원의 자유를 누리는 "나는 누구인가?" 나는 세상의 소금이요 빛이다(마 5:13, 14). 하나님의 자녀이다(요 1:12). 그리스도의 형제요 자매이다(마 12:50). 그리스도의 제자이다(눅 14:26, 27). 그리스도의 양이다(요 10:2, 3). 그리스도의 친구이다(요 15:15). 그리스도와 함께 한 후사이다(롬 15:7). 하나님의 사랑 받는 성도이다(롬 1:7). 그리스도의 사람이다(행 11:26; 롬 1:7). 하나님의 성령의 성전이다(고전 3:16; 6:19). 그리스도의 몸의 지체이다(고전 12:27). 그리스도의 전권대사이다(고후 5:18-20). 하늘나라의 시민이다(고전 15:48; 빌 3:20). 빛의 자녀이다(살전 5:5). 왕 같은 제사장이요, 하나님의 나라요 백성이다(벧전 2:9). 하나님의 의이다(고후 5:21). 그리스도의 신부이다(마 25:1). 그리스도의 기쁨이요 자랑의 면류관이다(살전 2:19). 그러므로 "내가 누구인가?"를 알고, 이 신분에 걸맞는 변화된 삶을 살 때 참 자유가 있다.

11. 믿는 자마다 구원의 확신을 어떻게 하면 가질 수 있는가?

예수 그리스도를 믿는 믿음이 있으면, 참 신자들은 하나님의 은혜의 상태에서 끝까지 인내하여 구원에 이르리라는 것을 하나님의 말씀과 성령을 통해서 확신한다(웨스트민스터 대요리 80문답). 참된 신앙에는 진실한 회개가 있고, 처음부터 가슴에 새겨진 구원의 확신이 있다(참고, 칼빈, 『기독교 강요』 3권 2장 15-16, 36절). 구원의 확신은 이렇듯 믿음의 본질에 속한다. 히브리서 기자가 말한 대로, "우리가 처음 믿을 때 가진 확신을 죽을 때까지 견고하게 붙잡으면 그리스도와 함께" 하나님의 나라를 유업으로 받아 안식과 구원을 누리게 된다(히 3:14). 우리가 갖는 믿음이 오직 하나님 복음의 말씀과 하나님의 은혜와 성령으로만 얻어지는 까닭에, 이 믿음에는 구원의 확신이 포함되어 있기 마련이다.

우리의 믿음이 비록 약할지라도 우리를 위해 죽으시고 부활하신 그리스도 안에 나타난 하나님의 사랑과 능력을 믿기 때문에, 그 자체 안에 구원의 확신이 있는 것이다. "이 믿음은 선하고 거룩한 생활을 하려는 열심을 식어지게 하지 않을 뿐 아니라, 믿음은 우리로 하여금 선하고 거룩한 생활을 하도록 일깨워 주며 열심을 내게 하여 필연적으로 선한 일을 하게 한다"(프랑스 신앙고백 22장). 참된 신앙에는 그리스도 복음의 진리를 아는 지적 요소인 지식과, 그 진리에 나타나 있는 하나님의 능력과 사랑을 알고 감사하고 만족하며 즐거워하는 정서적 요소인 찬동과, 이로 말미암아 하나님을 경외하고 순종하는 의지적 요소인 신뢰가 포함되어 있어서, 본질적으로 구원의 확신이 있다.

그러나 참된 신자일지라도 불같은 시련을 당하거나 일시적으로 말씀 묵상하는 일과 기도를 게을리 하고 중대한 죄를 범하면 구원의 확신이 흔들릴 수 있다. 하나님이 보시기에 정결하고 경건했던 욥(욥 6:4) 뿐 아니라, 하나님의 마음에 합한 다윗(시 88:4), 그리고 예수의 수제자 베드로(마 26:69)도 잠시 흔들린 바 있었다. 그러므로 구원의 확신이 약해지거나 흔들리지 않기 위해서는 하나님의 은혜의 방편인 하나님의 말씀 묵상과 기도하는 일을 매일 쉬지 말아야 하고, 성례를 귀중하게 여겨 성실하게 참여하며, 선을 행하기를 힘써야 한다. 이는 선을 행하며 자비를 베푸는 자가 온전할 수 있기 때문이다(참고, 눅 6:36-38을 마 5:48과 비교할 것).

12. 구원의 목적은 무엇인가?

하나님이 자기의 택한 백성을 구원하신 데는 몇 가지 목적이 있다.

첫째, 하나님의 영광스런 형상을 회복시키기 위함이다(롬 8:29-30). 그리스도의 장성한 분량에 이르기까지 자라서 그리스도를 닮는 것이다. 그리고, 항상 범사에 "예수님이라면 어떻게 하실까?"를 물으며, 하나님의 말씀을 따라 풍성한 섬김과 사귐의 삶을 살게 하는데 있다. 이로써 하나님의 의로우심을 나타낸다(롬 3:25-26).

둘째, 그리스도 예수 안에서 성령으로 충만하고 성령의 열매를 맺고 성령의 은사를 활발하게 사용하도록 하기 위함이다. 이로써 자기를 부인하고 십자가를 지는 가운데 풍성하고 생동력 있는 삶을 살도록 하는 것이다(참고, 요 10:10).

셋째, 하나님께 찬송과 감사와 영광을 돌리고, 범사에 하나님으로 만족하고, 그를 영원토록 즐거워하는 가운데 행복하고 만족스러운 삶을 살게 하기 위함이다.

넷째, 복된 내세를 소망하고 그리스도의 재림을 대망하며 육체의 부활을 열망하는 가운데 소망이 있는 삶을 살게 하기 위함이다(롬 8:23; 계 22:20, 참조, 제 19과 7번).

제 22 과   은혜와 능력의 샘: 교회의 설립과 본질

기본적인 질문:

1. 구원받는 성도들을 위하여 왜 하나님은 교회를 세우셔야 했는가? 교회가 없으면 교회 밖에는 구원이 없는가? 왜 교회의 예배에 부지런히 참석해야 되는가?

2. 하나님은 교회를 어떻게 세웠는가? 구약시대에도 교회가 있었는가?

3. 성경이 말하는 교회는 무엇인가?

4. 교회는 어떤 점에서 성령의 은혜와 능력의 샘인가?

5. 교회는 삼위일체 하나님과 관련하여 어떤 점에서 영적 유기체인가? 영적 유기체로서 교회에는 어떤 본질이 있는가?

6. 교회가 어떤 점에서 하나님의 가족인가?

7. 교회가 어떤 점에서 그리스도의 몸인가?

8. 교회가 어떤 점에서 성령의 전인가?

9. 교회가 어떤 점에서 사도적 전통을 가지고 있는가?

10. 지역 교회가 외관상 규모가 작고 허물이 다소 있어도, 왜 교회를 충성스럽게 섬기며 사랑해야 하는가?

1. 구원받은 성도들을 위하여 왜 하나님은 교회를 세우셔야 했는가? 교회가 없으면 교회 밖에는 구원이 없는가? 왜 교회의 예배에 부지런히 참석해야 되는가?

주 예수 그리스도를 믿어 구원받은 성도는 하나님이 눈동자처럼 아끼고 사랑하여 보호하시며, 항상 함께 하시고 그의 강한 손과 팔로 붙잡아 주심으로, 환난이나 곤고한 중에도 인내하여 마침내 구원에 이르게 하시며, 또한 구원에 대한 확신도 주시는데 왜 교회가 필요한가?

사람은 하나님이 지으실 때 남자와 여자가 한 몸을 이루게 하시고, 처음부터 공동체적 존재로 지으셨다. 가족과 민족과 나라를 이루며 살게 하셨다. 이는 한 사람보다는 여러 사람이 함께 있는 것이 낫기 때문이다. "홀로 있어 넘어지고 붙들어 일으킬 자가 없는 자에게는 화가 있으리라. 두 사람이 함께 누우면 따뜻하거니와 한 사람이면 어찌 따뜻하랴. 한 사람이면 패하겠거니와 두 사람이면 능히 당하나니 삼겹줄은 쉽게 끊어지지 아니하느니라"(전 4:10-11).

성도마다 성령으로 거듭나고 믿음으로 의롭다 함을 받고 하나님의 말씀과 성령으로 거룩하여져도, 몸 안에 죄와 정욕의 잔재가 있어 사단의 유혹을 받아 넘어지고 죄를 범하여 구원의 기쁨과 생명을 충만하게 누리지 못하는 경우가 많이 있다. 그래서 성도마다 혼자 있으면 더 잘 넘어지고, 넘어지면 다시 일어서기가 힘들다. 이 같은 성도의 연약함을 인하여 하나님은 예수 그리스도를 머리로 하고, 사도들과 선지자들을 터로 삼으시며(엡 2:20), 그리고 목사와 장로를 마디와 힘줄로 삼고(골 2:19) 일반 성도들을 지체로 삼아 몸을 이루신 것이 바로 교회이다.

그래서 교회는 그리스도의 몸이요, 성도들의 교통(communion of saints)이며, 하나님의 자녀들의 공동체(a community of God's children)이다. 그리스도의 몸의 지체된 성도들은 사도들의 신앙고백의 전통 위에 서고, 목사와 장로들을 통해서 포도나무 가지가 줄기에서 영양분과 수분을 공급받듯이, 머리이신 그리스도로부터 생명과 능력을 공급받아 풍성한 삶을 누린다. 그런 까닭에, 포도나무 가지가 줄기를 떠나서는 아무것도 할 수 없음은 물론 생존할 수도 없는 것 같이(요 15:5, 6), 성도는 머리이신 그리스도와 그의 몸을 떠나서는 아무 것도 할 수 없고, 구원의 기쁨과 생명도 온전히 누릴 수가 없다. 이런 점에서 성도는 교회를 떠나서는 구원을 얻을 수도 누릴 수도 없으며, 교회 밖에는 구원이 결코 없는 것이다.

그리스도의 교회의 주요 기능은 예배요, 교회는 본질적으로 예배 공동체이며, 사람의 창조와 구원의 목적이 하나님께 영광 돌리고 예배하는 것이기 때문에, 풍성한 생명과 기쁨을 누리며 살기 위해서는 교회의 예배에 부지런히 참석해야 한다. 하나님 아버지께서는 성령과 진리로 자기에게 예배하는 자들을 찾으신다. 지금이 바로 예배할 때이다(요 4:23). 하나님은 영이시니 예배하는 자마다 성령과 진리로 예배해야 한다(요 4:24).

2. 하나님은 교회를 어떻게 세웠는가? 구약시대에도 교회가 있었는가?

예수님께서는 가이사랴 빌립보에서 베드로의 신앙고백을 들으시고서, "내가 이 반석 위에 내 교회를 세우리라"(마 16:18)고 말씀하신 대로, 자기의 피로 교회를 사서(행 20:28) 사도들과 선지자들을 터로 삼고 자기 자신은 친히 모퉁이 돌이 되어 교회를 성령으로 세례 주어(행 2:1-4) 이 땅 위에 세우셨다(엡 2:20). 이 교회를 위하여 사도, 선지자, 전도자, 목사와 교사(엡 4:11), 감독과 집사(딤전 3:1-13), 그리고 장로(딛 1:5-9) 등을 세우셨다. 특별히, 예수 그리스도께서 십자가에 흘린 피로 값을 주시고(고전 6:20), 죽은 자 가운데서 부활 승천하시어 성령을 보내어 세례를 주심으로 교회를 세우시되, 유대인 뿐 아니라 이방인들까지 자기의 십자가로 화목하게 하여 한 몸을 이룸으로(엡 2:13-33) 아버지 하나님께 나아와 예배드리게 하였다. 이렇듯 그리스도의 피와 그가 베푸신 성령 세례로 말미암아 신약의 교회는 조직 교회로 세워졌다.

구약의 경우는 모세가 이스라엘 백성을 애굽에서 이끌어 내어 홍해를 건너게 하던 때 모세와 함께 그 바다 가운데서 물로 세례를 받아 교회가 되었고, 다같이 신령한 음식(만나)을 먹으며 신령한 음료(반석의 물)를 마셨다(고전 10:1-4). 이것이 구약의 광야교회이다(행 7:38). 이 광야교회도 신약교회의 성도들처럼 유월절 양이신 그리스도(고전 5:7)의 동일한 성례에 참여한 것이다(참고, 칼빈,『신약주석』고전 10:1-4 주해).

3. 성경이 말하는 교회는 무엇인가?

하나님의 교회는 "그리스도 예수 안에서 거룩하여지고 성도라 부르심을 입은 자들과 또 각처에서 우리의 주 곧 저희와 우리의 주되신 예수 그리스도의 이름을 부르는 모든 자들"(고전 1:2)이요, 하나님의 사랑하심을 입어 예수 그리스도의 것으로 부르심을 입은 자들(롬1:6-7)이다. 좀 더 덧붙이자면, 하나님이 그리스도 안에서 선택하고(엡 1:4), 복음으로 부르시어 그리스도의 피로 값 주고 사시되(행 20:28; 고전 6:20), 예수를 그리스도로 믿는 신앙 고백 위에(마 16:16-18), 성령으로 세례를 주고 인을 쳐(엡 1:13), 그들 가운데 목사, 장로, 집사 등 직분자들을 세워 한 지역을 중심으로 모여진 성도들(고전 1:2; 롬 1:7; 갈 1:2; 엡 1:1)이 바로 하나님의 교회다.

헬라어 '에클레시아'는 '하나님께 함께 부르심을 받은 자들'(the called-together by God)이고, 영어의 'church'는 '주께 속한 자들'이라는 의미를 가지고 있다. 우리말 '교회'는 '가르침의 모임' 곧 성경 말씀의 가르침을 배우는 모임을 뜻한다.

웨스트민스터 신앙고백의 정의에 의하면, 보편적이요 우주적인 "유형교회는 전 세계적으로 참 종교를 신봉하는 모든 사람들과 그들의 자녀들로 구성되어 있다. 이 교회는 주 예수 그리스도의 왕국이요, 하나님의 집이며 권속이다. 이 교회를 떠나서는, 즉 교회 밖에서는 통상적으로 결코 구원을 받을 수가 없다"(웨스트민스터 신앙고백 25장 2항).

4. 교회는 어떤 점에서 성령의 은혜와 능력의 샘인가?

교회의 머리는 예수 그리스도이시다. 그는 교회의 모퉁이 돌이시요(엡 1:22; 2:20), 생수의 근원인 반석이시다(고전 10:4). 이 반석이신 그리스도가 성령을 교회에 보내어 성령으로 세례를 주셨다(행 2:3; 4:31; 8:17; 10:44; 11:17; 19:6). 이 같은 사실을 계시록 22:1-2에 비추어 보면, 이 반석은 하나님의 성전에서 하나님과 및 어린양의 보좌와 같고, 이 보좌로부터 생명수의 강이 흘러나와 생명나무로 실과를 맺히며 만국을 소생시키듯이, 성령이 생수의 강처럼 흘러 넘쳐 교회의 모든 지체들을 소성하게 하는 바 은혜와 능력의 샘이다.

예수 그리스도께서 교회를 세우심에 있어서 교회에게 천국의 '열쇠를 맡기셨다(마 16:19). 이 천국 열쇠로 땅에서 무엇이든 매면 하늘에서도 매이고, 땅에서 무엇이든 풀면 하늘에서도 풀리는 바, 교회는 그리스도가 주는 놀라운 권세가 있다(마 16:19; 18:18). 또한 성령이 교회에 임하시면 능력이 임한다(행 1:8). 이 권세와 능력으로 말미암아 교회 안에서 기사와 표적들이 나타났다(행 2:43; 4:30; 5:12). 교회의 머리이신 그리스도가 천지의 창조주시요 주재시며 만왕의 왕이시며 심판주이시기에, 그의 몸인 교회가 권세와 능력이 있음은 당연하다. 그를 믿고 영접하는 사람마다 그 속에서 성령으로 말미암아 생수의 강이 흘러남으로(요 4:14; 7:38), 이 점에서 교회는 성령의 은혜와 능력의 샘인 것이다. 또한, 교회를 교되게 한 그리스도의 십자가가 하나님의 은혜이자 능력이므로(고전 1:18, 24), 교회는 은혜와 능력의 샘이다. 그리고 교회는 그리스도께서 성령으로 씻어 말씀으로 깨끗하게 하고 거룩하게 하신 까닭에 영광스러우며, 자기 몸을 주어 사신 까닭에 지극히 사랑하시고 보호하신다(엡 5:25-29). 그리스도의 영광스런 교회가 은혜와 능력의 샘이다.

5. 교회는 삼위일체 하나님과 관련하여 어떤 점에서 영적 유기체인가? 영적 유기체로서 교회에는 어떤 본질이 있는가?

첫째, 성부 하나님이 생명의 창조자이시요, 성자 예수 그리스도가 생명의 원천이요(요 1:4), 성령님이 생명을 주시는 영(롬 8:2)이시기 때문이다. 이 삼위 하나님이 교회의 주인이심으로, 교회가 생명의 유기체요, 하나님이 영이심으로 또한 영적 유기체이다.

둘째, 삼위 하나님이 상호 유기적 관계 공동체이시기 때문이다. 교회의 주인이신 삼위 하나님이 상호간에 신비하게 인격적으로 내주하시어 사랑으로 섬기며 사귀는 위격 공동체로서 영적 유기체이시기 때문에, 교회도 사랑의 섬김과 사귐의 영적 유기체이다.

셋째, 교회는 하나님의 택한 백성들로 구성된 하나님의 가족이요(엡 2:19), 그리스도의 지체들로 이루어진 그리스도의 몸이요(엡 1:23), 성령이 인치시고(엡 1:13) 내주하시는 성령의 전(고전 3:16)이시기에 영적 유기체이다.

이 같은 하나님의 영광스러운 교회가 영적 유기체로서 하나님의 가족이기에 보편성이 있고, 그리스도의 몸이기에 통일성이 있으며, 성령의 전이기에 거룩성이 있다. 그리고 교회는 사도들의 터 위에 세워진 까닭에 사도성이 있다. 이 교회는 그리스도의 신부요(계 21:9), 하나님의 양무리이며(벧전 5:2), 진리의 기둥과 터요(딤전 5:15), 하나님의 군대이다(엡 6:11).

6. 교회가 어떤 점에서 하나님의 가족인가?

교회는 예루살렘을 뛰어 넘어 유대와 사마리아 뿐 아니라 소아시아, 유럽을 거쳐 아프리카, 아시아 등 지역의 한계가 없고, 인종간의 구별이 없으며, 남녀 성별, 사회적 신분의 귀천이나 지위 고하에 관계없이, 모든 차별이나 한계에 관계

없이 하나님이 자기의 택한 백성을 불러 모으신 하나님의 가족이다. 하나님은 예수 그리스도의 십자가로 이방인과 유대인 간의 막힌 담을 허시고 그의 피로 한 새 사람을 지어 한 몸으로 하나님과 화목 되게 하고, 한 성령 안에서 하나님께 나아가도록 한 것이다(엡 2:13-19; 참고, 롬 9:24-26).

그러므로 교회는 하나님 아버지께서 은혜와 평강으로 축복하신 자들이요(민 6:24-26; 계 3:19), 하나님의 긍휼을 덧입은 백성이며(벧전 2:10), 그리스도 안에서 거룩하여지고 성도로 부르심을 입은 자들이다(고전 1:1-2). 다시 말해서, 교회는 하나님이 그리스도의 피로 씻으시고 성령으로 거룩하게 하신 하나님의 거룩한 나라요, 이제는 하나님의 소유된 백성들의 공동체이다(벧전 2:9).

이 하나님의 교회는 아브라함의 믿음을 따라 한 믿음과 한 소망을 가진 자들로서(롬 4:16-18), 이방인이나 유대인들 간에 차별이 없음은 물론(갈 3:28), 남녀노소 빈부귀천이 없으므로 하나님의 가족이요, 그래서 보편적인 교회이다. 이 점에서 교회는 서로 품어주는 하나님의 가족들의 모임이요, 그래서 은혜와 능력의 샘이다.

7. 교회가 어떤 점에서 그리스도의 몸인가?

교회의 머리는 그리스도요(엡 1:22), 터는 사도들과 선지자들이요(엡 2:20), 마디와 힘줄은 감독, 목사, 장로 집사 등 직분자들이며(골 2:19), 지체들은 일반 성도들로 구성되어 있는 바, 교회는 그리스도의 유기체적 몸이다(엡 2:23). 이 교회는 그리스도의 피와 살을 함께 마시고 먹는 공동체요(고전 11:22-26), 목자에게 양이 속하듯(겔 34:15, 23; 요 10:14-16), 포도나무에 가지가 연결되듯(요 15:4-5), 그리고 남편과 아내가 한 몸을 이루듯이(엡 5:31-32) 유기적으로 통일된 한 몸이다. 그리고 성령의 은사를 통해 서로 섬김으로 하나가 된 몸이다(엡 4:3, 12).

그래서 교회는 머리이신 그리스도에게서 성령과 말씀으로 그리고 사도와 장로와 목사와 집사 등 직분자들을 통하여 생명과 능력을 공급받는다(골 2:19). 이와 같이 그리스도의 몸된 교회는 하나의 통일된 영적 유기체이기에, 사랑으로 성령의 통일성(unity)을 힘써 지켜야 하는 것이다(엡 4:3-6). 그러므로 형제 사랑을 부인하는 교회 분열은 이단 사상만큼이나 악한 범죄 행위이다.

8. 교회가 어떤 점에서 성령의 전인가?

교회는 하나님 아버지가 창세전에 택하여 함께 불러 모으시고, 성자 예수 그리스도께서 피 값으로 사셨으며, 성령과 말씀으로 씻으시고 거룩하게 하시어 삼위 하나님 특별히 성령 하나님이 내주하시는 성령의 전 또는 하나님의 성전이다(고전 3:16, 17; 6:19; 고후 6:16). 이 교회는 성령 세례로 세워졌고, 성령으로 충만하고, 성령으로 사귀며 교통하기에(the fellowship of the Holy Spirit) 성령의 전이다(참고, 고후 13:13).

교회는 성령으로 충만한 집인 까닭에 시와 찬미로 서로 화답하고 피차 복종한다(엡 5:18-21). 그리고 성령의 은사들을 가지고 서로 섬긴다(롬 12:6-13). 이 성령의 은사들을 통하여 온전히 서로 덕을 세울 수 있도록 성령께서는 성도들의 육신의 정욕을 십자가에 못 박고 성령의 열매를 맺어 오직 사랑으로 행하게 하신다(갈 5:22-26). 교회는 성령의 전이기에 그것이 거룩성으로 인하여 악한 영들이 지배하는 세속과 구별된다. 이 거룩성으로 인하여 교회는 은혜와 능력의 샘인 것이다.

9. 교회가 어떤 점에서 사도적 전통을 가지고 있는가?

교회의 머리이신 그리스도께서는 사도들을 터로 삼아 자기의 교회를 세우셨다(엡 2:20; 마 16:18). 그리스도의 사도는 그리스도의 전권대사로서 복음의 일꾼들이다. 그리스도께서는 자기의 제자들을 사도로 세우시던 때 사명을 주어 세상으로 내보내어 십자가의 복음의 진리를 전하게 하시고 또 귀신을 내어 쫓고 병을 치료하는 권세도 있게 하셨다(막 3:14-15). 예수께서 그의 제자들을 가리켜 "너희는 세상의 소금이요, 세상의 빛이라"(마 5:13-14) 하신 말씀에 비추어 보면, 그의 사도들이 바로 세상의 소금이요 빛이다. 그래서 그리스도의 사도들은 세상의 빛과 소금으로서 세상에 나아가 복음을 전하고, 사람들 앞에서 착한 행실로 빛을 비추며, 세상 사람들을 불쌍하게 여겨 위하여 기도하고 질병의 고통에서 해방시켜 주었다(행 2:22, 43, 47; 3:1-10).

이로 보건대, 그리스도께서 교회를 사도들의 터 위에 세우신 것은 이와 같이 사도적 전통을 이어받아, 그리스도의 전권대사로서(고후 5:20) 세상의 빛과 소금으로서 복음을 전하는 일과, 중보 기도하는 일 그리고 긍휼을 베푸는 일 및 치유 사역 등 섬기는 일을 열심히 교회가 오늘도 변함없이 수행하도록 하기 위함이다. 그러므로 이 사도적 전통은 베드로의 사도권의 계보를 이어받는 것이 아니고, 그의 사명과 사역의 전통을 교회가 이어 받는 것을 의미한다.

10. 지역교회가 외관상 규모가 작고 허물이 다소 있어도, 왜 교회를 충성스럽게 섬기며 사랑해야 하는가?

하나님의 교회는 하나의 거룩한 보편적 교회(a holy catholic church)이다. 그러기에 지역교회마다 규모의 대소, 허물의 과다, 정치체제의 다양성, 조직의 허실, 외모의 화려함과 초라함 등에 관계없이 대표성을 갖는다. 예를 들면, 칼빈은 교회를 성도들의 어머니와 학교로 비유한 바 있는데, 어머니는 한 분 뿐이요, 모든 어머니마다 어머니를 대표하며, 어머니마다 세상에서 가장 참되고 존귀하고 영광스럽고 사랑스럽고 자랑스런 면류관인 것이다. 자기의 어머니의 허물이나 약점, 초라하고 허약함이 자녀에게 문제가 되지 않는다. 오히려 그것 때문에 더욱 어머니를 사랑하고 섬기는 것이다. 교회의 경우도 이와 마찬가지이다. 내가 섬기는 교회는 세상에 단 하나 뿐이요, 하나님의 대표적 교회이다.

교회는 하나님의 가족이요, 그리스도의 몸이요, 성령의 전이며, 사도적 전통 위에 세워진 영적 유기체요, 성도들의 어머니이자 학교이다. 그래서 존귀하고 영광스럽다. 하나님께는 기쁨이요 자랑의 면류관이다(참고, 살전 2:19). 하나님이 지극히 사랑하시고 보호하신다. 그러므로 내가 섬기는 교회가 세상의 기준으로 볼 때 외관상 허물이 있고 초라하며 부족한 부분이 있더라도 이 세상에서 내게는 단 하나뿐인 교회를 무시하거나 어지럽혀서는 결코 안 되고(고전 11:22; 14:33, 40), 항상 충성스런 마음으로 믿고 사랑하고 순종해야 한다(행 16:4-5). 그리하면, 교회에서 성령의 은혜와 능력을 공급받게 되는 것이다. 지역교회마다 "살아 계신 하나님의 교회요 진리의 기둥과 터"(딤전 3:15)이며, "만물을 충만케 하는 자의 충만"(엡 1:23)이며, 하나님 나라의 대행자이므로, 교회를 사랑하고 충성스럽게 섬기는 것이 바로 참 믿음이요 축복이다.

제 23 과 믿음과 사랑의 훈련장:
교회의 권세와 기능

기본적인 질문:

1. 교회는 본질에 있어서 영적 유기체(spiritual organism)이다. 그러나 기능에 있어서는 제도적 조직(institutional organization)이다. 그렇다면, 교회는 사람 중심이어야 하는가? 아니면 건물 중심이어야 하는가?

2. 교회는 성도들의 어머니이자 학교이다. 그렇다면 교회가 성도들에게 믿음과 사랑의 훈련장이 되려면 어떠한 것들이 구비되어야 하는가?

3. 그리스도의 삼중직과 관련하여 교회에는 무슨 권세가 있는가?

4. 교회가 교회인 것을 보여주는 표지(marks)는 무엇인가? 십자가 탑이 세워져 있어야 교회로 보이는가?

5. 교회의 영광스러움을 위해서는 어떠한 기능과 사명을 다해야 하는가?

6. 교회의 기능과 사명을 위해서는 특별히 무엇이 뒷받침되어야 하는가? 그리고 교회는 무엇을 목적으로 하여 활동해야 하는가?

7. 그리스도의 속죄의 유익들을 성도들에게 풍성하게 베풀 수 있게 교회에게 주어진 은혜의 외적 방편들은 무엇인가?

8. 하나님의 말씀은 구원을 얻는데 어떻게 유효한가?

9. 교회의 성례는 무엇이며, 그 가운데 세례는 무엇인가?

10. 성찬은 어떻게 베풀어지며, 무슨 의미가 있는가?

11. 기도는 무엇이며, 무슨 요소들이 갖추어져야 하는가?

1. 교회는 본질에 있어서 영적 유기체(spiritual organism)이다. 그러나 기능에 있어서는 제도적 조직(institutional organization)이다. 그렇다면, 교회는 사람 중심이어야 하는가? 아니면 건물 중심이어야 하는가?

교회는 예수 그리스도가 머리이시자 모퉁이돌이시요, 사도들이 터이며, 직분자들(목사, 장로, 집사 등)이 마디와 힘줄 노릇하도록 되어 있는 성도들의 교통(communion 또는, fellowship)이자 공동체(community)이다. 그럼에도 불구하고 많은 사람들이 교회와 건물인 교회당을 혼동하고 있다. 교회당 또는 예배당 즉 교회가 모이는 건물 또는 예배드리는 건물을 교회로 생각하는가 하면, 심지어는 예배당을 성전으로 그리고 예배당의 강대상을 제단으로 오해하고 있다. 그래서 교회 예배실 입구에 '사랑성전', '소망성전' 등의 표지를 붙여 놓는가 하면, 예배당을 건축하는 일을 성전 건축이라 하고, 입당이나 헌당하는 경우 성전 입당 또는 성전 봉헌 등의 표현을 일반적으로 사용하고 있다. 교회의 본질이 사라지고, 외형이 중요시되고 있다.

교회는 그리스도의 몸이요 하나님의 가족이며 성령의 전이기에 몸의 지체요, 가족의 구성원이요, 성전의 교제의 섬김이들인 사람이 중요하다. 따라서 사람 중심이 아니라 프로그램이나 운동(movement) 중심으로 거대한 조직만을 추구하면 큰 물결처럼 역동성이 있는 듯하지만, 운동 중심의 교회는 조직을 담는 건물에 강조점을 두게 됨으로써 하나의 큰 기계(machine)가 되기 쉽다. 이렇게 되면, 성도들이 자기의 가치를 잃게 되어 교회가 마침내 하나의 기념물(monument)이 되고 마는 것이다. 종교의 겉모양과 건물만 남는다.

교회는 한 아버지 하나님, 한 주 예수 그리스도, 그리고 한 성령님을 모시고, 한 믿음, 한 소망, 한 사랑을 가지고 형제끼리 연합하여 교제하며 예배하는 성도들의 교통의 본질을 잘 유지해야 한다.

2. 교회는 성도들의 어머니이자 학교이다. 그렇다면 교회가 성도들에게 믿음과 사랑의 훈련장이 되려면 어떤 것들이 구비되어야 하는가?

교회가 거대한 기계 또는 기념물로 전락하지 않고, 은혜와 능력의 샘으로 생수가 넘치고, 사람 중심의 믿음과 사랑의 훈련장이 되려면 성도들의 어머니이자 학교로서 잘 먹여 주고, 길러주며, 가르치고 바로잡아 주어야 한다. 이를 위해서는 하나님의 말씀을 연구하여 가르치며 질서를 유지하는 등의 권세가 있어야 하고, 말씀 선포와 성례와 권징과 같은 것들도 갖추며, 예배와 전도 등 기능을 잘해야 하는 것이다. 즉, 교회로서의 권세, 교회로서의 표지, 그리고 교회로서의 기능을 갖추어야 한다.

3. 그리스도의 삼중직과 관련하여 교회에는 무슨 권세가 있는가?

그리스도의 삼중직과 관련하여 교회는 삼중의 권세가 있다. 선지자직은 교리권, 왕직은 치리권, 그리고 제사장직은 봉사권과 각기 관련된다.

교리권에는 하나님의 진리의 말씀을 수호하고(딤전 1:3-4), 전파하며(딤후 4:2), 해석하고(딤전 4:13), 신앙고백을 작성하며(참고, 딤전 1:20), 신학 연구를 통하여 진리를 발전시키는 일 등이 있다. 교회 역사에 있었던 각종의 회의들(예, 니케아 회의, 칼케돈 회의, 웨스트민스터 회의 등)은 기독교의 중요한 교리들을 연구하여 확정함으로써 교회가 교리권을 행사한 대표적인 사례들이다. 목회자들이 성경을 연구하여 해석하고 신학을 공부하는 것도 이 교리권의 행사인 것이다.

치리권에는 질서 유지권과 순결 유지권이 있다. 질서 유지권이란 교인의 자격, 직원의 자격, 공예배의 방식, 그리고 권징의 규칙 등을 제정하여 교회 내에서 모든 것을 질서대로 하는 권세이다. 이에 비하여 순결 유지권은 교회가 교리적 도덕적으로 순결할 수 있도록 교리적 이단이나 윤리적 범죄 행위를 가려서 책벌하는 권세이다.

봉사권에는 병자들을 위로하거나 치유하며, 위하여 기도하는 일(약 5:14-15), 가난한 자들을 구제하는 일(행 20:35) 등을 하는 권세이다. 치유와 구제는 하나님의 은혜와 사랑의 진실함을 증명해 준다(고후 8:8).

4. 교회가 교회인 것을 보여주는 표지(marks)는 무엇인가? 십자가 탑이 세워져 있어야 교회로 보이는가?

한국의 교회는 교회 건물마다 십자가 탑이 높이 세워져 있고, 빨간색 불빛이 찬란하다. 비행기에서 내려다보면 도시마다 십자가로 수놓아져 있음을 발견할 수 있다. 대단한 장관이어서 외국인들에게는 흥미있는 볼거리이기도 하다. 그러나 교회가 교회인 것을 보여주는 표지는 십자가 탑이 아니고, 예배와 권징이다. 예배에는 찬송, 기도, 말씀선포, 성례, 헌금, 교제 등 주요한 요소들이 있다. 이 요소들 가운데서 특별히 말씀선포와 성례가 표지로 꼽힌다. 이는 거짓된 종교들에도 그들 나름의 찬송과 기도와 헌금이 있고 그들의 경전을 가르치는 일과 예식도 있는 바, 말씀 선포의 경우는 기독교의 복음의 진리가 타종교에는 없고, 또 예수께서 제정하신 성례도 없기 때문이다. 기독교의 교회는 복음의 말씀선포와 성례에 있어서 그 독특함을 드러낸다.

교회의 첫 번째 표지는 복음의 진리의 말씀 선포이다. 교회의 성도들은 복음의 진리를 들음으로 믿음이 생길 뿐 아니라, 그 믿음이 자란다(롬 10:17). 복음의 진리의 말씀이 온전하게 선포되지 않으면 교회는 더 이상 교회가 아니고, 교회로서의 생명이나 권세를 상실한다. 이 말씀의 선포는 교회 안에서 기도와 사랑을 열매 맺음으로 교회를 교회 되게 한다.

교회의 두 번째 표지는 성례이다. 즉 성부와 성자와 성령의 이름으로 베풀어지는 세례와, 예수께서 친히 제정하신 성찬이 교회의 표지인 것이다. 세례를 통해서 그리스도의 몸의 지체가 되고, 성찬을 통해서는 그리스도의 피와 살을 기념함으로 그의 생명을 공급받을 뿐 아니라 성도들이 함께 참여함으로 한 몸 되어 서로 섬기고 사귀는 것이다. 그런 까닭에, 성례를 통하여 교회가 사랑의 교제를 열매 맺고, 서로 위하여 중보 기도함으로 교회가 교회답게 된다. 말씀선포와 성례로 말미암아 교회 안에 사랑과 기도가 열매 맺음으로 교회가 교회다운 모습으로 드러나는 것이다.

교회의 세 번째 표지는 권징이다. 권징은 교회의 순결을 유지하기 위한 권세와 관련이 있다. 교회 안에 권징이 필요한 것은 범죄한 성도들을 바로잡아 잃어버리지 않기 위함일 뿐 아니라, 다른 성도들이 그 같은 유사한 죄들을 범하지 않도록 미리 막기 위함이다. 권징의 종류로는 권계, 일시적인 수찬 정지, 그리고 교회에서의 제명 등이 있다. 이 권징도 사랑의 표현이며, 기도함으로 권징을 행해야 한다. 기도와 사랑이 없으면 더 이상 교회가 아니다.

5. 교회의 영광스러움을 위해서는 어떠한 기능과 사명을 다해야 하는가?

예수님께서 하나님의 나라 건설과 확장을 위하여 친히 행하신 일들을 보면, 하나님께 영광 돌리며 예배하는 일을 힘쓰고(참고, 요 4:21-24), 성경 말씀을 가르치시는 일을 또한 힘쓰고(참고, 마 4:23, '저희 회당에서 가르치시며'), 천국 복음을 전파하는 일을 힘쓰고(참고, 마 4:17; 4:23, '천국 복음을 전파하시며'), 병자들을 고치시는 일을 힘쓰고(참고, 마 4:23, '모든 병과 모든 약한 것을 고치시니'), 굶주린 자들에게 먹을 것을 주어 먹이시는 일도 힘쓰시고(참고, 마 14:15-21; 15:32-38), 그리고 사회적 문제(예, 빈부의 갈등, 이혼문제, 세금문제 등; 마 18:21-25; 19:3-9; 22:15-22)에도 적극적으로 참여하셨다. 이로 보건대, 예수 그리스도께서 친히 세우신 그의 몸된 교회도 바로 그 일을 이어받아 행하는 것이 바로 교회의 기능이요 사명인 것이다. 그러므로 교회의 기능과 사명은 다음과 같다.

첫째, 교회의 가장 주요한 기능과 사명은 예배이다. 하나님은 자기를 예배하는 자들을 찾으시며, 자기의 백성들이 교회를 이루어 성령과 진리로 예배하는 것을 기뻐하신다(요 4:23). 그런 까닭에 교회는 무엇보다도 예배 공동체로서 하나님께 예배드리기를 힘써야 한다. 예배의 초점과 대상은 하나님이다. 그러나 예배에는 이웃에 대한 섬김과 사귐이 있어야 하고, 또한 땅에 대한 배려도 따라야 한다. 이는 '예배'라는 단어(영어, 'service', 히브리어, '아보다')는 본래 하나님께 대해서는 '예배'를 뜻하지만, 사람에 대해서는 '섬김'(봉사)을 뜻하고, 땅에 대해서 '일하다'(경작)를 뜻하기 때문이다. 하나님을 사랑하여 드리는 예배는 이웃 사랑과 땅 사랑으로 그 진실함을 드러내는 것이다.

둘째, 교회에는 성경을 가르치는 기능이 있다. 우리말 '교회'는 이 가르치는 기능을 특별히 강조하고 있다. 예수님은 무엇보다도 성경을 바르고 깊이 있게 가르치기를 힘쓰셨다. 그의 산상설교와 천국비유 등은 교회의 성경 교육의 중요성을 보여 주고 있는 것이다. 교회는 성경 교육 뿐 아니라 교리 교육도 함께 힘써야 한다. 이 때문에 성령께서는 교회의 어떤 이들에게 가르치는 은사를 주신 것이다(롬 12:7; 고전 12:8).

셋째, 교회에는 복음전도와 선교의 기능이 있다. 성경을 교육하는 일이 교회 안에서 성도들을 위하여 행해지는 것인데 비하여, 복음 전도와 선교는 교회 밖에 있는 불신자들을 상대로 하는 것이다. 교회는 때를 얻든지 못 얻든지 세상 끝날까지, 인종 성별 귀천에 관계없이, 그리고 지리적 경계를 초월하여 땅 끝까지 복음을 전파해야 한다. 복음전도는 단순히 말로만 해서는 안 되고, 불신자들의 세계로 찾아가 그들과 삶을 함께 나눔으로 해야 한다. 세상의 빛과 소금이 됨으로 복음 전도가 풍성한 열매를 맺는 것이다.

넷째, 교회에는 치유 사역의 기능이 있다. 교회는 모든 병든 자들을 위하여 기도하고, 예수 그리스도의 이름으로 병 고침을 받도록 힘쓴다. 그리고 병원 사역을 돕는다. 의료 선교는 복음을 효과적으로 증거하는 데 아주 중요한 방편이다.

다섯째, 교회에는 구제 사역의 기능이 있다. 교회는 가난하고 굶주린 자들, 지체 부자유자, 정신 지체자, 알콜 중독자, 또는 가정이 파괴된 자들 등 사회적으로 도움이 필요한 자들에게 필요한 도움을 주는데 힘을 쓴다.

여섯째, 교회에는 건덕, 곧 교제의 기능이 있다. 교회는 성도들 간에 사랑으로 서로 섬긴다. 무거운 짐을 함께 나누며(갈 6:2), 슬픔과 기쁨을 함께 나눈다. 애경사에 적극 참여하고, 상호 심방하여 보살핀다.

일곱째, 교회에는 사회적 책임도 있다. 건덕의 기능이 교회 안에서 성도들 간에 행해지는 것인데 비하여, 사회적 책임은 교회 밖의 일반 세상에 대한 참여이다. 사회복지, 근로자 임금정책, 과도한 소비 억제, 환경 보호, 전쟁 억제, 건전한 문화 창달, 인구 정책, 노인 문제 등 사회적 문제들에 대하여 관심을 가지고 참여한다.

6. 교회의 기능과 사명을 위해서는 특별히 무엇이 뒷받침되어야 하는가? 그리고 교회는 무엇을 목적으로 하여 활동해야 하는가?

예수 그리스도께서 하나님의 나라를 위하여 일할 때 성령의 충만함과 성령의 능력으로 하셨고(눅 4:1, 14; 행 10:38), 또 항상 기도하심으로 하셨다(눅 3:21; 5:16; 6:12; 마 14:23; 눅 22:39-46). 그리고 모든 일을 처음부터 끝까지 하나님 아버지의 영광을 위하여 하셨다. "아버지께서 내게 하라고 주신 일을 내가 이루어 아버지를 이 세상에서 영화롭게 하였사오니"(요 17:4). 이로 보건대 교회도 그의 기능과 사명을 행함에 있어서 성령 없이는 할 수가 없다. 성령으로 충만해야 시와 찬미로 서로 화답하며 신령하게 하나님께 예배를 드릴 수가 있고(엡 5:18-21), 성령이 임하여 권능을 받아야 성령의 능력으로 복음을 전하며(행 1:8), 성령의 은사와 충만함이 있어야 성경을 잘 가르치며(롬 12:7; 참고, 행 6:8-10; 17:2; 19:8-10), 성령이 믿음의 분량대로 은사를 주셔야 치유와 구제 및 건덕의 사역을 감당할 수 있고(롬 12:10-13), 성령이 아니고서는 세상에 대하여 빛과 소금 역할을 할 수 없다(엡 5:8-11).

성도된 자들이 성령으로 충만하고 능력을 받으려면, 예수님이나 초대교회의 사도들이 그러했듯이(행 1:14) 전혀 기도에 힘써야 한다. 교회의 모든 기능과 사명은 기도가 반드시 뒷받침되어야 하는 것이다. 주께서 그의 기도를 통하여 가르쳐 주신대로 하나님의 통치와 뜻이 이루어지기 위해서 반드시 기도가 있어야 한다. 기도 없이 무슨 일을 하는 것은 실패할 뿐이요, 하나님께 영광이 되지 않는다.

교회는 무슨 일이든 하나님의 영광을 위하여 해야 한다. 다시 말하면, 하나님의 나라가 선포되는 일을 위하여 교회는 존재하고, 그 기능을 수행해야 하는 것이다. 교회는 하나님의 의와 나라를 구하는데 최선을 다함으로써(마 6:33) 하나님께 영광을 돌린다.

7. 그리스도의 속죄가 주는 유익들을 성도들이 풍성하게 누릴 수 있도록 교회에 주어진 은혜의 외적 방편들은 무엇인가?

하나님께서는 교회가 은혜와 능력의 샘이요 믿음과 사랑의 훈련장으로 그 기능과 사명을 온전히 행함으로써, 성도들이 그리스도의 속죄의 유익들을 풍성하게 누릴 수 있게 몇 가지 방편들을 주셨다. 하나님이 주신 은혜의 내적 방편은 믿음과 회개이고, 외적 방편은 하나님의 말씀과 성례와 기도 등이다.

이에 대하여 웨스트민스터 소요리에는 다음과 같이 진술되어 있다.

"죄로 인해 우리가 마땅히 받아야 하는 하나님의 진노와 저주를 피하게 하려고 하나님이 우리에게 요구하시는 것은 그리스도께서 우리에게 구속의 유익을 전달하기 위해 주신 모든 외형적 방편들을 부지런히 사용하여 예수 그리스도를 믿는 믿음을 갖는 것과, 생명에 이르는 회개를 하는 것이다"(소요리 85문답).

"그리스도께서 우리에게 구속의 유익을 전달하는 외형적이며 통상적인 방편은 그의 규례로서, 특히 말씀과 성례와 기도이다. 이 모든 방편은 택함을 받은 자들에게 구원을 얻는 데 효과적이다"(소요리 88문답).

8. 하나님의 말씀은 구원을 얻는데 어떻게 유효한가?

교회의 권세 중에 가장 주요한 것이 하나님의 말씀을 가르치고 전하는 것이요, 교회의 표지 중에 가장 주요한 것 역시 하나님의 말씀 선포이며, 교회의 기능 중에 가장 주요한 것이 예배요, 그 예배의 핵심은 하나님의 말씀을 전하는 것이다. 이로 보건대, 교회는 하나님의 말씀이 항상 최고의 중심인 것이다. 성령께서는 하나님의 말씀을 가지고, 또 말씀을 통하여 그의 효력 있는 방편으로 삼아 죄인들을 감화시켜 회개에 이르게 하고, 믿음으로 말미암아 거룩함과 안위 가운데서 든든하게 세워 구원을 얻게 한다(참고, 웨스트민스터 소요리 89문답).

하나님의 말씀이 구원을 얻는데 유효하려면, 우리가 부지런함과 마음의 준비와 기도로 말씀을 주목해야 한다. 그리고 믿음과 사랑으로 그 말씀을 받아, 우리 마음에 간직하여 우리의 생활 속에서 성실하게 그리고 열심을 가지고 실천해야 하는 것이다(웨스트민스터 소요리 90문답). 하나님의 말씀은 완전하고 확실하여 우리의 영혼을 소성하게 하고 지혜롭게 하며 눈을 밝게 하여 허물을 깨닫게 해 준다(시 19:7-12). 이 말씀은 발의 등이요 길에 빛과 같아서(시 119:105) 악한 길로 가지 않게 하고(시 119:101) 거짓된 행위를 미워하게 한다(시 119:128). 그리고 믿음을 심어준다(롬 10:17). 이렇듯, 성령께서는 하나님의 말씀으로 회개와 믿음을 우리 안에서 역사하여 구원에 이르게 하는 것이다.

9. 교회의 성례는 무엇이며, 그 가운데 세례는 무엇인가?

성례는 그리스도가 세우신 거룩한 예식으로서, 세례와 성찬이 있다. 이 성례는 그리스도께서 십자가에서 영원한 속죄를 단번에 드리심으로써 우리로 죄를 사함 받게 하고 영생을 얻게 한 바 복음의 진리를 좀 더 명확하게 이해할 수 있게 함으로써, 우리의 구원이 전적으로 십자가에 못 박혀 죽으신 그리스도에게 달려 있음을 확신시켜 주는 하나님의 거룩한 예식이다(하이델베르크 요리문답 66-67문답).

그러므로 이 예식을 그리스도께서 자기의 교회 안에서 정하신 목적은, 첫째, 하나님의 은혜 가운데 있는 자들에게 그리스도의 중보의 유익을 나타내고 인치기 위함이요, 둘째, 믿음과 여타의 모든 성령의 은혜를 강화하고 증가시키기 위함이며, 셋째, 순종하게 하기 위함이요, 넷째 성도들 상호간에 사랑과 교제를 증거하고 간직하게 하기 위함이며, 다섯째, 언약 밖에 있는 사람들과 성도를 구별하기 위함이다(웨스트민스터 대요리 162문답).

이 성례 가운데 세례는 우리의 선한 양심이 그리스도 안에서 하나님을 향하여 찾아가는 구원의 표호이자(벧전 3:21), 성부와 성자와 성령의 이름으로 물을 적시어 씻는 예식으로, 포도나무 비유처럼 그리스도 예수에게 연합되어 그리스도의 몸의 지체 곧 교회의 회원이 되고, 그리스도의 피로 죄 사함을 받으며, 성령으로 거듭난 것과, 하나님의 자녀된 것과, 영생으로 부활한 것에 대한 표호이다(웨스트민스터 대요리 165문답). 그러므로 이 세례 의식은 성도가 하나님의 가족이요, 그리스도의 몸의 지체요, 성령의 전으로써 하나님과 및 그리스도와 새롭게 언약을 맺는 의식이요, 그리스도의 지체로서 새로운 삶을 공적으로(교회적으로) 시작하는 의식이다(갈 3:27).

그래서 이 세례는 첫째, 그리스도의 죽으심과 부활하심에 동참하는 것이요(롬 6:2, 3; 7:4), 둘째, 죄의 고백과 회개이며(행 22:16), 셋째, 그리스도의 몸 안으로의 연합이다(요 15:5). 이 연합 의식을 통해서 그리스도를 머리로 하고 사도들과 선지자들을 터로 삼아 모든 성도들과 함께 각 성도가 그리스도의 몸 곧 교회를 이루어 가는 것이다(엡 2:21-22; 4:4-6).

세례의 방식에 대해서는 물을 가지고 성부와 성자와 성령의 이름으로 목사가 베풀되, 머리에 물을 적시는 세례와 몸을 물에 담그는 침례가 교회에 따라 행해지고 있다. 장로교회는 웨스트민스터 신앙고백대로, "세례 받는 사람을 물 속에 잠기게 할 필요가 없고, 세례는 그 사람 머리 위에 물을 가볍게 붓거나 뿌려서 베푸는 것이 좋다"(28장 3항)는 입장이다. 이에 반하여, 침례교회는 요한복음 3:23에서 세례 요한이 세례를 주던 때 "거기 물이 많았던" 사실과, 로마서 6:3과 골로새서 2:11-12에서 그리스도의 묻히심과 부활을 세례 방식의 모형으로 해석하고서 침례를 주장한다. 이에 대해서는, 사도행전의 바울과 고넬료의 가족 그리고 빌립보 감옥의 교도관 가족의 경우 모두 집안에서 세례 의식이 베풀어졌고(행 9:18; 10:25; 16:32), 특히 교도관 가족의 경우는 한 밤중을 지나 베풀어졌기 때문에 침례 방식으로 베풀어지지 아니했을 것이 분명하다.

세례의 대상에 대해서는, "그리스도에 대하여 신앙과 순종을 실제로 고백한 사람들 뿐 아니라, 양친이 다 믿거나 어느 한 편만 믿는 가정의 유아들도 세례를 받을 수 있다"(웨스트민스터 신앙고백서 28장 4항)고 진술된 대로, 신앙을 고백하는 성인들과 그들의 유아들이 세례의 대상이다(참고, 하이델베르크 요리문답 74

문답).

이 물세례는 물세례 자체가 죄를 씻어준다는 의미로 베풀어지는 것이 아니고, 물이 우리의 더러움을 씻어 주듯이 그리스도의 피와 성령이 우리의 죄를 씻어 거룩하게 한다는 것을 가리키고, 죄 사함에 대한 확신을 갖도록 하는 데 그 의미가 있다(하이델베르크 요리문답 72-73문답).

10. 성찬은 어떻게 베풀어지며, 무슨 의미가 있는가?

성찬은 예수 그리스도의 명령을 따라 떡과 포도주를 주고받음으로 행하되, 그의 죽으심을 기념한다. 이 성찬에 합당하게 참예하는 자들은 그리스도의 몸과 피를 먹고 마심으로 영적 영양분을 얻는 은혜 가운데 성장하게 된다. 그리고 그리스도와 더불어 갖는 연합과 교제를 확고하게 하고, 하나님께 대한 넘치는 감사와 약속뿐 아니라, 그리스도의 신비한 몸의 지체들로서 상호간에 갖는 사랑과 교제를 증거하고 새롭게 하게 되는 것이다(웨스트민스터 대요리 168문답).

포도나무 비유에서 나무줄기에 접붙임 받는 것이 세례를 나타낸다고 하면, 그 나무줄기에서 생명을 공급받는 것은 성찬에 해당한다. 이 성찬은 그리스도의 피와 살을 나눔으로써 성령을 통해 받는 구원의 은사요, 그리스도의 죽음과 부활을 기념하고 장차 마지막 날에 있을 어린양 예수의 새 하늘의 잔치를 미리 맛보는 의식이며, 새 언약의 잔치로서 교회의 새로운 유월절 식사이다(고전 11:25; 마 26:19, 28).

그러므로 이 성찬은 첫째, 하나님의 모든 은총에 대한 감사와 찬양의 잔치이다. 하나님의 구원과 그의 나라 건설에 대한 승리의 찬양의 잔치인 것이다.

둘째, 그리스도에 대한 기념이다. 그의 영으로 교회 안에 임재해 계시는 그리스도와 그의 십자가의 대속적 피의 은혜를 기념하는 것이다. 즉, 십자가의 죽음과 승리의 부활을 송축하기 위함이다.

셋째, 그리스도의 몸 안에서 성도들이 갖는 교제이다(행 2:42, 46). 성도들의 하나됨과 사랑과 섬김과 사귐을 나누는 잔치이다.

넷째, 성령께서 그리스도를 초대하여 성만찬에 임재하게 하신 잔치이다(고전 11:20-22). 성만찬에는 그리스도께서 임재하여 계시기에 루터는 공재설(즉 신체적 임재설)을, 그리고 칼빈은 영적 임재설(즉, 영으로 임재하신다는 견해)을 주장했다. 로마 가톨릭 교회는 화체설 곧 떡과 포도주가 사제의 기도로 말미암아 그리스도의 몸과 피로 신비하게 변한다고 주장한다.

다섯째, 이 성찬은 하나님 나라의 잔치이다(고전 11:26). 그리스도가 재림하실 때 참예하게 될 어린양 잔치를 이 땅에서 미리 맛보는 하나님 나라의 식사가 바로 성찬인 것이다. 이 땅에서 그리스도의 피와 살을 먹고 마심으로 그의 생명과 은혜를 공급받을 뿐 아니라, 장차 참예할 하늘의 잔치를 기대하는 것이다.

11. 기도는 무엇이며, 무슨 요소들이 갖추어져야 하는가?

하나님이 주신 은혜의 외적 방편들 중의 하나인 기도는 그리스도의 이름으로 성령의 도움을 받아 우리의 소원을 고하되, 하나님의 뜻에 합당한 것을 구하고, 우리의 죄를 자복하며, 그의 자비하신 모든 은혜를 감사하는 것이다(웨스트민스터 소요리 98문답). 이 기도는 하나님께서 성도들에게 요구하시는 감사의 주요한 요소로서, 그리스도의 십자가를 통해 나타난 하나님의 큰 사랑과 성령을 하나님은 기도하는 자에게 주시기를 기뻐하신다(하이델베르크 요리문답 116문답).

그래서 기도는 하나님의 은혜와 긍휼을 인하여 감사를 드리는 믿음의 행위이자, 믿음의 주요한 운동(the chief exercise of faith)이다. 기도는 믿음을 훈련하는 운동이며, 피곤케 하는 노동(labor)이 아니다. 또한 이 기도는 천국의 보화를 얻게 해주는 믿음의 만능열쇠(the master key of faith)요, 더러운 죄를 내뿜고 성령을 들어 마시는 믿음의 호흡(the breath of faith)이며, 사랑의 생명줄(life-belt of love)이요, 형제 사랑을 실천하는 사랑의 손내밈(out-reach of loving hand)이며, 하나님 나라를 위한 영적 대결의 무기(weapon of spiritual struggle)이다. 특별히, 중보기도는 형제 사랑의 최고의 표현이다.

이 기도에는 첫째, 하나님을 높여 드리는 찬미(adoration)가 있어야 한다. 오직 우리는 참되고 한 분 뿐이신 하나님께만 기도하고 그를 높이며 경배해야 한다. 둘째, 우리의 죄와 허물을 솔직하게 아뢰는 고백(confession)이 있어야 한다. 우리의 영적 가난함과 비참함을 알고서 우리 자신을 낮추어야 하는 것이다. 셋째, 하나님의 죄 용서의 은혜와 범사에 베푸신 사랑에 대한 감사(thanksgiving)가 있어야 한다. 넷째, 우리의 필요에 대하여 하나님께 간절히 매달려 구하는 간청(supplication)이 있어야 한다. 다섯째, 하나님이 우리의 기도를 들으신다는 것에 대한 확신(confidence)과 신뢰(trust)가 있어야 한다. 우리에게는 기도할 자격이 없음에도 불구하고 우리 주 그리스도 때문에 하나님이 그의 말씀으로 약속하신 대로 우리의 기도를 확실하게 들으신다는 것을 확신해야 하는 것이다(참고, 하이델베르크 요리문답 117문답). 여섯째, 반드시 예수 그리스도의 이름으로(in the name of Jesus Christ)드려야 한다. 예수 그리스도가 아닌 다른 이름으로 해서는 안 되고 우리의 유일한 중보자이신 예수 그리스도의 이름으로만 그리고 그의 영광을 위해서만 기도해야 하는 것이다.

제 24 과　교회의 정치; 제도, 직원 및 회의

기본적인 질문:

1. 교회에는 정치가 왜 필요한가? 교회정치의 주체는 누구이며, 지침과 목적은 무엇인가?

2. 교회 역사상 대표적인 정치 제도는 어떤 것들이 있는가? 그 중에서 성경적인 제도는 어느 것인가?

3. 국가와 교회의 상호 역학 관계에 있어서 교회 역사상 어떤 형태들이 있는가?

4. 교회 정치에는 어떠한 근본 원리들이 있어야 하는가? 이러한 근본 원리들의 큰 목적은 무엇인가?

5. 사도시대에는 어떤 특수한 비상(非常) 직원들이 있었는가?

6. 오늘날 교회에는 어떤 통상(通常) 직원들이 있는가?

7. 통상 직원들은 어떻게 부르심을 받는가? 그리고 어떻게 취임하는가?

8. 교회에는 무슨 목적으로 어떤 종류의 회의들이 있는가?

9. 개 지역교회에는 어떤 종류의 회의들이 있는가? 이 회의들은 무엇에 근거하여 결의해야 하는가?

1. 교회에는 왜 정치가 필요한가? 교회 정치의 주체는 누구이며, 지침과 목적은 무엇인가?

교회는 하나님의 백성들의 큰 가족이자 나라요, 그리스도의 몸이요, 성령의 전으로서 영적 유기체이자 제도적 조직이다. 그래서 그리스도가 머리요, 사도들과 선지자들이 터이며, 장로와 목사, 집사 등이 힘줄과 마디이며, 일반 성도들이 지체들이다. 이 같은 유기체로서의 조직이 질서 있게 움직이려면 거기에는 정치가 필요하다. 예컨대, 모세가 출애굽한 이스라엘 백성들 곧 광야교회를 인도하던 때 그의 장인 이드로가 와서 살펴보고는 그 백성을 효과적으로 지도할 정치 모형을 제시한 바 있었다(출 18:1-27).

그리고 제도적 조직인 교회는 질서 있고 평화롭게 스스로의 권세들을 잘 활용하고, 예배와 말씀선포, 건덕, 사회적 참여 등 여러 가지 기능을 효과적으로 감당하기 위해서도 정치가 필요한 것이다.

이 교회가 하나님의 가족이요, 그리스도의 몸이요, 성령의 전이기 때문에, 교회 정치의 주체는 당연히 성부 하나님과 성자 그리스도 예수와 성령이시다. 이 삼위 하나님께서는 자기 백성들의 신앙과 생활의 절대 무오한 규칙으로 주신 성경을 지침으로 삼아 정치가 이루어지게 하신다. 그리고 하나님 나라의 선포와 확장을 목적으로 하는 것이다. 하나님 나라의 영광과 평화가 교회 정치의 목적이다.

2. 교회 역사상 대표적인 교회 정치 제도는 어떤 것들이 있는가? 그 중에서 성경적인 제도는 어느 것인가?

교회 역사상 교회가 택한 3대 정치 제도는 감독 정치, 장로 정치 그리고 회중 정치이다.

첫째, 감독 정치: 감독정치 제도에는 로마가톨릭교회의 교황 정치 제도와 영국의 성공회와 감리교회의 감독 정치 제도가 있다. 이들은 교회의 머리이신 그리스도께서 교회의 정치를 직접적으로 또는 독점적으로 사도들의 계승자인 감독 또는 교황에게 위임한 것으로 주장한다. 그래서 그리스도의 대표자인 감독 또는 교황이 교회의 교리, 예배, 행정 등을 결정하고 규정할 수 있는 권리를 가지며, 평신도들은 원칙적으로 참여할 권리가 없다. 이 제도에 의하면, 감독이 없으면 교회가 없다.

둘째, 장로 정치: 장로 정치 제도는 대의정치를 특징으로 한다. 이 제도에 의하면 교회의 권위는 평신도들에 의해 선출된 대표인 장로들에게 있다. 치리 장로와 목사 장로로 구성된 당회를 중심으로 하되, 상회인 노회와 총회를 통해서 교회의 정치를 성경의 지침에 따라 하나님의 뜻의 실현과 하나님 나라의 영광을 위하여 한다. 통상적으로, 당회의 경우 평신도들의 실제적 대표인 치리 장로가 목사 장로보다 수적으로 많으나, 목사에게 당회의 의장권을 부여함으로써 당회 안에 정치적 균형이 이루어지게 한다.

셋째, 회중 정치: 회중 정치 제도는 평신도들의 직접 결의를 원칙으로 한다. 평신도들에 의해 선출된 목사나 직분자들에게는 설교와 예배 및 교회 행정 사무 등을 처리하는 권위밖에 없다. 교회의 모든 정치권은 원칙상 교회의 일반 회원 전체에게 있는 것이다. 그리고 각 지역교회는 독립적으로 정치권을 행사하며, 장로교회의 경우처럼 개 지역 교회를 지도하고 감독하는 상회가 없다. 형식상 있는 상회는 상호 교제를 위하는 모임에 지나지 않는다.

이상의 세 종류의 정치 제도는 오늘날 대체적으로 장로 정치 제도로 기울어지고 있다. 감독 정치를 택하고 있는 교회가 평신도 대표들을 감독 주도의 회의에 참석시키는가 하면, 회중 정치를 택하고 있는 교회가 대의정치를 상당 부분 도입하고 있다.

사도행전에서 살펴보면, 사도들이 교회를 직접 치리하지 않고 장로들을 세워서 하였고, 한 지역에 있는 여러 교회들이 대표 장로들을 파송하여 큰 규모의 회의를 소집하고, 그 회의에서 의결된 것을 각 교회들로 하여금 순종하게 한 것으로 보아, 본래 교회는 장로 정치 제도를 택한 것으로 보인다(행 15:1-29; 16:4-5; 딛 1:5; 행 14:23).

3. 국가와 교회의 상호 역학 관계에 있어서 교회 역사상 어떤 형태들이 있는가?

역사적으로 교회와 국가간의 역학 관계를 보면 세 가지의 형태가 있다.

첫째, 권세에 있어서 교회가 국가보다 위에 있는 형태이다. 하늘이 땅보다 높고, 해가 달보다 큰 것처럼 교회가 세속 국가보다 높고 큰 권세를 행사한다. 로마가톨릭교회에 의하면, 교황이 세속 국가의 왕보다 높고, 교회가 국가를 지배한다. 세속 권력은 교회의 교황으로부터 나오는 것이다. 그래서 지금도 로마가톨릭교회는 각 세속국가에 교황을 대리하는 전권대사를 파송하고 있고, 세속적 정치에 깊이 관여하기를 좋아한다.

둘째, 로마가톨릭교회의 경우와는 정반대로, 국가가 교회를 관리하는 형태이다. 세속 국가의 수장이 교회의 어른이 되어 성직자를 임명하기도 하고, 교회의 재정을 후원하며, 교회의 행정을 감독한다. 영국의 성공회가 이 같은 형태에 속하고, 독일의 루터 교회의 일부가 이에 준하는 형태에 속한다.

셋째, 세속 국가 권력도 하나님께로 나온 것으로 인정하여 교회와 국가가 모두 하나님의 섭리와 통치 아래 있음을 알고, 상호 독립되어 행동한다. 하나님의 나라의 영광을 위하여 서로 격려하고 후원하되, 상대방의 권위와 정치를 간섭하지 않는다. 대부분의 교회들이 이 같은 형태를 선호하고 있다.

4. 교회 정치에는 어떤 근본 원리들이 있어야 하는가? 이러한 근본 원리들의 큰 목적은 무엇인가?

교회 정치 제도에 있어서 장로 정치를 택하고, 세속 국가와의 역학 관계에 있어서 상호 독립성을 인정하는 형태를 선호하는 교회는 다음과 같은 정치의 근본 원리들을 존중한다.

첫째, 양심의 자유의 원리: 교회는 하나님만을 양심의 주로 인정한다. 하나님의 말씀과 하나님의 뜻에 배치되는 일에는 양심상 순종하지 않을 자유가 있다. 하나님은 자기의 자녀들이 하나님의 뜻에 자원하여 기쁨으로 순종하기를 원하시며, 인간적인 권위에 눌려 맹목적으로 믿거나 순종하는 것을 반대한다. 그리스도인 양심의 자유의 큰 목적은 평생토록 하나님을 기쁨과 의로움과 거룩함으로 섬겨 하나님의 나라를 이 땅에서 선포하려는데 있다(참고, 웨스트민스터 신앙고백 제 20장).

둘째, 교회의 자유의 원리: 교회는 세속 국가의 권세와 상관없이 독자적으로 교회의 헌법을 제정하여 행할 자유가 있다. 교회의 직원, 행정, 재정 등 모든 일을 독자적으로 치리하는 것이다. 이로써 하나님의 뜻이 교회를 통해 이루어지게 한다.

셋째, 교회의 직원의 원리: 교회는 직원의 자격을 스스로 규정하여 임명하고, 복음전파, 성례집행, 그리고 권징을 시행하게 한다. 이로써 하나님의 나라를 전하는 것이다.

넷째, 진리와 행위의 원리: 하나님의 진리의 말씀을 믿는 신앙은 선하고 거룩한 행실을 열매 맺는다. 선행의 열매가 없는 진리는 진리가 아니고 거짓이다. 교회는 진리를 선포하여 세상 사람들 앞에 빛을 비추어야 한다. 그래서 교회는 세상의 소금이요 빛이다. 교회가 진리를 믿고 전파한다는 사실이 선하고 의롭고 거룩한 행실로 입증되어야 하는 것이다.

다섯째, 상호 관용과 인내의 원리: 교회는 어떤 부분에서 의견상의 차이가 있거나, 성령의 은사에 있어서 다르고, 성경에 대한 해석상의 차이, 그리고 성도 개개인의 성격이나 신분상의 차이로 인하여 비난해서는 안 되고, 상호 관용하고 인내하며, 짐을 나누어지는 미덕을 정치 원리로 한다. 하나님의 의와 나라를 구하는 일에 서로 마음을 합하고 뜻을 모으는 것이다.

여섯째, 직원의 선거의 원리: 교회 직원의 자격과 임직의 방법은 성경대로 하되, 직원을 선출하는 권리는 지역 교회의 교인들에게 있다.

일곱째, 치리권의 원리: 모든 교회의 권세는 봉사적이고 도덕적이다. 교회는 법을 제정함에 있어서 신앙과 생활의 유일하고 절대적인 규칙인 성경에 말씀되어 있는 하나님의 계시된 뜻에 기초하여야 하고, 그것에 반하여 성도들의 양심을 속박해서는 안 된다.

여덟째, 권징의 원리: 교회의 복락과 질서를 위하여 성경과 교회의 법을 어기는 자에 대해서는 공정하게 책벌한다. 교회는 신앙과 행위에 있어서 성경대로 하나님의 뜻에 순종하여 하나님의 영광을 드러내도록 성도들을 훈련해야 한다. 교회는 정치의 큰 목적을 하나님의 영광과 그의 나라의 선포에 두어야 한다. 이로써, 하나님의 뜻이 땅에서도 이루어지게 한다.

5. 사도시대에는 어떤 특수한 비상(非常) 직원들이 있었는가?

그리스도의 제도에 의하여 교회의 정치를 주관하는 자들은 바울에 의하여 언급된 대로, 첫째는 사도, 둘째는 선지자, 셋째는 전도자, 넷째는 목사와 교사이다. 이들 가운데 사도와 선지자와 전도자는 사도시대의 교회에만 한시적으로 있었던 비상(非常) 직원들이다.

첫째, 사도: 이 직분은 예수께서 택하신 열 두 제자들과 바울에게만 적용되지만, 넓게는 사도들과 함께 일한 자들로서 사도적 은사와 은혜를 받은 자들도 해당된다(예, 바나바; 행 14:4, 14; 고전 9:5, 6; 고후 8:24; 갈 1:19).

사도들은 그 직분을 예수 그리스도로부터 직접 받거나(갈 1:1), 그리스도의 부활의 증인이고(고전 9:1), 그리스도의 계시에 대하여 성령의 감동을 받았으며(행 15:28), 이적을 행하는 은사와 권능이 있고(고후 12:12), 사람들에게 안수함으로 성령을 받게 하였다(행 8:17).

둘째, 선지자: 이 직분은 하나님의 말씀의 은사를 특별히 받고, 하나님의 비밀을 밝히 말하며, 미래의 일을 예고하였다(행 11:28; 13:1, 2; 엡 2:20; 3:5).

셋째, 전도자: 이 직분은 사도들을 수행하여 도왔고, 때로는 사도들에게서 특별한 사명을 받아 파송되었다. 70명의 예수의 제자들도 이 가운데 속하나, 빌립, 마가, 디모데, 디도 등이 있다(행 21:8; 엡 4:11; 딤후 4:5). 이들은 복음을 전하고 세례를 베풀며 장로들을 세우고 권징을 시행했다(딛 1:5; 딤전 5:22; 딛 3:10).

6. 오늘날 교회에는 어떤 통상(通常) 직원들이 있는가?

교회의 통상 직원으로는 장로와 집사가 있다. 이 가운데 장로는 감독 또는 목사와 교인들을 대표하는 치리 장로가 있다.

첫째, 장로: 교회의 치리 장로는 목사와 연합하여 교회의 정치와 권징을 시행할 목적으로 교인들에 의해 선택받은, 교인들의 정당한 대표자들이다. 이들은 교회를 잘 다스리는 직분을 받았다(딤전 5:17).

둘째, 목사 또는 감독: 교회의 목회를 책임지는 직분이 목사 또는 감독이다. 목사는 교회를 치리하는 일 뿐 아니라 성례, 권징, 말씀 선포 등을 책임 맡아 행한다. 사도행전 20:28과 디모데전서 3:1-7, 및 디도서 1:5에 언급되어 있는 감독의 자격은 목사에게도 그대로 적용된다.

셋째, 집사: 이 직분은 가난한 자들을 교회 안에서 돌보거나 헌금을 모아 분배하는 일을 하되(행 6:1, 2), 교회 재정을 맡아 봉사한다. 집사의 자격은 디모데전서 3:8-15에 규정되어 있다.

7. 통상 직원들은 어떻게 부르심을 받는가? 그리고 어떻게 취임하는가?

사도와 같은 비상 직원의 경우는 특별히 그리스도 예수께서 직접 비상한 방식으로 부르셨다. 그래서 바울은 말하기를, "사람들에게서 난 것도 아니요 사람으로 말미암은 것도 아니요 오직 예수 그리스도 및 죽은 자 가운데서 그리스도를 살리신 하나님 아버지로 말미암아 사도 된 바울"(갈 1:1)이라 하였다.

통상 직원의 경우도 하나님의 섭리와 은혜로 하나님의 나라와 복음 사역을 위하여 부르심을 받는다. "이 존귀는 아무나 스스로 취하지 못하고 오직… 하나님의 부르심을 입은 자라야 할 것이니라"(히 5:4). 그래서 부르심을 입은 자 안에 하나님의 영광과 그의 나라 및 그리스도의 복음 사역을 향한 헌신의 열정이 있어야 하고, 그 직분에 합당한 성령의 은사가 자기에게 있음을 확신해야 하며, 하나님의 인도하심에 대한 경험이 있어야 하는 것이다. 즉 개인적으로 기도하고 말씀을 묵상하는 가운데 하나님의 특별한 은혜와 섭리를 강하게 느끼고 하나님의 섭리적 인도하심을 경험해야 한다. 특별히, 하나님의 나라와 영광을 위하는 열정과 목적의식이 분명해야 한다.

이같이 내적으로 강한 부르심을 경험한 자가 교회에 의해서 세움을 받아야 한다. 교회가 기도하고 하나님의 인도하심 가운데 직분자를 선택하여 세운다(행 6:2; 14:23). 즉, 교회의 지체된 교인들의 찬동과 승인을 얻어 선택을 받아야 교회 직원으로 합법적인 부르심을 받게 되는 것이다. 그러므로 하나님의 소명을 받은 자는 교회의 교인들을 통해서 하나님의 은혜와 섭리 및 뜻을 확인하고 따라야 한다. 이 같은 소명을 받아 교회의 선택을 받은 자는 교회에 의해서 공적인 시험을 통해 확증을 받고 교회 앞에서 안수기도 함으로 엄숙한 예식을 갖추어 취임한다(참고, 딤전 4:14).

8. 교회에는 무슨 목적으로 어떤 종류의 회의들이 있는가?

교회가 하나님의 나라와 그의 뜻이 이 땅 위에서 이루어지고 그의 영광이 널리 선포되게 하려면 질서 있게 신앙생활을 하여야 하는 바, 이를 위해서는 서로 의논하여 하나님의 구체적인 뜻을 헤아리는 회의가 필요하다. 따라서 회의는 하나님의 나라와 그의 뜻이 구체적으로 교회를 통해 이 땅위에 이루어지게 하는데 목적이 있다. 결코 사람의 뜻을 이루는 것이 아니다. 이 같은 까닭에, 모든 교회의 회의는 항상 하나님의 말씀인 성경의 가르침에 기초하고 순종한다. 하나님의 말씀의 가르침에 어긋나는 회의의 결의는 원칙적으로 무효이다.

이 교회의 회의에는 개 지역교회 단위의 당회와, 일정 지역의 교회들로 구성된 노회와, 그 노회들이 모이는 총회가 있다.

지역교회를 다스리는 당회는 일반적으로 일인의 목사와 소수의 장로들로 구성된다. 이 당회는 교인들의 영적 관리를 책임지고, 예배 행위를 주관하며, 교회 내의 각 기관들을 관리 감독하고, 교회 건물의 사용에 대하여 권리를 갖는다.

노회는 해당 지역 교회의 목사 회원들과 대표로 파송된 장로 회원들로 구성하여, 당회들로부터 제출된 고소나 문의를 접수하여 처리하고, 목사 장로 후보들을 시취하며, 목사들을 장립, 위임, 해임, 또는 심사 판단하고, 당회록을 검사하여 지교회를 감독한다. 이로써 교회의 영적 안녕과 질서를 유지하고, 교회의 순결과 건전한 부흥을 도모하여 하나님의 나라를 선포한다.

총회는 교회의 최고의 치리회다. 한 교파의 모든 지교회들을 대표한다. 이 총회는 노회에서 파송한 목사와 장로들로 구성된다. 이 총회에서는 고소를 접수하여 최종적으로 판단하며, 교회 헌법에 대한 문의를 해답하고, 이단을 처리하며, 교리와 신학을 성경대로 바르게 가르치며, 하나님 나라를 위한 교회의 방향과 정책을 의논한다. 이 총회는 교회 헌법을 제정하고, 신앙고백을 채택하며, 목사 양성 기관인 신학대학원을 설립 운영하거나 인준한다.

9. 개 지역교회는 어떤 종류의 회의들이 있는가? 이 회의들은 무엇에 근거하여 결의해야 하는가?

개 지역교회의 중추적 회의는 당회이다. 당회는 목사와 장로들로 구성되어 교회의 권징, 예배, 재산관리, 교인들의 영적 관리, 각 기관 감독하는 일을 한다. 그리고 제직회가 있다. 이 제직회는 목사, 장로, 집사들로 구성된다. 제직회는 주로 재정 수납관계, 구제, 및 봉사하는 일을 책임진다. 교회의 최고 의결기구는 공동의회다. 이 공동의회는 모든 교회 회원들로 구성된다. 즉, 목사를 제외하고(목사는 회의 진행만을 맡으며 의결권이나 투표권이 없다) 장로, 집사 및 세례 받고 입교한 모든 교인들이 회원이다. 이 공동의회에서는 예산 결산을 결의하고, 목사 청빙을 위한 투표와, 장로 집사를 세우는 투표를 하며, 교단 가입 또는 탈퇴를 결의한다.

이 회의들은 모든 일을 하나님의 영광과 그의 나라와 그의 뜻을 이루는데 목적이 있으므로, 항상 하나님의 말씀인 성경이 가르치는 하나님의 계시와 뜻에 근거하여 의논하고 결의해야 한다. 성경에 위배되는 결의는 원칙적으로 무효이다. 성경은 교회의 헌법 위에 있는 최고의 헌법이다.

제 25 과 성령 세례와 충만: 은사와 열매

기본적인 질문:

1. 교회가 교회로 세워지고, 교회가 교회로 건강하게 성장하려면 어떠한 성령의 역사가 필요한가?

2. 오순절 성령 강림 사건이 어떤 점에서 성령세례이며, 교회를 설립한 사건인가?

3. 교회를 건강하게 성장하게 하는 성령 충만은 성경적으로 어떠한 것인가? 교회와 하나님의 나라를 위해서 왜 필요한가?

4. 성령 충만의 결과는 무엇인가? 교회의 건전한 성장과 어떤 관계가 있는가?

5. 성령의 은사는 어떤 것들이 있으며, 오늘날 교회에도 모든 은사들이 계속 주어지는가?

6. 성령의 열매는 어떤 것들이 있는가? 어떤 특성을 가지고 있는가? 그리고 교회에 어떤 유익이 있는가?

7. 성령의 충만을 받으려면 어떻게 해야 하는가? 성령의 은사를 받고, 성령의 열매를 온전하게 맺으려면 어떻게 해야 하는가?

8. 성령의 충만은 소멸될 수 있는가? 성령의 은사는 취소될 수 있는가? 그리고 성령의 열매도 부실해질 수 있는가?

9. 성령 충만을 지속적으로 누리고, 은사와 열매도 계속해서 얻고자 하면 어떻게 해야 하는가?

1. 교회가 교회로 세워지고, 교회가 교회로 건강하게 성장하려면 어떠한 성령의 역사가 필요한가?

교회는 본질상 하나님의 가족이요, 그리스도의 몸이요, 성령의 전이다. 다시 말해서, 하나님이 주인이시기에 하나님의 가족이요 집이며, 그리스도가 머리이시기에 그리스도의 몸이요, 성령이 거하고 계시기에 성령의 전이다. 이 같은 교회의 본질에 대하여 삼위일체 하나님의 상호관계에서 살펴보면, 성부 하나님이 창세전에 그리스도 안에서 택하여 부르시고(엡 1:4) 성자 예수 그리스도에게 주신다(요 17:2, 6, 9). 이렇게 성부가 주신 자들을 성자가 자기의 피로 값 주고 사서 성전을 삼으신다(행 20:28; 고전 6:19, 20). 이 성전 안에 성령이 거하시기에(고전 3:16, 17) 교회는 하나님의 성전이자 성령의 전이다.

그런데, 고린도전서 3:16과 6:19, 20을 유의해서 보면, 이처럼 교회가 하나님의 성전이자 성령의 전인 것은 우리가 하나님 아버지로부터 받은 성령이 우리 안에 거하고 계시기 때문이다. 성령을 성부로부터 우리가 받았기에 교회가 하나님의 성전이요, 성령의 전인 것이다.

이에 대하여, 사도행전 2:33에 보면, 부활 승천하신 그리스도 예수께서 성부 하나님이 약속하신 성령을 받아서 하나님의 택하신 백성들 위에 부어주셨다. 이로써 교회가 드디어 교회로 세워졌고, 하나님의 성전이 세워진 것이다. 예수 그리스도께서는 그의 사역 중에 자기가 죽고 부활 승천하시면 다른 보혜사 곧 진리의 성령을 보내시어 자기의 제자들 곧 하나님의 백성들 가운데 함께 있게 하시겠다고 약속하셨고(요 14:16, 17), 제자들에게 아버지가 약속한 그 성령을 기다리며 기도하는 중에 받으라고 부탁하셨다(눅 24:49). 그가 약속한대로 그의 제자들 곧 하나님의 택한 백성들에게 보내어 그들 위에 부어주심으로 그들이 성령을 받았으며, 그것이 바로 성령세례이다(참고, 행 1:5). 이렇게 하나님의 택한 백성들이 성령으로 세례를 받아 충만하게 됨으로써 하나님의 성전인 교회가 교회로 세워졌다(행 2:1-4). 그래서 오순절 성령강림이 그리스도의 몸이요, 성령의 전인 교회가 설립된 날인 것이다.

그리스도께서는 성령으로 하나님의 백성들에게 세례를 베풀어 교회를 세우시고, 그 교회가 건강하게 성장하도록 계속적으로 성령을 부으셔서 충만하게 하셨다. 즉 성령세례를 받음으로 즉시 충만해졌고(행 2:4), 베드로는 계속적으로 성령으로 충만하여 담대하게 하나님의 말씀을 전했다(행 4:8, 31). 베드로뿐만 아니라 스데반과 빌립과 같은 집사들도 성령으로 충만하였다(행 6:3). 바울도 역시 성령으로 충만했다(행 9:17-20). 이로써, 하나님의 말씀이 힘 있게 증거되고 많은 표적과 기적의 능력들이 나타났다(행 14:3; 19:11-12). 그리고 교회가 건강하게 성장했다(행 2:41; 6:7; 9:31).

이로 보건대, 교회가 교회로 세워진 것은 성령의 세례로 말미암고, 교회가 교회로 건강하게 성장하는 것은 성령의 충만으로 말미암는 것이다.

2. 오순절 성령 강림 사건이 어떤 점에서 성령세례이며, 교회를 설립한 사건인가?

성령세례에 대하여, 많은 신학자들이 중생과 사실상 동일시하고 있다. 물세례가 죄를 씻어 깨끗하게 하는 정화의 의미를 가지고 있는 것처럼, 성령세례도 죄를 제거하여 정화하는 사역으로 보기 때문인데, 디도서 3:5에서 "중생의 씻음과 성령의 새롭게 하심"이라는 구절을 주요한 근거로 삼고 있다. 이들의 견해에 의하면, 물세례가 성령세례를 상징하고 그리스도와의 관계에 들어가는 최초의 의식적(意識的) 경험인 것처럼, 물세례에 의해 상징되는 성령세례도 성도들이 최초로 경험하는 구원의 은혜인 것이다. 그래서 이들은 오순절 성령 강림 때의 성령세례를 예외로 간주한다. 즉 오순절에 예수의 제자들이 경험한 성령세례는 최초의 구원 은혜 체험이 아니고, 이미 받은 은혜에 더하여진 것으로 해석한다.

한편, 이들은 고린도전서 12:13, "다 한 성령으로 세례를 받아 한 몸이 되었고 또 다 한 성령을 마시게 하셨다"는 말씀에 근거하여, 성도들이 그리스도의 몸의 지체로서 연합되는 수단으로 성령세례를 이해한다. 그래서 그리스도의 몸이 성령의 세례로 말미암아 세워진다고 보는 것이다(참조, 엡 4:3, 4). 결국, 성령세례와 중생을 동일시하는 이 신학자들의 경우, 성령세례는 구원의 은혜 사역이면서 또한 교회를 세우는 성령의 사역인 것이다. 그런 까닭에, 성령세례로 오순절에 교회가 세워졌다고 하는가 하면, 예수 그리스도 안에서 한 몸을 이루게 되었다고 하고, 또 예수를 믿을 때 성령세례를 받아 성령님이 우리 안에 내주하기 시작했다고 해석한다.

이로 보건대, 성령세례에 대한 이들의 견해는 사도행전을 원자료로 삼지 않고, 세례를 정화 사역으로 규정하고 거기에 맞추어 성경을 해석한 까닭에, 사도행전의 최초의 성령세례 사건을 예외적인 것으로 간주하는가 하면, 성령세례를 중생과 함께 최초의 구원의 은혜 사역으로 보면서도 믿음의 결과로 얻는 은혜 체험으로 보는 등 해석상 일관성이 없다. 다시 말해서, 성령세례를 구원론적으로 해석하기도 하고 교회론적으로 해석하기도 하며, 중생과 동시적인 것으로 보는가 하면 믿음의 결과로 경험되는 은혜 사역으로 보기도 하는 것이다(참고, 박형룡,『교의신학』(구원론) 제5권, pp. 51-54; 정성욱,『스피드 조직신학』pp. 131, 134, 152, 157).

그러나 사도행전의 성령세례를 하나님의 구원의 역사(redemptive history) 측면에서 보면, 그리스도께서 십자가에 죽으시고 부활 승천하신 후에 그가 성부 하나님이 약속한 성령을 받아서 하나님의 백성들에게 부어주셨고(행 2:33) 그래서 성령으로 그들이 세례를 받았으며(참고, 행 1:5; 2:1-4) 그 결과로 하나님의 성전 곧 교회가 세워졌다(고전 6:19). 이렇게 교회가 성령의 전으로 세워지고 성령께서 그 안에 내주하실 수 있게 된 것은 성령을 보내신 그리스도가 먼저 자기의 피로 값 주고 사시고(행 20:28; 고전 6:20) 깨끗하게 하셨기 때문이다. 또한 그가 피 흘리신 십자가로 하나님과 죄인들이 화목하게 하셨을 뿐 아니라(롬 5:10, 11), 유대인들과 이방인들 간의 막힌 담을 헐어 그들이 한 몸 되어 하나님께로 나아올 수 있게 화해시켰기 때문이다(엡 2:13-18). 이로 말미암아 하나님의 택한 백성들이 다같이 하나님의 가족이 되고 성전이 되고(엡 2:20-21), 그리스도의 몸이 된 것이다(엡 1:23).

한편, 물세례의 경우도 성령의 정화시키는 사역을 뜻하기도 하지만, 바울의 용법에 의하면 모세와 이스라엘 백성이 애굽에서 나와 홍해를 건너던 때 바다의 물 가운데로 지난 사건과 연결지은 이것은 이스라엘이 모세와 연합하여 물로 세례를 받아 광야교회가 된 것을 의미했다(고전 10:1-2). 이스라엘이 교회로 세워진 까닭에 광야에서 신령한 식물과 음료를 그리스도를 통해서 마셨던 것이다(고전 10:3-4). 물론 이스라엘 백성들은 홍해 사건에 앞서 유월절에 어린양의 피로 값 주고 산 바 되었고, 그래서 애굽 곧 악한 세력에서 해방되었던 것이다. 이로 보건대, 바울이 말하는 물세례도 구속사적으로 그리스도의 몸으로서의 교회를 세우는 성령의 사역을 상징한다.

이 같은 사실은 바울이 로마서에서 세례가 그리스도의 죽으심 및 부활을 통하여 그와 연합하여 그가 성취하신 속죄의 은혜를 누리는 것을 가리켜 사용한 데서도 찾아 볼 수 있다(롬 6:3-5). 즉, 세례는 그리스도와 연합하여 그의 몸을 이루는 예식이다. 그래서 오늘날 교회에서 행하는 세례 의식도 교회 회원으로 입교하는 하나의 행사인 것이다. 이에 비추어서 보면, 고린도전서 12:13, "다 한 성령으로 세례를 받아 한 몸이 되었고 또 다 한 성령을 마시게 하셨느니라"는 말씀은 성령세례로 그리스도의 몸인 교회가 세워지고, 교회가 계속적으로 성령의 은혜를 누리며 성령으로 충만해지는 것을 의미한다.

요약하자면, 한 성령의 한 세례로 유대인이나 이방인 모두 하나가 되어 그리스도의 한 몸을 이루었다. 즉 하나의 거룩한 교회가 성령세례로 세워진 것이다. 그래서 우리는 '하나의 거룩한 보편적 교회'(a holy catholic church)만을 믿는 것이다.

3. 교회를 건강하게 성장하게 하는 성령 충만은 성경적으로 어떠한 것인가? 교회와 하나님의 나라를 위해서 왜 필요한가?

성령과 관련해서 예수님의 경우를 보면, 그는 성령으로 잉태되셨고(눅 1:35), 성장 과정에서 하나님의 지혜와 은혜가 그 위에 있었다(눅 2:40). 그런데, 세례 요한의 경우 그가 모태로부터 성령의 충만함을 입었고(눅 1:15) 그의 어머니 엘리사벳도 성령으로 충만했으며(눅 1:41) 그의 아버지 사가랴 역시 성령 충만하고(눅 1:67), 아기 예수의 탄생을 기뻐하던 시므온도 성령으로 충만하였던 것(눅 2:25-27)으로 미루어 보아, 성령으로 잉태된 예수와 그의 어머니 마리아도 성령으로 충만하였을 것이 분명하다.

그러나 그가 요한에게 물세례를 받으시던 때 성령이 그 위에 임하셨다(눅 3:21-22). 성령으로 세례를 받으신 것이다. 이로써 그는 교회의 머리가 되셨다. 그리고 그는 그의 공생애를 시작하심에 있어서 성령의 충만함을 입고 성령에게 이끌리어 광야에서 40일간 금식기도 하시던 중 마귀의 시험을 받았으며, 그 시험을 이기자 천사들이 나아와 그를 수종들 뿐 아니라(마 4:11) 하나님께서 성령을 부으시고 능력으로 충만하게 하셨다(참고, 행 10:38). 그래서 그는 성령의 권능으로 복음을 전파하기 시작하셨던 것이다(눅 4:14). 이사야도 이를 이미 예언한 바 있었다(눅 4:17-19; 사 61:1-2). 즉, 이사야의 예언대로 예수는 성령의 충만과 권능으로 복음과 하나님의 나라를 선포하셨던 것이다. 이로 보건대, 예수의 생애와 사역은 성령으로 시작하여 항상 성령으로 되어졌다. 즉, 성령의 세례와 충만과 권능으로 되어진 것이다.

이와 관련하여, 그의 몸된 교회의 경우도 보면, 성령세례로 교회가 세워졌고, 성령의 충만과 권능으로 하나님의 나라를 선포하고 복음을 전했다. 이렇듯, 누가는 그의 복음서와 사도행전에서 예수님의 생애 뿐 아니라 교회의 설립과 활동에 대하여서도 성령의 세례, 충만, 그리고 권능으로 되어졌음을 말하고 있다.

교회의 건강한 성장 및 하나님 나라의 선포와 관련하여 성령의 역사를 사도행전에서 살펴보면, 예수께서 성령으로 충만한 상태에 계신 것처럼(눅 4:1), 오순절에 하나님의 백성된 예수의 제자들에게 성령이 임하여 충만하였고(행 2:2), 예루살렘 교회의 일곱 집사들이 성령과 지혜로 충만했고(행 6:3, 5, 8), 특히 스데반 집사는 순교하던 때 더욱 성령으로 충만하였으며(행 7:55) 바나바도 성령과 믿음으로 충만했다(행 11:24). 그리고 바울과 바나바의 전도를 받은 어떤 제자들의 경우 기쁨과 성령이 지속적으로 충만했다(행 13:52). 그런데, 이 경우들은 성령의 충만에 대하여 헬라어 '플레로오'가 사용되었다. 이 동사는 에베소서 5:18 '성령으로 충만하라'의 경우와 같으며, 성령의 상태적 충만을 가리킨다. 이 같은 성령의 상태적 충만은 도덕적 성품적인 열매를 맺는다(참고, 갈 5:22-23). 즉, 성령으로 충만하여 성령의 인도와 지배와 감동을 받아 빛의 열매를 맺어 이방 사람들 앞에 빛을 비추는 것이다(참고, 엡 5:8-9; 마 5:16).

이에 비하여, 예수께서 성령과 능력으로 기름 부음받아 복음과 하나님의 나라를 전하신 것처럼(참고, 눅 4:14; 행 10:38), 오순절에 예수님의 제자들도 성령으로 충만하였고(행 2:4), 베드로도(행 4:8, 31), 바울도(행 9:17; 13:9) 그러했다. 그런데, 이 경우들은 헬라어 '핌플레미'(또는 '플레도')가 사용되었다. 그리고 이 충만은 항상 복음과 하나님의 나라를 전파하는 능력적 사역과 관련되어 있다. 그래서 사도행전 1:8, '성령이 임하시면 권능을 받고… 내 증인이 되리라'는 말씀을 연상하게 한다. 그래서 이 충만은 복음을 권세 있게 증거하게 하는 역동적 충만이며, 성령의 은사들과 관련이 있다.

요약하자면, 그리스도께서는 자기의 피로 값 주고 사신 교회 위에 성령으로 세례를 베풀어 그의 몸된 교회로 세우시고, 그 교회를 성령으로 충만하게 하시되 상태적으로 그리고 지속적으로 충만하게 하여 성품적 도덕적 열매를 맺게 하시는가 하면, 성령으로 충만하게 하시되 역동적으로 권능을 주어 복음을 힘있게 증거하게 하고 기사와 표적을 행함으로 하나님의 나라를 선포하게 하였다. 그리하여 교회가 건강하게 성장하게 하고, 하나님의 나라가 이 땅에 임하게 하였다(참고, 행 28:30, 31).

4. 성령 충만의 결과는 무엇인가? 교회의 건전한 성장과 어떤 관계가 있는가?

성령의 충만에는 '플레로오'로 표현되는 상태적 충만과 '핌플레미'(또는, '플레도')로 표현되는 역동적 충만이 있는 바, 상태적 충만의 경우는 스데반과 바나바의 경우에서 볼 수 있듯이, 성령과 함께 은혜와 지혜와 믿음이 충만하고(행 6:3, 5, 8; 11:24) 하나님 보좌 우편에 계시는 그리스도를 봄으로 기쁨이 충만했다(행 7:55; 참고, 13:52).

이 상태적 충만은 성령의 지속적인 사역으로 말미암아 그리스도의 사람들로 하여금 성령을 따라 행하며 살게 함으로 성령의 열매 곧 빛의 열매를 맺게 한다(참고, 갈 5:22-23; 엡 5:8-9). 이로써, 교회 안에 하나님의 나라 곧 의와 희락과 평강이 있게 된다(롬 14:17). 그리고 서로 용서하고 긍휼히 여기는 은혜로운 섬김도 있게 되는 것이다(참고, 눅 17:3-4, 11-19).

그리고 역동적 충만의 경우는 그리스도의 사람들이 권능을 받아 우선 복음을 담대하게 전하게 되어 하나님의 나라를 선포하며(예, 2:4, 방언으로 그리스도를 증거; 4:8, 예수 그리스도만이 구원이심을 증거; 4:31, 담대히 말씀 증거; 13:10, 권세 있게 책망), 더불어서 중풍병자와 앉은뱅이를 고치고(행 8:7) 표적과 희한한 능력을 행하였다(행 8:13; 14:3; 19:11-12). 이는 예수께서 성령과 권능으로 충만하여 많은 능력을 행하시고 하나님의 나라를 선포하신 것(행 10:38)을 이어 받은 것에 해당한다. 성령의 역동적 충만은 그리스도의 지체들에게 믿음의 분량대로 은사를 주어 서로 사랑으로 섬기며 덕을 세우게 한다. 세상의 가난한 자들을 생각하며 구제할 수 있도록 한다(행 2:43-47; 롬 12:10-13; 벧전 4:10).

이 같은 성령의 충만함으로 말미암아 성령의 열매가 풍성하게 맺히고 은사를 활발하게 사용함으로 하나님의 교회가 건실하게 부흥했다(행 2:41; 6:7; 9:31; 28:30, 31).

5. 성령의 은사는 어떤 것들이 있으며, 오늘날 교회에도 모든 은사들이 계속 주어지는가?

성령의 은사로는 예언, 섬기는 일, 가르치는 일, 권위(위로)하는 일, 구제하는 일, 다스리는 일, 긍휼을 베푸는 일(롬 12:6-8), 지혜의 말씀, 병 고치는 일, 능력

행함, 영 분별, 방언, 방언 통역(고전 12:8-11) 등이 있다. 이 은사들은 모두 초자연적이거나 이적적인 것들만은 아니다. 능력적인 것들(병 고침, 능력 행함 등)이 있는가 하면, 도덕적인 것들(섬김, 구제, 긍휼을 베푸는 일 등)이 있고, 기능적인 것들(가르치는 일, 영 분별, 지혜의 말씀, 다스리는 일)이 있는가 하면, 언어적인 것들(방언, 방언 통역, 권위하는 일 등)도 있다.

여기서 문제되는 것들은 능력적인 은사와 방언의 은사 등이 오늘날도 교회 안에 계속적으로 주어지고 있는가 하는 것이다. 은사 중지론자들은 이 같은 초자연적이고 이적적인 은사들은 일반적으로 사도 시대 내지는 속사도 시대에 끝난 것으로 간주한다. 그 근거로 성경 계시가 사도 시대에 완성되었고, 그리스도께서 속죄 사역을 이미 성취하셨기 때문이라고 한다. 그러나 하나님은 지금도 살아서 일하시고, 하나님의 계시는 항상 살아있고 역동적으로 권세를 발하며, 사단 마귀의 악한 세력은 여전히 교회를 위협하고 복음 전도를 방해하며 많은 사람들의 마음을 완고하고 강퍅하게 만들어 놓고 있으므로, 하나님의 성령의 은사는 예전보다 더 강력한 것들이 요구되고 있다. 따라서 성령의 은사들은 오늘날도 교회 안에서 계속적으로 주어져야 마땅하다.

6. 성령의 열매는 어떤 것들이 있는가? 어떤 특성을 가지고 있는가? 그리고 교회에 어떤 유익이 있는가?

성령의 은사가 활동적인 성격을 가지고 있는데 비하여, 성령의 열매는 성도들의 성품과 관련하여 윤리적 성격이 있다. 성령의 열매로는 사랑, 희락, 화평, 오래 참음, 자비, 양선, 충성, 온유, 절제(갈 5:22-23) 등이 있다. 여기서 유의할 것은, '열매' 라는 단어가 단수형이기 때문에 성령의 열매는 사실상 하나라고 보아서는 곤란하다. 이 성령의 열매는 육체의 일과 대조되는 바, 여기에 사용된 '일' 이라는 단어가 복수형이다. 따라서 육체의 '일' 과 대칭 관계에 있는 성령의 '열매' 도 집합명사로 사실상 복수의 개념을 함축하고 있는 것이다. 그러므로 성령의 열매는 단순히 하나가 아니고, 한 계통에 속하지만 그 안에 다양성이 있다. 하나가 다른 것들을 대표하는 것이 결코 아니다.

성령의 열매 가운데 사랑, 희락, 화평은 하나님께서 맺도록 해주셔야 맺을 수 있는 기본적인 덕목이고, 오래 참음, 자비, 양선은 그리스도인이 이웃 사람을 향하여 지녀야 할 덕목이며, 충성, 온유, 절제는 자기 자신이 훈련해야 하는 덕목이다. 이는 마치 디도서 2:12, "이 세상 정욕을 다 버리고 근신함과 의로움과 경건함으로 이 세상을 살고"에서 '의로움'이 이웃에 대한 덕목이고, '근신함'은 자기 자신이 스스로 훈련해야 하는 덕목이며, '경건함'이 하나님께서 허락하시는 덕목인 것과도 같다.

이 같은 성령의 열매가 풍성하게 맺히면 성도들이 각각 자기를 부인하고 자기 십자가를 지고서 예수 그리스도를 신실하게 순종하며, 이웃을 사랑하고, 하나님을 온전하게 예배함으로 교회가 하나님의 의와 희락과 평강으로 넘쳐나게 된다. 즉, 하나님의 나라가 교회 안에서 이루어지는 것이다. 성도들마다 하나님의 영광을 보며 즐거워하고 찬송할 것이다.

7. 성령의 충만을 받으려면 어떻게 해야 하는가? 성령의 은사를 받고, 성령의 열매를 맺으려면 어떻게 해야 하는가?

누가복음서에 보면, 예수께서 기도를 가르쳐 주시고(눅 11:1-4), 기도하되 강청할 것을 비유로 말씀하시는가 하면(눅 11:5-8), 곧 이어서 "구하라, 찾으라, 그리고 문을 두드리라" 하셨다(눅 11:9-10). 이렇게 간절하게 기도를 해야 하는 이유는 기도로 구하는 자에게 하나님 아버지께서 성령을 주시기 때문이다(눅 11:13). 이렇게 성령을 받아야 귀신을 쫓아내고 하나님의 나라가 우리 가운데 임하는 것이다(눅 11:20).

그리고 예수님께서는 부활 승천하시면 성령을 보내 주시겠다고 약속하시고(요 14:16), 이 약속한 성령을 받으려면 기도하며 기다리라 하셨다(눅 24:49; 행 1:4). 사도행전에도 보면, 예수 그리스도의 사람들이 사도들의 가르침을 받고 기도하기를 힘쓸 때 성령 충만했다(행 2:42; 4:31). 사마리아 교회의 경우 베르도와 요한이 기도할 때 하나님의 말씀을 받은 사람들 가운데 성령이 충만하게 임했다(행 8:14-17). 고넬료의 가정이나(행 10:43-44) 에베소 교회의 경우도 마찬가지였다(행 19:4-6). 이로 보건대, 성령 충만을 받으려면 하나님의 말씀을 청종하는 일과 기도하는 일을 힘써야 하는 것이다.

그러면, 성령의 은사를 받으려면 어떻게 해야 하는가? 원칙적으로 성령의 은사는 성령께서 자기의 기쁘신 뜻대로 각 사람에게 믿음의 분량에 따라 나누어주시는 대로 받을 뿐이며(고전 12:11), 예수를 그리스도로 고백하는 자들에게만 성령이 역사 하신다(고전 12:3). 그렇지만, 사람 편에서 보면, 성령의 은사를 받기 위해 열심히 간구하고(눅 11:9-11), 간절하게 기도하며 기다리고(행 1:4-5; 2:1-4), 죄를 회개하며(행 2:37-39), 순종하고(행 5:32), 위하여 안수 기도하고(행 8:14-17), 하나님의 말씀을 온전히 받는(행 10:44-46) 등 최선을 다해야 한다.

또, 성령의 열매를 맺는 일에 있어서도, 포도나무 비유에서 알 수 있듯이 믿음으로 예수 그리스도와 신비한 연합을 이루어 "내가 예수 안에, 예수가 내 안에 있어야 한다"(요 15:4-5). 그리고 육체와 함께 정욕을 십자가에 못 박고 성령을 좇아 행해야 한다(갈 5:24-25). 날마다 자기를 부인하고(빌 2:3), 더욱 힘써 절제와 인내와 형제 우애와 사랑을 실천해야 한다(벧후 1:5, 10). 그리고 주를 깨끗한 마음으로 부르는 자들과 함께 의와 믿음과 화평을 좇으면 훨씬 더 효과적으로 성령의 열매를 맺는다(딤후 2:22).

8. 성령의 충만은 소멸될 수 있는가? 성령의 은사는 취소될 수 있는가? 그리고 성령의 열매가 부실해질 수 있는가?

성령의 충만은 소멸될 수 있는가? 사도 바울이 "하나님의 성령을 근심하게 하지 말라"(엡 4:30)고 하는가 하면, "성령을 소멸치 말라"(살전 5:19)고 권면하고, 한편으로 "오직 성령의 충만을 받으라"(엡 5:18)고 명한 것으로 보아, 죄를 범하거나 영적으로 게으름을 부리며, 적극적으로 하나님의 뜻을 헤아려 헌신하거나 순종하지 아니하고, 하나님의 성령을 대적하는 경우 성령을 근심하게 함으로 인하여 성령이 소멸되거나 크게 약화될 수 있다. 그러므로 성령을 좇아 행하기를 힘쓰고(갈 5:16, 25), 범사에 하나님께 감사하며(엡 5:20) 항상 선을 좇아 행하고 악은 어떠한 모양이라도 버려야 한다(살전 5:15, 22).

성령의 은사는 취소될 수 있는가? 죄와 게으름, 하나님께 대한 헌신과 열심이 부족하거나 회개와 순종의 삶에 충실하지 아니하면 성령이 현저하게 소멸될 수 있으며, 결과적으로 성령의 은사에도 문제가 생길 수 있다. 또한 성령의 은사를 하나님의 영광과 그의 나라 및 교회를 위하여 적극적으로 활용하지 아니하면 사실상 취소되는 수가 있다.

성령의 열매의 경우도 죄로 인하여 그리스도와 멀어져 있으면 그리스도로부터 생명과 능력과 은혜를 제대로 공급받지 못하기 때문에 열매가 부실해질 수가 있다. 예수님이 말씀하신 과원지기 비유(눅 13:6-9)를 보면, 과일나무 주위를 두루 파고 거름을 주어야 과일이 열고, 포도나무 비유(요 15:1-6)에서처럼 포도나무이신 예수님에게 붙어 있어야 한다. 육체의 소욕을 따라 행하여 성령을 거스르면(갈 5:17) 성령의 열매가 현저하게 부실해지는 것이다.

9. 성령 충만을 지속적으로 누리고, 은사와 열매도 계속해서 얻고자 하면 어떻게 해야 하는가?

성령 충만을 지속적으로 누리는 것과 관련하여 바울은 다음과 같은 것들을 요구했다.

첫째, 시와 찬미와 신령한 노래들로 서로 화답해야 한다(엡 5:19 상). 즉, 교회에서 성도들과 함께 하나님을 찬미하고 예배하기를 즐거워해야 하는 것이다. 물론, 말씀을 묵상하고 기도하기를 쉬지 않고, 죄를 회개하는 가운데 찬미의 예배를 드려야 한다.

둘째, 마음으로 주께 노래하며 찬송한다(엡 5:19 하). 그리스도의 사람은 환란 중에서도 주의 영광을 보며 즐거워해야 한다. 항상 마음속에 찬송이 있으므로 생수의 강이 흘러넘치며 기쁨이 있어야한다.

셋째, 범사에 항상 아버지 하나님께 감사를 드린다(엡 5:20). 하나님의 뜻에 순복하여 범사에 항상 하나님의 은혜와 도우심에 감사를 드려야 한다.

넷째, 그리스도를 경외함으로 피차 복종한다(엡 5:21). 서로 힘써 열심히 사랑하고, 그리스도를 경외하는 가운데 먼저 존경하고 접대하여 높여줌으로 피차 복종해야 한다.

이 같은 바울의 요구대로 성실하게 행하면, 성령으로 계속적으로 충만하고, 성령의 은사도 더욱 더 계발되며 성령의 열매 또한 풍성하게 맺힌다.

제 26 과 생명의 충만; 성경적 종말과 하나님 나라

기본적인 질문:

1. 성경적으로 종말이란 무엇이며, 내세와 어떻게 구별되는가?

2. 구약시대 이스라엘 백성들의 종말론적 대망은 무엇인가?

3. 종말의 중심 주제는 무엇인가?

4. 종말에 어떻게 하나님의 나라가 시작되었고, 성도들이 생명을 충만하게 누리 게 되는가?

5. 종말과 함께 시작되고 또 완성되는 하나님의 나라는 어떤 면에서 은혜의 나라 이고, 또 어떤 다른 면에서 권능의 나라인가?

6. 천국의 이중성을 아는 것이 어떤 점에서 실제적으로 중요한가?

7. 종말과 관련된 하나님의 비밀들은 무엇인가?

1.성경적으로 종말이란 무엇이며, 내세와 어떻게 구별되는가?

하나는 "이미"(already) 시작된(inaugurated) 종말이다. "때가 차매"(갈 4:4; 막 1:15), "세상 끝에"(at the end of the ages, 히 9:26), "이 모든 날 마지막"(in these last days, 히 1:2), "말세에"(in the last days, 행 2:17; 딤후 3:1; 약 5:3), "마지막 때"(the last hour, 요일 2:18). 이 표현들은 예수 그리스도께서 육신을 입고 이 땅에 태어나시어 십자가상에서 단번에 희생 제물로 드려지셨으며, 죽은 자 가운데서 부활하여 지성소에 들어가 하나님 우편에 앉으심으로 영광과 존귀 가운데서 만물을 복종하게 하심으로써(참고, 히 2:9; 8:1; 9:12, 26) 은혜와 구원의 새 시대를 여시고(고후 6:2) 생명과 안식의 근원(마 11:30; 12:8)이 된 것을 가리켜 사용되었다.

다른 하나는 "아직"(not yet) 오지 아니한 미래적 종말이다. "마지막 날에"(on the last day, 요 6:39; 11:24; 12:48), "내세에"(in the age to come, 눅 18:29-30), "세상 끝에"(at the end of the age, 마 13:39-40). 이 표현들은 예수 그리스도께서 영광과 권능 가운데 심판주로 재림하게 될 것을 가리켜 사용된 것이다.

이로 보건대, 시작된 종말은 그리스도의 초림으로 시작하여 그의 재림까지의 시대를 가리키고, 미래적 종말 곧 내세는 그리스도의 재림으로 열리는 최후의 마지막 날의 심판과 신천신지를 가리킨다. 전자는 종말 또는 말세라 일컫고, 후자는 내세로 불리운다. 이 말세와 내세에 대하여 구약의 선지자들은 양자간의 시간적 차이를 알지 못하고서 사용했으나, 신약의 예수 그리스도와 그의 사도들은 이 차이를 알고서 구별하여 사용했다.

2. 구약 시대 이스라엘 백성들의 종말론적 대망은 무엇인가?

죄로 말미암아 고통 가운데서 하나님의 백성들이 고대하고 희망하는 것은 메시아와, 그를 통해서 이루어질 하나님의 나라와, 그리고 새롭게 창조될 하나님의 백성들의 공동체이다.

첫째, 메시아에 대한 대망이다. 아담과 하와가 사단의 유혹을 받아 타락하자 하나님께서는 고통당할 그들에게 '여자의 씨'를 약속하셨다(창 3:15). 이 최초의 약속이 있는 이후로, '아브라함의 씨'(창 22:18), '유다의 지파'(창 49:10), '모세와 같은 선지자'(신 18:15), '다윗의 후손'(삼하 7:12-13), '멜기세덱의 반차를 좇은 대제사장'(시 110:4), '임마누엘'(사 7:14), '고난의 종'(사 53장), '인자 같은 이'(단 7:13-14), '여호와 우리의 의'(렘 23:5-6), '한 목자'(겔 34:23), '의의 교사'(욜 2:23)에 대한 하나님의 예언과 약속을 따라 메시아를 대망하였다.

둘째, 하나님의 나라에 대한 대망이다. 이스라엘 백성들은 하나님이 왕으로 통치하시는 나라를 고대하였다. 영원히 견고하게 설 하나님의 나라(단 2:44-45)가 인자 같은 이를 통하여 실현될 것을 대망한 것이다(단 7:13-14).

셋째, 새 언약과 이스라엘 회복에 대한 대망이다. 아브라함과(창 12:1-3) 모세와(출 19:5-6) 다윗과(삼하 7:12-16) 하나님이 언약을 맺으셨으나 이스라엘 백성들이 거듭 파기하고 하나님을 배반하는 죄악을 범하매, 하나님은 예레미야 선지자를 통하여 영원한 새 언약을 약속하시고(렘 31:31-34), 그 새 언약이 메시아를 통하여 실현될 것을 대망하게 하였다(참고, 히 8:8-13; 고전 11:25). 하나님은 성령으로 그들을 정결하게 하고 성령이 그들 안에 거하게 하여 그들의 마음을 부드럽게 하고 하나님께 잘 순종하게 함으로써, 자기의 새 언약 백성이 되게 하고자 하셨다(겔 37:24-28).

넷째, 주의 날과 신천신지에 대한 대망이다. 선지자 하박국이 예언한 바에 의하면 주님의 오실 날이 속히 이를 것이라 하였다(합 2:3; 히 10:37). 이 주의 날은 하나님이 맹렬하게 노하시어 심판하시는 날이요(사 13:9-11), 또한 새 이스라엘에게 축복과 번영을 가져다 주는 날이다(암 5:18). 즉, 여호와를 경외하는 자들에게는 치유와 기쁨의 날이지만, 행악하는 자들에게는 심판이 임하는 크고 두려운 날이다(말 4:2-3, 5). 하나님은 이 날에 자기의 택한 백성을 위하여 새 하늘과 새 땅(신천신지)을 창조하신다(사 66:22). 온 땅 위에 여호와를 아는 지식이 충만하여(사 11:9) 주의 백성이 하나님과 함께 그의 영광을 보며 즐거워하게 하시는 것이다.

3. 종말의 중심 주제는 무엇인가?

종말이란 역사의 성취이자 또한 역사의 완성이다. 종말과 관련하여 하나님의 백성들이 대망한 것은 메시아와 하나님의 나라이다. 그러므로 역사를 성취하고 완성하는 메시아와 그를 통해서 시작되고 온전하게 이루어질 하나님의 나라가 종말의 중심 주제인 것이다.

메시아와 하나님의 나라와 관련하여 구속사적으로 종말을 살펴보면, 종말의 주요 주제들은 첫째, 메시아가 오심으로 말미암아 역사가 어떻게 성취되었고, 천국이 건설되었으며, 그 시작된 천국은 어떤 것인가이다. 둘째, 메시아가 어떤 점에서 역사의 중심이시며, 그의 오심이 어떻게 역사의 분기점이 되었는가 하는 것이다. 셋째, 메시아의 재림으로 말미암아 어떻게 역사가 완성되고, 그때 있게 될 육체의 부활, 심판, 그리고 신천신지는 어떤 것인가이다. 넷째, 이 세상은 지금 어디로 어떻게 가고 있는가이다.

역사는 하나님의 여러 계획과 목적을 이루는 작업이기에, 본질적으로 구속사(redemptive history, 또는 history of salvation)이다. 하나님은 예수 그리스도를 통해서 역사를 만드시고 주관하시고 이루어 가시며 마지막 때에 완성하신다. 그래서 역사는 그 분의 이야기(His story)이다. 역사의 주재(主宰)는 하나님이시다. 하나님이 만물을 창조하시어 역사를 시작하시고, 만물을 지배하며(시 103:19) 열방을 통치하시고(대상 29:11-12) 모든 것을 자기의 뜻대로 행하시며 주관하신다(엡 1:11). 이 하나님의 역사의 중심에 메시아가 있다. 그를 중심으로 역사가 분기점을 이루고, 과거의 모든 약속들이 성취되어 새 시대가 열리고 마지막 날에는 미래의 모든 것이 결정되고 완성되는 것이다. 역사는 복음전파를 통해 최종적 구속을 기다리되, "이미"와 "아직"의 긴장 속에서, 그러나 승리를 낙관하는 가운데 하나님이 그리스도를 통해서 성령으로 움직이신다.

4. 종말에 어떻게 하나님의 나라가 시작되었고, 성도들이 생명을 충만하게 누리게 되는가?

하나님이 아름답게 창조하신 이 세상에 사단 마귀로 말미암아 죄와 사망이 들어옴으로 인하여 저주와 불행이 초래되었다(롬 5:12; 8:22; 창 3:15-19). 그래서 하나님의 역사는 사단과의 긴장 관계에서 진전되어 왔고, 인간의 삶 또한 사단과의 원수 관계 속에서 우여곡절을 겪어 왔고 어두움의 지배 아래 있었다(엡 2:1-3). 이 때문에 하나님의 역사가 참되게 성취되고, 창조세계가 자유와 생명을 누리며, 인간 또한 행복과 축복과 생명을 되찾아 누리기 위해서는 죄와 사단에 대한 승리가 있어야 하고, 어두움의 왕국 대신 하나님의 나라가 임해야 했다(요일 3:8; 마 4:1-11).

하나님은 예수 그리스도를 통해서 그가 십자가에 못 박혀 죽으시고 죽은 자 가운데서 부활하심으로 죄와 사단에 대하여 결정적으로(decisively) 승리하셨다(골 2:15). 이로써 이 땅에 그를 통하여 하나님의 성전을 세우시고(요 1:14) 그의 영광을 나타내심으로 그의 택하신 백성이 하나님을 아는 지식을 얻어(요 1:18) 생명과 자유를 누리게 하셨다(요 17:3). "내 말을 듣고 또 나 보내신 이를 믿는 자는 영생을 얻었고 심판에 이르지 아니하나니 사망에서 생명으로 옮겼느니라"(요 5:24). "아들이 있는 자에게는 생명이 있고 하나님의 아들이 없는 자에게는 생명이 없느니라"(요일 5:12).

5. 종말과 함께 시작되고 또 완성되는 하나님의 나라는 어떤 면에서 은혜의 나라이고, 또 어떤 다른 면에서 권능의 나라인가?

예수의 구속 사역의 길을 미리 준비하러 나타났던 세례 요한은 회개와 심판을 강조하여 선포했다. 즉, 회개에 합당한 열매를 맺어야 구원을 얻는다는 것과, 메시아가 불의 권세를 가지고 심판함으로써 하나님의 나라가 임할 것이라고 했던 것이다. 그런데, 세례 요한은 옥에 갇혔을 때 자기의 제자들을 예수께 보내어 '오실 그이가 당신입니까'(마 11:3)하고 물은 바 있다. 그는 기대하기를 자기에게 불의를 행한 헤롯과 그의 무리들을 약속된 메시아로 오신 예수께서 당장 불로 심판할 줄 알았으나, 그가 아무 일도 행하지 아니한 것처럼 보였기 때문에 의심이 생겼던 것이다. 세례 요한의 질문에 대하여, 이사야의 예언의 말씀(사 35:5-6)을 예수는 인용하여 자기가 지금 하고 있는 일이 바로 메시아가 해야 할 일임을 밝히셨다. 다시 말해서, 메시아가 할 일은 앉은뱅이와 문둥이와 귀머거리와 죽은 자와 가난한 자들에게 하나님의 은혜를 베푸는 것이며, 이를 위하여 자기가 하나님께로부터 보내심을 받은 사실을 요한에게 일깨워 주었던 것이다(마 11:4-6).

이로 보건대, 예수는 자신이 이 땅에 오심으로써 때가 이미 찼고, 자기의 육체로 성전을 세우심으로(요 2:19-21) 하나님의 은혜의 나라가 시작된 것을 아셨으나, 세례 요한은 하나님의 권능의 불의 심판만을 알고 있었던 것이다. 예수께서 밝히신 하나님의 나라는 그가 구주로서 병들고 가난한 자들에게 은혜를 베풀어 치유하실 뿐 아니라 저희의 죄를 용서하여 구원하심으로 하나님의 자녀의 권세를 얻어 누리게 하는 은혜의 나라이다. 이에 비하여, 세례 요한이 선포한 하나님의 나라는 장차 그리스도가 심판주로 재림하시어 권능으로 심판하는 나라이다.

요약하자면, 이미 종말과 함께 시작된 하나님의 나라는 그리스도의 초림 때 그가 은혜의 죄 용서를 통해 죄와 사단을 이긴 하나님의 현재적 나라이고, 장차 종말과 함께 완성될 하나님의 나라는 그리스도의 재림 때 그가 권능의 심판을 통해 죄와 사망을 최종적으로 이기는 하나님의 미래적 나라이다.

6. 천국의 이중성을 아는 것이 어떤 점에서 실제적으로 중요한가?

천국의 이중성, 즉, 그리스도의 초림으로 시작된 하나님의 은혜의 나라와 그리스도의 재림으로 완성될 하나님의 권능의 나라에 대하여 성경적으로 잘 알면 신앙적으로 실제적인 의의가 있다.

첫째, 오직 하나님만이 우리를 그의 나라로 인도하실 수 있음을 믿게 된다. 하나님은 우리를 그의 나라로 옮기시고(골 1:13), 불러들이시고(살전 2:12), 우리에게 그 나라를 주시며(눅 12:32), 그 나라를 맡기신다(눅 22:29). 우리는 하나님이 우리에게 부여해 주신 특권으로 말미암아 우리가 그의 나라에 이미 들어와 있음을 알고 믿는다(벧후 1:11).

둘째, 천국의 중심이 그리스도 예수와 성령이심을 믿게 된다. 천국은 그리스도 예수의 인격과 구속 사역으로 말미암아 이루어졌고, 성령께서 예수 그리스도에게 권능을 충만하게 주어 함께 하심으로써 시작된 것이다. 인류를 타락시켜 죄에게 종노릇하게 한 사단의 권세를 예수 그리스도와 성령께서 깨뜨려 무너뜨리시고 하나님의 나라를 이루셨기에 성도들은 그리스도와 성령을 힘입어 사단 마귀에 대하여 승리하며 산다.

셋째, 하나님의 나라가 우리에게 믿음과 회개를 요구함을 안다. 성도들에게는 하나님 나라의 권세가 보장되고 또한 사단에 대한 승리가 이미 확정되어 있지만, 그의 나라에 들어가려면 성령으로 거듭나고(요 3:3, 5), 회개하며(마 18:3-4), 그의 나라에 우선순위를 두어야 한다(마 6:33).

넷째, 하나님의 나라가 우주적 구속(universal redemption)임을 안다. 하나님의 나라는 단지 개인의 구원만을 뜻하지 않고, 신천신지에서 절정을 이루는 전우주의 완전한 구속임을 알고 믿는다(참고, 골 1:19-20). 그러므로 우리는 우리의 모든 삶을 삶에 있어서 만물의 회복을 목표로 해야 하는 것이다.

7. 종말과 관련된 하나님의 비밀들은 무엇인가?

하나님은 그리스도 안에서 계획하신 그의 뜻의 비밀을 때가 차매 종말에 나타내시기를 기뻐하셨다(엡 1:9-10). 그러므로 그 비밀을 듣고 믿어 아는 것은 최고의 특권이요 축복이며, 삶의 기쁨인 것이다. 종말의 비밀은 다음 몇 가지이다.

첫째, 그리스도의 비밀(또는, 복음의 비밀)

예수 그리스도 자신이 하나님의 복음이다(막 1:1; 롬 1:2). 이 복음인 예수 그리스도가 창세전부터 감추어졌다가 이제 때가 차매 나타내신 바 되었으며, 이 복음이 하나님의 비밀의 계시이다(롬 16:25-26). "이 비밀은 만세와 만대로부터 옴으로 감취었던 것인데 이제는 그의 성도들에게 나타났고… 이 비밀은 너희 안에 계신 그리스도니 곧 영광의 소망이니라"(골 1:26-27). "그는 창세전부터 미리 알리신 바 된 자나 이 말세에 너희를 위하여 나타내신 바 되었으니"(벧전 1:20). 그러므로 이 예수가 마지막 때에 나타나신 복음의 비밀이다(엡 6:19).

둘째, 십자가의 비밀

바울에 의하면, 이스라엘 사람들 가운데 많은 사람들이 완악하여 복음을 거부하고 그 대신 많은 이방인들이 복음을 듣고 받아들여 하나님 나라에 들어오게 된 것이 바로 하나님의 비밀이다. "나의 복음과 예수 그리스도를 전파함은 영원 전부터 감취었다가 이제는 나타내신 바 되었으며… 모든 민족으로 믿어 순종하게 하려고 알게 하신 바 그 비밀의 계시를 좇아 된 것이니"(롬 16:25-26). 하나님께서는 복음이신 그리스도 예수의 십자가로 말미암아 만물이 자기와 화목되게 하시기를 기뻐하셨을 뿐 아니라(골 1:19-20), 유대인과 이방인 간에 적대감을 없애고 둘을 하나로 묶어 하나님과 화목하게 하고 한 성령 안에서 아버지 하나님께 나아감을 얻게 하고자 하셨다(엡 2:15-18). 그래서 이 십자가가 바로 하나님의 비밀인 것이다(참고, 고전 1:21-24).

셋째, 부활의 비밀

예수께서 사랑하신 마르다와 마리아도 육체의 부활을 알지 못했고(요 11:25), 사두개인들 뿐 아니라(행 23:8), 많은 유대인들이 부활이 없다 하였다(고전 15:12). 그래서 바울은 선포했다. "보라 내가 너희에게 비밀을 말하노니 우리가 다 잠잘 것이 아니요 마지막 나팔에 순식간에 홀연히 다 변화하리라"(고전 15:51). 예수가 우리의 부활의 첫 열매이시요(고전 15:20, 23) 우리는 장차 신령하고 영광스러운 몸으로 부활하게 되는 것이다(고전 15:43-44). 이렇듯, 그리스도의 부활과 성도들의 육체의 부활이 종말의 비밀이다.

넷째, 천국의 비밀

"천국의 비밀을 아는 것이 너희에게는 허락되었으나 저희에게는 아니되었다"

(마 13:11)고 예수께서 천국 비유를 가르치던 중에 말씀하신 것을 보면, 그가 말씀하시고 전파하신 천국은 사람들에게는 큰 비밀이었다. 세례 요한도 미처 알지 못했다. 예수님의 오심과 그의 복음 전파를 통하여 이미 천국이 임하여 예수 믿는 자들 가운데 있었던 것이다(눅 17:21).

다섯째, 성령의 비밀

사도행전을 보면, 사마리아 교회가 빌립을 통해서 복음의 말씀을 받았으나 성령을 알지 못했고(행 8:16), 에베소 교회의 경우는 "성령의 있음도 듣지 못했다" 할 정도였다(행 19:2). 사람들은 성령 충만한 사도들을 보고서 새 술에 취했다고 비아냥거렸다(행 2:12-13). 이 약속된 성령은 오순절 교회 위에 임함으로 비로소 체험하게 된 바 종말의 비밀이었다.

제 27 과 종말의 징조

> 기본적인 질문:
>
> 1. 사람들이 생각하고 있는 말세의 일반적인 징조는 무엇인가? 여기에 대하여 성경은 어떻게 말씀하고 있는가? 말세에는 왜 사랑이 식어지고, 사는 것이 고통스러운가?
>
> 2. 말세적 고통은 원초적으로 어떻게 시작되었으며, 인류의 역사 속에서 어떻게 진행되어 왔는가?
>
> 3. 종말의 시대적 징조는 우리에게 무엇을 결단할 것을 요구하는가?
>
> 4. 말세적 징조들은 전적으로 세상 끝날과 관련되어 동시 다발적으로 나타나는가? 아니면, 역사 속에서 점진적으로 강화 또는 가속되어 나타나는가?
>
> 5. 하나님의 은총을 증거하는 종말의 징조들은 무엇인가?
>
> 6. 하나님께 반역하는 종말의 징조들은 무엇인가?
>
> 7. 하나님의 심판을 가리키는 종말의 징조들은 무엇인가?
>
> 8. 종말의 징조들을 아는 것이 어떤 점에서 실제적으로 중요한가?

1. 사람들이 생각하고 있는 말세의 일반적인 징조는 무엇인가? 여기에 대하여 성경은 어떻게 말씀하고 있는가? 말세에는 왜 사랑이 식어지고, 사는 것이 고통스러운가?

1960년대 무렵 무릎 위까지 올라간 아주 짧은 치마가 유행하자 사람들은 말세가 왔다고 탄식했다. 그런가 하면, 보험금을 노리고서 자기 남편과 시댁의 가족을 계획적으로 살해한 사건 등 돈에 눈이 멀어 친족을 해치는 사건들이 일어난 것을 두고서도 말세라고 통탄했다. 그리고 남아시아에 큰 지진과 해일이 일어나 수십만 명이 죽는 대 참사가 일어나고 조류 독감이 번지기 시작한 것을 두고서도 말세의 징조라고 사람들은 생각한다. 이처럼, 사람들이 생각하는 말세의 징조는 타락과 불법, 향락과 사치, 몰인정한 세태, 천재지변의 대 재앙과 무서운 전염병 등이다. 이 징조들의 공통된 특징은 인류를 큰 고통 속으로 몰아넣는 것이다. 사는 것이 지옥 같은 고통이다.

성경적인 말세의 징조도 사람들의 생각과 대동소이하다. 바울이 말한 바에 의하면, "네가 이것을 알라. 말세에 고통하는 때가 이르리니 사람들은 자기를 사랑하며 돈을 사랑하며 자긍하며 교만하며 훼방하며 부모를 거역하며 감사치 아니하며 거룩하지 아니하며 무정하며 원통함을 풀지 아니하며 참소하며 절제하지 못하며 사나우며 선한 것을 좋아 아니하며 배반하여 팔며 조급하며 자고하며 쾌락 사랑하기를 하나님 사랑하는 것보다 더하며 경건의 모양은 있으나 경건의 능력은 부인한다"(딤후 3:1-5). 성경이 말하고 있는 말세의 징조도 일반 사람들의 생각처럼, 탐욕과 교만, 사랑의 식어짐, 향락과 사치, 배은망덕, 포악 등이며, 신앙의 형식화 또는 세속화가 있다. 그리고 이로 인하여 사람들이 고통을 당한다.

이렇게 성경이 말하는 말세의 징조와 일반 사람들이 생각하는 징조가 대동소이한 것을 보면, 하나님은 모든 사람이 말세의 징조들을 본성적으로도 분별하고서 깨어서 심판을 대비하기를 원하고 계심을 알 수 있다. 그러므로 누구도 하나님께서 회개할 기회를 주시지 않아서 구원을 얻지 못했다고 마지막 날 하나님 앞에서 핑계치 못하는 것이다. 생각건대, 이성 없는 짐승도 대재앙을 본능적으로 예감하고서 대피하도록 하나님은 섭리하신다(예: 쓰나미 해일로 인하여 남아시아에서 수십만 명의 사람들이 대피하지 못하고 죽음을 당한데 반하여, 짐승들은 미리 대피하여 화를 면했고, 짐승들이 대피하는 것을 보고 함께 대피한 자들도 살아남았다).

말세에 사람들의 사랑이 식어지는 이유는 디모데후서 3:1-5에서 보면, 무엇보다도 자기를 사랑하여 자기 자신의 노예가 된 것과 이와 함께 돈과 쾌락을 사랑하고, 신앙이 형식화된 데 있다. 사랑이 식어지고 불법이 성함으로 인하여(마 24:12) 사람들은 말세에 큰 고통을 당하는 것이다.

2. 말세적 고통은 원초적으로 어떻게 시작되었으며, 인류의 역사 속에서 어떻게 진행되어 왔는가?

말세적 고통은 아담이 사단의 유혹을 받아 타락하던 때부터 벌써 시작되었다. 창세기 3:15에 보면, 여자의 후손이 사단과 및 사단의 씨와 원수가 됨으로 투쟁과 고통이 시작되었고, 3장 16절에는 여자에게 임신과 출산의 고통이 있고 성적 욕구가 강해지며, 3장 17절에는 땅이 저주를 받아 황폐해짐으로 땅을 경작하는데 수고와 고통이 따르게 되었다(참고, 창 5:29). 창세기 4장에 보면, 형 가인이 동생 아벨을 쳐 죽이는 포악함이 있고, 그로 말미암아 죄와 형벌의 고통이 사람의 마음을 짓눌렀다. 이렇게 시작된 원초적 고통은 애굽에서 이스라엘 백성이 종살이하며 당한 고통(출 1:8-14), 사사시대에 하나님을 배반하고 자기 좋을 대로 행하며 우상을 숭배하는 가운데 각종 악을 범하다가 하나님의 징계를 받아 당하는 고통(삿 2:11-15), 그리고 이스라엘의 왕국시대 왕들과 제사장 뿐 아니라 일반 백성들의 죄로 말미암아 바벨론 포로로 끌려가 당한 고통(왕하 25:1-7) 등으로 이어졌다. 이로써, 사람들은 흑암과 사망의 그늘 아래서 신음하였다(사 9:2; 참고, 마 4:15-16).

인류의 역사를 보면, 각종의 전쟁, 질병, 기근과 재난, 부패와 타락 등으로 말할 수 없는 고통을 겪어 왔고, 20세기에는 두 차례의 대 전쟁으로 세계 인류는 엄청난 희생과 고통을 당했으며, 월남전쟁, 이라크 전쟁 등 지금도 전쟁이 끊이지 않고, 각종 테러와 흉악한 범죄가 인류를 공포에 떨게 하고 있다. 더욱이나, 각종 환경오염(대기오염, 수질오염, 땅의 오염, 농산물과 축산물 오염, 산업공해, 전자파 공해, 가공 식품 공해, 소음 공해, 쓰레기 공해, 콘크리트와 아스팔트 공해, 냉난방기 공해 등)으로 인한 고통은 형언할 수가 없다. 오염된 자연이 인류에게 멸망의 재앙을 줄 것이 분명하다. 인류 종말의 마지막 날이 코앞에 와 있는 것이다.

3. 종말의 시대적 징조는 우리에게 무엇을 결단할 것을 요구하는가?

하나님의 때가 차서 오신 예수 그리스도께서 종말을 선언하시면서 무엇을 요구하셨는가? "회개하라 천국이 가까웠느니라"(마 4:17). "때가 찼고 하나님의 나라가 가까웠으니 회개하고 복음을 믿으라"(막 1:15). "내가 의인을 부르러 온 것이 아니요 죄인을 불러 회개시키러 왔노라"(눅 5:32). 그는 죄를 회개하고 복음을 믿을 것을 요구하였던 것이다.

예수의 사도들도 요구하기를, "너희가 회개하여 각각 예수 그리스도의 이름으로 세례를 받고 죄 사함을 얻으라"(행 2:38); "주 예수를 믿으라 그리하면 너와 네 집이 구원을 얻으리라"(행 16:31) 하였다.

4. 말세적 징조들은 전적으로 세상 끝날과만 관련되어 동시 다발적으로 나타나는가? 아니면, 역사 속에서 점진적으로 강화 또는 가속되어 나타나는가?

예수의 제자들이 예루살렘 성전 건물에 대해 그 웅장함을 인하여 감탄하자 그들에게 성전의 멸망을 예고하셨다. 이에 제자들이 묻기를, "어느 때에 이런 일이 있겠사오며 또 주의 임하심과 세상 끝에는 무슨 징조가 있사오리이까?" 하였다. 이에 대한 예수님의 대답을 보면, 적그리스도의 나타남, 전쟁들의 소문, 기근과 지진 등이 있고 이와 함께 복음의 활발한 전파도 있겠으나, 이 모든 것이 재난의 시작이요 끝은 아직 아니라 하셨다. 모든 민족에게 천국 복음이 전파되는 때에 그제야 끝이 올 것이라는 것이 그의 결론이었다(마 24:1-14).

예수님의 이 같은 대답의 말씀을 보면, 예루살렘 성전 건물의 멸망은 세상 끝에 있을 하나의 시작의 징조에 지나지 않고 많은 전쟁과 지진과 기근 등이 이어져 발생하고, 특히 천국의 복음이 모든 민족에게 충분하게 증거되는 때에 결정적으로 끝이 있게 된다. 역사적으로 보면 예수님 시대 이후 많은 전쟁과 지진과 기근이 수 없이 발생해 왔고, 천국 복음도 예루살렘에서 시작하여 소아시아 지방과 마게도냐를 거쳐 로마에서 활발하게 증거된 후 북유럽과 아프리카, 북미와 남미 등지에서 전파되고, 그 다음 아시아에서 복음이 힘 있게 증거 되고 있는가 하면, 이제는 동남아시아, 중앙아시아와 중동 쪽으로 진전되고 있다. 천국 복음의 이같은 전파 경로와 역사를 보면 말세적 징조는 어느 한 끝 시점에서 동시다발적으로 나타나기보다는, 역사 속에서 점진적으로 강화 또는 가속되어 나타나는 것으로 보아야 한다.

5. 하나님의 은총을 증거하는 종말의 징조들은 무엇인가?

말세에 전쟁, 지진, 기근, 질병 등으로 고통을 당하는 세상에 대하여 하나님은 오래 참으시는 중에 은총 베푸시는 일을 결코 멈추지 않으신다. 하나님은 "비록 근심하게 하시나 그 풍부한 자비대로 긍휼히 여기실 것임이라. 주께서 인생으로 고생하며 근심하게 하심이 본심이 아니시로다"(애 3:32, 33). "주 여호와가 말하노라. 내가 어찌 악인의 죽는 것을 조금인들 기뻐하랴. 그가 돌이켜 그 길에서 떠나서 사는 것을 어찌 기뻐하지 아니하겠느냐"(겔 18:23). "너희는 돌이켜 회개하고 모든 죄에서 떠날찌어다. 그러한즉 죄악이 너희를 패망하게 아니하리라"(겔 18:30). 하나님은 인자하시고 길이 참으시며 널리 용납하시어 죄인들을 인도하여 회개하게 하기를 좋아하시는 까닭에(롬 2:4), 멸망 받아 마땅한 이 악한 세상을 향하여 은총을 베푸시는 것이다. 그래서 그는 자기의 유일한 아들을 십자가의 희생 제물로 내어 주시기까지 세상을 사랑하셨었다(요 3:16).

말세에 하나님의 은총을 증거 하는 징조는 크게 두 가지이다. 첫째, 모든 민족에게 복음이 선포되는 일이다. 예수님께서는 하나님의 은총의 증거에 대하여, "이 천국 복음이 모든 만민에게 증거 되기 위하여 온 세상에 전파되리니 그제야 끝이 오리라"(마 24:14; 막 13:10)고 말씀하셨다. 여기서 모든 민족에게 복음이 증거되어야 한다는 표현은 지구상의 최후의 한 사람에게까지 복음이 전파되어야 비로소 그리스도가 재림하시며 세상의 마지막 날이 오리라는 뜻이 아니다. 전파되는 복음에 대하여 모든 민족과 족속들이 책임을 져야 한다는 뜻이다. 생각건대, 지금은 인공위성이나 TV방송, 각종 대중 매체, 그리고 다양한 국제 무역, 관광 여행, 발달된 교통수단, 각종 개발 사업 등으로 인하여 복음과 예수의 이름이 온 세계에 사실상 전파되고 있으므로 모든 민족과 족속들은 지금 책임을 져야 하는 것이다. "알지 못하던 시대에는 하나님이 허물치 아니하셨거니와 이제는 어디든지 사람을 다 명하사 회개하라 하셨다"(행 17:30).

둘째, 이스라엘의 온전한 수가 구원을 받는 일이다. 하나님이 바울에게 계시한 바에 의하면, "이 비밀을 너희가 모르기를 내가 원치 아니하노니 이 비밀은 이방인의 충만한 수가 들어오기까지 이스라엘의 더러는 완악하게 된 것이라. 그리하여 온 이스라엘이 구원을 얻으리라"(롬 11:25-26). 이 비밀은 이방인의 충만한 수가 구원을 받은 후에 비로소 온 이스라엘 민족이 민족적으로 일시에 회심하여 구원을 얻을 때 세상 끝이 오리라는 것을 의미하지 않는다. 이 비밀은 예수 그리스도의 십자가의 비밀에 비추어 해석하는 것이 좋다. 하나님은 그리스도의 십자가로 이방인과 유대인간에 막힌 담을 허시고 둘을 하나로 묶어 자기에게로 나아오게 하셨다(엡 2:16-18). 이에 대해서는 구약시대에 하나님이 선지자들로 예언하게 하셨고(참고, 행 15:15-18), 그가 다윗의 무너진 장막을 다시 지어 일으키심에 있어서 모든 이방인들로 구원 얻게 하시는 것처럼, 이제 이스라엘 백성도 그 이방인들과 함께 지속적으로 구원을 얻게 하시는 바 이것이 하나님의 은총의 징조인 것이다.

6. 하나님께 반역하는 종말의 징조들은 무엇인가?

하나님의 은총과 사랑과 자비는 변함이 없고 신실하지만, 은총과 자비와 오래 참으심을 감사할 줄 모르는 죄악된 인류는 하나님께 반역하여 우상을 섬기며 배도하고 적그리스도 노릇을 한다.

첫째, 우상숭배. 죄 아래 있는 인간들은 마귀의 올무에 사로잡혀 그것의 뜻에 따라 조종되어(참고, 딤후 2:26) 피조물을 조물주 하나님보다 더 경배하고 섬긴다(롬 1:23, 25). 사람들은 탐욕에 사로잡혀 우상을 섬기는 것이다(골 3:5).

둘째, 배도. 예수님이 말씀하신 바에 의하면, "거짓 그리스도들과 거짓 선지자들이 일어나 큰 표적과 기사를 보이어 할 수만 있으면 택하신 자들도 미혹하게 하리라"(마 24:24). 배도 가운데 주목할 것은 주님의 이름을 소리 높여 부르는 불법을 행하는 자들과(마 7:22-23), 오늘날 유명한 신학자들이라 자칭하지만 그리스도의 대속적 죽으심과 몸의 부활과 재림 등을 부인하는 자들이다.

셋째, 적그리스도(anti-Christ). 적그리스도는 그리스도를 대적하는 악한 세력으로서 그리스도의 경쟁적 적대자이다. 이 적그리스도는 그리스도의 성육신을 부인하거나(요일 4:2-6), 예수가 그리스도이심을 부인하는 자들이다(요일 2:22). 그리고 '불법의 사람' 이다(살후 2:1-12).

7. 하나님의 심판을 가리키는 종말의 징조들은 무엇인가?

종말의 시대적 징조들은 한편으로는 하나님의 은총을 나타내는 것들이 있으나, 다른 한편으로는 하나님의 심판을 나타내는 것들도 있다.

첫째, 환난. 말세에는 그리스도의 사람들이 흔히 많이 환난을 당하나(요 16:33), 인류 전체에게 임할 큰 환난이 있다. "이는 그 때에는 큰 환난이 있겠음이라. 창세로부터 지금까지 이런 환난이 없었고 후에도 없으리라"(마 24:21).

둘째, 전쟁, 지진 그리고 기근. 말세에는 하나님의 심판을 나타내는 징조들로 인류가 큰 충격을 받는다(마 24:6-8). 하나님의 은총을 나타내는 징조들은 인류에게 생명의 축복과 기쁨과 감격을 느끼게 하는 까닭에 충격을 주지 않으나, 심판의 징조들은 성질상 고통스럽고 처참하고 엄청난 불행을 당하게 하는 까닭에 큰 충격을 주는 것이다.

이 같은 전쟁이나 지진이나 기근들은 말세의 한 시점에만 국한되어 한꺼번에 일어나는 것이 아니고, 인류 역사 속에서 점증되어 왔다. 예를 들면, 주후 70년 유대인들의 독립 전쟁으로 예루살렘의 헤롯 성전이 붕괴되고 100여 만 명이 죽었고, 400년경 반달족에 의한 서로마제국 멸망, 1463년 터키에게 동로마제국의 멸망, 1618-1648년에 있었던 30년 전쟁으로 말미암은 유럽의 황폐화, 1910년대와 1940년대 양차 세계대전, 1923년 일본 관동 대 지진, 1987년 멕시코 지진으로 40 만명 죽음, 2004년 남아시아에서 일어난 쓰나미 대재앙, 그리고 지금도 이 지구의 전 인구 가운데 삼분의 일 정도가 기근으로 영양실조 상태에 있다.

8. 종말의 징조들을 아는 것이 어떤 점에서 실제적으로 중요한가?

종말의 징조들 가운데 하나님의 은총을 나타내는 것들이 있는가 하면, 하나님을 반역하는 것들도 있고, 하나님의 심판을 증거하는 것들도 있다. 우리가 이것들을 알면 하나님의 뜻을 따라 삶으로 미래를 대비할 수 있다.

하나님의 은총을 나타내는 징조들은 모든 민족에게 복음이 선포되는 일과 이스라엘의 온전한 수가 구원받는 일이다. 이 징조들에 나타난 하나님의 뜻을 따라 복음을 전하되 우리는 이스라엘을 포함하여 모든 민족에게 전체적으로 해야한다. 세계 선교와 복음화를 위하여 때를 얻든지 못 얻든지 최선을 다하는 것이 말세에 교회를 향한 하나님의 뜻이다(딤후4:2).

　하나님을 반역하는 징조들은 우상숭배와 배도와 적그리스도이다. 이로 보건대, 우리는 하나님을 예배하고 그에게 영광을 돌리며 감사하는 일을 힘써야 하는 것이다. 특별히 주일을 거룩하게 지켜 예배를 회복해야 한다. 그리고, 건전한 성경 연구와 기독교 교리 및 신학 연구가 이루어져야한다. 기도하고 성령의 인도하심을 받는 가운데 겸손하게 그리고 기쁨으로 성경과 기독교의 주요한 교리와 신학을 연구하고 가르쳐야 한다.

　하나님의 심판을 나타내는 징조들은 환난과 전쟁과 지진과 기근 등인데, 인류를 비참과 불행에 빠지게 하고 고통스럽게 만드는 것들이다. 이것들은 하나님의 본심이 아니다. 우리는 이 징조들 앞에서 회개하고, 마지막 심판의 날을 대비하되, 하나님의 자비하심 같이 비참함과 고통 중에 있는 자들을 불쌍히 여기고 위하여 기도하며 사랑으로 섬겨야 한다(참고, 마 25:34-36, 40). 그리고, 환난 중에서도 인내하고 하나님의 영광을 보며 즐거워해야 한다(롬 5:2-3).

제 28 과 시작된 종말과 은혜의 나라

기본적인 질문:

1. 신약성경에서 마태복음이 첫 권인 것은 예수 그리스도의 족보 때문이다. 하나님의 구속 역사와 관련하여 이 족보가 어떤 점에서 종말론적으로 중요한가? 그리고, 마태가 예수의 족보를 소개하고서 곧바로 '예수'와 '임마누엘' 두 이름을 번역하여 언급한 것은 종말론적으로 무슨 의미가 있는가?

2. 마태복음 13장에 소개되어 있는 예수의 천국 비유는 시작된 종말과 관련하여 무슨 의미가 있는가?

3. 누가복음 4:16-21에서 누가가 이사야의 글을 인용하여 예수의 공생애의 첫 사역을 소개한 것은 종말론적으로 무슨 의미가 있는가? 특히, 이사야의 글을 인용하면서 '신원의 날'을 뺀 데는 무슨 이유가 있는가?(참조, 사 61:1-2) 마태복음 11:2-6을 함께 참고하라.

4. 요한복음 1:14, 18은 종말론적으로 무슨 의미가 있는가?

5. 히브리서 9:26은 종말론적으로 무슨 의미가 있는가?(참고, 히 1:2; 9:12-15)

6. 마태복음 8:5-17과 누가복음 4:31-41; 5:12-35에 소개되어 있는바 예수의 첫 사역들은 하나님의 나라가 어떠한 것임을 보여 주고 있는가?

7. 예수의 사역과 성령을 통해서 하나님의 나라가 이 땅에 이미 임재하여 있음을 보여 주는 두드러진 표징들은 무엇인가?

8. 종말과 관련하여 성령의 중요한 역할은 무엇인가?

---

1. 신약 성경에서 마태복음이 첫 권인 것은 예수 그리스도의 족보 때문이다. 하나님의 구속 역사와 관련하여 이 족보가 어떤 점에서 종말론적으로 중요한가? 그리고 마태가 예수의 족보를 소개하고서 곧바로 '예수'와 '임마누엘' 두 이름을

번역하여 언급한 것은 종말론적으로 무슨 의미가 있는가?

　마태는 예수의 족보를 소개함에 있어서 아브라함과 다윗으로 대표되는 구약의 백성들에게 하나님이 약속한 언약이 예수 그리스도에게서 성취된 사실을 먼저 1장 1절에서 소개하고, 아브라함으로부터 다윗까지의 족보(2-6절)에서는 죄가 크고 많은 곳에 오히려 하나님의 은혜가 더욱 넘치는 것처럼(롬 5:20) 은혜가 죄를 이긴 것을 시사하였다(참고, 이 족보 가운데 다말, 라합, 우리야의 아내 등 세 이방 여자들이 언급되고 특히 유다와 다말이 함께 소개된 것은 그들의 죄가 크고 수치스러웠음에도 불구하고 하나님이 은혜로 죄를 가려 주었음을 함축하고 있다). 솔로몬으로부터 바벨론 포로까지의 족보(7-11절)에서는 하나님의 은혜를 더하게 하려고 죄를 결코 지어서는 안 되는 까닭에(롬 6:1-2) 하나님이 이스라엘의 죄를 징계하셨다는 것을 시사하였다(참고, 우상숭배 죄의 책임이 큰 요람의 후대 가운데 3대가 누락되고 여호와의 예언의 책을 칼로 찢어 불에 태운 여호야김의 이름이 족보에서 빠진 것은 그들의 죄를 하나님이 물으셨음을 함축하고 있다). 그리고 바벨론 포로 이후의 족보에서는(12-16절) 이스라엘이 정치적 주권을 상실하여 사실상 왕통이 끊어졌음에도 불구하고 하나님이 그들 가운데서 여전히 통치하고 계셨음을 시사하였다.

　마태는 이 같은 족보를 소개하고 나서 그것을 요약하는 가운데 열네 대씩 셋으로 구분한 것을 강조하였는데, 이는 그 숫자를 통해서 다윗의 이름을 연상하게 할 뿐 아니라('다윗'이라는 이름의 히브리어 자음을 숫자로 환산하면 합이 14이다) 완전수인 7의 배수로서 하나님의 때가 찼음을 시사하기 위한 것이다. 다시 말해서, 마태는 예수의 족보를 소개하는 가운데 하나님이 이스라엘에게 약속한 언약이 때가 차매 예수 그리스도의 나심을 통하여 이제 성취된 사실을 밝힌 것이다.

　이와 함께, 마태는 예수가 성령으로 잉태된 사실을 이어서 언급함으로써 그가 다윗의 왕통에 더하여 하나님께로 난 만왕의 왕이심을 시사하였다. 그 신적 왕권으로 말미암아 자기 백성을 저희 죄에서 구원할 권세가 있는 분이시기에 그 이름이 '예수' 요(마 1:21), 또한 죄 사하는 권세로 말미암아 자기 백성 가운데 영광의 성전을 이루어 임재하고 함께 하실 수 있는 분이시기에 그 이름이 또한 '임마누엘' 이심을 마태는 밝힌 것이다(마 1:23).

이로 보건대, 마태는 예수의 족보와 성령 잉태 및 그의 두 이름, '예수'와 '임마누엘'을 소개함으로써, 하나님의 때가 차매 언약을 성취하여 예수가 오심으로 종말이 시작되었고, 하나님의 은혜의 나라가 현재 역사 속에 온 것을 시사하였다. 마태는 역사의 중심점에 있는 예수를 통하여 하나님이 자기 백성을 사랑하여 죄 용서의 은총을 베푸시고 그들 가운데 임재하여 친히 통치하심을 밝히고자 한 것이다.

2. 마태복음 13장에 소개되어 있는 예수의 천국 비유는 시작된 종말과 관련하여 무슨 의미가 있는가?

예수께서 처음부터 선포하신 바, "회개하라 천국이 가까웠느니라"(마 4:17)는 말씀은 "때가 찼고 하나님 나라가 가까왔으니 회개하고 복음을 믿으라"(막 1:15)는 말씀을 줄인 것으로 보아야 한다. 이로 보건대, 예수님은 처음부터 종말론적 의미에서 천국의 복음을 선포하고, 회개하고 믿을 것을 요구하신 것이다. 그는 온 갈릴리를 두루 다니시면서 천국 복음을 전파하고 모든 병과 연약한 것들을 치유하셨으며(마 4:23-24), 구체적으로 산상설교를 통해서 천국에 들어가기에 합당한 자들이 누구이며, 천국에 합당한 생활은 무엇이고, 천국에 들어가려면 어떻게 해야 하는가를 권세 있게 가르치셨다(마 5-7장). 그의 권세 있는 말씀 사역은 곧바로 권세 있는 치유 사역으로 이어졌다(마 8-9장). 그리고 그의 권세 있는 말씀 사역과 치유 사역의 확대를 위하여 그는 열두 사도를 세워 훈련시켰다(10-12장). 그러는 가운데, 천국의 임재의 표징이 하나님의 성령을 힘입어 사단 마귀를 이기고 귀신을 쫓아내는 것임을 가르쳐 주심으로(마 12:28-29), 천국이 현재 임하여 있음을 밝혔다.

예수님의 이 같은 말씀 사역, 치유 사역, 그리고 제자 양육 사역의 연장선상에서 그는 천국의 비유를 제자들에게 가르치신 것이다(마 13장). 그의 천국 비유들 가운데 제일 먼저 그리고 자세하게 소개된 씨 뿌리는 자의 비유를 보면(3-9, 18-23절) 이미 복음의 씨가 뿌려졌다는 것을 통해 하나님의 나라가 때가 차서 시작되었다는 것을 시사함과 동시에, 회개하고 복음을 믿을 것을 요구하고 있는 것이다. 가라지 비유도(24-30절) 이미 천국의 복음이 선포되었음을 함의하고 있다. 그리고 겨자씨 비유(31-32절)와 누룩 비유(33절) 등은 예수의 오심을 통하여 이미 시삭된 천국이 사람의 눈으로 보면 겨자씨나 누룩처럼 미약하고 미온적인 것처럼 보일지 모르나, 복음의 권세로 말미암아 천국은 점진적으로 그리고 강력하게 확장된다는 것을 시사하였다.

이로 보건대, 마태복음 13장의 천국 비유에는 이미 때가 차서 복음 선포와 함께 천국이 시작되었다는 사실을 밝혀 놓은 것이다.

3. 누가복음 4:16-21에서 누가가 이사야의 글을 인용하여 예수의 공생애의 첫 사역을 소개한 것은 종말론적으로 무슨 의미가 있는가? 특히, 이사야의 글을 인용하면서 '신원의 날'을 뺀 데는 무슨 이유가 있는가?(참조, 사 61:1-2) 마태복음 11:2-6을 함께 참고하라.

누가는 예수의 공생애 첫 사역을 소개함에 있어 이사야의 글을 인용하였다. 그 내용을 보면, 성령이 예수 그리스도에게 임하심으로 성령의 충만과 권능으로 그가 복음을 전하셨는데, 가난한 자들과 포로 된 자와 눈먼 자와 눌린 자들에게 하였고, 이로써 은혜의 해를 전파하려 하셨다는 것이다. 그런데 누가복음의 이 인용을 보면 이사야의 글 중에서 '마음이 상한 자'와 '신원의 날' 그리고 '모든 슬픈 자를 위로하되'가 빠져 있다. 예수께서 이 문구들을 뺀 데는 분명한 이유가 있을 것이다. 우선, '마음이 상한 자'의 경우는 '심령이 가난한 자'(마 5:3) 및 '애통하는 자'(마 5:4)와 그 의미가 거의 같으므로 중복을 피한 것으로 보인다. 대신 '눈먼 자'와 '눌린 자'를 보충하였다. '모든 슬픈 자를 위로하되'가 빠진 것은 앞의 내용들을 요약한 것이어서 빼도 내용상에 문제가 없기 때문인 듯하다. 문제는 '신원의 날'이 왜 빠져 있는가 하는 것이다. '신원의 날'은 '은혜의 해'와는 정반대되는 사역의 것이기에 빼서는 안 된다. 그럼에도 불구하고 뺀 것은 예수님이 이 땅에 지금 오신 목적에 부합하지 않고, 그 '신원의 날'이 그의 재림 때와 연관되기 때문인 듯하다. 이사야의 경우는 예수의 초림과 재림을 중첩해서 보았기 때문에 둘을 같이 묶어서 말해도 되었으나, 예수님의 경우는 달랐던 것이다.

이로 보건대, 예수님께서 마태복음 11:2-6에서 말씀하시던 때 이사야 35:4-6을 그가 이루려 오셨음을 세례요한의 제자들에게 밝히신 데서 알 수 있듯이, 그가 이 땅에 오신 목적은 권능으로 보복하고 심판하는 것이 아니라, 복음의 말씀을 선포하고 가르쳐 이스라엘 백성들이 회개하고 복음을 믿어 하나님 나라에 들어 갈 수 있게 하고, 이로써 그들에게 은총을 베풀어 긍휼과 치유를 받게 하는 것이었다.

다시 말해서, 누가가 이사야의 글을 인용하여 예수의 첫 사역을 소개한 것은 예수가 마지막 때에 즉 종말에 오신 것이 가난하고 병들고 눌린 자들에게 복음을 전하여 은총을 베풀고 이로써 천국을 건설하는 것임을 밝히려는데 있었다. 누가는 종말과 관련하여 예수의 오심이 하나님의 은혜의 나라를 건설하는데 있음을 밝힌 것이다.

4. 요한복음 1:14, 18은 종말론적으로 무슨 의미가 있는가?

사도 요한은 베드로와 함께 변화산에서 예수의 큰 영광을 목격하였었다(마 17:1-13). 그는 나중에 밧모섬에서 환상 중에 예수의 영광을 또한 보았다(계 1:13-16). 그가 눈으로 보고 손으로 만져보고 귀로 들은바 예수 그리스도는 바로 참 하나님이시요(요 1:1 18; 20:28; 요일 5:20), 영생의 말씀이셨다(요일 1:1). 예수는 하늘로부터 오시는 이요(3:13, 31), 성령 충만한 이요(3:34), 성령으로 세례 주시는 이요(1:33), 만물의 권세를 가진 이요(3:35), 여호와 자신이시다(6:35).

그래서 요한의 경우, 예수의 성육신 사건은 하늘이 땅에 임한 것이요, 하나님의 영광과 은혜와 진리가 이 땅에 하나님의 백성 가운데 임한 것이었다(요 1:14, 18). 구약에서 출애굽한 이스라엘 백성이 광야 생활하던 때 하늘에서 내려진 만나와 영광의 구름으로 덮인 성막으로 상징된 메시아가 때가 차 마침내 육신을 입고 하나님의 영광의 광채로 임한 종말론적 사건이 바로 예수의 성육신이었다.

5. 히브리서 9:26은 종말론적으로 무슨 의미가 있는가?(참고, 히 1:2; 9:12-15)

히 9:26, "그리하면 그가 세상을 창조할 때부터 자주 고난을 받았어야 할 것이로되 이제 자기를 단번에 제사로 드려 죄를 없게 하시려고 세상 끝에 나타나셨느니라." 히브리서 기자가 그의 서신의 초두에서(히 1:2) 밝힌 대로, "이 모든 마지막 날에" 곧 종말에 예수 그리스도가 하나님의 선지자들에게 주신 약속대로 때가 차서 오셨다. 그런데 그가 이렇게 종말에 오신 것은 죄를 없이 하고 정결하게 하려고 자기를 단번에 희생 제물로 드리기 위함이었던 것이다. 이로써 그는 자기의 백성을 위하여 큰 구원을 성취하고(2:3), 믿는 자들로 하여금 영원한 안식에 들어가는 복을 얻게 하고자 하셨다(4:3).

6. 마태복음 8:5-17과 누가복음 4:31-41; 5:12-35에 소개되어 있는 바 예수의 첫 사역들은 하나님의 나라가 어떠한 것임을 보여주고 있는가?

마태복음 8:5-17에 보면, 예수님은 한 문둥병자를 손을 내밀어 만져 주시면서 그의 병을 치유해 주셨다. 그가 손을 내밀어 그 환자를 만져 주신 것은 사랑하시고 긍휼히 여겨 은총을 베푸셨음을 뜻한다. 그리고 한 백부장의 하인이 중풍병으로 집에 누워 몹시 괴로워한다는 말씀을 그 백부장에게서 듣자 그는 그 집으로 곧장 달려가서 고쳐 주고자 하셨다. 그러나 예수의 말씀의 권세를 믿는 그 백부장의 믿음을 보시고 이를 격찬하시고 말씀 한 마디로 즉시 고쳐 주신 이 사건은, 병으로 몹시 괴로워하는 한 천한 하인까지도 예수님이 얼마나 귀하게 여기고 사랑하신가를 보여 주었다. 그 다음에, 예수는 베드로의 장모의 열병을 치유하셨고 또 저물 때 귀신들린 자들을 말씀으로 다 고쳐 주셨다.

그런데 예수께서 이렇게 치유사역을 행하신 것은 선지자 이사야의 말대로, "우리 연약한 것을 친히 담당하시고 병을 짊어지셨도다"(마 8:17; 사 53:4 인용) 함을 이루려 하심이었다. 이렇듯 그의 치유 사역은 긍휼과 은총을 베푸심이다. 그가 이루신 하나님의 나라는 진실로 은혜의 나라인 것이다. 누가복음 4:31-41에는 더러운 귀신들린 자들에 대한 치유와 베드로의 장모의 열병 및 각색 병으로 앓는 자들에 대한 치유가 기록되어 있고, 5:12-35에는 문둥병자와 중풍병자에 대한 치유가 각각 소개되어 있다.

누가복음의 경우도 마태복음의 경우처럼, 예수의 첫 치유 사역들이 보여 주는 바는 종말과 함께 시작된 하나님의 나라가 죄 용서와 은혜와 긍휼의 나라요, 연약함을 대신 담당해 주시는 섬김의 사랑의 나라인 것이다.

7. 예수의 사역과 성령을 통해서 하나님의 나라가 이 땅에 이미 임하여 있음을 보여 주는 두드러진 표징들은 무엇인가?

하나님의 은혜의 나라가 예수의 사역과 성령을 통해서 이미 이 땅에 임하여 있음을 보여 주는 두드러진 표징들로는 다음과 같은 것들이 있다.

첫째, 사단의 활동이 크게 제약을 받는다. 예수의 70인의 제자들이 전도를 마치고 돌아와 주의 이름으로 귀신들이 그들에게 항복한 사실을 보고하자, "사단이 하늘로서 번개같이 떨어지는 것을 내가 보았노라"(눅 10:18)고 예수께서 말씀하신 대로, 예수의 이름 앞에 사단이 결박되어 그것의 활동이 제한되었다(참고, 마 12:29; 계 20:2).

둘째, 귀신들을 예수의 이름으로 쫓아낸다. 예수께서 말씀하신 대로, "내가 하나님의 성령을 힘입어 귀신을 쫓아내는 것이면 하나님의 나라가 이미 너희에게 임하였느니라"(마 12:28). 이 말씀이 밝히 보여주고 있는 대로, 하나님의 나라의 임하심과 귀신을 쫓아내는 것이 직접 관련되어 있다. 예수께서 이 땅에 오시어 마귀와 마귀의 일을 멸하시나(요일 3:8), 사단의 무리들인 악한 귀신들이 여전히 활동하고 있기 때문에(엡 6:11, 12), 예수님은 사역을 시작하시던 바로 초기부터 귀신들린 자를 치유하셨다(마 4:24).

셋째, 기적들이 일어난다. 예수님은 귀신들린 자들을 치유하셨을 뿐 아니라, 소경과 앉은뱅이, 중풍병자, 문둥병자 등 각종 병자들을 고치셨다. 그의 사도들도 예수의 이름과 성령으로 많은 능력과 기적들을 행함으로 하나님의 나라가 우리 가운데 있음을 보여 주었다(행 5:12-16).

넷째, 복음전파와 죄 사함이 있다. 하나님의 나라의 최고의 치유 사역과 긍휼 사역과 권세 있는 사역은 복음의 전파와 죄 사함이다(마 11:5하; 행 10:43). 왜냐하면 하나님의 권세가 아니고서는 할 수 없는 일이기 때문이다(참고, 막 2:5-12).

다섯째, 사랑의 용서와 사귐이 있다. 천국 복음이 전파되는 곳에는 기적의 치유와 죄 사함이 있고, 이로 말미암아 사랑의 섬김과 사귐이 있게 된다. 예수는 그에게서 치유와 죄 사함을 받은 자들과 함께 먹고 마시며 즐기는 가운데 사귐과 섬김을 나누었다(마 9:10-11). 성령 안에서 의와 희락과 화평을 누리는 것이 바로 천국이다(롬 14:17).

8. 종말과 관련하여 성령의 중요한 역할은 무엇인가?

성령은 창조 사역의 경우 생명의 기운을 넣어 주시고(창 2:7; 욥 27:3; 33:4; 겔 37:9-10), 구원 사역의 경우 거듭나게 하시고(요 3:3, 5), 회개하게 하시며(행

2:38), 믿음을 심어 주시고(고전 12:3) 거룩하게 하신다(딛 3:5). 또한 종말과 관련해서도 성령은 다음과 같은 중요한 역할을 하신다.

첫째, 성령은 종말의 도래를 알렸다. 예루살렘 교회 위에 임한 오순절 성령 강림 사건은 말세의 도래를 알리는 중요한 사건이었다(참조, 행 2:16-21).

둘째, 성령은 메시아인 예수에게 직분과 권능을 주셨다. 하나님은 이 땅에 육신을 입고 오신 예수 그리스도에게 성령과 능력을 충만하게 부어주심으로(행 10:38) 사단을 멸하시고(요일 3:8) 하나님의 나라를 우리 가운데 세우게 하셨다(마 12:28). 이로써 종말이 시작된 것이다.

셋째, 성령은 하나님의 백성들에게 새 생명의 원천이 되셨다. 부활하신 예수께서 하나님의 자녀들에게 성령을 부어 주심으로 생수의 강이 그 배에서 흘러 나게 하셨다(요 7:38-39; 고전 12:13). 성령이 우리 안에 의와 희락과 평강이 넘치게 하시는 것이다(롬 14:17).

넷째, 성령은 성도들에게 하나님의 자녀의 권세를 주신다. 예수를 믿는 자에게는 하나님의 자녀가 되는 권세가 있다(요 1:12). 성령이 하나님의 자녀의 충만한 권세를 누리게 하신다(롬 8:14-16).

다섯째, 성도들에게 성령은 육체의 부활을 위한 첫 열매이자 보증이다(롬 8:23; 엡 1:13-14).

여섯째, 성령은 우리의 육체가 영화롭고 신령한 몸으로 부활하게 하신다(롬 8:11; 고전 15:44).

제 29 과 죽음과 그 이후의 세계

기본적인 질문:

1. 사람의 탄생과 결혼과 죽음은 시기, 만남의 관계, 미치는 영향 등에서 어떻게 차이가 있는가?

2. 성경이 말하는 죽음에는 어떤 종류가 있는가?

3. 성경이 말하는 생물학적 의미에서 죽음은 무엇인가? 신자의 죽음과 불신자의 죽음은 성경적으로 어떻게 다른가? 사후의 세계와 관련하여 어떻게 다른가?

4. 죽음 이후의 상태 또는 세계에 대해서 사람들은 어떻게 생각하는가? 성경적인 견해는 무엇인가?

5. 성도들의 죽음에 대하여 하나님은 어떻게 여기시는가? 죽음이 성도들에게는 왜 축복인가?

6. 죽음에 대하여 성도들은 어떤 태도를 취해야 하는가?

7. 죽은 자의 시신을 처리하는 방법에는 매장과 화장이 있는데, 어느 것이 성경적인가?

8. 사람의 영혼은 불멸한가? 영생하는가? 성경이 말하는 영생은 무엇인가?

9. 성도는 죽음 이후 마지막 날 육체가 부활하기까지 어떤 상태로 낙원에 있게 되는가?

10. 불신자는 죽음 이후 마지막 날 육체가 부활하기까지 어떤 상태로 지옥에서 있게 되는가?

1. 사람의 탄생과 결혼과 죽음은 시기, 만남의 관계, 미치는 영향 등에서 어떻게 차이가 있는가?

시기적인 면에서 탄생은 삶의 시작과 관련이 있다. 세상에 발을 내딛음으로 사람마다 태어나는 그 순간 가슴이 벅차 울음을 터뜨린다. 결혼은 사람이 어른이 되어 짝을 찾아 가정을 이루는 것이다. 세상에서 성인으로서 자기 몫을 감당하는 순간을 결혼을 통해 맞는다. 죽음은 세상에서 삶을 마감하는 순간에 경험한다.

만남의 관계에서 보면, 탄생은 부모와 형제를 만난다. 이로써 혈연관계가 맺어진다. 결혼은 배우자를 만난다. 이로써 언약관계가 맺어진다. 죽음은 인간관계를 벗어버린다. 성도의 경우는 천국에서 그리스도의 사람들과 새로운 형제 관계를 맺는다.

미치는 영향 면에서, 탄생은 부모와 형제와 친척들에게 기쁨을 준다. 결혼의 경우는 신랑 신부 당사자들의 기쁨이 크고, 친지들도 크게 기뻐한다. 그러나 죽음의 경우는 유가족들의 슬픔이 크다.

사람마다 탄생하여 성장하면 일반적으로 결혼하고, 그리고 죽는다. 탄생의 경우 본인은 아무런 준비 없이 부모의 계획된 준비와 힘으로 태어난다. 순전히 부모의 덕이다. 그리고 결혼의 경우는 본인의 준비와 부모의 협력과 동의가 필요하다. 여러 사람들이 준비하고 노력하고 힘을 합해서 계획적으로 맞는다. 그러나 죽음의 경우는 오직 본인이 미리 준비해야 한다. 언제 임할지 모르기 때문에 준비하지 못하는 경우가 많다.

그리고 탄생의 경우는 삶의 시작이기 때문에 미래의 가능성이 열려 있다. 인생이 여러 번 바뀔 가능성이 많은 것이다. 결혼의 경우는 배우자와 한 몸을 이룸으로 미래의 가능성이 여러 가지로 제한된다. 그러나 죽음의 경우는 인생의 운명이 확정지어져 버린다. 죽은 후에는 변화를 시도할 수가 없다. 그래서 죽음은 특별히 미리 준비를 잘 해야 하는 것이다.

2. 성경이 말하는 죽음에는 어떤 종류가 있는가?

성경이 말하는 죽음에는 세 종류가 있다.

첫째, 생물학적 또는 신체적 죽음으로 영혼과 육체가 분리되는 것이다. 이것은 사람들이 일반적으로 말하는 죽음이다.

둘째, 영적 죽음으로서 영혼과 육체가 분리되지 아니한채 유기적으로 결합되어 있으나 영혼이 완전히 부패하고 전적으로 무능력하여 죽어 있는 상태를 가리킨다. 하나님을 멀리하고 떠남으로 하나님과의 관계가 단절된 가운데 사는 불신자들이 바로 이 영적 죽음의 상태에 있는 것이다. 다시 말해서, 신체적으로나 일반적으로는 살아 있고 활동하며 세상의 부귀영화를 누리며 살지만, 영적으로는 하나님 없이 살기 때문에 죽은 상태에 있는 것이다.

셋째, 영원한 죽음이다. 사람은 신체적으로 한번 죽은 후에 그리스도가 재림하실 때 의인과 악인이 다 부활하게 되는데, 그때 악인들이 심판을 받아 영원한 지옥의 형벌을 받게 되는 바 그것을 가리켜 "둘째 사망" 곧 영원한 사망이라 한다. "두려워하는 자들과 믿지 아니하는 자들과… 모든 거짓말하는 자들은 불과 유황으로 타는 못에 참예하리니 이것이 둘째 사망이라"(계 21:8). 몸과 영혼이 다같이 지옥에서 고통을 당하는 것이 영원한 죽음이다(마10:28하).

3. 성경이 말하는 생물학적 의미에서 죽음은 무엇인가? 신자의 죽음과 불신자의 죽음은 성경적으로 어떻게 다른가? 사후의 세계와 관련하여 어떻게 다른가?

"한번 죽는 것은 사람에게 정하신 것이요 그 후에는 심판이 있으리라"(히 9:27) 고 성경이 말하는 대로, 사람은 신자이건 불신자이건 모두 생물학적 의미에서 죽음을 맞는다. 즉, 육체와 영혼이 분리되어 육체는 땅에 묻혀 썩거나 불에 태워져 흙으로 돌아가고, 영혼은 홀로 살아남는다(전 3:20, 21). 육체는 죽음을 당하나 영혼은 멸절되지 않는 것이다(마 10:28상).

그런데, 이 죽음은 사람이 늙거나 병들어 자연의 이치대로, 즉 생노병사(生老病死)의 이치대로 되어지는 삶의 종말이 아니고, 불신자의 경우는 죄의 삯이다(롬 6:23). 죄의 형벌로서 죽음을 당한 것이다. 사람이나 자연만물이 늙고 병들고 죽는 것은 자연의 이치이지만, 사실 그것은 죄의 형벌의 결과이다(창 3:17-19). 그런 까닭에, 불신자는 죄의 형벌로 죽음을 당하고, 그로 말미암아 죽으면 지옥으로 가 고통을 당한다(눅 16:22-23).

이에 반하여, 신자의 경우는 예수 그리스도께서 그들의 저주와 형벌을 대신 당하신 까닭에 죄에 대한 형벌로 죽음을 맞는 것이 아니다. 그들의 경우는 그들이 성령으로 거듭나고 말씀으로 죄를 씻으며 회개하지만 그들 안에 여전히 죄가 남아있는 바, 그 남은 죄의 잔재를 완전히 깨끗하게 씻어 성화되는 최종적 방법이 바로 죽음이다. 그래서 성도들은 이 죽음을 통하여 성화되어 낙원으로 인도되는 것이다(눅 16:23하; 23:43).

요약하자면, 불신자는 죄의 형벌로 죽음을 맞아 지옥으로 가 고통을 당하는데 반하여, 신자는 육체의 죽음을 통해 죄에서 완전히 성결하게 되어 낙원으로 인도되어 그 곳에서 기쁨을 누린다(눅 16:25). 불신자에게 죽음은 영원한 죽음 곧 지옥으로 가는 문인데 반하여, 신자에게 죽음은 영원한 생명 곧 천국으로 가는 문이다.

4. 죽음 이후의 상태 또는 세계에 대해서 사람들은 어떻게 생각하는가? 성경적인 견해는 무엇인가?

사람의 죽음 이후의 상태에 대하여 사람들은 여러 가지로 생각하고 있다. 그 가운데 주요한 것들은 다음과 같다.

첫째, 영혼수면설(Psychopannychy; the doctrine of the sleep of the soul).

성경에서 죽은 자의 상태를 가리켜 "잠을 잔다"고 한 것(마 9:24; 행 7:60)에 근거하여 죽은 자의 영혼이 무의식적인 수면 상태에 있다고 생각한다. 이 견해에 의하면, 인간의 영혼은 뇌수(brain)를 떠나서는 의식을 할 수가 없다고 보는 것이다. 그러나 성경은 죽은 자의 모습이 잠자는 것과 같다고 할 뿐이며, 죽음 이후 하나님과 및 그리스도와 교제하는 가운데 기쁨과 위로를 즐긴다고 말하고 있다(눅 16:19-31; 23:43; 행 7:59; 빌 1:23).

둘째, 영혼멸절설(annihilationism).

요한계시록 20:9, 14에 근거하여 불이 죄인들을 소멸시켜 버리기 때문에 사람의 영혼은 몸과 함께 사후에는 아무것도 남는 것이 없이 된다는 것이다. 이 견해에 의하면, 사후에는 영육이 함께 소멸되기 때문에 고통도 없고, 사실상 지옥도 없다. 그러나 성경은 악인이 죽어서 가게 되는 지옥을 분명하게 가르치고 있을 뿐 아니라(마 13:42; 25:41), 거기서는 몸과 영혼이 파멸하여 극심한 고통을 당하는 것으로 표현하고 있다(마 10:28; 눅 13:5; 딤전 6:9).

셋째, 제2시련설(the doctrine of a second probation).

이 견해에 의하면, 죄 가운데 죽은 자들이 그들의 사후에라도 회개와 신앙을 통해서 그리스도를 영접하여 구원에 이르는 기회를 갖게 된다고 한다. 사람은 최후의 심판 날까지 언제든지 회개하여 그리스도를 믿고 영접할 기회가 주어져 있다고 그들은 주장한다. 즉, 하나님께서는 십자가로 만물이 자기와 화목하기를 기뻐하시기 때문에(골 1:20) 회개하고 구원받을 기회를 사후에도 주신다는 것이다. 그러나 성경의 가르침에 의하면 죽은 후에는 사람은 지옥에서 천국으로 옮겨갈 수가 없다(눅 16:19-31). 그러므로 사후에는 회개하여 구원받을 기회가 없는 것이다.

넷째, 강령술(spiritism).

강령술이란 죽은 자의 영들이 영매(medium)를 통하여 생존자들과 교통할 수 있다고 하는 주장이다. 즉, 죽은 자의 영혼들이 공중에서 떠돌고 있거나 지하에서 활동하고 있는 가운데 영매를 통해서 살아있는 자들과 대화하는 일을 한다는 것이다.

강령술을 지지하는 것처럼 보이는 대표적인 성경의 사례는 사울 왕이 엔돌에 가서 무녀를 통하여 사무엘의 영혼으로부터 메시지를 전해 받는 경우이다(삼상 28:3-25). 이것은 무녀가 귀신이 들려 사무엘의 영체와 말을 주고받는 것처럼 꾸민 것에 지나지 않는 마귀의 장난에 불과하다. 사울 왕이 이 같은 죄를 범한 까닭에 하나님의 벌을 받았던 것으로 미루어 보아(대상 10:13, 14), 강령술은 마귀적인 기만이요 장난임을 알 수 있다.

다섯째, 성경의 가르침에 의하면 사람의 영혼은 사후에도 살아 있어서, 불신자는 지옥에서 고통을 경험하는데 반하여 신자는 낙원에서 위로와 기쁨을 맛본다(눅 16:19-31). 죽은 자의 영혼이 잠자거나, 멸절되는 것이 아니고, 공중에서 떠도는 것도 아니며, 죽으면 곧바로 지옥 또는 천국으로 옮겨진다.

5. 성도들의 죽음에 대하여 하나님은 어떻게 여기시는가? 죽음이 성도들에게는 왜 축복인가?

성도들의 죽음에 대하여 하나님께서는 귀중하게 보신다(시 116:15). 하나님은 저희의 생명을 귀하게 보시는 까닭에 압박과 강포에서 구원하시기를 기뻐하시어(시 72:14), 재앙을 피하게 하려고 죽음을 허락하신다(사 57:1). 그래서 욥은 고백하기를, "내가 모태에서 적신이 나왔사온즉 또한 적신이 그리로 돌아갈지라… 여호와의 이름이 찬송을 받을지니이다"(욥 1:21) 하였고, 바울은 "오직 전과 같이 이제도 온전히 담대하여 살든지 죽든지 내 몸에서 그리스도가 존귀히 되게 하려 하나니 이는 내게 사는 것이 그리스도니 죽는 것도 유익함이라"(빌 1:20, 21) "내가 그 두 사이에 끼였으니 떠나서 그리스도와 함께 있을 욕망을 가진 이것이 더욱 좋으나"(빌 1:23)라고 하였다. 하나님은 성도들의 죽음을 기뻐하시는 것이다. 하나님의 낙원에 그의 백성들이 거룩한 몸으로 오니 어찌 천군천사와 함께 기쁨으로 맞이하지 않으시겠는가? 탕자의 비유에서 집으로 돌아온 아들을 맞이하는 아버지의 기쁨보다 더 크실 것이다. 그러므로 죽음은 성도들에게도 큰 기쁨이요 축복이 아닐 수 없다. 구체적으로 몇 가지 이유를 살펴보면 다음과 같다.

첫째, 성도들에게 죽음은 낙원으로 들어가는 대문이다. 그리스도의 죽음이 낙원으로 가는 고속도로라고 하면 성도의 죽음은 그 고속도로로 진입하는 톨게이트와도 같다(참고, 히 10:19-20).

둘째, 성도들에게 죽음은 성화의 완성이다. 우리 몸 안에 남아있는 죄의 부패한 잔재가 죽음을 통해서 완전히 제거됨으로 말미암아 성도는 성화된다(참고, 롬 7:18).

셋째, 성도들이 죽으면 더 이상 슬픔이나 고통이 없다. 이는 하나님이 친히 저희와 함께 계셔서 모든 눈물을 씻기시고(계 21:4), 새 노래로 어린양 예수님을 찬양하고 기뻐하기 때문이다(계 5:9-14).

넷째, 수고가 그치고 영원히 안식하며, 땅에서 행한 일들이 하늘에서 기억되기 때문이다(계 14:13). 이 땅에서 믿음의 선한 싸움을 다 싸운 자들에게는 의의 면류관(딤후 4:8), 생명의 면류관(약 1:12; 계 2:10), 영광의 면류관(벧전 5:4)이 준비되어 있다.

다섯째, 하나님의 영원한 집에서 그리스도와 함께 왕 노릇하기 때문이다(딤후 2:12; 계 5:10; 참고, 계 20:4하).

여섯째, 낙원에는 어린양 예수 그리스도의 보좌가 있고 거기서 생수의 강이 넘쳐나며 하나님의 영광만이 있기 때문이다(참고, 계 22:1-5).

6. 죽음에 대하여 성도들은 어떤 태도를 취해야 하는가?

성도들의 죽음을 하나님이 귀하게 보시고 기뻐하시며, 그 죽음이 성도들에게 기쁨이요 축복이기 때문에 성도들은 마땅히 다음과 같은 태도를 취해야 한다.

첫째, 죽음을 두려워하지 않는다. 사람들은 일반적으로 죽음을 두려워한다. 이는 그들에게 죽음이 형벌이요 지옥이기 때문이다. 그러나 성도에게는 죽음이 주님과 영원히 함께 하는 것이기 때문에 죽음을 두려워하는 대신에, 오히려 죽음을 기뻐하며 소원해야 한다. 그래서 바울은 이렇게 소원했다. "우리가 담대하여 원하는 바는 차라리 몸을 떠나 주와 함께 거하는 그것이라"(고후 5:8).

둘째, 죽음을 항상 그리고 미리 준비한다. 발람이 소원한 대로, "나는 의인의 죽음같이 죽기를 원하며 나의 종말이 그와 같기를 바라도다"(민 23:10하). 주의 강림이 언제일지 모르기에 항상 그리고 미리 깨어서 준비해야 하듯이, 우리의 죽음도 마찬가지이므로 우리는 마땅히 항상 깨어서 준비해야 한다(참고, 마 24:44; 25:13).

셋째, 슬퍼하지 않는다. 죽음은 사랑하는 사람과의 이별이기 때문에 인간의 정으로 말미암아 감정적인 슬픔이 있을 수 있으나, 우리는 죽음을 통하여 하늘에서 영원한 축복과 위로와 기쁨과 생명을 누리게 됨으로 지나치게 슬퍼할 필요가 없다(살전 4:13; 참고, 요 14:28).

넷째, 죽음의 순간까지 항상 변함없이 맡은 일에 충성한다. 하나님의 부르심의 상을 향하여 믿음의 길을 달리되, 항상 변함없이 성실하게 주께 받은 소명대로 산다. "오직 우리가 어디까지 이르렀든지 그대로 행할 것이라"(빌 3:16).

7. 죽은 자의 시신을 처리하는 방법에는 매장과 화장이 있는데, 어느 것이 성경적인가?

사람의 육체는 죽으면 세월의 흐름에 따라 썩어져 흙으로 돌아간다. 수십 년이 지나면 거의 형체도 없다. 매장의 경우 백년이 지나면 거의 의미가 없다. 화장은 매장에 비해 시신이 흙으로 돌아가는 시간을 크게 단축시킨 것에 지나지 않는다. 육체가 부활할 때는 땅 속에 매장된 자나, 불로 화장된 자나, 혹 산의 짐승이나 바다의 큰 물고기의 희생이 된 자나, 비행기 사고로 죽은 자나, 기타의 방법으로 죽은 자나 차별이 있을 수 없다. 예컨대, 네로 황제에 의하여 불에 다 죽임을 당한 순교자들과 일본제국과 공산당에 의하여 화형을 당했거나 우물에 수장된 순교자들이 부활할 때 매장된 자들보다 영광스러움에 있어서 결코 부족함이 없을 것이다.

그러므로 시신을 처리하는 방법에 있어서 매장만을 고집할 이유가 없다. 매장의 경우 무덤을 우상화할 가능성이 있기 때문에 오히려 신앙적으로 거침돌이 될 수 있을 뿐 아니라, 국토의 효율적인 관리 면에서도 문제가 있고, 또 묘지 관리하는 일도 엄청난 경제적 시간적 부담이 될 수 있으므로 재고되어야 한다. 벌초하다가 벌에 쏘여 죽는 경우가 있고, 또 성묘 가는 길에 교통사고를 당하는 일도 빈번하다는 사실도 염두에 두어야 한다. 물론, 매장하면 죽은 자에 대한 존중과 예의를 표하는데 크게 유익할 수 있고, 후손들에게 부모 공경하는 법을 가르치는 방편이 될 수도 있다. 그래서 많은 사람들이 매장을 선호하고 있어 보인다. 그러나 성경적으로 어느 것이 옳거나 틀린 것은 아니다.

8. 사람의 영혼은 불멸한가? 영생하는가? 성경이 말하는 영생은 무엇인가?

사람의 영혼은 썩지 아니한다는 면에서 불멸한다(immortal) (참고, 고전 15:53, 54). 영혼이 결코 죽지 않는다는 점에서 불멸한다(마 10:28). 이 불멸은 생명의 단순한 계속을 의미하는 것으로 신자나 불신자나 차별이 없다. 불신자가 지옥에 가도 영혼이 죽지 않으며(막 9:48, 49), 신자가 천국에 가도 그의 생명은 지속된다.

이에 비하여, 불신자는 영생하지 않고 신자만 영생한다. 이 영생은 예수를 믿는 자가 믿음으로 말미암아 하나님의 자녀의 권세를 얻음으로 하나님과 교제를 갖는 것이다(요 17:3; 요일 5:12). 그래서 예수를 믿는 자는 믿음을 갖는 그 순간 사망에서 생명으로 옮겨진다(요 5:24).

그러나 영생은 특별히 내세와 관련하여 영원히 사는 것을 의미한다. "나는 부활이요 생명이니 나를 믿는 자는 죽어도 살겠고 무릇 살아서 나를 믿는 자는 영원히 죽지 아니하리라"(요 11:25, 26)고 예수께서 말씀하신 대로, 영생은 죽음에 의해 중단됨이 없이 영속할 최상의 복된 상태의 생명이다. 주님 앞에서 주님과 함께 영원히 기쁨을 충만하게 누리고 즐거움이 있는 것이 영생이다(시 16:10, 11).

9. 성도는 죽음 이후 마지막 날 육체가 부활하기까지 어떤 상태로 낙원에서 있게 되는가?

사람의 죽음 이후 마지막 날까지 기간을 두고 신학적으로 "중간기 상태"(the intermediate state)라고 한다. 이 중간기 상태에 대하여, 어떤 사람들은 영혼이 수면 상태에 있게 된다고 주장한다. 즉, 죽은 자들이 잠든 상태에서 부활을 기다린다는 것이다.

이에 비하여 로마 가톨릭교회는 연옥설을 주장한다. 이 견해에 의하면, 천국과 지옥의 중간에 연옥이라는 곳이 있어서 죽은 자들이 그곳에서 징계와 연단을 받는 가운데 부활을 기다린다는 것이다(참고, 마카비 2서 12:42-45).

이와는 달리, 성경적인 전통적 복음주의는 "낙원설"을 주장한다. 낙원이란 성도가 육체 부활을 통해 영생으로 심판을 받아 상급을 얻기 이전까지의 중간기 상태의 천국을 가리킨다. 장소적 개념으로는 천국과 같으나, 상급과 육체의 부활 면에서 천국과 다르다. 예컨대, 금강산의 경우 동일한 산을 두고서 계절에 따라 봄에는 금강산, 여름에는 봉래산, 가을에는 풍악산, 겨울에는 개골산으로 부르는 것과도 비슷하다. 성도가 부활하여 그리스도로부터 면류관과 함께 상급을 받는 것을 기준으로, 부활 이전은 낙원이요, 부활 이후는 천국이다. 그러나, 넓은 의미로는 부활 전후를 막론하고 천국으로 호칭하기도 한다. 이는 마치 금강산을 계절에 따라 호칭하기보다는 금강산이라는 이름으로 대체로 부르는 것과도 같다.

죽은 성도는 낙원에서 기쁨과 위로를 누린다(참고, 눅 16:25; 시 16:10, 11). 낙원이라는 표현 자체가 가리키고 있듯이, 중간기 상태에 성도는 주의 영광을 보며 그를 찬미하고 기뻐하며 즐거움으로 충만한 것이다(참고, 롬 8:18; 행 7:55, 56).

10. 불신자는 죽음 이후 마지막 날 육체가 부활하기까지 어떤 상태로 지옥에서 있게 되는가?

불신자들은 중간기 상태에서 음부(구약에서는 '스올', 신약에서는 '하데스')에 내려가 형벌이 확정된 것은 아니지만, 말할 수 없는 고통을 당한다. 예수님이 말씀하신 거지 나사로의 비유에서 볼 수 있듯이, 불꽃 가운데서 고통을 맛보며(눅

16:24, 25), 꺼지지 않는 불로 소금 치듯 함을 당한다(막 9:48, 49).

　신자가 죽어서 들어가는 곳이 낙원이요, 부활 이후에는 천국에서 상급과 함께 영생을 누린다고 하면, 불신자가 죽어서 들어가는 곳은 음부요, 부활한 다음 형벌과 함께 영원한 고통을 당하는 곳이 지옥이다. 그러나 넓은 의미로는 지옥이 음부를 가리켜 사용된다. 이는 천국이 낙원을 포함하여 넓은 의미로 쓰이는 것과도 같다.

　낙원에서 신자가 누리는 기쁨에는 상급과 면류관의 기쁨이 없어도 형언할 수 없는 큰 기쁨이듯이, 음부에서 불신자가 누리는 고통에는 확정된 형벌의 고통이 없어도 형언할 수 없는 고통인 것이다. 이는 마치 어떤 범죄인이 감옥에 갇히게 된 경우 형이 확정되지 않은 미결수의 상태에서 당하는 고통도 말할 수 없이 큰 것과도 같다. 물론 형이 확정되면 고통이 또한 클 것이다.

제 30 과 미래적 종말과 권능의 나라

기본적인 질문:

1. 마태복음 5:3에서 가난한 자가 받는 천국과, 5:10에서 의를 위하여 핍박을 받는 자가 받는 천국은 어떻게 다른가? 그리고 마태복음 13:24-30에 말씀되어 있는 가라지 비유에서 추수 때와 관련하여 천국은 어떤 곳인가? 그리고, 47-52절의 그물 비유에서 풀무불은 세상 끝과 관련하여 무엇을 의미하는가?

2. 예수께서 재림하실 때 어떤 방식과 모습으로 오시며, 무엇을 위해 오시는가?

3. 심판의 날에 악인에게는 무슨 일이 있게 되는가?

4. 심판의 날에 의인에게는 무슨 일이 있게 되는가?

5. 하나님이 심판의 날을 정하신 두 가지 목적은 무엇인가?

6. 그리스도 예수께서 심판 날을 선포하신 두 가지 이유는 무엇인가?

7. 그리스도 예수께서 심판의 정확한 날짜를 밝히지 아니한 세 가지 이유는 무엇인가?

8. 그리스도 예수의 심판의 근거와 기준은 무엇인가?

9. 그리스도 예수의 심판의 내용은 무엇인가?

10. 그리스도 예수의 재림 때 있게 되는 성도의 육체의 부활은 어떤 성질의 것인가?

11. 그리스도 예수께서 부활한 성도를 위하여 새롭게 세우실 신천신지는 어떤 것인가?

12. 불신자가 형벌을 받아 영원히 처하게 될 지옥은 어떤 곳인가?

13. 그리스도 예수의 재림과 관련하여 천년왕국은 어떤 것인가?

14. 마지막 날을 성도들은 어떻게 준비하고 대망해야 하는가?

1. 마태복음 5:3에서 가난한 자가 받는 천국과, 5:10에서 의를 위하여 핍박을 받는 자가 받는 천국은 어떻게 다른가? 그리고 마태복음 13:24-30에 말씀되어 있는 가라지 비유에서 추수 때와 관련하여 천국은 어떤 곳인가? 그리고 47-52절의 그물 비유에서 풀무불은 세상 끝과 관련하여 무엇을 의미하는가?

마태복음 5:3에서 말하는 '가난한 자'는 시편 86:1-2에 비추어 보면 경건한 자 곧 하나님의 사랑을 입은 자이며, 마태복음 18:3-4에 비추어 보면 어린아이와 같이 자기를 낮추는 자이다. 그리고 마태복음의 이 본문과 병행구조를 이루고 있는 마가복음 10:13-16를 보면, 그것이 한 부자 청년에 대한 이야기(10:17-22)와 그것에 대한 예수님의 보충 설명과 연결되어 있다. 이 같은 말씀들과 함께 종합해 보면, '가난한 자'는 경건한 자로서 자기를 낮추는 자인 바 경제적으로 궁핍한 자이며, 이들이 받는 복이 천국이다. 그러므로 이 천국은 지금 여기서 누리는 기쁨의 영생과 구원의 나라이다(참고, 막 10:17, 26).

이에 비하여, 5:10의 '의를 위하여 핍박을 받는 자'는 하나님의 의와 나라를 위하여 죽임을 당한 자들이다(참고, 행 7:52; 계 6:9; 20:4). 그러므로 그들이 복으로 받는 천국은 의인들이 죽어서 들어가는 하늘에 있는 나라이다. 거기서 의인들은 그리스도와 더불어 왕 노릇한다(참고, 계 20:6 하).

그리고 마태복음 13:24-30에 말씀되어 있는 가라지 비유에서 추수 때와 관련된 천국은 47-52절의 그물 비유에서 언급하고 있는 풀무불의 경우처럼 그리스도가 재림하시어 불로 심판하시는 날에 완성되는 천국이다. 이 천국은 세상 끝에 완성되는 것으로, 의인들은 부활하여 천국의 기쁨과 영생을 누릴 것이나, 악인들은 부활하여 지옥의 불의 형벌과 고통을 당하게 된다.

2. 예수께서 재림하실 때 어떤 방식과 모습으로 오시며, 무엇을 위해 오시는가?

하나님이 정하신 심판의 날에 예수 그리스도께서 심판주로 오심에 있어서, 그는 부활 승천하시던 때의 바로 그 몸으로 친히 오신다(a personal coming). 그리고 신체적으로 오신다(a physical coming). 그는 볼 수 있게(visibly), 갑작스럽게(suddenly), 영광스럽게(gloriously), 개선장군처럼(triumphantly) 오시는 것이다(참고, 행 1:11; 살전 4:16).

이때 의인들과 악인들의 육체의 부활이 있고, 하나님은 그리스도로 말미암아 심판하신다(요 5:22, 27). 즉, 이 땅에 살던 모든 사람들이 그리스도의 심판대 앞에 서서 자기들의 생각과 말과 행동의 모든 것을 밝히고, 그들이 선악 간에 몸으로 행한 것을 따라서 보응을 받게 된다(롬 2:16; 고후 5:10; 계 20:13).

3. 심판의 날에 악인에게는 무슨 일이 있게 되는가?

"심판의 날에 악인은 그리스도의 왼편에 서게 된다. 거기서 자신들의 양심의 명백한 증거와 완전한 유죄 판결에 근거하여, 두렵지만 의로운 정죄 판결이 그들에게 선언되는 것이다. 이로 인하여, 하나님의 자애로운 면전에서 쫓겨날 뿐 아니라, 그리스도와 그의 성도들과 그의 모든 거룩한 천사들과의 영광스러운 교제가 끊어지고 지옥으로 떨어진다. 그리하여 몸과 영혼이 다같이 마귀와 악한 천사들과 더불어 영원히 말할 수 없는 고통으로 벌을 받는다"(웨스트민스터 대요리 89문답).

웨스트민스터 신앙고백이 진술하고 있는 바에 의하면, 심판의 날에 악인들에게는 첫째, 의로운 정죄 판결이 선언되고 둘째, 하나님 뿐 아니라 그리스도와 성도들과 천사들과의 교제가 단절되고 지옥에 처해진다. 그리고 셋째, 몸과 영혼이 다같이 지옥에서 고통의 형벌을 당한다. 즉 악인들이 들어가게 되는 지옥은 몸과 영혼이 다같이 불로 파멸되고 극심한 고통을 당하는 곳이다(마 13:42; 25:41; 막 9:47-49).

4. 심판의 날에 의인에게는 무슨 일이 있게 되는가?

"심판의 날에 의인은 구름을 타고 그리스도에게로 올라가 그의 오른편에 서게 된다. 거기서 공개적으로 인정을 받을 뿐 아니라 무죄 선언을 받으며, 버림받은 천사들과 사람들을 심판하는 일에 그리스도와 함께 참여한다. 그리고 하늘에 영접되어 거기서 모든 죄와 불행으로부터 완전히 그리고 영원히 해방될 것이다. 그들은 상상할 수 없는 기쁨으로 충만하고, 몸과 영혼이 완전히 거룩하고 행복하게 되며, 수많은 성도들과 천사들의 무리 가운데 들게 된다. 특별히, 성부 하나님과 우리 주 예수 그리스도와 성령님을 영원토록 직접 보며 즐거워할 수 있게 된다. 이것은 완전하고 충만한 교제인 바, 무형교회 회원들이 부활과 심판의 날에 영광

중에서 그리스도와 더불어 이 교제를 누릴 것이다"(웨스트민스터 대요리 90문답).

웨스트민스터 신앙고백이 진술한대로, 심판의 날에 의인들에게는 첫째, 구름 타고 하늘에 올라가 그리스도와 함께 자리하며 무죄 선언 곧 의롭다 함을 선언 받는다. 이로써 의의 면류관을 받아쓴다(딤후 4:8). 둘째, 모든 죄와 불행으로부터 완전히 해방되어 기쁨으로 충만하게 된다(참고, 시 16:10, 11). 셋째, 몸과 영혼이 완전히 거룩하게 되어 모든 성도들과 천사들과 함께 하늘의 영광을 누린다(계 7:13-17). 넷째, 하늘의 영광 중에서 성부 성자 성령 삼위 하나님과 완전하고 충만한 교제를 누린다(계 21:3-4).

5. 하나님이 심판의 날을 정하신 두 가지 목적은 무엇인가?

하나님이 심판의 날을 정하신 데는 두 가지의 목적이 있다. 첫째는, 하나님의 택함 받은 자들이 영원한 구원을 얻음으로 하나님의 긍휼의 영광을 나타내기 위함이며(롬 9:23), 둘째는, 하나님께 버림받은 자들이 정죄됨으로 하나님의 공의의 영광을 나타내기 위함이다(살후 1:9).

하나님은 그의 심판을 통하여 한편으로는 긍휼을 나타내시고, 다른 한편으로는 공의를 나타내심으로 영광을 받으시는 것이다. 하나님은 심판하심에 있어서 하나님의 택함 받은 의인에게는 긍휼이 많으시나, 하나님의 버림받은 악인들에게는 공의로우시다.

6. 그리스도 예수께서 심판 날을 선포하신 두 가지 이유는 무엇인가?

그리스도 예수께서 심판의 날이 마지막 때에 있을 것을 확실하게 선포하신 데는 두 가지 이유가 있다. 하나는, 모든 사람이 죄를 멀리하고 거룩한 삶을 살도록 하기 위함이요(롬 13:12-14; 딛 2:11-13; 벧후 3:11-14), 다른 하나는, 성도들이 역경 중에서 큰 위로를 받게 하기 위함이다. "생각건대 현재의 고난은 장차 우리에게 나타날 영광과 족히 비교할 수 없도다"(롬 8:18). 역경 중에서도 심판의 날에 있을 구원과 위로의 소망을 인하여 인내할 수 있게 되는 것이다(롬 8:25).

7. 그리스도 예수께서 심판의 정확한 날짜를 밝히지 아니한 세 가지 이유는 무엇인가?

그리스도 예수께서 사람들에게 뿐 아니라 자기의 제자들에게도 심판의 정확한 날을 밝히지 아니한 데는 다음과 같은 세 가지 이유가 있다. 첫째, 사람들로 하여금 육욕적인 안전감을 버리도록 하기 위함이었다. "죽는 자가 다시 살지 못할 것이면 내일 죽을 터이니 먹고 마시자 하리라"(고전 15:32). 사람들은 예수께서 비유로 말씀하신 한 부자처럼 평안히 쉬고 먹고 마시고 즐기기를 좋아하며(눅 12:19), 노아 시대의 사람들처럼 먹고 마시고 장가들고 시집가기를 좋아하는 가운데 육욕적 안전감을 누리고자 하는 바(눅 17:27) 예수님은 우리가 이 같은 것을 버리기를 원하신다. 둘째, 항상 깨어있어(마 24:42-44) 충성스럽고 지혜로운 청지기처럼 행하고(마 25:14-30) 지속적으로 형제 사랑을 나타내 보이도록 하기 위함이었다(마 25:31-46). 셋째, 주님의 재림을 간절하게 대망하여 준비하도록 하기 위함이었다(계 22:20).

8. 그리스도 예수의 심판 근거와 기준은 무엇인가?

마지막 날에 있을 심판의 근거와 기준은 하나님의 계시된 뜻(고후 5:9-10)과 "행한 대로" 곧 선행과 악행대로(롬 2:6; 마 16:27)이다.

첫째, 선한 행실대로 심판하신다. 하나님 보시기에 선한 행실은 그것의 목적(goal)이 하나님께 영광을 돌리는 것이어야 하고, 그것의 지침(guidance)이 하나님의 말씀인 성경의 가르침이어야 하며, 그것의 동기(ground)가 공의와 사랑이어야 한다. 이 같은 세 가지 요소에 비추어 볼 때, 선행은 하나님을 찾고 구하는 삶(롬 2:7), 하나님의 뜻을 구하는 삶(롬 12:1-3), 자기를 부인하고 겸손하게 봉사하는 삶(롬 12:13), 용서하는 삶(롬 12:14-21), 허물의 사함을 받는 삶(롬 4:6-8), 그리고 성령을 좇아 행하는 삶(갈 5:16, 22-23) 등이다.

둘째, 악한 행실대로 심판하신다. 악행은 선행의 반대되는 것으로 하나님의 영광 대신 사람 자신의 영광을 구하고, 하나님의 진리의 말씀 대신에 자신의 이기적이고 정욕적인 생각과 판단에 따르며, 탐욕과 불의를 좇아 행하는 것이다. 그러므로 진리이신 하나님을 좇지 아니하는 것(롬 2:8), 탐욕과 정욕을 따라 행하는 것(롬 1:24), 군림하여 행하는 것(마 23:3-7), 우상 숭배(롬 1:23), 그리고 믿음 없이 행하는 것(롬 14:23) 등이 하나님 보시기에 악한 행실이다.

9. 그리스도 예수의 심판 내용은 무엇인가?

하나님은 선을 행하는 의인의 경우 영광과 존귀와 평강(롬 2:10), 영생(롬 2:7), 생명의 부활(요 5:29), 그리고 상급(마 25:14-30)을 주시며, 의의 면류관(딤후 4:8), 생명의 면류관(계 2:10), 그리고 영광의 면류관(벧전 5:4)을 씌워 주신다.

악을 행하는 악인의 경우는 노와 분(롬 2:8), 환난과 곤고(롬 2:9), 심판의 부활(요 5:29), 그리고 지옥의 형벌(마 10:28) 등을 받는다. 불과 유황으로 타는 풀무 불 못에 참예하게 되는 것이다(계 21:8).

10. 그리스도 예수의 재림 때 있게 되는 성도의 육체의 부활은 어떤 성질의 것인가?

그리스도 예수께서 재림하시는 마지막 날에 의인과 악인이 동시에 다같이 육체가 부활한다(행 24:15). 이때 악인들은 수치스러운 몸으로 부활하여 굴욕을 당하나, 의인들은 영광에 이르게 되고, 부활의 첫 열매이신 그리스도와 같이 신령한 몸으로 부활한다(참고, 고전 15:23, 43).

다시 말해서, 의인들은 영광스러운 몸으로 부활하는데(살전 4:17), 이 부활은 결코 썩음을 당하지 않을 것이며, 영광스럽고 강력한 힘을 가지며, 하나님의 성령으로 충만하여 성령의 완전한 지배를 받아 즐거움으로 하나님을 찬양한다(고전 15:22-24). 그래서 하나님의 나라를 유업으로 받기에 부활한 육체는 아주 합당한 것이다(참고, 고전 15:50; 웨스트민스터 대요리 86, 87문답).

11. 그리스도 예수께서 부활한 성도들을 위하여 새롭게 세우실 신천신지는 어떤 것인가?

마지막 날에 그리스도 예수께서는 부활한 성도들의 영생과 축복을 위하여 신천신지를 세우신다. 아담의 범죄로 말미암아 땅이 저주를 받아 허무한데 굴복하고 썩어짐을 당하게 되었으나(롬 8:20, 21), 그리스도의 십자가의 피 흘림의 구속으로 말미암아 모든 만물이 하나님께 화목하고(골 1:20), 하나님이 불로 태워 새 하늘과 새 땅을 창조하신다(벧후 3:12-13).이사야 선지자가 예언한 대로, 이 신천신지는 이전 것과는 성질이 전혀 다른 세상이며(사 65:17), 모두가 영원히 살고(사 65:20) 모든 피조물이 서로 평화를 즐기므로 해함이나 상함이 없다(사 65:25). 그리고 여호와를 아는 지식이 충만하게 된다(사 11:9 하). 사도 요한이 환상 중에 본 신천신지 역시 사망이나 아픔이 없고, 처음 것들이 다 없어진 새롭게 된 세상이요(계 21:4-5), 하나님이 자기 백성 가운데 친히 함께 계시는 거룩한 성전이다(계 21:2-3). 이 신천신지의 본질에 대하여 루터파는 현재의 우주가 완전 소멸되고 전혀 다른 새 것(brand-new)으로 새 창조된다고 보는데 비하여, 개혁주의 신학자들은 현재의 우주와 동일성을 가지고 있으면서도 영화롭게 갱신된 새 창조(new-made)로 본다.

12. 불신자가 형벌을 받아 영원히 처하게 될 지옥은 어떤 곳인가?

하나님의 나라에 들어가 안식과 생명과 영광을 누리는 것이 성도들의 구원이라고 하면, 하나님의 나라에 들어가지 못하고 환난과 곤고를 당하는 것이 불신자들의 심판이다. 이 심판이 바로 지옥의 형벌이다. 지옥은 몸과 영혼이 불로 파멸되어 극심한 고통을 당하는 곳이다. 예수님께서 하신 말씀을 보면, 하나님은 몸과 영혼을 능히 지옥에서 멸하시고(마 10:28), 꺼지지 않는 불로 소금 치듯 고통을 당하게 하신다(막 9:48-49). 마귀와 사망도 불과 유황 못에서 밤낮 괴로움을 당한다(계 20:10, 14; 참고, 계 21:8).

13. 그리스도 예수의 재림과 관련하여 천년왕국은 어떤 것인가?

그리스도 예수의 재림과 관련하여 천년왕국에 대해서는 몇 가지 상이한 견해들이 있다.

첫째, 후천년기설. 이 견해에 의하면, 천년기의 왕국이 있은 후 그리스도가 재림하신다. 즉, 그리스도의 복음 선포로 말미암아 이 땅에서 악이 점점 소멸하고 하나님의 나라가 크게 확장하여 마침내 황금기에 이르는 순간에 그리스도가 재림하시고 의인과 악인이 동시에 부활하여 심판을 받는다. 그리스도 재림 전의 황금기를 가리켜 천년왕국으로 본다. 이 천년왕국은 복음 전파를 통하여 이 땅에서 이루어지는 하나님의 나라이다.

둘째, 역사적 전천년기설. 이 견해에 의하면, 천년기의 왕국이 있기 전에 그리스도가 재림하신다. 즉, 그리스도께서 재림하시는 때에 의인들이 부활하여 이 땅에서 그리스도와 함께 문자적으로 천년동안 왕노릇한 후 악인들이 부활하여 그리스도 앞에 심판을 받는다. 이 견해가 주장하는 바로는 의인의 부활과 악인의 부활 사이에 천년왕국이 이 땅 위에 있다. 이 때 그리스도와 의인들이 왕노릇한다.

셋째, 세대주의 전천년기설. 이 견해에 의하면, 천년기의 왕국이 있기 전에 그리스도가 공중에 재림하여 7년간 어린양 혼인 잔치를 하며(그 때 성도들이 공중으로 들어 올리움을 받는다) 그 때에 이 땅에는 대환난과 유대인들의 대량 회심이 있고, 그 잔치 후 그리스도와 성도들이 공중에서 지상으로 재림하여 천년동안 왕 노릇하며, 그리고 나서 악인의 부활과 심판이 있게 된다.

넷째, 무천년기설. 이 견해에 의하면, 이 땅 위에서는 문자적인 천년왕국이 없다. 대신, 그리스도의 초림 때로부터 그의 재림 때까지 부활 승천하신 그리스도와 죽은 의인들이 살아서 하늘에서 왕 노릇함으로 이 땅에 통치권을 행사하는 이것을 천년왕국으로 이해한다. 이 천년왕국 후에 그리스도가 재림하시고 의인과 악인이 동시에 부활하여 심판을 받으며 신천신지가 열리는 것이다. 웨스트민스터 신앙고백은 이 견해를 따르고 있다.

14. 마지막 날을 성도들은 어떻게 준비하고 대망해야 하는가?

예수님의 말씀에 의하면, 깨어 준비하고, 믿고 순종하라는 두 마디로 요약된다. 그러므로 성도들이 마지막 날을 준비하고 대망함에 있어서, 첫째, 충성되고 지혜로운 종처럼 맡은 직분에 충실하는 것이다(마 24:44-45). 손으로 일하기를 힘쓰고(살전 4:11), 규모 없이 행하지 아니하며(살후 3:6-11), 조용히 일한다(살후 3:12).

둘째, 지극히 작은 자에게 사랑으로 베푸는 삶에 충실하는 것이다(마 25:40). 형제를 사랑하여 서로 우애하고 존경하기를 서로 먼저 하여 성도들의 쓸 것을 공급하며 손 대접하기를 힘써야 한다(롬 12:10, 13).

셋째, 성령을 좇아 거룩함을 이루는 것이다. 하나님의 뜻은 우리의 거룩함이요

(살전 4:3), 하나님이 우리를 부르심도 거룩하게 하심이다(살전 4:7). 우리는 그리스도께서 재림하실 때 하나님 아버지 앞에서 거룩함에 흠이 없어야 한다(살전 3:13). 어두움의 일을 벗고 그리스도로 옷 입어(롬 13:12-14) 성령을 좇아 살아야 한다(갈 5:16).

넷째, 영광스럽고 존귀하신 하나님을 힘써 구하고 예배하며(롬 2:7), 하나님께 영광을 돌리고 그를 영원토록 즐거워하는 것이다(고전 10:31). 그리스도 예수 안에서 항상 기뻐하고 범사에 감사해야 한다(살전 5:16, 18).

다섯째, 서로 화목하는 일이다(살전 5:13). 그리고 "모든 사람에 대하여 오래 참으라"(살전 5:14하). 화목의 직책에 충실해야 한다(고후 5:18). "서로 용납하여 하나님께 영광을 돌리라"(롬 15:9).

제 II 부
제자의 삶

"사랑의 섬김과 사귐 안에 넉넉한 생명이 있다."

제Ⅰ부 생명의 삶에서는 기독교 신학을 전반적으로 다루었다. 기독교는 생명의 삶의 종교이다. 우리가 믿는 하나님은 생명의 근원이시요, 생명을 주시는 분이시며, 생명을 누리게 하시는 분이시다. 그래서 우리가 성경대로 하나님을 알고 믿으면 큰 구원의 생명을 얻는 것이다.

이 큰 구원의 생명을 풍성하고 건강하게 지속적으로 누리려면 하나님의 자녀로서 뿐 아니라 예수 그리스도의 제자로서 하나님의 법을 따라 삶을 살아야 한다. 우리가 구원의 생명을 믿음으로 얻지만, 그 생명을 건강하게 누리려면 하나님의 법대로 순종하며 살아야 하는 것이다. 그런데, 예수 그리스도의 제자의 삶의 규범은 하나님의 도덕법이요, 이 도덕법은 바로 십계명이다(참고, 마 19:17-19).

그래서 제Ⅱ부 제자의 삶에서는 서론적으로 제자의 길이 무엇이며, 도덕법의 용도가 무엇인가를 먼저 다루었다. 그리고 십계명을 순서대로 다루었다. 제1계명은 오직 하나님께만 우리의 삶의 목적을 둘 것을 명하고 있음으로 목적이 이끄는 삶을 다루었다. 제2계명은 간접적인 예배 행위를 금하고 있음으로 참된 예배의 삶을, 제3계명은 하나님의 이름과 관련되어 있기 때문에 거룩한 고백의 삶을, 제4계명은 주일을 거룩하게 지키는 것과 관련되어 있음으로 우선순위의 삶을 각각 다루었다. 제5계명은 부모를 공경하는 것과 관련하여 사람들 간의 상하관계와 질서를 요구하고 있음으로 관계와 질서의 삶을, 제6계명은 살인하지 말 것을 명하고 있기 때문에 생명의 윤리를, 제7계명은 간음하지 말 것을 명하고 있음으로 성의 윤리를, 제8계명은 도적질하지 말 것을 명하고 있기 때문에 경제 윤리를, 제9계명은 거짓 증거하지 말 것을 명하고 있음으로 사회 윤리를, 그리고 제10계명은 탐욕을 금하고 있기 때문에 절제의 삶을 각기 다루었다.

우리는 기독교 신학을 통해서 배운 바를 제자의 삶을 통해서 실천해야 하며, 예수 그리스도를 통해서 얻은 큰 구원의 생명을 지속적으로 건강하게 누리려면 하나님의 법과 규범에 순종해야 하는 것이다. 예수 그리스도의 의를 옷 입어 새 사람으로 살려면 하나님의 계명을 즐거이 행해야 한다. 이로 보건대, 기독교 신학을 통해서 얻은 생명의 삶은 하나님의 계명을 따라 사는 제자의 삶에 의해 뒷받침되어야 하는 것이다.

제 31 과 제자의 길

기본적인 질문:

1. 예수 그리스도의 사람들은 어떤 점에서 그의 제자들인가?(참고, 마 4:19; 9:9; 요 1:43; 눅 14:26, 27; 요 13:12-15; 고전 11:1; 빌 4:9; 엡 4:15)

2. 예수님이 자기의 제자들에게 요구하는 제자의 길은 무엇인가?(마 5:16; 6:33; 16:24; 22:37-40; 참조, 롬 15:5-6; 고전 10:31; 요일 3:23; 고전 10:24, 33)

3. 예수의 제자의 길을 위해 하나님이 규칙으로 주신 도덕법은 무엇인가? 도덕법의 핵심은 무엇인가?(참고, 창 2:16, 17; 삼상 15:22; 히 13:17; 롬 1:5; 16:26; 14:8)

4. 도덕법은 무슨 쓸모가 있는가?

5. 도덕법은 어디에 요약되어 있는가?

6. 십계명을 바르게 이해하려면 어떤 점을 유의해야 하는가?

7. 구약에서 하나님이 모세를 통하여 이스라엘 백성에게 주신 생명의 도가 십계명이라면, 신약에서 예수님이 새 이스라엘인 자기의 제자들에게 주신 생명의 도는 무엇인가?(마 16:24)

8. 예수의 제자가 자기를 부인하는데 있어서 무엇을 죽여야 하는가?(갈 5:24; 롬 8:6, 7, 13) 자기를 부인하는 실제적 방법은 무엇인가?(고전 4:6; 롬 12:10; 13:10; 요일 3:18; 4:21) 그리고 참된 자기 부인의 비결은 무엇인가?(히 9:14; 갈 5:16)

9. 예수의 제자가 자기를 부인하는데 있어서 하나님이 사용하시는 효과적인 방법은 무엇인가?(롬 8:18, 35; 고후 4:16; 참조, 욥 1:12, 19; 2:7)

10. 예수의 제자의 길과 관련하여 하나님 율법의 핵심적 요구는 무엇인가? 마태복음 16:24과 22:37-40을 디모데전서 1:5과 디도서 2:12과 관련지어 말하라 (참조, 엡 4:24; 골 3:12-14).

1. 예수 그리스도의 사람들은 어떤 점에서 그의 제자들인가?(참조, 마 4:19; 9:9; 요 1:43; 눅 14:26, 27; 요 13:12-15; 고전 11:1; 빌 4:9; 엡 4:15)

예수 그리스도는 자기의 사람들을 부르실 때 "나를 좇으라"(마 4:19; 9:9; 요 1:43) 하심으로 삶의 가치를 혁신할 것을 요구하셨다. 지금까지의 인간관계나 삶의 방식을 예수 그리스도 중심으로 혁신해야 하는 것이다. 부모 형제 친구 관계를 예수 그리스도 중심으로 바꿔야 한다. "무릇 내게 오는 자가 자기 부모와 처자와 형제와 자매와 및 자기 목숨까지 미워하지 아니하면 능히 나의 제자가 되지 못하고"(눅 14:26). 그래서 베드로는 예수 그리스도의 부르심을 받자 자기의 생업 도구인 그물을 버렸고, 야고보와 요한은 배와 부친을 버려두고 예수를 좇았다(마 4:18-22).

또한 예수를 좇되 자기 십자가를 지고 좇아야 한다(눅 14:27). 자기를 부인하고 십자가의 고난을 무릅쓰고 따라야 하는 것이다. "여우도 굴이 있고 공중의 새도 거처가 있으되 오직 인자는 머리 둘 곳이 없다"(마 8:20)고 하신대로, 예수 그리스도는 세상적인 것은 아무것도 보장해 주지 않기 때문에, 예수의 제자가 된다는 것은 자기 십자가를 지는 것을 의미한다.

한편, 예수 그리스도의 제자가 되는 것은 그를 주(主)와 선생으로 모시고 본받는 것을 의미한다(요 13:12-15). 특별히 예수의 겸손과 온유함을 본받음으로 제자가 되는 것이다. 예수는 선생으로서 자기의 제자들의 발을 씻으셨다. 그래서 바울은 말하기를, "내가 그리스도를 본받는 자 된 것같이 너희는 나를 본받는 자 되라"(고전 11:1)고 하였던 것이다. 본받는다는 것은 "배우고 받고 듣고 본 바를 행하는" 것이다(빌 4:9). 이로써, 그리스도의 장성한 분량의 충만한 데까지 이르도록 하는 것이다. 즉, 예수 그리스도에게까지 자라는 것이다(엡 4:15).

이로 보건대, 예수 그리스도의 제자가 된다는 것은 그를 좇음으로 과거의 가치를 버리는 것이요, 고난의 십자가를 지고서 자기를 부인하는 것이며, 그리스도를 본받아 그에게까지 자라는 것이다. 예수의 제자의 길은 예수 그리스도를 최고의 가치로 알고 따르는 바, 근본적인 가치 혁신이다. 예수가 주(主)요 그리스도요, 하나님이시며, 구주이시기에, 제자에게는 예수만이 그의 모든 것이다.

2. 예수님이 자기의 제자들에게 요구하는 제자의 길은 무엇인가?(마 5:6; 6:33; 16:24; 22:37-40; 참조, 롬 15:5-6; 고전 10:31; 요일 3:23; 고전 10:24, 33)

예수 그리스도의 제자의 길은 두 가지의 원리에 기초한다. 즉, 가치의 원리와 사랑의 원리에 따라 제자의 삶을 사는 것이다. 이는 예수가 그의 삶의 모든 것, 즉 최고요 전부이기 때문이다.

가치의 원리는 첫째, 하나님의 의와 나라를 최고의 가치로 알고 우선적으로 구한다. 하나님의 뜻이 이루어지고 하나님이 모든 영역에서 통치하시는 것을 희망하는 것이다(마 5:6; 6:33). 둘째, 자기를 부인하는 것이다(마 16:24). 자기의 생각이나 주장을 버리며, 자기의 영광보다는 그리스도를 위하여 고난 받기를 선택한다. 셋째, 하나님의 영광을 위하여 산다. 예수를 본받아 범사에 하나님께 영광을 돌린다(롬 15:5, 6; 고전 10:31). 하나님께 감사와 찬양을 돌리기를 기뻐하는 것이다(롬 1:21).

사랑의 원리는 첫째, 하나님을 사랑한다. 마음과 목숨과 힘과 뜻을 다하여 하나님을 사랑하는 것이다(마 22:37). 둘째, 이웃을 사랑한다. 이웃을 자기 몸처럼 아끼고 보살피며(마 22:39), 진실함으로 사랑하는 것이다(요일 3:18, 23). 셋째, 남의 유익을 구한다. 자기의 유익을 구하는 대신에 많은 사람의 유익을 구하여 모든 일에 모든 사람을 기쁘게 해야 하는 것이다(고전 10:24, 33).

그런데 알고 보면, 이 두 원리는 바늘과 실의 관계이다. 이는 하나님의 의와 나라와 그의 영광을 위하여 사는 것이 하나님과 이웃을 사랑하고 남의 유익을 먼저 구하는 삶을 사는 것이기 때문이다. 예수의 제자의 삶의 첫 원리인 가치의 원리에 따라 하나님의 나라와 영광을 위하여 사는 삶은 둘째 원리인 사랑의 원리에 따라 하나님과 이웃을 사랑하고 하나님과 이웃의 유익을 먼저 구하는 삶과 서로 통하기 때문이다.

3. 예수의 제자의 길을 위해 하나님이 규칙으로 주신 도덕법은 무엇인가? 도덕법의 핵심은 무엇인가?(참고, 창 2:16, 17; 삼상 15:22; 히 13:17; 롬 1:5; 16:26; 14:8)

하나님은 최초에 아담과 하와를 만드시고 그들이 에덴동산에서 충만한 삶을 살게 하심에 있어서 좋은 환경을 만들어 주시고 좋은 과실들을 주어 먹게 하실 뿐 아니라 사랑과 질서의 관계 가운데서 깊은 교제를 나누고자 선악과를 먹지 말라는 계명 곧 도덕법을 주셨다. 이는 마치 부모가 자녀와 서로 사랑하는 가운데 친밀한 교제를 갖고자 가훈(家訓)과 같은 도덕법을 주는 것과도 같다. 아버지의 가훈이 자녀에게 멍에가 아니라 자녀의 유익과 행복을 위하는 것이듯, 하나님이 아담에게 주신 도덕법도 그러하다.

하나님이 규칙으로 주신 도덕법이란 인류에게 선포된 하나님의 뜻으로서, 사람마다 혼신의 힘과 성품을 다하여 해야 하고, 하나님과 사람에게 마땅히 행해야 하는 바 거룩과 공의에 속한 모든 의무들을 이행함으로써 하는 것이다. 이 도덕법은 순종하면 생명을 약속해 주지만, 파기할 때는 죽음을 당하게 된다(웨스트민스터 대요리 93문답).

하나님의 도덕법의 핵심은 마음으로부터 하는 철저한 순종이다(삼상 15:22; 참조, 히 13:17). 이 순종은 예수 그리스도를 믿는 믿음에서 나오는 순종이다(롬 1:5; 16:26). 사나 죽으나 우리가 주 예수 그리스도의 것이기 때문에(그리스도께서 자기의 피로 값주고 사셨다), 우리는 살아도 주를 위하여 살고 죽어도 주를 위하여 죽으며(롬 14:8), 살든지 죽든지 우리의 삶에서 그리스도가 존귀히 되게 하는 것이다(빌 1:20). 이렇듯 하나님 아버지와 우리 주 예수 그리스도에게 절대 순종하고 복종하는 것이 도덕법의 핵심이다. 이 도덕법을 순종하면 하나님과 사람 앞에서 은총과 귀중히 여김을 받게 된다(잠 3:4).

4. 도덕법은 무슨 쓸모가 있는가?

하나님이 주신 도덕법은 모든 사람에게 공통적으로 다음과 같이 세 가지로 쓸모가 있다. 첫째, 하나님의 거룩한 본성과 뜻뿐만 아니라 사람들의 본분이 무엇인가를 알려 준다. 둘째, 사람마다 도덕법을 지키기에는 자신들의 무능함과 죄악됨을 깨우쳐 준다. "내 속 곧 내 육신에 선한 것이 거하지 아니하는 줄을 아노니 원함은 내게 있으나 선을 행하는 것은 없노라"(롬 7:18). 셋째, 자기들의 죄와 불행을 느끼고서 자신을 낮추게 하고, 이로써 그리스도와 그의 완전한 순종이 자기들에게 필요한 것을 더욱 절실히 알게 한다. "오호라 나는 곤고한 사람이로다. 이 사망의 몸에서 누가 나를 건져내랴. 우리 주 예수 그리스도로 말미암아 하나님께 감사하리로다"(롬 7:24-25)(참고, 웨스트민스터 대요리 95문답).

이 도덕법은 아직 성령으로 중생하지 못한 자들에게도 쓸모가 있는 바, 첫째, 그들의 양심을 일깨워 다가올 진노를 피하여 그리스도에게로 달려가게 하는 한편, 둘째, 그렇지 않을 경우 그들이 핑계할 수 없게 하고 죄의 저주를 당하게 한다(웨스트민스터 대요리 96문답).

또한, 이 도덕법은 중생한 자에게 특별히 쓸모가 있는 바, 첫째, 그들이 그리스도에게 얼마나 크게 빚져 있는가를 알게 하고, 둘째, 그들로 하여금 그리스도에게 더욱 감사를 느끼게 하며, 셋째, 감사하여 순종의 규칙인 도덕법에 순종하게 한다. 이는 중생한 자들은 그리스도 예수가 우리의 구주요 중보자요 희생제물로서 우리를 대신하여 그리고 우리를 위하여 도덕법을 온전히 성취하셨을 뿐 아니라(적극적 계율적 순종), 그것의 저주와 형벌까지도 당하셨음을(수동적 형벌적 순종) 잘 알고 있기 때문이다(웨스트민스터 신앙고백 97문답).

5. 도덕법은 어디에 요약되어 있는가?

도덕법은 하나님이 모세에게 주신 십계명에 요약되어 있다(출 20:1-17). 이 십계명 가운데 첫 네 계명은 하나님에 대한 사람의 의무를 포함하고 있고, 나머지 여섯은 사람에 대한 의무이다(웨스트민스터 대요리 98문답).

제1계명은 "나 외에는 다른 신들을 네게 있게 말지니라"인 바, 이는 우리가 오직 하나님께만 우리의 인생의 목적을 둘 것을 요구한다. 즉, 우리로 하여금 목적이 이끄는 삶을 살 것을 명하고 있다.

제2계명은 "너를 위하여 새긴 우상을 만들지 말라"인 바, 참된 예배를 드리고, 거짓된 예배를 물리칠 것을 요구한다.

제3계명은 "여호와의 이름을 망령되이 일컫지 말라"인 바, 하나님 앞에서 거룩한 고백의 삶을 살 것을 명하고 있는 것이다.

제4계명은 "안식일을 기억하여 거룩히 지키라"인 바, 하나님을 예배하고 그에게 영광을 돌리는데 안식일을 성별하여 지킬 것을 요구한다. 즉 목적이 이끄는 삶을 위하여 우선순위의 삶을 살 것을 명하고 있는 것이다.

제5계명은 "네 부모를 공경하라"인 바, 사람 간에 관계와 질서의 삶을 살 것을 명한다.

제6계명은 "살인하지 말지니라"인 바, 생명의 윤리에 관한 명령이다.

제7계명은 "간음하지 말지니라"인 바, 건전한 성의 윤리에 관한 명령이다.

제8계명은 "도적질하지 말지니라"인 바, 자기의 생명의 필요를 공급함에 있어서 요구되는 경제 윤리에 관한 명령이다.

제9계명은 "거짓 증거하지 말지니라"인 바, 정직과 우정의 삶에 관한 사회 윤리이다.

제10계명은 "네 이웃의 집을 탐내지 말지니라"인 바, 하나님은 우리로 하여금 탐욕을 물리치고 절제의 삶을 살 것을 명하셨다.

6. 십계명을 바르게 이해하려면 어떤 점을 유의해야 하는가?

십계명을 바르게 이해하는 데는 다음 세 가지 원리를 유의해야 한다.

첫째, 율법은 내면적이고 신령하다(롬 7:14). 율법은 영혼과 마음과 뜻을 다하여 순종할 것을 요구할 뿐만 아니라 완전한 순결을 요구한다. 율법을 통하여 인간의 삶은 내면적, 영적으로 의로워야 하는 것이다. 예컨대, 살인하지 말라는 계명의 경우, 형제를 미워하지 말 것을 함축하고 있는 것이기에, 우리는 마음으로부터 형제를 사랑하고 존귀하게 여기는 삶을 살아야 하는 것이다.

둘째, 각 계명의 목적과 이유를 찾으라. 예컨대, 첫째 계명의 의도는 오직 하나님만이 참된 경건으로 예배되어야 한다는 것이다.

셋째, 율법의 부정적인 측면(금지)과 긍정적인 의미(명령)를 찾으라. 예컨대, "살인하지 말라"는 계명의 경우, 아무도 해하여서는 안 된다는 측면과, 이웃의 생명을 보호하는 일에 힘써야 한다는 명령이 함축되어 있는 것이다(참조, 칼빈,『기독교 강요』제2권 8장 6-9절).

7. 구약에서 하나님이 모세를 통하여 이스라엘 백성에게 주신 생명의 도가 십계명이라면, 신약에서 예수님이 새 이스라엘인 자기의 제자들에게 주신 생명의 도는 무엇인가?(마 16:24)

예수께서 새 이스라엘인 자기의 제자들에게 주신 생명의 도는 "아무든지 나를 따라오려거든 자기를 부인하고 자기 십자가를 지고 나를 좇을 것이니라"(마

16:24)이다. 자신을 부인하고 날마다 자기 십자가를 지는 삶이란 그리스도의 죽음과 부활에서 성취된 그리스도 자신의 자기 성화(self-sanctification)에 우리가 성령과 믿음으로 참여하여, 그리스도 자신이 보여준 자기 부인과 성결을 본받아 우리도 자신을 부인하고 날마다 십자가를 지는 삶을 삶으로 성화되어 질서 있게 사는 삶이다. 그리스도와 함께 죽는다는 것은 내면적으로는 자기를 부인하여 하나님의 뜻에 순종하고 정욕을 억제하는 것이요, 외적으로는 몸과 신분과 명예 등이 신체적으로 고통과 곤욕을 당하는 것이다. 곧 고난의 십자가를 자기 몸에 삶속에서 지는 것이다.

이렇듯, 새 이스라엘인 자기의 제자들에게 예수께서 자기를 부인하고 십자가를 날마다 지라는 최고의 도덕법을 주신 것은, 죄의 본질상 사람마다 자기를 주장하고 자기만을 사랑하며 정욕에 빠져 하나님도 이웃도 사랑하지 않기 때문이다. 사람은 누구나 고난의 십자가를 통해 연단을 받아서 자기를 부인함으로 내면적으로 그리고 영적으로 성결하게 될 때 그 심령에서 하나님과 이웃을 진심으로 사랑할 수 있게 된다. 이로 보건대, 십계명이 외형적인 도덕법이라고 하면, 예수의 제자도는 내면적으로 신령한 도덕법이다.

8. 예수의 제자가 자기를 부인하는데 있어서 무엇을 죽여야 하는가?(갈 5:24; 롬 8:6, 7, 13) 자기를 부인하는 실제적 방법은 무엇인가?(고전 4:6; 롬 12:10; 13:10; 요일 3:18; 4:21) 그리고 참된 자기 부인의 비결은 무엇인가?(히 9:14; 갈 5:16)

죄는 본질상 하나님 말씀의 권위를 멸시하고 하나님을 싫어하여 대적하며, 자기를 사랑하고 내세움으로 교만하여 불순종하고, 이로써 정욕의 노예가 되는 것이다. 성령으로 거듭나지 아니하는 자마다 정욕적이다. 음란과 악한 정욕과 탐욕으로 가득 차 있다(마 15:19; 롬 1:28-31). 정욕은 죄의 적극적 원리로서 악한 생각과 욕망을 불러일으키는 질병이요, 하나님과 원수가 되는 이기적 욕망이다. 그러므로 사람에게 있어서 가장 치명적인 것은 자기의 본능적 욕망이나 충동이나 악한 생각을 제어하지 않고 따르는 것이다. 자기를 부인하지 아니하고 죄악된 본성의 정욕을 따르면 하나님을 대적하고 하나님과 원수가 된다.

이 같은 까닭에, 예수의 제자마다 자기를 부인하려면 무엇보다 본성의 정욕을 십자가에 못 박아야 한다(갈 5:24). 예수 그리스도의 십자가의 대속적 은혜를 깊이 생각하고 예수의 죽으심을 본받아 죄의 정욕을 십자가에 못 박아야 하는 것이다(참고, 롬 6:6, "우리가 알거니와 우리 옛 사람이 예수와 함께 십자가에 못 박힌 것은 죄의 몸이 멸하여 다시는 우리가 죄에게 종노릇하지 아니하려 함이니").

　십자가의 은혜를 깊이 묵상함으로 죄의 정욕을 죽이는 데 있어서 가장 실제적인 방법은 하나님의 말씀인 성경의 권위에 순복하는 것이다. 예수께서도 40일 금식하는 가운데 유대 광야에서 사단의 시험을 받으시던 때 하나님의 기록된 말씀인 성경 밖으로 넘어가지 않고 성경의 신적 권위에 순복하심으로 시험을 이겨내셨다(마 4:1-11). 이로 보건대, 성경 말씀대로 순종하는 것이 육신의 정욕을 제어하고 자기를 부인하는 가장 실제적인 방법이다(고전 4:6).

　그러면, 성경 말씀의 권위에 순복하여 자기를 효과적으로 부인할 수 있는 비결은 무엇인가? 그리스도 예수의 십자가의 대속의 은혜를 알고 그 십자가에 우리의 죄악된 정욕의 옛 사람을 못 박는 비결은 무엇인가? 이에 대하여 성경은 이렇게 대답한다. "영원하신 성령으로 말미암아 흠 없는 자기를 하나님께 드린 그리스도의 피가 어찌 너희 양심으로 죽은 행실에서 깨끗하게 하고 살아 계신 하나님을 섬기게 못하겠느뇨?"(히 9:14). "율법이 육신으로 말미암아 연약하여 할 수 없는 그것을 하나님은 하시나니… 육신을 좇지 않고 그 성령을 좇아 행하는 우리에게 율법의 요구를 이루어지게 하려 하심이니라… 육신의 생각은 하나님과 원수가 되나니 이는 하나님의 법에 굴복치 아니할 뿐 아니라 할 수 없음이라… 너희가 육신대로 살면 반드시 죽을 것이로되 성령으로써 몸의 행실을 죽이면 살리니 무릇 하나님의 성령으로 인도함을 받는 그들은 곧 하나님의 아들이라"(롬 8:3-7, 13-14). "너희는 성령을 좇아 행하라 그리하면 육체의 욕심을 이루지 아니하리라"(갈 5:16).

　성경이 자기 부인에 대하여 가르치는 비결이 무엇인가? 예수께서는 하나님의 뜻에 순복하여 자기의 몸을 십자가의 희생 제물로 내어 주어 못 박히게 하심에 있어서 그렇게 하실 수 있었던 비결은 무엇인가? 겟세마네 동산에서 기도하시며 성령을 좇아 행하신 까닭이었다(참고, 히 9:14상). 그리스도의 제자된 우리의 경우도 마찬가지이다. 기도함으로 성령을 좇아 행하는 것만이 육체의 정욕을 죽이고 자기를 부인할 수 있는 비결이다.

요약하자면, 성령이 예수 그리스도의 피를 가지고 우리의 심령과 영혼에 뿌리심으로 그의 십자가에 못 박혀 죽으신 그 은혜를 깊이 체험함으로써, 성령의 능력으로 우리가 육체를 쳐 복종시키고 자기를 부인하게 되는 것이다. 이로써 하나님을 사랑하고, 이웃을 자기의 몸처럼 사랑하여 그 이웃의 유익을 먼저 구하게 된다.

9. 예수의 제자가 자기를 부인하는데 있어서 하나님이 사용하시는 효과적인 방법은 무엇인가?(롬 8:18, 35; 고후 4:16; 참조, 욥 1:12, 19; 2:7)

예수의 제자된 우리가 육체의 정욕을 십자가에 못 박아 버리고 자기를 부인할 수 있는 비결이 기도함으로 성령을 좇아 행하는 것인바, 이 비결이 효과적이 되게 하기 위하여 하나님은 우리에게도 예수 그리스도의 경우처럼 고난의 십자가를 지게 하신다. 그래서 예수님도 우리에게 자기를 따르려거든 십자가를 날마다 지라 하셨다(눅 9:23). 하나님은 고난을 통해서 하나님의 영광을 소망하게 하시고(롬 8:18), 그리스도의 대속의 은혜와 사랑을 감사하게 하며(롬 8:35), 속사람이 날마다 새로워지게 하신다(고후 4:16). 하나님은 욥의 경우를 통해서 예수의 제자된 자들에게 자기를 부인하는 모범을 보이셨다. 자녀와 재산과 건강을 송두리째 잃는 환난과 고난의 십자가를 통해서 욥은 기도할 수 밖에 없었고, 성령으로 하나님의 은혜를 깨달아 자기를 부인할 수 있었던 것이다(욥 1:12, 19; 2:7; 참조, 약 5:10, 11).

고난의 십자가가 우리에게 무거운가? 예수님은 이에 대하여 제자들에게 말씀하시기를, "나의 멍에를 메고 내게 배우라… 이는 내 멍에는 쉽고 내 짐은 가벼움이라"(마 11:29, 30). 고난의 십자가는 죄와 정욕의 무거운 멍에와 짐에 비교하면 참으로 가벼운 것이다. 그러므로 죄의 무거운 멍에와 십자가를 벗어버리고, 대신에 예수께서 우리를 위해 준비해 주신 고난의 멍에와 십자가를 메면(참조, 히 12:1), 성령을 좇아 행함으로 육체의 정욕을 그 십자가에 못 박아 죽이고 자기를 부인할 수 있게 된다. 십자가 체험이 육체를 신뢰하는 부패한 정욕과 자만심을 꺾는다.

10. 예수의 제자의 길과 관련하여 하나님의 율법의 핵심적 요구는 무엇인가? 마태복음 16:24과 22:37-40을 디모데전서 1:5과 디도서 2:12과 관련지어 말하라(참조, 엡 4:24; 골 3:12-14).

예수의 제자들에게 요구되는 하나님 율법의 핵심적 요구는 모세의 십계명에서 가르치시는 대로, "네 마음을 다하며 목숨을 다하며 힘을 다하며 뜻을 다하여 주 너의 하나님을 사랑하고 또한 네 이웃을 네 몸과 같이 사랑하라"(마 22:37-40; 참조, 눅 10:27)는 것이다. 이를 위해서는 자기를 부인하고 날마다 자기 십자가를 져야 한다(마 16:24; 참조, 눅 9:23).

하나님이 우리에게 율법을 주신 목적은 청결한 마음과 선한 양심과 거짓 없는 믿음에서 나오는 사랑을 가지고 하나님과 이웃을 섬기는 것이다(딤전 1:5). 이로써 육신의 정욕을 다 버리고, '근신함' 곧 자기를 부인하고 절제함으로, '의로움' 곧 이웃의 유익을 먼저 구함으로, 그리고 '경건함' 곧 하나님의 사랑을 알고 하나님을 경외함으로 사는 것이다. 이것이 하나님의 율법의 핵심적 요구이다.

이 핵심적 요구는 다른 말로 하자면 하나님처럼 온전하고(마 5:48) 자비하며(눅 6:36) 하나님의 거룩한 성품을 닮는 것이요(레 11:45), 예수 그리스도의 형상을 닮아 새 사람되는 것이다(엡 4:24; 골 3:12-14, "그러므로 너희는 하나님의 택하신 거룩하고 사랑하신 자처럼 긍휼과 자비와 겸손과 온유와 오래 참음을 옷입고… 이 모든 것 위에 사랑을 더하라").

제 32 과 목적이 이끄는 삶

기본적인 질문:

1. 십계명의 서문이 무엇인가? 이 서문이 의도하는 것은 무엇인가? 도덕법을 주신 하나님은 어떤 분이신가?

2. 제1계명이 요구하는 의무들이 무엇인가? 이 의무들의 핵심은 무엇인가?

3. 제1계명이 금하는 죄들이 무엇인가? 이 죄들의 핵심은 무엇인가?

4. 제1계명에 있는 '나 외에는' 이라는 말이 특별하게 가르치는 것은 무엇인가? 십계명의 서문과 어떤 관계가 있는가?

5. 인생의 제일 되는 목적과 관련지어 볼 때 제1계명의 핵심이 되는 요구는 무엇인가?

6. 하나님의 도덕법과 관련지어 보면, 인생의 가장 큰 비극은 무엇인가?

7. 당신은 지금 왜 여기에 살고 있는가? 하나님이 당신에게 주신 영원한 목적, 이 땅에서의 목적, 그리고 명확하고 구체적인 목적은 무엇인가? 다윗(행 13:36), 바울(행 20:24; 딤후 4:7), 그리고 예수님(마 5:17; 막 10:45; 눅 19:10; 요 10:10; 4:34; 6:38, 39; 딤전 1:15; 요일 3:8)의 경우는 무엇이었는가?

8. 인생의 목적을 아는 것이 우리의 삶에 무슨 유익을 주는가?

9. 하나님이 주신 목적이 이끄는 삶을 삶에 있어서, 인생의 목적을 발견하는 방법은 무엇인가?

1. 십계명의 서문이 무엇인가? 이 서문이 의도하는 것은 무엇인가? 도덕법을 주신 하나님은 어떤 분이신가?

십계명의 서문에는, "나는 너를 애굽 땅 종 되었던 집에서 인도하여 낸 너의 하나님 여호와로라"라고 기록되어 있다. 이 서문은 먼저 "내가 여호와 너의 하나님 이라"임을 선포하고 있다. 그리고 그가 이스라엘을 애굽 땅에서 곧 종 되었던 집에서 이끌어 냈다는 사실이 언급되어 있다.

이 서문이 의도하는 바는 분명하다. 도덕법을 주시는 분이 스스로 계실 뿐 아니라 이스라엘과 맺은 언약을 성취하시는 하나님이심을 먼저 밝히고 있다. 아브라함과 이삭과 야곱과 더불어 맺은 언약을 성취하시는 하나님, 믿음의 조상들에게 자신을 계시하셨고, 그래서 그들이 믿고 경외한 바로 그 하나님이 이스라엘에게 도덕법을 주셨다는 것이다. 그러므로 이스라엘은 바로 이 여호와 하나님을 주목해야 하고, 그 하나님의 음성을 들어야 한다. 오직 그 분만을 목적으로 삼아야 하는 것이다.

그러면 왜 이 여호와 하나님만을 주목하고 그의 음성을 들으며, 목적으로 삼아야 하는가? 이는 이 여호와 하나님이 이스라엘을 종노릇하며 무거운 멍에를 메고 살았던 애굽 땅에서 해방시켜 주셨기 때문이다. 영적으로 말하자면, 그는 자기 백성을 죄의 속박에서 속량해 주신 것이다. 그래서 이 여호와 하나님만을 우리의 하나님으로 삼아서 그의 음성에 순종해야 한다(참고, 웨스트민스터 대요리 101문답).

2. 제1계명이 요구하는 의무들이 무엇인가? 이 의무들의 핵심은 무엇인가?

제1계명은 "너는 나 외에는 다른 신들을 네게 있게 말지니라"이다. 이 계명이 요구하고 있는 바는, 첫째, 여호와 하나님만이 유일하고 참되신 하나님이요, 우리의 하나님이심을 알고 인정하는 것이다. 둘째, 하나님을 기억하고, 찬양하고, 사랑함으로써 그를 예배하고 그에게 합당한 영광을 돌려 드리는 일이다. 셋째, 하나님을 믿고 신뢰하며 즐거워하는 일이다. 넷째, 하나님께 열심을 내는 일이다. 다섯째, 하나님께 감사하고 전적으로 순종하고 복종하는 일이다. 여섯째, 모든 일에 조심하여 하나님을 기쁘시게 하는 일이다. 일곱째, 하나님과 겸손하게 동행하는 일이다(웨스트민스터 대요리 104문답).

제1계명이 요구하는 의무들의 핵심은 오직 하나님 중심의 목적이 이끄는 삶을 사는 것이다. 즉, 하나님을 예배하며 그에게 영광을 돌려드리고, 그를 충만하게 즐거워하며 순종하고 기쁘시게 하는 것을 목적으로 하는 삶을 살 것을 제1계명이 요구하고 있다.

3. 제1계명이 금하는 죄들은 무엇인가? 이 죄들의 핵심은 무엇인가?

제1계명이 금하고 있는 죄들은 하나님을 부인하는 무신론, 잡신들을 섬기는 우상 숭배, 여호와를 우리 하나님으로 고백하지 않는 죄, 하나님께 대한 불건전한 생각(이신론, 유니테리안의 일위신론 등), 인간적인 이기주의, 맹신과 이단사상, 육신적 쾌락을 사랑하는 것, 하나님의 일에 대해 무관심한 것, 하나님 외에 죽은 성자들에게 기도하는 것, 사람을 하나님처럼 섬기는 것, 하나님에 대해 불만족하는 것, 선하고 좋은 일에 하나님께 영광을 돌리지 않는 것 등이다(웨스트민스터 대요리 105문답).

이로 보건대, 제1계명은 하나님을 목적으로 하지 않고 그 목적에서 벗어난 삶을 금하고 있다. 여호와 하나님은 질투하시는 하나님이신지라(출 20:5; 신 4:24) 우리의 목적이 하나님에게서 벗어나는 것을 몹시 싫어하신다.

4. 제1계명에 있는 '나 외에는'이라는 말이 특별히 가르치는 것이 무엇인가? 십계명의 서문과 어떤 관계가 있는가?

'나 외에는'이라는 말은 '내 앞에서'(before me)를 의역한 것으로 하나님은 다른 신들을 섬기는 죄를 특별히 지켜보시고 이를 아주 불쾌하게 여기신다는 것을 가르치고 있다. 그러므로 '내 앞에서'라는 말은 우리가 우상숭배나 거짓 신을 섬기는 죄를 짓지 말 것과, 하나님을 예배하는 일에 있어서 하나님이 보시는 것을 알고 하라는 것을 함축하고 있는 것이다(웨스트민스터 대요리 106문답).

하나님이 원하시는 바는, 그의 백성들이 하나님 외에는 아무 것도 삶의 목적으로 삼아서는 안 된다는 사실이다. 하나님 앞에서는 오직 하나님만을 목적으로 삼아야 하며, 아무것도 결코 생각하거나 섬겨서는 안 된다. 하나님은 자기의 자녀들이 삶의 목적을 확실하게 하기를 원하신다. 믿음의 조상들이 섬겨온 하나님, 자기 백성을 애굽 땅에서 이끌어 내신 그 여호와 하나님만을 하나님으로 알고 섬겨야 하는 것이다.

5. 인생의 제일 되는 목적과 관련시어 볼 때 제1계명의 핵심이 되는 요구는 무엇인가?

인생의 제일 되는 목적은 웨스트민스터 대요리 문답에 진술되어 있는 대로, "하나님께 영광을 돌리고 그를 영원토록 충만하게 즐거워하는 것이다"(1문답). 이 같은 진술에 비추어 제1계명을 보면, 이계명의 핵심 요구는 바로 이 목적대로 하나님의 백성들이 사는 것이다. 오직 여호와 하나님 중심의 목적이 이끄는 삶을 사는 것을 제1계명이 요구하고 있다.

6. 하나님의 도덕법과 관련지어 보면, 인생의 가장 큰 비극은 무엇인가?

인생의 가장 큰 비극은 죽음이 아니고, 목적 없이 사는 것이다. 목적 없이 사는 사람이 세상에서 가장 불행하고 불쌍하다.

7. 당신은 지금 왜 여기에 살고 있는가? 하나님이 당신에게 주신 영원한 목적, 이 땅에서의 목적, 그리고 명확하고 구체적인 목적은 무엇인가? 다윗(행 13:36), 바울(행 20:24; 딤후 4:7), 그리고 예수님(마 5:17; 막 10:45; 눅 19:10; 요 10:10; 4:34; 6:38, 39; 딤전 1:15; 요일 3:8)의 경우는 무엇이었는가?

먼저 다윗과 바울, 그리고 예수님의 경우 삶의 목적을 살펴보면 다음과 같다. 다윗의 경우, 그는 "당시에 하나님의 뜻을 좇아 섬기다가" 죽었다(행 13:36). 하나님의 뜻을 행하며 사는 것이 그의 삶의 목적이었다. 그래서 그는 고백하기를, "나의 하나님이여 내가 주의 뜻 행하기를 즐기오니 주의 법이 나의 심중에 있나이다"(시 40:8) 하였다. 바울의 경우, 그의 고백에 의하면 "나의 달려갈 길과 주 예수께 받은 사명 곧 하나님의 은혜의 복음 증거하는 일을 마치려 함에는 나의 생명을 조금도 귀한 것으로 여기지 아니하노라"(행 20:24) 하였다. 그는 이 목적대로 그의 달려갈 길을 마치고 믿음을 지켰다(딤후 4:7). 그에게는 명확한 목적 곧 확실한 사명이 있었다.

예수님의 경우를 보면 다음과 같다. 첫째, 그는 하나님의 기록된 말씀을 이루기 위해 오셨다(마 5:17). 그래서 그는 다 이루셨다(참고, 요 19:30). 둘째, 그는 십자가의 대속제물로 자신의 목숨을 주기 위해 오셨다(막 10:45). 그래서 그는 십자가 상에서 못 박혀 죽으심으로 단번에 희생 제물로 자신을 드렸다(히 9:26). 셋째,

그는 잃어버린 자를 찾아 구원하러 오셨다(눅 19:10; 딤전 1:15). 넷째, 그는 자기의 양에게 풍성한 생명을 주러 오셨다(요 10:10). 다섯째, 그는 자기를 이 땅에 보내신 아버지 하나님의 뜻을 행하며 온전히 이루기 위해 오셨다(요 4:34; 6:38, 39). 여섯째, 마귀와 마귀의 일을 멸하러 오셨다(요일 3:8).

이로 보건대, 예수님 뿐 아니라 다윗과 바울의 경우 분명한 삶의 목적이 있었고, 그 목적을 위하여 생명을 바쳤다. 그래서 그들은 위대했고, 행복했으며, 만족스러운 삶을 살았다.

그러면, 하나님이 우리를 지금 왜 여기에 살게 하셨는가? 우리를 향하신 하나님의 목적은 무엇인가? 우리의 영원한 목적은 "하나님께 영광을 돌리고 그를 영원토록 충만하게 즐거워하는 것이다" 다시 말하자면, 하나님께 그에게 합당한 영광과 존귀를 돌려 드림으로 그를 예배하고, 우리의 구주요 중보자이신 예수 그리스도의 대속의 은혜로 말미암아 하나님 아버지로 영원토록 만족하고 즐거워하는 것이 우리의 영원한 목적이다. 예컨대, 우리가 환난과 역경 중에서도 하나님의 영광을 보고 즐거워하며 하나님으로 만족하며 사는 것이 우리를 향한 하나님의 영원한 목적인 것이다(참조, 롬 5:2; 8:18).

이 땅에서의 목적은 이 땅 여기에서 지금 우리가 하나님께로부터 받은 사명을 말한다. 이 땅에서 지금 나의 사명은 무엇인가? 하나님이 내게 주신 직분, 재능, 은사, 환경적 조건 등과 관련하여 사명을 확실하게 해야 한다. 다윗과 바울과 예수님의 경우 사명이 있었다. 그 사명이 그들을 향한 이 땅에서의 목적이었다. 하나님이 주신 직분과 은사가 목사요 교수인 나의 경우는 하나님의 복음, 진리의 말씀을 성실하게 연구하여 가르치는 데 최선을 다하는 것이다.

끝으로, 당신의 명확하고 구체적인 목적은 무엇인가? 이 같은 목적은 당신의 역할과 인간관계를 고려하여 생각해야 한다. 예컨대, 가정에서 아버지나 어머니로서의 역할과 관련하여 당신의 명확한 목적을 생각해 보라. 일상생활에서 당신이 맡은 역할과 나누고 있는 관계 속에서 하나님께 영광을 돌리고 그를 즐거워 할 수 있어야 한다. 아버지로서의 사명감, 어머니로서의 사명감, 남편 또는 아내로서의 사명감, 목사나 교수나 회사 직원으로서의 사명감을 가져야 하는 것이다. 집에서 설거지를 하고 방 청소를 해도 위대한 사명감을 가지고 하면 하나님께 영광이 되고 하나님으로 만족할 수 있다.

8. 인생의 목적을 아는 것이 우리의 삶에 무슨 유익을 주는가?

첫째, 인생이 달라진다. 성경에 나오는 많은 사람들을 보라. 세리 마태와 삭개오를 예로 들자면, 그들은 예수를 만남으로 인생의 목적이 바뀌었다. 돈을 사랑하는데서 하나님을 사랑하는 것으로 바뀌었다. 자기중심적 삶이 하나님과 그의 나라 및 이웃의 유익을 구하는 삶으로 바뀌었다. 목적이 바뀌자 그의 인생이 완전히 달라졌다. 존귀하고 영광스럽게 된 것이다.

둘째, 인생의 목적지가 보인다. 목적지를 알지 못하고 사는 삶은 그 자체가 죄이다. 가룟 유다는 목적지를 알지 못한 까닭에 예수를 배반했고 그리고 자살했다.

셋째, 인생의 방향을 안다. 목적을 알면 목적지 뿐 아니라 그 목적지로 가는 길과 방향을 안다. 목적이 없는 사람들은 항상 방황하며 길거리를 헤맨다.

넷째, 방향을 식별하는 능력이 있다. 목적이 있는 사람은 목적지를 향해 나아갈 때 계획을 세워 사는 것이다.

다섯째, 목적을 향해 나아감에 있어서 담대하다. 바울의 경우에서처럼 볼 수 있듯이 자기의 생명을 조금도 아끼지 않으며 결코 두려워하지 않는다. "아무 일에든지 부끄럽지 아니하고 오직 전과 같이 이제도 온전히 담대하여 살든지 죽든지 내 몸에서 그리스도가 존귀히 되게 하려 하나니"(빌 1:20).

여섯째, 인생의 목적은 내적인 기쁨을 준다. 목적이 있는 인생은 결코 쉽지 않다. 그러나 인생을 가치 있게 만들어 주기 때문에 내적인 기쁨이 있다. 예수 그리스도는 그 앞에 있는 즐거움을 위해 고난의 십자가를 참으셨다(히 12:2).

9. 하나님이 주신 목적이 이끄는 삶을 삶에 있어서, 인생의 목적을 발견하는 방법은 무엇인가?

첫째, 예수 그리스도 안에서 하나님과의 참된 관계에 헌신하라. 하나님을 온전히 예배하고 즐거워해야 한다.

둘째, 참으로 무엇이 중요한가를 생각하라. 이 세상의 없어질 것보다는 영원을 사모하라. 무엇이 나에게 모든 것이 되는가를 생각해야 한다(참조, 전도서 3:1, 11).

셋째, 하나님을 아는 지식에 기초하여 목적을 세우라. 가치 있는 목적은 하나님이 누구이시고, 그리스도 예수 안에서 내가 누구인가를 아는데서 바르게 세워진다.

넷째, 목적을 구체화하라. 그리스도를 통한 하나님과의 관계에 헌신하고, 참으로 중요한 것이 무엇인지를 생각하고, 목적을 세운 다음에는 그것을 구체화 시켜야 한다. 자기의 말이나 글로 표현한다.

다섯째, 점검하고 다듬어 목적을 분명하게 하라. 구체화된 목적을 시간을 두고 점검하고 확인하고 다듬어야 한다. 인생은 목적을 향해 나아가는 과정임을 알고서 늘 다듬는 노력이 필요하다. 그러므로 자기 자신을 늘 살펴야 한다. 이로써, 하나님이 주신 인생의 목적에 마음과 힘을 집중시켜야 하는 것이다. 집중하는 자만이 승리한다.

제 33 과 참된 예배의 삶

> **기본적인 질문:**
>
> 1. 제2계명이 요구하는 의무들이 무엇인가?
> 2. 제2계명이 금하는 죄들이 무엇인가?
> 3. 제2계명을 지키는 것이 어떤 점에서 실제적으로 중요한가?
> 4. 참된 예배란 무엇인가? 누구를 어떻게 예배해야 하는가?
> 5. 예배가 우리에게 왜 중요한가? 예배 없이 살 수는 없는가?
> 6. 예배는 어떤 요소들이 포함되어야 하는가?
> 7. 예배는 왜 질서와 격식이 필요한가?
> 8. 현대교회의 소위 열린 예배는 성경적으로 건전한가?

1. 제2계명이 요구하는 의무들이 무엇인가?

제2계명은 새긴 우상을 만들지 말고, 그것들에게 절하지 말며, 그것들을 섬기지 말 것을 명하였다. 여호와 하나님은 질투하는 하나님이신즉, 그를 미워하는 자의 죄를 갚되, 아비로부터 아들에게로 삼사 대까지 이르게 하거니와, 그를 사랑하고 계명을 지키는 자에게는 천대까지 은혜를 베푸신다.

이 계명에 요구되어 있는 의무들은 하나님께서 그의 말씀으로 제정하신 순수한 예배 의식들, 예컨대, 기도와 감사, 말씀선포, 성례, 권징, 헌금, 금식 등을 잘 준행하는 것과, 거짓된 예배를 적극적으로 물리치고 우상 숭배의 기념물들을 제거하는 것이다. 다시 말해서, 성경이 가르치고 교회가 전통적으로 순수하게 지켜온 예배 의식들을 잘 준행함으로 참된 예배의 삶을 살 것을 제2계명이 요구한다(웨스트민스터 대요리 107, 108문답).

2. 제2계명이 금하는 죄들이 무엇인가?

첫째, 하나님이 친히 제정하지 아니한 종교적 예배를 고안하고, 논의하고, 명하고, 사용하며, 어떤 모양으로든지 인정하는 일이다. 예컨대, 마리아의 이름으로 기도하거나 죽은 성자들의 도움을 청하는 일, 자기의 죄목을 적은 종이를 불태움으로 죄가 없어지는 것으로 착각하게 하는 일 등이 여기에 해당된다.

둘째, 거짓 종교를 용납하는 일이다. 사이비 이단 종교를 용납해서는 안된다. 예컨대, 시한부 종말론자들이나 그릇된 귀신론자들, 자기의 중생한 날짜를 알아야 구원받은 것처럼 가르치는 구원파 등을 용납해서는 안 된다.

셋째, 하나님 아버지나 성자 예수 그리스도 그리고 성령 하나님을 어떤 종류의 피조물의 모양으로 빚어 만드는 일과 마음속으로 그려보는 일이다. 하나님은 영이시기 때문에 물질적인 형태로 그림을 그리거나 형상을 만들어서는 안 된다. 예컨대, 예수님의 얼굴의 실제 모습을 모르면서도 그려 만든 초상화는 제2계명이 금하는 죄이다.

넷째, 형상을 숭배하거나 형상으로 새겨진 신을 숭배하는 일이다. 로마가톨릭교회는 예수의 십자고상, 마리아상, 베드로상 등 여러 종류의 형상들을 만들어 숭배하기를 좋아하는데, 제2계명이 금하고 있는 전형적인 죄이다. 옛날에 로마와 헬라 사람들이 신상을 만들어 숭배하고, 불교는 부처상을 만들어 숭배하는데 모두 죄이다.

다섯째, 하나님에 대한 예배를 오염시키는 모든 미신적 고안들이다. 예컨대, 십자성호를 손으로 그려 기도하는 일이나, 성수를 뿌려 마귀를 쫓는 일이나, 나무 또는 쇠나 금으로 만든 십자가를 몸에 지님으로 마귀를 쫓을 수 있다고 믿는 일이나, 예수 그리스도의 십자가의 고난을 그려 놓은 그림이 새겨진 유리창 아래로 지나가면 죄가 용서된다고 생각하는 일 등이 여기에 해당된다.

여섯째, 성직을 매매하는 일이다. 정상적인 신학 교육을 받지 아니하고 목사 안수를 받는 일 (예외적으로 어떤 교회는 목사 안수 후 필요에 따라 신학 교육을 받기도 한다), 교회 청빙 받기 위해 추천하는 사람에게 부적절하게 돈을 주는 일 등이 금해져야 한다.

일곱째, 하나님이 정해 놓으신 예배 의식을 무시하거나 멸시하거나 방해하거나 반대하는 일이다. 예컨대, 기도를 멸시하거나, 목사의 설교를 비난하거나, 설교하는 것을 방해하는 일, 그리고 예배 자체를 방해하는 일 등을 제2계명은 금한다 (참고, 웨스트민스터 대요리 109문답).

3. 제2계명을 지키는 것이 어떤 점에서 실제적으로 중요한가?

제2계명을 더욱 강조하기 위하여 덧붙여진 이유를 보면, 하나님은 질투하는 분이시라 불건전하게 그를 예배하는 자의 죄를 갚되 삼사 대까지 이르게 하고, 그를 사랑하여 계명을 지키는 자에게는 천대까지 은혜를 베푸신다. 이로 보건대, 하나님은 자기를 위한 예배에 대하여 뜨거운 열심을 가지고 계시며, 이로 인하여 거짓된 예배에 대하여 보복적인 분노를 발하신다. 그리고 이 2계명을 범하는 자들에 대하여 하나님을 미워하는 자로 간주하여 삼사 대까지 벌하시겠다고 엄중히 경고하신다. 한편, 순수하게 예배하는 자들에 대하여는 하나님을 사랑하는 자로 귀하게 여겨 많은 세대에 이르기까지 긍휼을 베푸시겠다고 약속하신다(웨스트민스터 대요리 110문답).

우리가 성경대로 예배하면 하나님이 사랑함으로 우리의 자녀들이 복을 받으나, 거짓된 방법으로 예배하면 하나님이 미워함으로 자녀들이 하나님의 분노를 당할 수 있기 때문에, 제2계명을 지키는 것이 참으로 중요한 것이다.

4. 참된 예배란 무엇인가? 누구를 어떻게 예배해야 하는가?

요한복음 4장에서 예수님과 수가성의 여자 간의 대화를 보면, "아버지께 참으로 예배하는 자들은 신령과 진정으로 예배할 때가 오나니 곧 이때라. 아버지께서는 이렇게 자기에게 예배하는 자들을 찾으시느니라. 하나님은 영이시니 예배하는 자가 신령과 진정으로 예배할찌니라"(요 4:23-24)고 예수님이 말씀하셨다.

예수님이 하신 이 말씀을 보면, 예배는 순결한 영이신 하나님께 합당한 존귀와 영광을 돌려드리는 의식이다. 본래 예배라는 단어가 히브리어의 경우 '아보다'인데 '섬김'을 뜻한다. 여호와 하나님을 참 하나님으로 알고 섬겨 그에게 존귀와 영광과 찬양을 드리는 것이다. 영어로 'worship'도 이 같은 의미를 가지고 있다. 하나님이 순결한 영이시기 때문에 예배는 신령과 진정으로 드려야 한다. '신령과 진정'은 본래 '성령과 진리'로도 번역될 수 있는 단어들이다. 요한복음의 전체적인 문맥이나 어휘들로 보아 '성령과 진리'로 번역하는 것이 좋을 듯하다. 이는 예수 그리스도가 진리이시요, 성령은 진리의 영이시며, 예배는 진리이신 예수 그리스도를 통해서 계시된 바로 그 아버지 하나님을 성령으로 드리기 때문이다. 물론 진리이신 그리스도를 통해서 성령으로 드리는 예배가 신자의 심령 깊은 곳에서 진실하게 드려지는 것도 사실이다.

그러므로 참된 예배는 예수 그리스도를 통해서 성령으로 하나님 아버지께 진실한 마음으로 드리는 것이다. 그리고 하나님은 순결한 영이시기 때문에, 사람의 손으로 만든 형상을 숭배해서는 안 되고, 하나님의 말씀을 따라 믿음으로 드린다. 장소나 건물, 눈에 보이는 장식이나 예물들보다는 중심으로 그리스도의 이름으로 성령의 인도하심 가운데 성경 말씀이 가르치는바 예배 순서대로 드리는 것이 바람직하다.

5. 예배가 왜 중요한가? 예배 없이 살 수는 없는가?

목적이 없는 인생은 불쌍하고 불행하며 비극적이다. 사는 보람도 가치도 없다. 사실상, 목적 없는 인생은 그 자체가 죄이다. 예컨대, 고속버스나 고속열차 또는 비행기가 목적지를 정하지 않고서 출발했다고 생각해 보라. 인공위성을 목적지 없이 쏘아 올리면 어떻게 되겠는가? 그것은 불행이요, 비극이며, 죄악이다. 하나님은 인간을 처음부터 예배하도록 창조하셨다(사 43:7, 21). 수가성의 허물 많은 여자도 예배의 당위성을 알고 있었다. 그래서 하나님은 예배하는 자를 찾으시는 것이다. 전도서에도 보면, 하나님을 예배하지 않으면 인생은 허무할 뿐이다(전 1:2). 사람마다 사슴이 시냇물을 찾기에 갈급함 같이 주를 찾아 예배하기를 갈급한 것이다. "내 영혼이 하나님 곧 생존하시는 하나님을 갈망하나니 내가 어느 때에 나아가서 하나님 앞에 뵈올꼬"(시 40:2).

하나님을 예배하지 않고 하나님 없이 사는 자들은 한결같이 마음의 정욕대로 더러운 인생을 살고, 부끄러운 욕심대로 수치스러운 인생을 살며, 상실한 마음대로 불의와 탐욕의 인생을 살 뿐이다(롬 1:24-29). 예배가 형식화되었던 이사야 시대나 예수님 당시의 바리새인들과 사두개인들을 보면 향락, 부패, 불의, 탐욕의 노예들이 되어 하나님의 진노를 당하였다. 참된 예배 없는 인생은 하나님의 진노의 대상이 될 뿐이다.

6. 예배에는 어떤 요소들이 포함되어야 하는가?

초대교회가 모여 드린 예배를 보면, 하나님의 말씀 선포, 기도, 성찬, 성도의 교제(행 2:42), 찬미(행 2:47)가 있고, 또 헌금(행 6:1,2; 11:29-30; 고후 8-9장) 등이 포함되어 있다(웨스트민스터 신앙고백 제 21장 5항).

예배에는 첫째, 성경을 읽는 일, 선포하는 일이 중요하다. 하나님의 말씀을 통하여 예수 그리스도의 구원 사역을 듣고 알므로, 회개하고 복음을 믿는 믿음을 가질 수 있기 때문이다.

예배에는 둘째, 기도와 찬송도 중요하다. 기도하고 찬송하므로 믿음이 견고해지고, 감사가 충만하며, 성령으로 기쁨을 누릴 수 있기 때문이다. 또한 하나님께 영광 돌리고, 하나님이 주시는 생명으로 충만하게 된다.

예배에는 셋째, 성찬과 성도의 교제가 중요하다. 성찬은 그리스도의 복음이 드라마화된 것이다. 눈으로 볼 수 있고 손으로 만질 수 있고 입으로 먹을 수 있는 복음이 곧 성찬이다. 또한 성찬은 성도의 교제를 위한 것이다. 성도의 교제 속에서 풍성한 예배가 드려지는 것이다. 그러므로 예배에는 성찬과 식사가 중요하다.

예배에는 넷째, 헌금도 중요하다. 헌금이 하나님께 드리는 감사이기도 하지만, 축복이요, 성도를 섬기는 일이다. 헌금은 믿음의 감사이다.

7. 예배에는 왜 질서와 격식이 필요한가?

예수 그리스도의 사람들 곧 그의 제자들은 "하나님의 택하신 족속이요 왕 같은 제사장들이요 거룩한 나라요 소유된 백성"(벧전 2:9)들이다. 참으로 존귀하고 거룩하고 품위 있는 하나님의 사람들이다. 하나님은 자기의 사람들이 하나님을 만나 예배함에 있어서 임의로 아무런 질서나 격식 없이 하게 하지 않으시고, 구약의 경우는 제사장들을 위한 거룩한 제도와 예식 및 의복에 대한 규례들을 제정해 주셨다. 성막과 성전, 안식일과 유월절, 초막절, 월삭, 소제, 번제, 속건제, 요제 등 각종 제물, 제사장들의 세마포 옷에 대한 각종 규례와 속죄소, 등대, 향로, 떡상 등 성막의 각종 성물에 대한 규례는 예배에 필요한 질서와 격식들이다.

하나님은 엄위하시고 거룩하시며 질서의 하나님이시다. 무엇이든 규모와 질서를 정하여 행하신다(참고, 고전 14:33). 그래서 "모든 것을 적당하게 하고 질서대로 하라"(고전 14:40) 하셨다.

교회는 주일날 정한 시간에 규칙적으로 예배를 드리되, 성경이 정한 예배 순서를 따라 질서 있게 하며, 교회가 세운 직분자들의 인도를 따라서 해야 한다. 예배는 엄숙하면서도 감격스럽게 드리고, 소란스럽지 않으면서도 풍성해야 하며, 회중은 옷차림에 있어서 호화스럽지 않으나 단정하고 깨끗해야 한다. 예배당 안에서 잡담하거나 세속적인 대화를 하거나 아이들로 뛰어다니며 소란을 피우게 해서는 안 된다. 예배당은 하나님의 거룩한 예배 처소이다(참고, 웨스트민스터 신앙고백 제 1장 6항; 제 21장 6항).

8. 현대 교회의 소위 열린 예배는 성경적으로 건전한가?

현대 교회는 다양한 예배 형식을 택하여, 교회가 많은 사람들에게 개방되기를 원하고 있다. 누구나 교회를 쉽게 접근할 수 있게 하여 전도의 문을 열고자 함이다. 교회는 세상을 향하여, 특히 불신자들을 향하여 열려 있어야 하고, 누구나 회개하고 하나님께로 돌아와 예수 그리스도를 믿어 구원 얻을 수 있도록 해야 한다.

그러나 전도를 위하여 교회가 개방되어야 하는 것과 예배드리는 일은 구별되어야 한다. 교회의 주요한 기능 가운데 예배와 전도가 있으나, 이 둘은 혼동되어서는 안 된다. 전도 때문에 예배가 그것의 본질을 상실해서는 안 된다. 두 기능이 각각의 고유한 방식대로 행해져야 하는 것이다. 예수님과 사도들의 경우도 보면, 회당 또는 교회에서 예배드리는 일과 세상에 나아가 복음을 선포하고 하나님의 나라를 전하는 일을 구별하여 하셨다. 교회 안에서도 하나님의 말씀을 가르치는 일과 예배드리는 일을 구별하였다. 전도를 위한 행사와 예배는 구별되어야 함으로, 전도를 구실로 예배를 변질시켜서는 안 된다.

제 34 과 거룩한 고백의 삶

기본적인 질문:

1. 제3계명이 요구하는 의무들이 무엇인가?

2. 제3계명이 금하는 죄들이 무엇인가?

3. 제3계명을 지키는 것이 어떤 점에서 실제적으로 중요한가?

4. 거룩한 고백을 위해서 무엇을 먼저 제대로 알아야 하는가?

5. 우리의 전통적인 신앙고백은 무엇인가? 이 신앙고백의 핵심적 내용은 무엇인가? 왜 교회가 하나같이 동일한 신앙을 고백하는가?

6. 하나님을 욕되게 하는 거짓된 교리들로 어떤 것들이 있는가? 거짓된 교리들은 어떤 점에서 악하고 해로운가?

7. 혹, 예수가 그리스도이심을 부인하면 어떻게 되는가? 용서 받으려면 어떻게 해야 하는가?

---

1. 제3계명이 요구하는 의무들이 무엇인가?

제3계명은 "너는 너의 하나님 여호와의 이름을 망령되이 일컫지 말라. 나 여호와는 나의 이름을 망령되이 일컫는 자를 죄 없다 하지 아니하리라"이다.

이 3계명이 요구하는 바는 첫째, 하나님의 이름이나 호칭 또는 성품과 하나님의 하시는 일 등을 말이나 글로 표현함에 있어서 거룩하고 경건하게 해야 하는 일과, 둘째, 거룩한 고백과 책임 있는 대화를 통해서 하나님께 영광이 되고 우리 자신과 이웃에게 유익이 되게 하는 일이다(웨스트민스터 대요리 112문답).

2. 제3계명이 금하는 죄들이 무엇인가?

첫째, 적절하게 하나님의 이름을 사용하지 않는 것이다. 하나님의 이름의 뜻도 모르고 불러서는 안 된다. 특히, 하나님의 이름을 사용할 때는 경건한 마음으로 해야 한다. 그리고 '여호와'라는 이름은 하나님의 기념 호칭이어서 전통적으로 부르지 아니했고, 그래서 정확한 발음도 없음으로 사용하지 않는 것이 좋다. 구약성경이나 대부분의 영어 성경이 하는 대로 '주님'으로 부르거나, 하나님을 '아버지 하나님'으로 부르는 것이 좋다.

둘째, 불경건하고 미신적으로 하나님의 이름을 남용하는 일이다. 불평하거나 욕을 하면서 하나님의 이름을 악하게 사용하면 안 된다.

셋째, 적법한 서원과 맹세를 범하는 일이다. 서원하고 맹세한 것은 해롭더라도 지켜야 한다. 특히, 혼인의 경우 성경이 규정한 이유가 아니고서는 파기해서는 안 된다.

넷째, 적법하지 아니한 맹세와 서원을 지키는 일이다. 본인의 재능, 은사, 소명 감과는 전혀 관계없이 부모가 자녀의 장래에 대해 일방적으로 서원한 것을 무리하게 지키려 해서는 안 된다.

다섯째, 하나님의 섭리에 대하여 불평거나 의심하는 일이다.

여섯째, 하나님의 말씀을 잘못 해석하거나, 세속적으로 농담거리를 만들거나, 거짓된 교리를 주장하는 일이다.

일곱째, 하나님의 이름을 악용하여 부적을 만들어 이용하는 일이다.

여덟째, 하나님의 진리와 은혜의 방편들을 경멸하거나 반대하는 일이다. 목사의 설교를 경멸하거나 소홀히 여기는 것이 여기에 해당하는 죄이다.

아홉째, 악한 목적을 위하여 신앙을 고백하는 일이다. 취업을 목적으로 세례 증명을 허위로 제출하는 것은 죄이다.

열째, 하나님의 이름을 부끄러워하는 일이다.

3. 제3계명을 지키는 것이 어떤 점에서 실제적으로 중요한가?

제3계명에는 "나 여호와는 나의 이름을 망령되이 일컫는 자를 죄 없다 하지 아니하리라"는 말씀이 덧붙여져 있는데, 이는 하나님이 가장 존귀하시고 영광스러운 창조주요 구속주요 섭리주이시기 때문에 그의 이름이 더럽혀져서는 안 되기 때문이다. 그리고 그의 이름을 함부로 사용할 경우 하나님이 죄를 물으시기 때문이다.

다시 말해서, 우리가 제3계명을 지켜야 하는 것은 하나님이 우리의 지존하신 하나님이시기에 하나님의 이름을 합당하게 사용함으로 하나님께 대한 우리의 경외심을 나타내기 위함이다. 하나님을 하나님으로 경외하고 신뢰한다면, 당연히 그의 이름을 합당하게 부르며 사용해야 하는 것이다. 그리고 하나님의 이름을 함부로 사용하면 하나님의 진노를 사기 때문이다.

4. 거룩한 고백을 위해서 우리가 먼저 제대로 알아야 할 것은 무엇인가?

하나님의 이름을 망령되이 악하게 부르지 아니하고 거룩하게 사용하려면, 무엇보다 먼저 그 이름과 호칭들의 의미와 사용되는 경우 등에 대하여 제대로 알아야 한다. 이는 하나님의 이름에는 하나님이 어떤 분이시며 그가 무슨 일을 하시는지 등이 계시되어 있을 뿐 아니라, 하나님은 자신을 이름만으로도 계시하기 때문이다. 하나님의 이름이 하나님 자신을 계시하는 것이다.

성부 하나님의 이름과 호칭에 대해서는 "제6과 하나님의 이름과 호칭"을, 예수 그리스도의 경우는 "제14과 생명의 주 예수 그리스도"를, 그리고 성령의 경우는 "제18과 생명의 영 보혜사 성령"을 각기 참고하라.

5. 우리의 전통적인 신앙고백은 무엇인가? 이 신앙고백의 핵심적 내용은 무엇인가? 왜 교회가 하나같이 동일한 신앙을 고백하는가?

우리의 전통적인 신앙고백은 사도신경이다. 물론 각 교파마다 각자의 상세한 신앙고백(예, 하이델베르크 요리문답, 웨스트민스터 신앙고백, 39개항 신조, 아우그스부르크 신앙고백, 일치 신조 등)이 있으나, 모든 교파의 교회들이 일치하게 사용하는 신앙고백은 사도신경이다.

사도신경의 내용은 다음과 같다.

"나는 전능하신 아버지 하나님, 천지의 창조주를 믿습니다.

나는 그의 유일하신 아들, 우리 주 예수 그리스도를 믿습니다. 그는 성령으로 잉태되어 동정녀 마리아에게서 나시고, 본디오 빌라도에게 고난을 받아 십자가에 못 박혀 죽으시고, 장사되시어 지옥에 내려가신지(참고, 한국 교회는 '장사 된 지'로 되어 있음) 사흘 만에 죽은 자 가운데서 다시 살아나셨으며, 하늘에 오르시어 전능하신 아버지 하나님 우편에 앉아 계시다가 거기로부터 살아 있는 자와 죽은 자를 심판하러 오십니다.

나는 성령을 믿으며, 거룩한 공교회와 성도의 교제와, 죄를 용서받는 것과, 몸의 부활과 영생을 믿습니다. 아멘."

이 신앙고백의 핵심적 내용은 삼위일체 하나님에 대한 고백과, 예수 그리스도의 낮아지심과 높아지심의 단계들을 통한 구원사역과, 성령을 통한 교회와 성도의 교제, 그리고 죄 용서와 몸의 부활 및 영생에 대한 고백이다.

이 사도신경을 모든 교회가 역사와 지리와 교파를 초월하여 하나같이 고백하는 것은 이로 말미암아 그리스도의 교회가 사실상 그의 몸으로서 하나임을 보여 주고 있는 것이다. 교회의 하나 됨을 위하여 이 사도신경이 모든 교회의 신앙고백으로 사용되고 있음은 하나님의 크신 은혜요 섭리이다.

6. 하나님을 욕되게 하는 거짓된 교리들은 어떤 것들이 있는가? 거짓된 교리들은 어떤 점에서 악하고 해로운가?

모든 교회가 역사를 통하여 전통적으로 사도신경을 공통된 신앙고백으로 인정하고 사용해 오고 있으나, 사실상 이대로 믿지 아니한 자들이 있다. 예컨대, 예수 그리스도가 참 하나님이시요 유일하신 중보자이심을 믿지 않고, 예수의 동정녀 탄생과 하나님의 말씀이 육신을 입으신 사건의 초자연성을 부인하며, 그리스도의 대속적 죽음과 몸의 부활 및 신체적 재림을 성경대로 믿지 않는 자유주의 신학이 있다. 이 거짓된 신학은 교회를 망하게 하는 바 마귀적인 사상이다(참고, 벧후 2:1). 그러므로 이 같은 거짓된 교리를 주장하거나 가르치는 자는 물리쳐야 한다(요이 10절). 사단에게 내어 주어 징계를 받게 해야 하는 것이다(딤전 1:20).

7. 혹, 예수가 그리스도이심을 부인하면 어떻게 되는가? 용서받으려면 어떻게 해야 하는가?

예수님께서 자기의 제자들에게 이렇게 경계하여 말씀하셨다. "누구든지 사람 앞에서 나를 시인하면 나도 하늘에 계신 내 아버지 앞에서 저를 시인할 것이요, 누구든지 사람 앞에서 나를 부인하면 나도 하늘에 계신 내 아버지 앞에서 저를 부인하리라"(마 10:32-33).

이 말씀대로, 만일에 하나님 앞에서 예수님이 우리를 모른다고 부인하면 어떻게 되는가? 다음과 같은 말씀을 들어야 한다. "엄히 때리고 외식하는 자의 받는 율에 처하리니 거기서 슬피 울며 이를 갊이 있으리라"(마 24:51).

베드로는 예수가 십자가에 못 박히는 것을 보게 되자 계집종 앞에서 세 번이나 부인한 바 있었다(마 26:69-74). 그러나 예수님의 말씀을 생각하고 곧바로 심히 통곡하며 회개하고(마 26:75), 나중에 부활하여 자기를 다시 찾아오신 예수님의 발 앞에 엎드려 사랑을 고백하고 예수를 그리스도로 온전히 신뢰함으로 용서를 받았다(요 21:15-17).

예수께서는 베드로의 믿음이 떨어지지 않도록 하기 위하여 벌써 기도하셨고, 그가 회개함으로 다른 제자들을 붙잡아 주도록 도우셨다(마 22:32; 참고, 롬 8:34). 거룩하고 경건한 신앙고백은 구원과 영생에의 길이다(롬 10:9, 10).

제 35 과   우선순위의 삶

> **기본적인 질문:**
>
> 1. 제4계명은 무엇이며, 요구되는 의무들은 무엇인가?
>
> 2. 안식일 또는 주일(주의 날)을 어떻게 거룩히 지켜야 하는가?
>
> 3. 주일을 지키라는 명령이 특별히 가족의 어른들이나 사회의 지도자들에게 주어진 이유는 무엇인가?
>
> 4. 제4계명이 금하는 죄들이 무엇인가?
>
> 5. 주일을 특별히 거룩하게 지켜야 하는 이유가 무엇인가?
>
> 6. 제4계명의 첫 머리에 '기억하라' 는 말이 왜 있는가?
>
> 7. 제4계명의 '기억하라' 는 말과 관련지어 볼 때, 일반적으로 사람들이 실천하기에 가장 어려운 일 두 가지가 무엇인가?
>
> 8. 사람들은 왜 생각하거나 기억하기를 싫어하는가?
>
> 9. 우선순위의 삶을 사는데 있어서 중요한 요소는 무엇인가?
>
> 10. 우선순위의 삶을 실천하지 못하게 만드는 세 가지 주요 장애물은 무엇인가?
>
> 11. 우선순위를 결정하는데 있어서 주요한 지침들은 무엇인가?
>
> 12. 왜 주일성수가 그리스도인의 삶에 있어서 우선순위가 되어야 하는가?

1. 제4계명은 무엇이며, 요구하는 의무들은 무엇인가?

제4계명은 "안식일(또는, 주일)을 기억하여 거룩히 지키라"는 것이다. 즉, 하나님이 자기의 말씀으로 정하신 날 곧 이레 가운데 온전한 하루를 하나님께 거룩히 지키는 일을 이 계명이 요구하고 있다. 그 날은 창세로부터 그리스도의 부활의 날까지는 이레 가운데 일곱째 날이었으나, 부활 이후로는 첫째 날이었고, 세상 끝날까지 변함이 없을 것이다. 이것이 그리스도의 안식일이며, 신약에서는 '주의 날' (주일)로 불리고 있다(행 20:7; 고전 16:2; 계 1:10) (웨스트민스터 대요리 116문답).

그러므로 주일이 아닌 다른 날에 편의상 예배드리는 것이 이 계명을 위반하는 것이 된다. 회사나 공장의 사정상, 국가 산업의 효율을 고려하거나, 학교의 수업의 진도를 고려하여 주일이 아닌 다른 날을 예배하는 날로 정해서는 안 된다. 안식일 교회가 주일 대신 구약의 안식일을 고집하는 것은 비성경적이요, 회교권에서 금요일을 예배하는 날로 선교 차원에서 편의상 지키는 것도 원칙적으로는 안 된다.

2. 안식일 또는 주일(주의 날)을 어떻게 거룩히 지켜야 하는가?

안식일 또는 주일은 하나님이 정해 주신 우리 생활의 주기적 변동(rhythm)과 관련하여 시작의 날이요, 그래서 생명의 날이다. 구약의 경우, 하나님이 천지를 창조하는 과정에서 사람을 여섯째 날 맨 마지막에 만드셨고, 그 다음날에 안식하셨기 때문에, 이 안식일이 아담의 생활의 주기적 변동과 관련해서는 시작의 날이요, 그래서 생명의 날이다. 신약의 경우, 예수님이 죽으시고 부활하신 날이 주일이므로, 이 날이 주님에게는 새 생명의 날이다.

하나님은 이 생명의 날, 곧 시작의 날을 예배의 날로 정하셨다. 하나님을 예배함으로 생명을 하나님에게서 충만하게 받아 나머지 엿새를 하나님의 축복 속에서 살게 하시는 것이다. 그러므로 이처럼 중요한 안식일 곧 주일에는 평일에 할 수 있는 모든 일(직장의 일, 생업의 일 등)이나 오락을 삼가고 오직 하나님을 예배하는 데만 하루를 보내며 즐거워해야 한다. 이렇게 이 날을 거룩하게 지켜 하나님을 예배함으로써 나머지 엿새간의 생활이 활기차고 복을 받게 된다.

이를 위해서는 마음을 준비해야 하고, 세속적인 일들을 적절하게 정리함으로써, 예배하는데 마음으로 그리고 시간적으로 자유롭고 여유가 있어야 한다(웨스트민스터 대요리 117문답).

3. 주일을 지키라는 명령이 특별히 가족 어른들이나 사회 지도자들에게 주어진 이유는 무엇인가?

주일을 지키라는 명령이 특별히 어른들에게 주어진 것은, 그들이 먼저 주일성수의 모범을 보이도록 하기 위함일 뿐 아니라, 인간적인 질서 관계나 고용 관계로 말미암아 그 아랫사람들을 흔히 방해할 가능성이 많기 때문이다. 가정에서는 부모님들, 회사나 직장에서는 윗사람들, 그리고 학교에서는 교장이나 선생님들 때문에 주일 성수 하는데 많은 애로를 겪을 수 있기 때문이다.

4. 제4계명이 금하는 죄들은 무엇인가?

제4계명이 금하고 있는 죄는 주일을 미리 준비하지 않는 것, 주일 예배를 불성실하게 드리는 것, 주일 예배에 대해 싫증을 느끼는 것, 주일에 죄악된 일이나 세속적인 직업상의 일을 하는 것, 주일에 오락을 즐기는 것 등이다.

5. 주일을 특별히 거룩하게 지켜야 하는 이유가 무엇인가?

주일을 특별히 거룩하게 지켜야 하는 이유는 첫째, 엿새는 사람이 자기의 일을 하는데 사용하는 까닭에 하나님이 하루는 하나님과의 예배를 위해 사용하고자 하셨기 때문이요, 둘째, 그 날이 하나님이 자신의 날로 특별히 지정해 놓으셨기 때문이며, 셋째, 하나님이 모본을 보여 엿새 일하시고 하루를 쉬셨기 때문이요, 넷째, 그 날을 하나님이 구별하여 축복을 약속하셨기 때문이다(웨스트민스터 대요리 120문답).

6. 제4계명의 첫 머리에 '기억하라' 는 말이 왜 있는가?

제4계명의 첫 머리에 '기억하라' 는 말이 있는 것은 크게 두 가지 이유 때문이다. 첫째, 그 날을 기억하면 큰 유익이 있기 때문이다. 그 날을 지키기 위해 준비하는 일과 그 날을 거룩하게 지키는 일을 통해서 나머지 계명들을 더 잘 지키게 되고, 하나님의 창조와 구속의 은혜를 감사함으로 계속 기억하는 것이다.

둘째, 우리가 엿새동안 자기의 세속적인 일에 몰두해서 살다보면 그 날을 너무 쉽게 잊기 때문이다. 그리고 사단이 온갖 수단을 동원하여 주일의 영광 뿐 아니라 그 날에 대한 기억조차 지우고서 불신앙과 불경건을 심으려고 노력을 기울이기 때문이다(웨스트민스터 대요리 121문답).

7. 제4계명의 '기억하라'는 말과 관련지어 볼 때, 일반적으로 사람들이 실천하기에 가장 어려운 일 두 가지가 무엇인가?

제4계명의 '기억하라'는 말과 관련지어 볼 때, 일반적으로 사람들이 실천하기에 가장 어려운 것은, 하나는 '생각하는 것'이요, 둘은 '중요한 것부터 우선순위를 따라 행하는 것'이다.

사람들은 본능적으로 악하여 만유의 최고의 선이신 하나님을 마음에 두기를 싫어하는 것만 보아도(롬 1:28) 얼마나 생각하기를 싫어하는지 알 수 있다. 그래서 흔히 대답하기를 "생각해 본 일이 없는데…", "잘 모르겠는데…", "생각이 안 나는데…", "기억이 안 나는데…", "나중에 생각해 볼게" 한다. 사람들은 하나님도, 예배도, 안식일 또는 주일도 생각하기를 싫어한다. 또 대답하는 것을 보면, "요즈음 너무 바빠서 생각해 볼 겨를이 없었다", "머리가 복잡해서 모르겠다", "급한 일부터 먼저 해내야겠다"고 한다. 특별하게 하는 일도 없는 사람들이 괜히 바쁘고, 정신을 집중하여 하는 일도 없는 사람들이 또한 머리가 복잡하며, 준비성 없는 사람들이 일에 쫓겨 아무 일도 제대로 해내지를 못한다. 그리고 생각이 없는 사람들은 여러 가지 일을 한꺼번에 하려 덤빈다.

예수님은 이렇게 마르다에게 말씀했다. "네가 많은 일로 염려하고 근심하나, 단 한 가지 일만 해도 되느니라"(눅 10:41, 42). 때로는 좋아 보이는 일이 더 좋은 일의 장애물이 된다(The better is the enemy of the best).

8. 사람들은 왜 생각하거나 기억하기를 싫어하는가?

사람들이 최고의 선에 대하여 생각하거나 기억하기를 싫어하는 이유는 헌신할 마음이 없기 때문이다. 사람은 이기적이어서 철저하게 자기를 사랑하고, 자아의 노예(bondage to ego)가 되어 있는 까닭에 이웃의 유익이나 하나님의 의와 나라를 구하기를 싫어한다. 헌신하면 크게 손해 볼 줄로 오해하고 있는 것이다. 헌신할 마음이 없는 사람, 특히 하나님의 의와 나라를 구하고 하나님을 예배할 마음이 없는 사람들은 아예 생각하거나 기억하기를 싫어한다. 그날그날을 닥치는 대로 산다. 급한 일을 하느라 바쁘게 허둥댄다.

9. 우선순위의 삶을 사는데 있어서 무엇이 중요한 요소인가?

최고의 선(the highest good; summum bonum)을 위하여 헌신하는 것이 우선순위의 삶을 위해 가장 중요하다. 우리에게 최고의 선은 하나님이요, 하나님의 의와 나라요, 하나님을 예배하는 것이다. 그러므로 예배의 날 곧 주일을 기억하여 거룩히 지키는 것은 헌신이 없이는 불가능하다. 목적이 이끄는 삶을 위해서는 헌신하고 생각할 줄 알아야 하는 것이다.

10. 우선순위의 삶을 실천하지 못하게 만드는 세 가지 주요 장애물은 무엇인가?

첫째는, 생각의 부족이다. 그래서 중요하지 않는 일을 우선순위에 넣는 것이다. 무엇이 참으로 중요한가를 생각할 줄 모르면 우선순위의 삶에 실패한다.

둘째는, 준비의 부족이다. "급한 일은 좀처럼 중요하지 않으나, 중요한 일은 좀처럼 급하지 않다." 중요한 일을 미리 준비하지 않으면, 특별히 중요하지도 않는 일로 급한 나머지 중요한 일을 놓치고 만다.

셋째는, 확신의 부족이다. 확신이 부족하면 중요하지 않는 일들이 우선순위를 차지한다. 예컨대, 목사의 경우 주일 설교 준비의 중요성에 대한 확신이 없으면 심방하는 일이나 상담 또는 회의 등에 시간을 뺏기고 만다.

11. 우선순위를 결정하는데 있어서 주요한 지침들은 무엇인가?

우선순위를 결정하는데 있어서 주요한 지침들 가운데 첫째는 성경이다. 하나님의 진리의 말씀인 성경이 우리의 우선순위를 결정해야 후회하지 않게 된다.

둘째는, 청지기 정신이다. 선한 청지기처럼 헌신하면 우선순위가 확실해 진다(참조, 벧전 4:10). 즉, 내가 아니면 다른 사람이 대신할 수 없는 일에 우선적으로 헌신해야 하는 것이다. 예컨대, 자녀와 먼저 한 약속은 다른 일보다 우선순위가 있다.

셋째는, 종으로서 섬김의 정신이다. 남의 유익을 먼저 구해야 한다.

넷째, 영원한 의미이다. 하나님의 의와 나라를 구하는 일에 있어서 어느 것이 영원한 의미가 있는가를 고려하여 우선순위를 정한다.

다섯째는, 개인적인 만족도이다. 나의 선택이 하나님을 기쁘시게 하는 것임을 아는데서 맛보는 개인적인 만족이 우선순위를 정한다.

여섯째는, 균형 감각이다. 우리의 인생은 한정된 시간에 여러 가지를 순서를 따라 균형 있게 감당해야 한다. 예컨대, 하나님의 일을 할 때에도 식사는 제 때에 하고, 휴식을 적당하게 취하며, 운동도 규칙적으로 할 수 있어야 한다. 예수님은 자기의 제자들에게 쉬는 시간과 음식 먹는 시간들을 조절토록 하셨다(막 6:31).

12. 왜 주일 성수가 그리스도인의 삶에 있어서 우선순위가 되어야 하는가?

주일은 하나님의 날이다. 하나님을 예배하는 날이다. 그의 의와 나라를 구하는 날이다. 소유하는 것이 아니라 존재하는 것, 움켜쥐는 것이 아니라 주는 것, 독점하는 것이 아니라 나누어 갖는 것, 정복하는 것이 아니라 서로가 하나가 되는 것을 목표로 하는 날이다. 시간의 거룩함에 우리의 삶을 맞추는 날이다. 우리에게 하늘과 땅의 모든 축복이 약속된 날이다. 이 날이 있음으로 나머지 엿새가 있다. 이 날에 안식과 생명을 누림으로 나머지 엿새가 활기로 넘친다.

이 날을 내가 먼저 지키면 나의 주변 사람들도 함께 지킴으로 복을 받는다. 그래서 하나님이 우리를 위하여 이 날을 기억하여 지키라 명하셨다. 개인적으로, 가정적으로, 사회적으로 그리고 역사적으로 이 날을 기억하면 흥하였으나, 더럽히면 망했다.

제 36 과   관계와 질서의 삶

기본적인 질문:

1. 십계명 가운데서 사람에 대한 의무를 포함하는 나머지 여섯 계명의 요점은 무엇인가?

2. 제5계명은 무엇이며, '부모' 라 함은 넓은 의미에서는 누구를 의미하는가? 왜 윗사람을 부모라고 부르는가?

3. 제5계명의 일반적 범위는 무엇이며, 아랫사람이 윗사람에게 드려야 하는 존경은 어떤 것인가?

4. 아랫사람이 윗사람에 대하여 범하는 죄들은 무엇인가?

5. 아랫사람에 대하여 윗사람에게 요구되는 것은 무엇인가?

6. 윗사람이 흔히 범하는 죄는 무엇인가?

7. 동료 간의 의무는 무엇이며, 또 동료 간에 범하는 죄는 무엇인가?

8. 제5계명을 잘 지키는 비결은 무엇이며, 잘 지키면 무슨 실제적인 유익이 있는가?

9. 제5계명을 지키는데 있어서 예수의 제자들에게 현실적으로 부딪치는 어려움은 무엇인가?(참고, 마 10:34-37)

10. 예수 그리스도의 십자가와 관련지어 보면, 관계와 질서의 삶에 있어서 예수의 제자들의 기본적인 본분은 무엇인가?(참고, 롬 12:14-21; 고후 5:18-20)

1. 십계명 가운데서 사람에 대한 의무를 포함하고 있는 나머지 여섯 계명의 요점은 무엇인가?

십계명 가운데서 사람에 대한 의무를 포함하고 있는 나머지 여섯 계명의 요점은 우리의 이웃을 우리 자신처럼 사랑하며(마 22:39), 다른 사람이 우리에게 해 주기를 원하는 대로 우리가 먼저 그들에게 해주고(마 7:12), 우리의 유익 대신에 많은 사람의 유익을 구하여 저희로 구원을 얻게 하는 것이다(고전 10:33; 13:5).

2. 제5계명은 무엇이며, '부모'라 함은 넓은 의미에서 누구를 의미하는가? 왜 윗사람을 부모라고 부르는가?

제5계명은 "네 부모를 공경하라 그리하면 너의 하나님 여호와가 준 땅에서 네 생명이 길리라"이다. 여기서 말하는 부모는 넓은 의미에서 혈육의 부모 뿐 아니라, 연령과 경험에서 위에 있는 모든 사람들과, 특별히 가정이나 교회나 국가에서 하나님의 규례를 따라 권위에 있어서 우리보다 위에 있는 사람들을 포함한다.

이 같은 윗사람들이 부모로 불리우는 것은 윗사람들로 하여금 혈육의 부모처럼 사랑과 애정을 가지고 아랫사람들을 대하고 가르치도록 하기 위함이다. 또한 아랫사람들로 윗사람들에게 자기의 부모에게 하듯 기쁨으로 자원하여 섬기도록 하기 위함이다(웨스트민스터 대요리 123-125문답).

3. 제5계명의 일반적 범위는 무엇이며, 아랫사람이 윗사람에게 드려야 하는 존경은 어떤 것인가?

제5계명의 일반적 범위는 우리의 몇 가지 인간관계에서 아랫사람, 윗사람, 또는 동료로서 서로 지고 있는 의무들이다. 여기서 먼저, 아랫사람이 윗사람에게 마땅히 드려야 하는 존경은 첫째, 마음과 말과 행동으로 보이는 모든 합당한 경외와, 그들에 대한 기도와 감사, 그리고 그들의 덕행과 몸가짐을 본받는 것이다. 둘째, 그들의 합당한 명령과 권고들에 기꺼이 순종하고, 그들의 꾸중에 합당하게 복종하는 것이다. 셋째, 윗사람의 지위의 성격에 따라서 그들의 인격과 권위에 충성하고 그것들을 옹호하고 보전해 드리는 일이다. 넷째, 그들의 약점을 감내하고 사랑으로 덮어 줌으로써, 그 윗사람과 그들의 다스림에 영예를 돌려 드리는 일이다(웨스트민스터 대요리 126, 127문답).

4. 아랫사람이 윗사람에 대하여 범하는 죄들은 무엇인가?

아랫사람이 윗사람에 대하여 범하는 죄는 크게 두 가지이다. 첫째는, 윗사람의 적법한 권고와 명령과 꾸중을 듣고서 그들의 인격을 경멸하고 반역하는 일이요, 둘째는, 윗사람들과 그들의 다스림에 대하여 저주와 조롱, 그리고 불미스러운 태도를 보이는 일이다(웨스트민스터 대요리 128문답).

5. 아랫사람에 대하여 윗사람에게 요구되는 것은 무엇인가?

첫째, 윗사람은 하나님께로부터 받은 권세로 아랫사람들을 사랑하고 위하여 기도하며, 축복하는 것이 요구된다. 둘째, 아랫사람들을 가르치고, 그들이 잘하는 경우는 칭찬하며 포상하되, 잘 못할 때에는 꾸짖으며 징계를 한다. 셋째, 그들을 보호하고, 그들의 영혼과 몸을 위해 필요한 모든 것을 공급한다. 넷째, 지혜롭고 모범적인 몸가짐으로 하나님께는 영광을, 자신에게는 영예를 돌림으로써 하나님의 주신 권위를 스스로 지켜야 한다(웨스트민스터 대요리 129문답). 자녀들이 부모보다 하나님을 더 사랑하게 하고, 하나님께 영광 돌리며 순종하도록 하고, 주일성수와 십일조 생활을 더 잘하도록 가르쳐야 한다.

6. 윗사람이 흔히 범하는 죄는 무엇인가?

첫째, 자기들에게 요구되는 의무들 곧 아랫사람들을 사랑하고 위하여 기도하고 축복해 주는 일을 게을리 하는 것이다.

둘째, 자신의 영광과 안일과 이익과 쾌락을 과도하게 추구하는 일이다. 자녀들이 어른들의 희생물이 되고 있음은 통탄할 죄악이다. 자녀들 인생의 주인이 하나님이심을 명심하고, 부모가 자녀의 인생을 통하여 대리 만족을 얻으려고 자녀들에게 중압감을 주어서는 안 된다.

셋째, 아랫사람의 능력으로 할 수 없는 일이나 해서는 안 될 불법적인 일이나 악한 일을 권하거나 고무시키거나 찬동하는 일이다. 넷째, 선한 일을 못하게 하거나 부당하게 꾸중하는 일이다. 다섯째, 부주의로 아랫사람들이 오류와 유혹과 위험에 빠지게 하는 일이다. 아이들로 하여금 TV, 컴퓨터 게임, 각종 오락기구 놀이에 중독되도록 방치하고 있음은 위험스러운 죄이다. 여섯째, 아랫사람들을 자극하여 화나게 하는 일이다. 일곱째, 스스로 어른들이 사기들의 권위를 어리석게 추락시키는 일이다. 예컨대, 어른들이 부정행위 또는 범법행위를 하면 권위가 땅에 떨어진다(참고, 웨스트민스터 대요리 130문답).

7. 동료 간의 의무는 무엇이며, 또 동료 간에 범하는 죄는 무엇인가?

동료 간의 의무는 서로 존엄과 가치를 인정하고, 서로 먼저 존경하며, 서로의 재능과 진보를 자신의 것처럼 기뻐하는 것이다(웨스트민스터 대요리 131문답). 동료 간의 죄는 동료로서의 의무를 게을리 하는 것 외에, 서로의 가치를 과소평가하고, 재능을 시기하며, 진보와 형통을 보고 질투에 불타며, 상대의 탁월함을 손상시키는 것 등이다(웨스트민스터 대요리 132문답).

성경에서 동료 간의 의무를 가장 잘 실천한 사람은 구약의 경우 요나단과 다윗이 있고(삼상 20:17), 신약의 경우 바울과 동역한 바나바, 아굴라 부부, 누가, 디모데, 마가, 실라 등이 있다. 그리고 동료 간에 가장 악한 죄를 범한 사람은 다윗을 시기 질투한 사울이 있다(삼상 18:10-16).

8. 제5계명을 잘 지키는 비결은 무엇이며, 잘 지키면 무슨 실제적인 유익이 있는가?

인간 간의 관계와 질서의 삶에 성공하려면 첫째는, 예수의 마음을 가지고 온유하고 겸손해야 한다(빌 2:5; 마 11:29). 자기보다 남을 낫게 여겨야 한다(빌 2:3). 둘째는, 성령으로 충만하여 서로 화답하며 범사에 예수 그리스도의 이름으로 항상 아버지 하나님께 감사하며 그리스도를 경외함으로 피차 복종해야 한다(엡 5:18-21). 셋째는, 누구를 대하든지 주께 하듯 해야 한다(엡 5:22; 6:5,7). 넷째는, 연약한 자의 약점을 담당하고 비판하지 않는 것이다(롬 15:1; 마 7:1).

이 5계명을 잘 지키면, 이로 말미암아 하나님께는 영광이요, 자신에게는 영예와 권위가 돌려짐으로 결과적으로는 이 땅에서 오래 살고 범사에 형통하는 약속을 받게 된다(웨스트민스터 대요리 133문답).

9. 제5계명을 지키는데 있어서 예수의 제자들에게 현실적으로 부딪치는 어려움은 무엇인가?(참고, 마 10:34-37)

제5계명을 지킴에 있어서 하나의 조건이 있다. '주 안에서' 부모를 공경하고 순종하는 것이다(엡 6:1). 즉, 주 예수 그리스도를 믿는 믿음 안에서 이 계명이 온전히 지켜지는 것이다. 그런 까닭에, 주님 때문에, 그리고 주 예수를 믿는 믿음 때문에 부모와 자녀 간에, 집안 식구 간에, 동료 간에, 또는 직장에서 고용주와 고용인 간에 불화가 생길 수 있다. 주 예수 그리스도는 '아비나 어미를 나보다 더 사랑하는 자는 내게 합당치 아니하고 아들이나 딸을 나보다 더 사랑하는 자도 내게 합당치 아니하다'(마 11:34-37)고 말씀하셨다. 이것이 제자들이 져야 할 십자가이다. 예수 그리스도가 우리의 창조주요 구속주이시기에 그 분 안에서 제5계명이 지켜져야 한다. 난관을 인내와 지혜로 극복해야 한다. 신앙의 문제로 부모와 불화가 있더라도 부모를 공경하는 마음과 자세를 잃어서는 안 된다.

10. 예수 그리스도의 십자가와 관련지어 보면, 관계와 질서의 삶에 있어서 예수의 제자들의 기본적인 본분은 무엇인가?(참고, 롬 12:14-21; 고후 5:18-20)

예수 그리스도는 그의 십자가로 인류의 죄와 저주와 형벌을 친히 담당하심으로, 죄인들을 하나님께 화목하게 하셨을 뿐 아니라(골 1:20), 유대인과 이방인들 간에 막힌 담을 헐어 원수관계를 없애고 서로 화목하여 한 몸을 이루어 하나님 아버지께 나아올 수 있게 하셨다(엡 2:14-18). 십자가에 희생제물 되신 예수 그리스도는 우리의 화평이시다(엡 2:14).

그러므로 예수의 제자된 자들은 즐거워하는 자들로 함께 즐거워하고 우는 자들로 함께 울고, 모든 사람으로 더불어 평화하며, 원수까지 축복하고 선으로 악을 이길 수 있어야 한다(롬 12:14-21).

요약하자면, 하나님이 그리스도 예수 안에서 죄악된 세상을 자기와 화목하게 하시고서 우리에게도 화목하게 하는 직책을 주셨으므로, 우리가 먼저 하나님과 화목하고, 인간관계에서도 화목하기를 힘써야 한다(고후 5:18-20). 화목한 관계 속에서 서로 덕을 세워 하나님께 영광을 돌리는 것이 예수의 제자들의 기본적인 본분이다.

제 37 과 생명의 윤리

기본적인 질문:

1. 제6계명이 요구하는 의무가 무엇인가?

2. 제6계명이 금하는 죄가 무엇인가?

3. 자살은 어떤 점에서 악한 죄인가? 그리스도인도 자살할 수 있는가?

4. 다른 사람의 생명을 불의하게 빼앗을 수 있는 죄와 관련하여 배아줄기 세포 연구를 위한 여자의 난자 채취와 사용, 그리고 부적절한 관계에서 임신된 태아나 신체적 장애가 있어 보이는 태아를 유산시키는 행위는 정당한가?

5. 합법적인 전쟁은 가능한가? 그리고 정당방위는 가능한가? 또 사형제도는 성경적인가?

6. 언어폭력에는 어떤 것들이 있는가? 언어폭력이 어떤 점에서 살인하는 죄인가? 언어폭력을 사용하기 쉬운 사람들은 누구인가?

7. 음식과 관련된 식생활이 어떤 점에서 사람을 살리기도 하고 죽일 수도 있는가? 성경적으로 의학적으로 잘못된 식생활은 어떤 것인가? 음식물 쓰레기는 무엇이 문제인가? 잘못된 식생활이 인류에게 멸망을 가져올 수 있음을 아는가?

8. 술은 어떤 점에서 유익하며, 어떤 점에서 지극히 해로울 수 있는가?

9. 사람의 생명을 해롭게 하는 것들을 열거해 보라(예: 분노, 근심과 염려, 혈기, 구타 행위, 따돌리기, 과로, 지나친 오락, 무절제한 성생활, 과속운전 등).

10. 사람의 생명을 살리는 삶을 사는 비결은 무엇인가?

1. 제6계명이 요구하는 의무가 무엇인가?

제6계명은 살인을 금하고 있으며, 다음과 같은 네 가지 방식으로 우리 자신과 다른 사람들의 생명을 보호하기 위하여 합법적인 노력을 기울일 것을 요구한다.

첫째, 다른 사람의 생명을 불의하게 빼앗을 수도 있는 모든 생각이나 계획 그리고 혈기 및 유혹과 습관을 피하는 것이다. 둘째, 폭력에 대하여 생명을 정당하게 방어하고, 마음을 편안하고 유쾌하게 하며, 육식과 술과 약과 수면과 노동과 오락을 적당하게 취하는 것이다. 셋째, 자애로운 생각, 사랑, 온유, 양선, 친절, 예의바른 말과 행동을 통해서이다. 넷째, 관용, 화목하는 자세, 악을 선으로 갚는 것, 곤궁에 빠진 자를 위로하고 구조하며, 무죄한 자를 보호하고 방어하는 일이다(웨스트민스터 대요리 135문답).

2. 제6계명이 금하는 죄가 무엇인가?

제6계명에 금하는 죄는 우리 자신이나 다른 사람의 생명을 빼앗는 다음과 같은 일체의 행위이다. 다만 공적인 재판이나 합법적인 전쟁, 또는 정당방위는 예외이다. 첫째, 생명의 보전을 위한 합법적이고 필요한 수단을 강구하지 않거나 제거하는 일이다. 둘째, 죄악된 분노, 증오, 질투, 혈기, 염려와 근심, 무절제한 육식과 과식 및 과음, 과로, 지나친 오락 등이다. 셋째, 화나게 하는 말, 다툼, 구타, 또는 사람의 생명을 파멸시킬 수 있는 여타의 행위이다(웨스트민스터 대요리 136문답).

3. 자살은 어떤 점에서 악한 죄인가? 그리스도인도 자살할 수 있는가?

구약성경에서 가장 전형적인 자살은 다윗의 아들 압살롬의 모사 아히도벨의 경우이고(삼하 17:23), 신약의 경우는 예수를 배반한 가룟 유다의 경우이다(마 27:5). 이 두 사람의 경우를 보면, 아히도벨은 다윗에 대한 반역을 선동하였으나 압살롬이 그의 모략을 받아 주지 아니하자 반역이 실패할 것을 예견하고서 자살하였고, 가룟 유다는 예수의 무죄한 피를 파는 죄를 범한 자책감을 못 이겨 자살했다. 이들은 생명의 창조주이신 하나님과 그의 나라와 영광을 고려하지 않고서 자기들의 생명을 스스로 해한 것이기에 분명히 죄된 것이다.

그러나 성경적으로 죄가 되지 않는 자살이 있다. 엄격하게 말하자면 예수님의 죽음은 자살이었다. 그는 열두 영 더 되는 천군 천사들을 동원하여 자기의 생명을 보전할 수도 있었으나(마 26:53), 스스로 자기의 목숨을 버리셨다(참고, 요 10:15, 17). 그는 자기 목숨을 대속물로 내어주려고 세상에 왔노라고 하셨다(막 10:45). 바울도 자살을 시도했다. 그는 죽는 것을 담대하게 원했고(고후 5:8) 자기에게 유익하다 하였고, 사는 것이 너무 힘들어 죽는 것이 좋다고까지 말했다(빌 1:21, 23). 바울의 동역자인 에바브로디도 역시 "죽기에 이르러도 자기 목숨을 돌아보지 아니했다"(빌 2:30). 그도 어떻게 보면 자살을 시도한 것이나 마찬가지이다. 그런데, 누구도 예수의 죽음을 자살로 보지 않으며, 바울이나 에바브로디도가 자살 충동을 느낀 것으로 간주하지 않는다.

그러면, 아이도벨과 가룟 유다의 죽음은 자살인데 비하여, 예수의 죽음은 왜 자살이 아닌가? 예를 들어, 어떤 여자가 자신의 순결과 정조를 지키기 위해 은장도로 자기의 목숨을 끊은 경우나, 어떤 성도가 하나님 앞에서 자신의 신앙을 지키고 하나님의 교회를 위하여 목숨을 희생시킨 경우, 어떤 정치인이 자기 나라의 주권을 지키기 위해 적국의 위협 앞에서 죽음을 택한 경우, 불치의 질환으로 죽음을 목전에 둔 사람이 가족에게 미칠 물리적 정신적 파산을 예견하고서 식음을 전폐함으로 스스로 죽음을 앞당긴 경우, 전철역에서 부주의로 철로로 떨어진 사람을 구하려고 자기의 목숨을 희생시킨 사람의 경우, 물에 빠진 사람을 구하려다가 익사한 사람의 경우, 배가 침몰할 때 구명조끼를 남에게 양보하고 자기는 스스로 죽음을 택한 사람의 경우, 이들이 모두 그리스도인들이라고 하면(그리스도인이 아니라도 상관없다) 이들의 죽음이 자살로 간주되어야 하는가?

하나님의 영광과 나라를 위하고, 타인의 생명을 구하는 희생으로, 나라와 민족의 주권과 대의를 위하며, 자신의 신앙과 순결을 위하여 택한 죽음은 스스로 취하였을지라도 자살이 아니다. 이 점에서 하나님의 영광과 나라를 구하여 사는 것을 목적으로 하는 그리스도인에게는 자살이 있을 수 없다. 참된 그리스도인이라면 저속하고 이기적이고 수치스러운 동기 때문에 스스로 목숨을 끊는 자살을 할 리가 없는 것이다.

4. 다른 사람의 생명을 불의하게 빼앗을 수 있는 죄와 관련하여 배아줄기세포 연

구를 위한 여자의 난자 채취와 사용, 그리고 부적절한 관계에서 임신된 태아나 신체적 장애가 있어 보이는 태아를 유산시키는 행위는 정당한가?

배아줄기세포 연구를 위한 여자의 난자 채취와 사용이 난치병 환자 치료를 위한다는 명목으로 부분적으로 의학계에서 허용되고 있는데, 허용하는 자들의 입장은 배아를 인간의 생명체로 보지 않는다. 배아를 인간의 생명체로 보지 않기 때문에 난자를 윤리적으로 부담 없이 시험재료로 채취하여 사용한다. 단지 난자 채취가 여자에게 신체적으로 부담을 줄 수 있기 때문에 상당한 주의를 기울이는 정도이다.

그러나 근본적으로는 여자의 난자와 초기단계의 생명체인 배아를 단순한 시험재료로 보는 것은 인간의 생명을 기능적인 면에서 이해하려는 것으로 문제가 있다. 태아가 부적절한 관계에서 생겨났거나, 신체적 장애가 예견되어 사람으로서 기능을 제대로 못할 것 같으면 유산시켜도 되는가? 사람이 늙거나 병들어 구실을 못하면 도태되어야 하는가? 사람은 최초의 배아로부터 생명이 다하여 죽는 날까지 하나님의 형상이요 하나님의 생명체이기 때문에 연구의 실험재료가 될 수 없고, 함부로 종기 제거하듯 해서는 안 된다.

예수 그리스도가 마리아의 태중에 있을 때 이미 사람이셨고(눅 1:26-27), 하나님은 사람이 태어나기도 전에 택하여 부르신 것(창 25:22-23)을 보면 배아나 태아도 완전한 인간이다.

5. 합법적인 전쟁은 가능한가? 그리고 정당방위는 가능한가? 또 사형제도는 성경적인가?

웨스트민스터 신앙고백은 공적인 재판에 의한 사형제도와, 국가 권력에 의한 합법적인 전쟁, 그리고 자신의 생명의 보전을 위한 선의의 정당방위에 대해 살인으로 인정하지 않고, 정당한 행위로 간주하고 있다.

그러나 이에 대하여 반대하는 견해들이 있다. 사형제도의 경우, 사형수도 하나님의 형상으로 창조된 사람으로서 생존권과 행복 추구권이 있으며, 회개할 기회를 얻어 죄 용서를 받게 하고, 변화된 삶을 살도록 배려하는 것이 하나님의 뜻이요, 성경에 부합한다고 주장한다. 또한, 재판관들이 불의한 정치 세력의 압력을 받아 그릇되게 판결하여 사형이 집행되는 경우가 상당수 있기 때문에, 이 같은 희생을 예방하기 위해서라도 사형제도가 폐지되어야 한다고 주장하는 것이다.

하지만, 성경은 이 같은 오심이 예견됨에도 불구하고, 하나님의 공의의 영광을 위하고, 피해자의 인권을 보호하며, 또 다른 피해를 예방하여 사회가 폭력에 의해 희생되지 않게 할 목적에서 합법적인 사형 제도를 허용하는 것이다(참조, 롬 13:4; 출 21:12-21). 전쟁의 경우, 어떤 사람들은 국가 권력이 하나님께로 난 것이기 때문에 정부가 행하는 전쟁이면 무조건 합법적인 것으로 알고 적극 참여해야 한다고 하는가 하면(참조, 딤전 2:2; 딛 3:1; 벧전 2:13-14; 롬 13:1-2), 어떤 사람들은 성경이 "살인하지 말라"(출 20:13)할 뿐 아니라 "악한 자를 대적하지 말라"(마 5:39) 하고 있기 때문에, 어떠한 종류의 전쟁도 해서는 안 된다고 한다. 악에 대한 복수는 하나님의 소관이기 때문에(신 32:35) 사람은 보복하는 전쟁도 해서는 안 된다는 것이다.

이에 반하여, 개인의 경우도 자신을 보호하기 위하여 필요에 따라 방어적 수단을 취해야 하는 것처럼(눅 22:36; 출 22:2), 침략에 대한 정당한 방위적 전쟁은 성경적이요 합법적이다. 예컨대, 아브라함이 롯을 되찾아오기 위해 전쟁을 한 것이나(창 14:13-24), 다윗이 블레셋 사람들을 치고 그일라를 구한 것(삼상 23:1-5) 등은 합당하고 성경적이다. 이순신이 임진왜란을 맞아 23회에 걸쳐 치룬 방어적 전쟁이나, 6·25전쟁 때 연합군과 함께 대한민국이 북쪽의 조선 인민공화국을 대적한 것은 정당한 전쟁이었다.

6. 언어폭력에는 어떤 것들이 있는가? 언어폭력이 어떤 점에서 살인하는 죄인가? 언어폭력을 사용하기 쉬운 사람들은 누구인가?

예수님의 산상설교에 보면, "살인하지 말라는 계명과 관련하여 형제에 대하여 화를 내거나 '라가'('멍텅구리'라는 뜻의 욕설) 또는 '미련한 놈'이라고 욕을 하여 언어적 폭력을 사용하는 것이 바로 살인하는 것이라고 말씀하셨다(마 5:21-22).

혀가 저주의 언어를 사용하는데 쓰이면 지옥 불처럼 사람을 더럽히고 불사르며 죽이는 독이 가득하여 사람을 독살할 수가 있다(약 3:5-8). 잠언에 보면, 음녀의 입술은 쑥같이 쓰고 두 날 가진 칼 같이 날카롭다(잠 5:3-4). 악인의 입은 독을 머금으며(잠 10:11), 패역을 말한다(잠 10:32). 그리고 악을 쏟아낸다(잠 15:28).

불량한 자의 입술에는 맹렬한 불같은 것이 있다(잠 16:27). "죽고 사는 것이 혀의 권세에 달렸나니 혀를 쓰기 좋아하는 자는 그 열매를 먹으리라"(잠 18:21).

이로 보건대, 언어폭력은 미련하고 악한 자들이 사용하기 쉬우나, 세상에서는 권력 있거나, 재물이 있거나, 지위가 있어서 교만한 자들이 불같이 언어폭력을 자행한다. 예수의 제자들은 유순하고 지혜로운 말을 사용하여 사람을 살리는 삶을 살아야 한다(잠 15:4, 23; 16:24; 20:15).

7. 음식과 관련된 식생활이 어떤 점에서 사람을 살리기도 하고 죽일 수도 있는가? 성경적으로 의학적으로 잘못된 식생활은 어떤 것인가? 음식물 쓰레기는 무엇이 문제인가? 잘못된 식생활이 인류에게 멸망을 가져올 수 있음을 아는가?

사람의 생명을 해치고 죽이는 것 가운데 사람들이 흔히 가볍게 생각하다가 크게 낭패를 당하는 것이 바로 음식과 관련된 식생활이다. 긍정적으로 보면, 음식 먹는 일은 희락을 위하고(전 10:19), 사랑의 교제를 위하며(잠 15:17; 17:1), 원수를 선대하는 사랑의 표현이 되기도 한다(잠 25:21; 롬 12:20). 또한, 굶주리고 배가 고픈 자들을 먹이는 것은 진실한 사랑의 표현이기도 하다(사 58:7; 눅 3:11; 약 2:16-17). 그리고 음식 먹는 것을 절제하는 것은 신앙의 표현이기도 하다(단 1:8; 잠 23:3). 그런가 하면, 주의 만찬 상에서 떡을 먹고 잔을 마시는 것은 천국의 잔치요, 그리스도와 및 성도들 간의 최고의 교제이다(고전 11:23-26). 그러므로 먹고 마시는 일에서 하나님께 영광을 돌릴 수 있는 것이다.

그러나 음식 먹는 식생활이 사단 마귀의 시험의 방편이 될 수 있으며(창 3:1-6; 마 4:3), 교회를 업신여기고 빈궁한 자를 부끄럽게 하며 분쟁과 파당의 빌미가 될 수도 있고(고전 11:17-22), 배고픔으로 도적질하고 배불러 하나님을 배반할 수 있으며(잠 30:9), 진수성찬으로 잘 먹어도 불화할 수 있고(잠 15:17하; 17:1하), 포도주와 독주는 사람을 거만하게 하며(잠 20:1), 술을 즐기고 고기를 탐하는 자는 해를 끼칠 수가 있다(잠 23:2,20).

그런가 하면, 과식과 탐식은 불신앙의 표현이요(출 16:13-20; 삼상 2:12-17; 히 12:16), 비만의 원인이 되기도 한다(삼상 2:29; 4:18). 의학적으로 비만은 만병의 근원이다. 특히, 비만의 원인이 되는 것 중에는 육식, 가공 식품(fast-food), 가공 음료, 각종 튀김, 햄버거, 설탕 등이 아주 해로운 것으로 알려져 있다.

과식과 탐식은 음식물 쓰레기를 양산한다. 2005년 기순 우리나라의 음식물 쓰레기는 돈으로 계산하면 15조원을 넘는다고 한다. 엄청난 낭비일 뿐 아니라, 환경오염의 주요한 원인이다. 잘못된 식생활은 사람을 망치며, 인류에게 엄청난 재앙을 불러올 수 있다. 각종 암, 광우병, 조류 독감이 왜 발생하고 있는가를 생각해 보라.

8. 술은 어떤 점에서 유익하며, 어떤 점에서 지극히 해로울 수 있는가?

술은 생명을 기쁘게 하거나(전 10:19중), 마음에 근심을 덜어주며(잠 31:6), 위장 장애를 진정시키는데 도움을 주고(딤전 5:23), 상처 난 부위에 부으면 다소간 치료에 도움이 되며(눅10:34), 연회와 잔치에 흥을 돋우기도 한다(요 2:9, 10).

이처럼 술은 여러 가지로 유익하기도 하지만, 독한 술을 마시거나 과음하며 술에 중독되면 건강도 해치고, 사람의 성품도 교만하고 거칠어지며, 가산도 탕진하고 부패 타락하기 마련이다(잠 20:1; 21:17; 23:20, 21). "재앙이 뉘게 있느뇨… 원망이 뉘게 있느뇨… 술에 잠긴 자에게 있고 혼합한 술을 구하러 다니는 자에게 있느니라… 이것이 마침내 뱀같이 물 것이요 독사같이 쏠 것이며… 네 마음은 망령된 것을 발할 것이며… 네가 스스로 말하기를 사람이 나를 때려도 나는 아프지 아니하며 나를 상하게 하여도 내게 감각이 없도다 내가 언제나 깰까 다시 술을 찾겠다 하리라"(잠 23:29-35). 그러기에 "술을 즐겨하는 자와 고기를 탐하는 자로 사귀지 말라"(잠 23:20). 교회의 직분자는 술을 즐겨서는 안 된다(딤전 3:3, 8; 딛 1:7). 또한 세상의 지도자도 술을 마시는 것이 마땅치 아니하다. 이는 술을 마시다가 법을 잊어버리고 어려움에 처한 백성에게 공의를 굽히게 할 수 있기 때문이다(잠 31:4-5).

사람들의 말대로, "처음에는 사람이 술을 마시나 조금 지나면 술이 술을 마시고, 마침내는 술이 사람을 마신다." 이로써, 술이 사람을 망하게 한다. 과음과 알콜 중독, 폭탄주와 술대접, 그리고 음주 운전 등으로 인하여 얼마나 많은 생명이 망하고 있는가!

9. 사람의 생명을 해롭게 하는 것들을 열거해 보라(예: 분노, 근심과 염려, 혈기, 구타행위, 따돌리기, 과로, 지나친 오락, 무절제한 성생활, 과속 운전 등).

가인은 하나님께 대하여 분을 품다가 마침내 아벨을 쳐 죽였고(창 4:5-8), 모세도 이스라엘 백성 앞에서 화를 내어 하나님의 거룩함을 나타내지 아니하므로 가나안 땅에 들어가지 못하고 느보산 중턱에서 죽었다(민 27:12-14; 신 32:48-52).

근심과 염려는 뼈를 마르게 하고(잠 17:22; 18:14), 베드로는 혈기로 대제사장의 종의 귀를 쳤으며(마 26:51), 과로하면 괴롭고 피곤할 뿐이요(전 2:11, 17, 23; 4:8), 지나친 오락은 죽음과 가난을 초래하고(잠 6:10-11; 딤전 5:6; 약 5:5), 노를 품는 자와 사귀거나 울분한 자와 동행하다가는 영혼이 올무에 빠질 위험이 있으며(잠 22:24, 25), 무절제한 성생활은 사람을 멸망하게 한다(잠 6:26, 32; 31:3).

10. 사람의 생명을 살리는 삶을 사는 비결은 무엇인가?

사람의 생명을 살리는 삶을 사는 비결은 다음과 같다.

첫째, 마음을 편하게 그리고 유쾌하게 가지라(벧전 3:4; 잠 17:22).

둘째, 적당하게 하라(고전 14:30). 과식, 과음, 과로, 과속, 과도를 피하고, 소식하며, 조금만 마시고, 적당하게 일하며, 지나치게 서두르거나 앞서는 것을 삼가해야 한다. 더디더라도 착실하면 결국은 이긴다(Slow and steady wins the race).

셋째, 좋게 생각하라(시 19:14; 103:2; 행 27:25; 롬 12:2).

넷째, 평화로운 말을 하라(잠 15:1, 4).

다섯째, 적극적으로 선을 행하라(살전 5:15; 잠 11:25, 27; 롬 12:17).

여섯째, 예절바른 몸가짐을 하라(롬 13:13; 벧전 3:3).

일곱째, 성령으로 심신을 훈련하라(갈 5:16, 17).

제 38 과 성의 윤리

> **기본적인 질문:**
>
> 1. 십계명 가운데 제7계명은 무엇이며, 요구하는 의무들은 무엇인가?
>
> 2. 제7계명이 금하는 죄가 무엇인가?
>
> 3. 간음이 무엇인가? 하나님이 허락하신 혼인은 무엇이고, 혼인의 주요한 목적은 무엇인가?
>
> 4. 그리스도와 교회와의 관계에 나타난 부부관계의 비밀은 무엇인가?
>
> 5. 아브라함과 사라, 이삭과 리브가, 그리고 야곱과 라헬을 통해서 본 부부생활은 어떤 것인가?
>
> 6. 혼인관계가 깨지는 파혼이나 이혼의 주요한 원인은 무엇이며, 성경적으로 어떤 경우 이혼이 허락될 수 있는가?
>
> 7. 성희롱도 간음인가?
>
> 8. 동성간의 성관계나 혼인은 자연적이며 성경적인가?
>
> 9. 일부다처제 또는 다부일처제, 그리고 배우자 바꿔 살기 등은 어떤 점에서 반윤리적이고 반성경적인가?

1. 십계명 가운데 제7계명은 무엇이며, 요구하는 의무들은 무엇인가?

제7계명은 "간음하지 말지니라"이다. 이 계명에 요구되어 있는 의무들은 첫째, 몸과 마음과 감정과 말과 행동의 정숙함이다. 둘째, 우리 자신과 다른 사람의 정숙함을 보전하는 일이다. 셋째, 이성에 대하여 눈으로 보고 손으로 만지는 일에 주의하는 것이다. 넷째, 절제하고 정숙한 동료와 사귐을 나누며, 용모를 단정히

하는 일이다. 다섯째, 혼인, 부부간의 사랑, 동거의 의무이다. 여섯째, 부정을 타는 모든 자리를 피하며, 부정에 빠지는 유혹들을 물리치는 일이다(웨스트민스터 대요리 138문답).

2. 제7계명이 금하는 죄가 무엇인가?

제7계명에 금하는 죄는 다음과 같다. 첫째, 이 계명에 요구되어 있는 의무들을 게을리 하는 것이다. 둘째, 간음, 음행, 강간, 근친상간, 동성간의 성행위, 그리고 변태적 정욕 등이다. 셋째, 모든 부정한 생각, 계획, 감정, 일체의 추잡한 대화, 음란한 표정, 경솔하고 가벼운 성적 희롱, 그리고 난잡한 옷차림 등이다. 넷째, 합법적인 혼인을 금하고 불법적인 혼인을 하는 것이다. 다섯째, 매음을 허용하고 음녀들을 찾는 행위이다. 여섯째, 독신에 대한 강요된 서약과 혼인의 부당한 지연이다. 일곱째, 한 명 이상의 아내나 남편을 동시에 거느리는 것이다. 여덟째, 부정한 이혼이나 파혼이다. 아홉째, 게으름, 포식, 과음, 음란한 사람과의 사귐, 음란한 노래와 책, 그림, 춤, 연극, 영화, 기타 영상 매체 등을 보거나 즐기는 것이다. 열째, 자기 자신이나 다른 사람에게 음란을 자극하거나 행하게 하는 여타의 일체 행위이다(웨스트민스터 대요리 139문답).

3. 간음이 무엇인가? 하나님이 허락하신 혼인은 무엇이고, 혼인의 주요 목적은 무엇인가?

법률적으로 뿐 아니라 사실적으로 혼인한 부부관계에 있지 아니한 남자와 여자가 부적절한 성적 관계를 갖거나 성적 행위를 취하는 것이 간음이다. 십계명 가운데 제7계명이 요구하는 의무대로 하지 아니하거나 그 계명이 금하고 있는 죄악된 것들을 범하면 그것이 곧 간음이다(마 5:27, 28).

이 부적절한 관계를 예방하는 차원에서 하나님은 성숙한 남자와 여자를 위해 혼인을 허락셨다. 혼인은 한 성숙한 남자와 한 성숙한 여자 사이에 이루어져야 하는 법률적, 사실적, 신체적, 감정적, 의지적, 언약 관계로서, 둘이 한 몸 되는 것이다. 이 혼인은 남자인 남편과 여자인 아내가 한 몸으로서 서로 돕도록 제정되었으며(창 2:18), 합법적인 자녀 생산을 통하여 인류가 번성하고(창 1:28), 경건한 후손을 통하여 교회가 번성하고(말 2:15), 서로 간에 성적, 정신적, 감정적 즐거움을 누림으로(잠 5:15-19) 성적 부정(不貞)과 불결(不潔)을 막는데 목적이 있다(고전 7:2, 9).

이 혼인은 사실상 하나님께로서 말미암는 것이기 때문에(잠 19:14), 즉 하나님이 중매쟁이요 주례이시기 때문에(마 19:4-6), 특별히 그리스도인들은 주 예수 그리스도 안에서만 혼인해야 할 의무가 있다(고전 7:39). 더욱이, 이단 사상을 주장하는 자들과 혼인해서는 안된다(고후 6:14). 또한, 성경 말씀으로나 법률적으로 그리고 통상적으로 금해져 있는 혈족이나 인척간에는 해서는 안 된다. 이 같은 근친상간적 혼인은 적절하지 못하다(레 18:24-28; 막 6:18) (참고, 웨스트민스터 신앙고백 제 24장 1-4항).

4. 그리스도와 교회와의 관계에 나타난 부부관계의 비밀은 무엇인가?

에베소서 5:21-33에서 사도 바울은 그리스도와 교회와의 관계를 통해서 부부관계의 비밀을 밝히 말하였다. 그 말씀의 내용을 요약하자면, 첫째, 그리스도가 교회의 머리됨 같이 남편이 아내의 머리이다. 남편과 아내는 하나님 앞에서 인격적으로 동등한 존재이지만, 부부간에는 질서가 있다. 그래서 교회가 그리스도에게 하듯이 아내가 남편에게 복종한다. 교회가 그리스도를 주관하지 못하듯이 아내는 남편을 주관하지 않는다(딤전 2:12). 그러나 부부간에 갖는 성적 관계에 있어서는 아내가 남편의 몸을, 그리고 남편이 아내의 몸을 요구하고 주장할 의무와 권리가 있다(고전 7:4).

둘째, 그리스도가 교회를 사랑하시고 위하여 자기의 몸을 주심같이 남편은 아내를 사랑하기를 제 몸같이 하고 아내에게 자기의 몸과 모든 것을 주어야 한다. 이로써 아내를 깨끗하게 하고, 거룩하게 하며, 영광스럽게 하는 것이다. 남편의 사랑이 아내를 영광스럽게 만들어 준다. 여기서 주의할 사항은 아내가 남편에게 몸을 주는 것이 아니고, 남편이 아내에게 몸을 준다는 사실이다. 그러므로 혼인할 때 남자가 여자에게 지참금 등 금품이나 재물을 요구해서는 안 되고, 오히려 남자가 여자에게 주어야 하는 것이다. 하나님 아버지께서는 그의 아들을 주셨을 뿐 아니라 그 아들과 함께 모든 좋은 것을 우리에게 선물로 주셨고 또 때를 따라 주신다(롬 8:32).

셋째, 남자가 부모를 떠나 아내와 연합하여 둘이 한 몸을 이룬다. 즉, 혼인을 하면 남자는 아내와 짝을 이루어 살고, 부모 곁을 떠나야 한다. 그러므로 무슨 일을 의논하려면 먼저 아내와 하고, 부모는 필요에 따라 아내와 함께 다음에 찾아 의논해야 한다. 무엇이든 아내와 먼저 함께 하고, 부모는 순서에 있어서 나중이 되어야 한다.

넷째, 그리스도를 경외함으로 피차 복종해야 한다. 남편은 아내를 제 몸같이 사랑하고, 아내는 남편을 경외하는 가운데 피차 복종한다.

5. 아브라함과 사라, 이삭과 리브가, 그리고 야곱과 라헬을 통해서 본 부부생활은 어떤 것인가?

아브라함과 사라의 경우를 보면, 사라가 나이 많아서까지도 자녀를 생산하지 못했으나, 생명의 은혜를 유업으로 함께 받을 자로 알고서 그녀를 귀히 여겨 갈대아 우르에서 나와 하란을 거쳐 가나안 땅으로 옮겨 오면서 아내와 끝까지 동행하였고(참고, 벧전 3:7), 사라의 여종 하갈과 동침하여 얻은 이스마엘에 대하여 사라와 그의 아들, 이삭을 위하여 그 모자를 내보내기도 했다(창 21:8-14). 그리고 사라가 죽자 그녀를 위하여 슬퍼하며 애통하다가 가나안 땅 마므레 앞 막벨라 밭을 헷 족속에게서 사서 매장지를 만들어 안치했다. 이로써, 이 굴이 아브라함과 그의 가문의 묘소가 되었다(창 23:1-20; 25:7-10; 50:13). 이렇듯, 아브라함은 자기 아내 사라와 하나님 나라의 유업을 함께 하며 그녀를 귀히 여기고 끝까지 사랑했다. 이에 비하여, 아내 사라는 남편 아브라함을 주라 칭하여 철저하게 복종하였다(벧전 3:6). 그리고 어떠한 난관에서도 남편의 안전과 생명을 위해서는 놀라지 아니하고 자기의 몸을 희생하였다(참고, 창 12:10-20; 20:1-7).

이삭과 리브가의 경우를 보면, 이삭은 리브가를 지나칠 정도로 사랑하여 그 사랑하는 것이 온 땅에 소문났다(창 24:67; 26:8). 그는 자기 아내로 즐거워하고 만족하였다(참조, 잠 5:18, 19). 그리고 리브가가 임신하지 못하자 20년을 한결같이 위해서 기도하여 하나님의 응답을 받아 냈다(창 25:19-26). 이에 비하여, 리브가는 이삭을 하나님이 정해 주신 남편으로 알고 자기 친정을 떠나 먼 곳까지 단숨에 왔고(창 24:57-61) 이삭이 어머니를 잃고 슬퍼함을 보고 위로하여 마음을 편안하게 해 주었다(창 24:67). 리브가는 모든 사람이 보기에 참으로 아름답고 단정하였다(창 24:16; 26:7). 그는 남편이 즐기는 별미를 곧잘 만들어 주었다(창 27:9, 14). 그리고 남편과 함께 자녀 생산과 자녀의 장래사를 위하여 하나님께 기도하였고(창 25:22), 나중에는 하나님의 말씀대로 야곱이 장자권을 물려받도록 방법을 썼다(창 27:5-23).

야곱과 라헬의 경우는, 야곱이 라헬에게 첫눈에 반해 이성을 잃을 정도였다(창 29:17-20). 그는 라헬을 위하여 사실상 14년을 삼촌 라반에게 무보수로 봉사했다(창 29:27-30). 그는 형편상 부득이하여 여러 아내를 두었으나 라헬만을 끝까지 사랑했다. 그래서 라헬이 낳은 요셉과 베냐민을 편애하였다(창 37:3; 44:20, 30). 라헬은 남편인 야곱을 사랑하되 투기하기까지 했다(창 30:1), 그리고 남편을 도와 하나님의 말씀하신 바를 이루도록 편들었다(창 31:14-16).

6. 혼인관계가 깨지는 파혼이나 이혼의 주요한 원인은 무엇이며, 성경적으로 어떤 경우 이혼이 허락될 수 있는가?

약혼한 후에 범한 간음이나 간통이 혼인 전에 발견되면 무흠한 측에서 그 약혼을 파기할 수가 있다(신 22:23-24; 마 1:18-20). 혼인한 후에 간음한 경우는 무흠한 측에서 이혼 소송을 하는 것이 적법하며(마 5:31-32), 이혼한 후에는 범죄한 측이 죽은 것이나 마찬가지로 다른 사람과 혼인하는 것도 적법하다(마 19:9; 롬 7:2-3)(웨스트민스터 신앙고백 제 24장 5항). 또한 고의적으로 별거하여 혼인관계를 장기간 파기하고 헤어지기를 고집하는 경우 이혼할 수 있다(고전 7:15).

이로 보건대, 파혼이나 이혼의 주요한 원인 또는 사유는 간음과 고의적인 장기 별거이다. 이혼할 때에는 반드시 공적인 법적 절차를 밟아야한다(웨스트민스터 신앙고백 제 24장 6항).

7. 성희롱도 간음인가?

제7계명에 요구되거나 금해진 죄를 검토해 보면, 부정한 생각이나 감정을 가지고 이성(異性)을 눈으로 보고 손으로 만지는 것, 추잡한 대화, 음탕한 표정, 난잡한 옷차림 등이 있다(잠 6:24-29). 이로 보건대, 예수께서 이미 말씀하신 대로(마

5:28) 성희롱은 분명한 간음이다.

8. 동성간의 성관계나 혼인은 자연적이며 성경적인가?

성경과 웨스트민스터 신앙고백은 동성간의 성관계나 혼인을 간음죄로 분명하게 규정한다(레 18:22; 롬 1:26, 27; 웨스트민스터 대요리 139문답).

그러나 동성간의 성관계나 혼인을 옹호하는 자들은 동성애를 가리키는 대표적인 구절인 창세기 19:5의 "상관하다"(영어, have sex with)가 히브리어 '야다' 인 바 이 단어를 '친숙해지다'로 해석하여 성적 관계를 함축하고 있지 않는 것으로 본다. 즉, 소돔 사람들은 남성들 간의 성관계를 알지 못했다고 해석한다. 이 같은 해석을 뒷받침하기 위해 소돔의 죄를 지적한 에스겔 16:49를 참조한다. 이는 이 구절에는 동성애가 언급되어 있지 않기 때문이다. 그러나 '상관하다'는 그 단어가 성적 관계를 표현하고 있음은 바로 다음에 나오는 8절에서 "남자를 가까이 하지 아니한 두 딸"이라는 문구에 확실하게 드러나 있다. 우리말의 '상관하다'와 '가까이 하다'는 히브리어로 한 단어('야다')이며, 이 단어는 창세기에서만 120회나 '성관계'를 가리켜 사용되었다.

또 동성애를 옹호하는 자들은 동성애를 정죄하고 있는 대표적 성구인 레위기 18:22에 대하여 이것은 구약의 제사법과 함께 이미 폐기되었고, 지금은 아무런 법적 효력이 없다고 주장한다. 그러나 그 금지 명령의 말씀은 의식법이면서 또한 도덕법이다. 그래서 신약에서도 반복하여 금해져 있는 것이다(롬 1:26-27; 고전 6:9; 딤전 1:10).

그리고 그들은 동성애를 옹호하고자 다윗과 요나단이 동성연애자들이었다고 억지 주장을 폈다. 그 근거로 그들의 사랑이 여인과의 사랑보다 더 진하였고(삼하 1:26) 생명같이 사랑하여 더불어 언약을 맺었으며(삼상 18:1-3) 피차 입맞추고 같이 울었던 사실(삼상 20:41) 등을 꼽는다. 그러나 그들의 사랑은 뜨거운 우정이었을 뿐이다. 아무튼, 동성애는 이성 없는 짐승들도 하지 않는다.

9. 일부다처제 또는 다부일처제, 그리고 배우자 바꿔 살기 등은 어떤 점에서 반윤리적이고 반성경적인가?

창세기 1:27에 보면, 하나님은 사람을 만드실 때 한 남자와 한 여자를 만들어 한 사람을 이루게 하셨고, 창세기 2:24에도 보면, 한 남자와 한 여자가 둘이서 한 몸을 이루라고 하나님이 명하셨다. 그리고 하나님을 떠난 가인의 후손 가운데서 죄가 성장하면서 라멕이 여러 아내를 거느렸었다(창 4:19).

여러 여자를 아내로 두었던 솔로몬은 뒤늦게 후회하고서 한 여자로 만족할 것을 후대에게 가르치고자 아가서를 썼고, 또 잠언에서도 젊어서 취한 한 아내로 즐거워하고 만족하라고 권하였다(잠 5:18). 말라기 선지자는 하나님은 영적으로 유여하시지만 한 남자를 위해 한 여자만을 지으신 것은 경건한 자손을 얻고자 함이라 하였다(말 2:15). 신약에서 예수님과 바울은 일부일처제를 강력하게 가르쳤다(마 19:5; 고전 7:2; 딤전 3:2, 12).

제 39 과 경제 윤리

기본적인 질문:

1. 십계명 가운데 제8계명은 무엇이며, 요구하는 의무가 무엇인가?

2. 제8계명이 금하는 죄가 무엇인가?

3. 하나님은 사람에게 무슨 목적으로 재물과 돈을 주셨는가?

4. 재물과 돈을 관리하는데 있어서 가장 중요한 원리는 무엇인가? 칼빈이 말하는 사회적 개인주의 사상은 무엇인가? 그리고 경제와 관련하여 자유와 법치의 원리란 무엇인가?

5. 부의 재분배의 동기는 무엇이어야 하는가? 교회의 집사제도와 관련하여 부의 재분배를 위해 교회는 무엇을 어떻게 해야 하는가?

6. 노동조합의 파업 활동은 성경적으로 정당한가?

7. 사회를 건강하게 경제적으로 유지하려면 돈과 관련하여 우리가 어떻게 사는 것이 좋은가?

8. 직업 소명론, 만직 성직론, 청지기 정신 등의 기본 원리가 어떤 점에서 건강한 경제 생활을 위해 필요한가?

9. 사회의 건강한 경제생활을 위해서 우리가 꼭 기본적으로 행해야 할 것과 금해야 할 것은 무엇인가?

10. 하나님이 주신 재산을 적절하게 사용하는 방법은 무엇인가?

1. 십계명 가운데 제8계명은 무엇이며, 요구하는 의무가 무엇인가?

제8계명은 "도적질하지 말지니라"이다. 이 계명에 요구되어 있는 의무는 사람과 사람 사이의 계약과 거래 행위에 있어서 진실하고 성실하고 정직하게 하는 것이다. 이를 위해서는, 첫째, 각자에게 자기 몫을 돌려주어야 한다. 둘째, 정당한 소유권자로부터 불법적인 방법으로 도적질한 재물에 대하여는 적절하게 배상한다. 셋째, 우리의 능력의 범위 안에서 다른 사람의 필요에 따라 값없이 주거나 빌려 준다. 넷째, 합법적인 직업을 얻어 근면하게 직장 생활을 한다. 다섯째, 검소하게 산다. 여섯째, 불필요한 소송이나 보증, 담보, 또는 계약을 하지 않는다. 일곱째, 우리 자신 뿐 아니라 다른 사람의 재산 획득, 보전, 증가를 위하여 합법적인 수단을 사용하여 적극 노력한다(웨스트민스터 대요리 141문답).

2. 제8계명이 금하는 죄가 무엇인가?

제8계명에 금하는 죄는 다음과 같다. 첫째, 요구된 의무들을 게을리 하는 것이다. 둘째, 도적, 강도, 납치, 도적질한 물건을 맡아 두거나 취득하는 것이다. 셋째, 사기로 거래하는 것이다. 그리고 착취, 고리대금업, 뇌물, 악한 소송, 부당한 봉쇄와 추방 행위 등이다. 넷째, 가격 인상을 위한 담합, 상품 매점 매석, 그리고 부당한 가격 매김 등이다. 다섯째, 세속적인 물건에 지나치게 애착하거나 과민하게 반응하는 것이다. 여섯째, 남의 형통함을 부러워하는 것이다. 일곱째, 게으름, 방탕, 낭비적 노름 등이다. 여덟째, 하나님이 우리에게 주신 재산을 적합하게 사용하는 일에 자신을 속이는 불신앙적 행위이다(웨스트민스터 대요리 142문답).

3. 하나님은 사람에게 무슨 목적으로 재물과 돈을 주셨는가?

재물과 돈은 두 개의 얼굴을 가지고 있다. 하나는 천사의 얼굴이요, 다른 하나는 마귀의 얼굴이다. 그것은 기쁨, 사랑, 축복, 감사, 명예, 건강, 구원의 감격 등 모든 좋은 것들을 주는가 하면, 인간 세상의 모든 불행과 비극과 슬픔, 파멸 등 악한 것들을 주기도 한다.

그래서 예수님은 말씀하시기를, "너희가 하나님과 재물을 겸하여 섬기지 못하느니라"(마 6:24) 하였는가 하면, "약대가 바늘귀로 들어가는 것이 부자가 하나님의 나라에 들어가는 것보다 쉬우니라"(마 19:24)하셨다. 가롯 유다는 돈 때문에 예수를 팔았고(요 12:4-6) 그로 인하여 죄책감을 느껴 결국은 자살했다(마 27:3-

5). 바울이 말하는 바에 의하면, "돈을 사랑함이 일만 악의 뿌리가 된다"(딤전 6:10). 아나니아와 삽비라 부부는 성령을 속이고 땅 값 얼마를 감추었다가 죽음을 자초하기도 했다(행 5:1-11).

그러나 믿음의 조상 아브라함의 경우 은금과 육축이 풍부했고(창 13:2; 참고, 24:35-36), 이삭의 경우 하나님이 복을 주심으로 창대하여 마침내 거부가 되었고(창 26:13), 야곱의 경우도 마찬가지이다(창 32:10). 족장시대의 사람이었던 욥의 경우 하나님의 축복으로 재물이 풍부했고(욥 1:3) 환난 후에는 갑절로 재물의 복을 받았다(욥 42:10). 하나님은 자기를 사랑하고 순종하는 자에게 모든 종류의 재물의 복을 주어 누리게 하시는 것이다(신 28:1-12). 하나님은 자기의 사랑하는 자녀에게 복을 주시되 흔들어 넘치게 주기를 기뻐하신다(고후 9:8).

이렇듯, 하나님은 자기 백성에 대한 구속적 사랑(redemptive love)을 표현하고 그들을 형통하게 하는 방편으로 재물과 돈을 사용하시는 것이다. 돈과 재물은 하나님이 자신의 섭리와 축복을 베푸시는데 사용하는 도구요, 인간의 생존과 자유와 행복을 지원하기 위하여 필요한 것을 공급한 도구이다. 즉, 하나님이 자기의 백성들을 생존하게 하고 삶을 부요하게 하여 자유와 행복과 건강과 기쁨을 누리게 하는 하나님의 은총의 표시이자 도구가 재물과 돈이다.

4. 재물과 돈을 관리하는데 있어서 가장 중요한 원리는 무엇인가? 칼빈이 말하는 사회적 개인주의 사상은 무엇인가? 그리고 경제와 관련하여 자유와 법치의 원리란 무엇인가?

"이제 너희의 유여한 것으로 저희 부족한 것을 보충함은 후에 저희 유여한 것으로 너희 부족한 것을 평균하게 하려 함이라. 기록한 것같이 많이 거둔 자도 남지 아니하였고 적게 거둔 자도 모자라지 아니하였느니라"(고후 8:14-15). 성경의 가르침에 의하면, 재물과 돈을 관리함에 있어서 제일 중요한 원리는 있는 쪽에서 없는 쪽으로 유통되어 즉 재분배되어 평균하게 하는 것이다. 재분배에 의한 평균이 중요한 원리인 것이다.

재분배를 위해서는 먼저 모아져야 한다. 검소, 근면, 절약, 그리고 저축을 통해 재물과 돈이 모아져야 한다. 여기서 우리가 유념해야 할 지혜가 있다. 십 원짜리가 열 개 모아지면 백 원짜리 돈으로 바꾸어 놓고, 백 원짜리가 열 개 모아지면 천

원짜리 돈으로, 천 원짜리 열 개는 만 원짜리로, 이런 식으로 적은 단위의 돈을 큰 단위의 돈으로 바꾸어 놓음으로써 돈이 효과적으로 모아지게 하는 것이다. 그리고 큰 돈이 생기면 그때는 하나님의 나라와 영광을 위하여 크게 사용하는 것이다. 또한, 유의할 것은 돈이 모아지게 하려면 수입보다는 지출이 적어야 한다. 이를 위해서는 절약이 최상의 방법이다.

칼빈이 말하는 사회적 개인주의는 그리스도 안에서 형제 사랑의 사귐과 섬김을 통해서 인간의 개인 생활이 꽃피도록 개인의 권리와 존엄성을 보호하는 것이다. 재분배를 통해 서로 섬겨 줌으로써 개인마다 삶의 자유와 행복을 누리게 하는 것을 목표로 하는 사상이다. 이를 위해 그는 부의 재분배와 검소하고 근면한 생활을 강조하는 한편, 노동에 대한 대가로서 임금의 적당한 지불을 강조했다.

이와 연계하여 자유와 법치의 원리란 개인이 자신의 능력과 노력에 의하여 부를 자유롭게 생산하여 누리되(예; 자유 경제 체제), 하나님의 사랑의 법 안에서 부의 균형이 적절하게 이루어지게 하는 법적 장치가 있어야 하는 것이다(예: 부분적 통제 경제 체제). 부가 한 곳에 편중되면 부패하여 사회를 망하게 하지만, 적절하게 재분배하면 사회를 살린다.

이는 마치 똥이 한 곳에 많이 오래 쌓이면 부패하여 고약하게 되지만, 적당한 시기에 밭에 흩어 뿌리면 땅을 비옥하게 하는 거름이 되는 것과도 같다.

5. 부의 재분배의 동기는 무엇이어야 하는가? 교회의 집사제도와 관련하여 부의 재분배를 위해 교회는 무엇을 어떻게 해야 하는가?

부의 재분배 동기는 사랑이다. 사랑은 부유한 자로부터 가난한 자에게로 사심 없이 부의 선물이 전달되도록 동기를 부여한다. 부유한 자는 자신만을 위하여 자기의 재산을 사용할 것이 아니라 그리스도의 사랑으로 가난한 자들과 함께 나눌 책임이 있으며, 이로써 부의 균형이 이루어지도록 해야 하는 것이다. 한편, 가난한 자는 부자의 믿음과 사랑이 사심 없이 실천될 수 있도록 좋은 이웃이 되어야 한다. 부자의 것을 억지로 빼앗거나 도적질하거나 함부로 탐내어서는 안 되고, 부의 재분배에 대하여 감사하고 부자들을 축복할 수 있어야 한다(참고, 고후 8:8; 9:11, 12, 14).

교회의 집사 제도는 부의 재분배가 효과적으로 그리스도의 사랑 안에서 이루어져 주는 자나 받는 자가 다같이 하나님께 감사하고 영광을 돌리는 일을 위해 세워졌다(참고, 행 6:1-6; 참조, 행 2:44-45; 4:35). 그래서 교회는 집사들을 통해서 병든 자들, 가난한 자들, 그리고 노약자들을 돕고 보살펴야 하는 것이다. 그리고 부의 재분배를 통한 형제 사랑이 결실하려면, 상품의 매점매석과 독과점을 타파하고, 사치와 낭비를 지양하며 매우 검소하게 살아야 한다. 우리 모두가 하나님을 사랑하고 이웃을 먼저 생각하는 가운데 감사하고 만족하며 거룩한 삶을 살 수 있어야 한다.

6. 노동조합의 파업 활동은 성경적으로 정당한가?

성경이 가르치는 바에 의하면, "그 품삯을 당일에 주고 해진 후까지 끌지 말라. 이는 그가 빈궁함으로 마음에 품삯을 사모함이라. 두렵건대 그가 너를 여호와께 호소하면 죄가 네게로 돌아갈까 하노라"(신 24:15); "성경에 일렀으되 곡식을 밟아 떠는 소의 입에 망을 씌우지 말라 하였고 또 일꾼이 그 삯을 받는 것이 마땅하다 하였느니라"(딤전 5:18).

예수님도 자기의 70인의 제자들을 전도하러 보내면서, "일꾼이 그 삯을 얻는 것이 마땅하니라"(눅 10:7)고 말씀하셨다. 이로 보건대, 근로자인 일꾼들이 자기네들의 품삯을 정당하게 받기 위해 하나의 교섭 단체로 결성한 노동조합은 성경적으로 정당한 것이다. 따라서 노동조합은 노동자들의 노동 착취를 예방하고, 정당하고 적절한 임금을 노동자들이 받을 수 있게 하는 일에 최선을 다해야 한다. 그러나 폭력적인 파업이나, 과도한 임금을 요구하는 행위는 불법이며, 비폭력적인 방법으로 저항하며 파업을 해야 하는 것이다.

7. 사회를 건강하게 경제적으로 유지하려면 돈과 관련하여 우리가 어떻게 사는 것이 좋은가?

돈을 사랑하는 것이 일만 악의 뿌리가 된다는 점(딤전 6:10)에서 돈은 잘못하면 개인과 사회를 망하게 할 수 있다. 그러므로 하나님이 축복의 선물로 주신 돈과 재물이 하나님의 영광과 개인의 행복과 자유 그리고 이웃 사랑의 실천을 위하여 선하게 사용될 수 있으려면, 우선 사람이 돈을 다스릴 수 있는 지혜와 권세가 필요하다. 돈은 주인의 자리에 앉게 되면 폭군이 되나, 종의 자리에 서게 되면 많은 유익을 끼치게 되는 것이다. 그러므로 돈이 주인이 되어 폭군 노릇을 하지 못하도록 우리는 사치와 과소비, 탐욕과 독점 등을 타파하고, 돈이 종이 되어 하나님과 이웃을 진실하게 섬길 수 있도록 우리는 검소와 절약, 내핍과 나눔을 실천해야 한다.

8. 직업 소명론, 만직 성직론, 청지기 정신 등의 기본 원리가 어떤 점에서 건강한 경제생활을 위해 필요한가?

모든 건강한 직업은 하나님이 주신 것이다. "오직 주께서 각 사람에게 나눠주신 대로 하나님이 각 사람을 부르신 그대로 행하라"(고전 7:17). "각 사람이 부르심을 받은 그 부르심 그대로 지내라"(고전 7:20). 이 부르심이 하나님께로 말미암은 것이기 때문에, 각 사람은 사람의 종이 되어서는 안 되고, 범사에 그리고 자기가 부르심 받은 직업에서 그리스도의 종으로서 하나님과 함께 해야 한다(고전 7:22-24).

이 직업 소명론(職業 召命論)은 만직 성직론(萬職 聖職論)과 상통한다. 모든 직업이 하나님께로부터 온 것이므로, 다 거룩한 직업인 것이다. 그래서 자기가 맡은 직업의 자리에서 하나님의 영광과 이웃의 유익을 위하여 주께 하듯 충성스럽게 일해야 한다(엡 6:7). 그런 까닭에 목사의 직분만 성직이 아니고, 넓은 의미에서 말하자면, 모든 직업은 그것이 성격상 건전한 경우 모두 성직이다.

이 직업이 하나님이 주신 것이기에 우리는 하나님의 청지기로서 하나님께 하듯 각자의 직업에서 충성해야 하는 것이다. 맡은 자에게 구할 것은 오직 충성뿐이다(고전 4:1-2).

9. 사회의 건강한 경제생활을 위해서 우리가 꼭 기본적으로 행해야 할 것과 금해야 할 것은 무엇인가?

위의 질문 1번과 2번(웨스트민스터 대요리 141, 142문답)의 해답에서 각자 확인해 보라. 예, 기본적으로 행해야 할 것으로는 노동자에게 임금을 정당하게 지불하는 것(눅 10:7; 딤전 5:18)과 불필요한 보증을 피하는 것(잠 6:1-2; 11:15) 등이 있고, 금해야 할 것으로는 사기 거래(속이는 저울 사용 등), 낭비적 노름(잠 21:17) 등이 있다.

10. 하나님이 주신 재산을 적합하게 사용하는 방법은 무엇인가?

사람마다 시대마다 지역마다 계층마다 사용하는 방법이 다를 수 있으나, 일반적으로 말하자면, 첫째, 땅의 재물을 하늘에 쌓는 것이다. 하나님의 의와 나라 및 복음의 전파 사역을 위하여 십일조를 드리는 일이다(마 6:19-20; 말 3:8-12). 또한 구제하는 일을 위하여 헌금하는 일이다(고후 8:4). 십일조와 구제헌금은 부의 재분배를 위한 하나님의 고유한 방법이다. 그리고 개인적으로 도울 힘이 있으면 베풀기를 아끼지 말아야 한다(잠 4:27). 구제를 좋아하는 자는 풍족하여지고 삶이 더욱 윤택해진다(잠 11:24, 25).

둘째, 자기 자신의 자유와 행복을 위해서 적절하게 사용하는 것이다. 아브라함은 자기 자녀의 혼인을 위하여 사용한 바 있다(창 24:52, 53). 돈은 필요에 따라 사용하면 우리의 삶을 윤택하게 하고 자유하게 하는 것이다(참고, 전10:19하).

셋째, 훗날을 위하여 저축하는 것이다(참고, 잠 6:8).

제 40 과 사회 윤리

> **기본적인 질문:**
>
> 1. 십계명 가운데 제9계명은 무엇이며, 요구하는 의무가 무엇인가?
>
> 2. 제9계명이 금하는 죄가 무엇인가?
>
> 3. 제9계명과 관련하여 우리가 그리스도인으로서 행해야 할 것과, 금해야 할 것은 무엇인가?
>
> 4. 건강한 사회생활을 위해서는 좋은 친구와 이웃을 사귈 줄 알아야 한다. 어떻게 하면 좋은 친구와 이웃을 얻어 사귈 수 있는가? 요나단과 다윗의 경우(삼상 18:1-4; 19:1-7; 20:41-42; 삼하 1:26)를 예로 들어 생각해 보라.

1. 십계명 가운데 제9계명은 무엇이며, 요구하는 의무가 무엇인가?

제9계명은 "네 이웃에 대하여 거짓 증거하지말지니라"이다. 이 계명에 요구되어 있는 것은 첫째, 사람과 사람 사이의 진실과, 우리 자신 뿐 아니라 이웃의 명예를 보전하고 높이는 일이다. 둘째, 우리 이웃을 사랑으로 존중하고, 이웃의 명예를 사랑해 주고, 바라며, 즐거워하는 일이다. 셋째, 이웃의 연약함을 슬퍼하고 덮어주는 일이다. 넷째, 이웃의 재능이나 능력과 은사를 인정하고 그들의 무죄함에 대하여 변호하는 일이다. 다섯째, 이웃에 관한 좋은 소문을 기꺼이 받아 주되 나쁜 소문은 물리치는 일이요, 고자질하거나 아첨하며 비방하는 자들을 면전에서 책망하는 일이다. 여섯째, 우리 자신의 명예를 사랑하고 필요하면 그것을 방어하는 일이다. 일곱째, 합당한 약속을 지키는 일이다(웨스트민스터 대요리 144문답).

2. 제9계명이 금하는 죄가 무엇인가?

제9계명에 금하는 죄는 특별히, 첫째, 공적인 재판 사건에서 진실을 왜곡시키고, 거짓으로 증거하는 것과, 부당한 판결을 내리는 일이다. 둘째, 문서 위조, 진실 은폐, 부당한 묵비권 행사 그리고 불법에 대하여 책망하지 않고 침묵하는 일이다. 셋째, 진실을 불순하게 말하거나 거짓말하며, 고자질하고, 욕설을 하며, 오해를 일으킬 수 있는 말이나 행동을 하는 일이다. 넷째, 허황되게 자랑하거나 작은 허물을 부풀리며, 쓸데없이 약점을 들추어내고, 거짓 소문을 퍼뜨리는 일이다. 다섯째, 악하게 의심하는 일과, 불명예와 추문을 기뻐하는 일이다. 여섯째, 조소하는 멸시, 어리석은 칭찬, 합법적인 약속에 대한 파기, 불명예를 초래하는 것을 삼가하지 않고 행하는 일이다(웨스트민스터 대요리 145문답).

3. 제9계명과 관련하여 우리가 그리스도인으로서 기본적으로 행해야 할 것과, 금해야 할 것은 무엇인가?

위의 질문 1번과 2번(웨스트민스터 대요리 144, 145문답)의 해답에서 각자 확인해 보라. 예를 들면, 기본적으로 행해야 할 것으로는 이웃의 명예를 사랑하고 높여주는 일(참고, 삼상 18:4; 요나단이 자기의 겉옷을 벗어 다윗에게 주고 그의 군복과 칼과 활과 띠도 그리하였다)과, 이웃의 약점을 감당하거나 허물을 덮어주는 일이다(롬 15:1; 벧전 4:8, "무엇보다도 열심히 서로 사랑할지니 사랑은 허다한 죄를 덮느니라"). 그리고 금해야 할 것으로는 부당한 판결을 내리는 일(출 23:6; 왕상 21:11-16; 잠 17:15; 24:23-24), 작은 허물을 부풀리고 쓸데없이 약점을 들추어내는 일(잠 25:9-10; 창 9:22) 등이다.

4. 건강한 사회생활을 위해서는 좋은 친구와 이웃을 사귈 줄 알아야 한다. 어떻게 하면 좋은 친구와 이웃을 얻어 사귈 수 있는가? 요나단과 다윗의 경우(삼상 18:1-4; 19:1-7; 20:41-42; 삼하 1:26)를 예로 들어 생각해 보라.

"하나님은 우정이시다. 우정에 거하는 사람은 하나님 안에 거하는 것이다." "영혼의 친구가 없는 사람은 머리가 없는 육신과도 같다." "이제부터는 너희를 종이라 하지 아니하리니 좋은 주인의 하는 것을 알지 못함이라. 너희를 친구라 하였노니"(요 15:15). "그리스도인간의 우정은 하나님께 이르는 직접적인 통로이다."

이상의 말들로 미루어 알 수 있듯이 친구와의 우정은 건강한 사회생활 뿐 아니라, 신앙적으로도 하나님과의 사귐을 갖는데 참으로 유익하다. 좋은 영적 친구는

"자기 자신에게 하듯 서슴지 않고 대등한 입장에서 말할 수 있고, 자신의 잘못을 두려움 없이 털어놓을 수 있는 사람이요, 영적 생활의 진보를 부끄러움 없이 알려 줄 수 있는 사람이며, 모든 비밀을 알려주고, 모든 생각을 말해 줄 수 있는 사람"이다.

진정한 친구는 우정을 나누면서 저의를 품지 않으며 이해관계를 생각하지 않는다. 친구는 우정 그 자체를 위하는 친구일 뿐이다. 친구 자신을 진실로 사랑하는 우정이라야 참된 우정이다. 그래서 친구는 허물을 들추거나 비난하는 대신 위하여 기도하는 것이다. 그리스도인은 왕 같은 제사장으로서 친구를 위해 중보 기도함으로 우정을 쌓는다. 그리고 그리스도인은 더 심오한 수준에서 중보 기도의 대상이 될 뿐 아니라, 합심 기도의 짝이 되는 사람과 함께 친구를 사귄다. 기도함으로 서로 의존하고, 서로 복종하는 가운데 서로 교제하며 우정을 나눈다(참고, 폴 스티븐슨, 「현대인을 위한 생활 영성」제 10장 대인관계의 영성).

요나단과 다윗의 우정은 성경에서 찾아볼 수 있는 가장 모범적인 경우이다. 요나단은 왕자요 다윗은 목동이었으나 이 두 사람은 서로 마음을 통하였다. 서로를 자기 생명같이 사랑했다. 그리고 더불어 언약을 맺었으며, 요나단이 다윗에게 자기가 입었던 겉옷과 군복과 칼등을 주어 그의 명예를 높여 주었다(삼상 18:1-4). 요나단은 다윗을 사랑하므로 사울이 다윗을 제거하려는 음모를 알게 되자 그에게 알리어 위험을 면하게 할 뿐 아니라, 아버지인 사울에게 다윗의 좋은 점들을 칭찬하여 다윗에게 해를 끼치지 말 것을 진언하였다(삼상 19:1-7). 그럼에도 불구하고 사울이 다윗을 기필코 해하려 하자 요나단은 다윗을 떠나보내면서 피차 입 맞추고 울었다. 그리고 서로 축복해 주었다(삼상 20:41-42). 이처럼 사랑한 까닭에 요나단이 전사하자 다윗은 애통해 하며 말하기를, "그대는 내게 심히 아름다움이라. 그대가 나를 사랑함이 기이하여 여인의 사랑보다 승하였도다"하였다(삼하 1:26).

이들의 우정을 요약해 보면, 서로 마음을 나누었다. 상대방의 명예를 세워 주었다. 생명을 보호해 주고, 좋은 점들을 칭찬하였다. 서로를 위해 기도해 주고 축복했다. 진심으로 사랑했다. 그들 사이에는 오직 우정만이 있었다. 그래서 평생 좋은 친구였다. 그들은 서로를 향하여 마음이 따스하고 열려 있으며, 서로 존경하였다.

제 41 과 절제의 삶

기본적인 질문:

1. 십계명 가운데 마지막 제10계명은 무엇이며, 요구하는 의무가 무엇인가?

2. 제10계명이 금하는 죄가 무엇인가?

3. 탐욕이 어떤 점에서 일만 악의 뿌리가 되며, 우상숭배와 연결되는가?(딤전 6:10; 딤후 3:2-4; 롬 1:28-32; 골 3:5; 약 1:15)

4. 출애굽한 이스라엘 백성이 쉽게 자주 범죄하게 된 까닭이 무엇이었는가?(출 16:1-2; 민 11:4-9)

5. 탐욕을 절제하는 것과 관련하여 우리가 자연을 통해서 배울 점이 무엇인가?

6. 예수 그리스도의 제자의 삶을 사는데 탐욕이 어떤 점에서 치명적으로 해로운가?

7. 절제의 삶을 위한 효과적인 방법은 무엇인가?

---

1. 십계명 가운데 마지막 제10계명은 무엇이며, 요구하는 의무가 무엇인가?

마지막 제10계명은 "네 이웃의 집을 탐내지 말지니라. 네 이웃의 아내나 그의 남종이나 그의 여종이나, 그의 소나 그의 나귀나, 무릇 네 이웃의 소유를 탐내지 말지니라"이다. 이 계명에 요구되어 있는 의무는 우리 자신의 형편에 대하여 온전히 만족하는 것(히 13:5, "돈을 사랑치 말고 있는 바를 족한 줄로 알라"; 딤전 6:6, "자족하는 마음이 있으면 경건이 큰 이익이 있느니라")과, 이웃에 대하여 진심으로 자애로운 자세를 취하는 것이다(롬 15:15, "즐거워하는 자들로 함께 즐거워하고"). 이로써 이웃을 대하는 우리의 행동과 감정이 그의 모든 재산을 돌보고 증진시키는데 기여한다. 자기의 유익보다는 이웃의 유익을 먼저 생각하는 것이다(고전 13:5)(웨스트민스터 대요리 147문답).

2. 제10계명이 금하는 죄가 무엇인가?

제10계명에 금하는 죄는 우리 자신의 재산에 불만족하고(왕상 21:4), 이웃의 재물을 시기하거나 못마땅하게 여기며(시 73:3, 7, 12-13), 이웃의 것에 대하여 부당한 행동을 취하고 감정을 갖는 것이다(롬 13:10; 신 5:21)(웨스트민스터 대요리 148문답).

3. 탐욕이 어떤 점에서 일만 악의 뿌리가 되며, 우상숭배와 연결되는가?(딤전 6:10; 딤후 3:2-4; 롬 1:28-32; 골 3:5; 약 1:15)

돈을 사랑하면 그것이 일만 악의 뿌리가 되어 미혹을 받아 믿음에서 떠난다(딤전 6:10). 교만해지고 부모를 거역하며 쾌락을 사랑하기를 하나님 사랑하는 것보다 더 한다(딤후 3:2-4). 탐욕에서 시기, 살인, 분쟁, 사기, 비방, 무자비함 등이 열매 맺는다(롬 1:28-32). 탐욕이 잉태한즉 죄를 낳고 죄가 장성한즉 사망을 낳는다(약 1:15).

이처럼, 탐욕이 잉태되면 불의한 재판을 통해 남의 재산을 빼앗고자 제9계명인 거짓 증거와 위증 또는 문서 위조, 사기와 비방의 죄를 짓게 된다. 이웃의 재산을 탐내어 제8계명인 도적질도 쉽게 하며, 이웃의 아내를 탐내어 제7계명인 간음하는 죄도 범한다. 이웃의 재산을 약탈하기 위해 제6계명인 살인하는 죄도 서슴지 않게 된다. 탐욕이 많으면 부모를 거역하여 제5계명인 부모 공경을 하지 않는다. 탐욕이 잉태하면 죄를 낳아 하나님 예배하기를 싫어하여 제4계명인 안식일을 기억하여 거룩히 지키라는 의무를 멸시하며, 제3계명인 곧 하나님의 이름을 거룩하게 하는 의무도 순종하지 않게 되고, 결국은 제1계명과 제2계명도 범하여 우상숭배 죄를 범하고 사망을 초래하는 것이다. 이렇듯 탐욕은 결과적으로 십계명 전체를 하나하나 다 범하게 만든다.

4. 출애굽한 이스라엘 백성이 쉽게 자주 범죄하게 된 까닭이 무엇이었는가?(출 16:1-2; 민 11:4-9)

이스라엘 백성은 하나님의 권능과 크신 언약적 사랑을 힘입어 애굽에서 해방되었고, 홍해를 마른 땅 건너듯 하였으며, 광야에서 구름기둥과 불기둥의 인도를 받았고, 만나와 메추라기로 배불리 먹었으면서도 그들은 조금만 불편하거나 목마르거나 먹는 것이 시원치 않다 싶으면 하나님을 원망하고 불평하였다. 즉, 애굽에서 종살이하던 가운데 체질화된 탐욕으로 인하여 그들은 하나님을 자주 거역하고 분노하게 만들었다(출 16:1-2; 민 11:4-9).

이로 보건대, 탐욕은 우리의 눈을 가리고 머리를 우둔하게 만들며 마음을 강퍅하게 하며, 도무지 은혜도 모르고 감사할 줄도 모른다. 오직 원망과 불평과 거역하는 일 뿐이다. 탐욕으로 인하여 마침내 이스라엘 백성은 우상 숭배하는 죄를 범하여 하나님의 진노를 당하기도 했다(출 32:1-10).

5. 탐욕을 절제하는 것과 관련하여 우리가 자연을 통하여 배울 점이 무엇인가?

사람은 욕심이 한이 없다. 채우고 채워도 부족할 뿐이다. 욕심 때문에 망하고 죽어도 욕심을 부린다. 예를 들면, 이성 없는 짐승들은 음식을 먹을 때 먹을 만큼 먹으면 족하다. 그러나 사람은 탐식, 과식, 포식을 일삼는다. 남으면 그냥 쓰레기로 버린다. 옆에서 다른 사람들이 굶어죽어도 나누어 주기를 싫어한다(참고, 눅 16:19-21, 25).

자연은 한마디로 적은 것으로도 곧잘 만족한다. 넘치면 다른 곳으로 흘려보낸다. 예를 들어 사막의 선인장을 보자. 선인장은 비가 오지 않는 사막에서도 가시로 몸을 단장한 채 풍만한 육질의 몸을 자랑하고, 가시 끝에서 찬란한 원색의 탐스러운 꽃을 피운다. 어떻게 보면 최악의 자연 조건에서도 선인장은 최상의 초록빛 몸통 줄기를 키워내고 최고의 화려한 꽃을 피운다. 최악의 환경 속에서도 만족하고 감사하며 하나님께 영광을 돌리는 것이다. 이것이 자연의 미덕이다.

욥은 모든 것, 즉 자녀, 재산, 건강 등을 다 잃고서도 어리석게 하나님을 원망하지 아니했다(욥 1:22). 범사에 감사하고 만족하는 것이 우리를 향한 하나님의 뜻이다(살전 5:18).

6. 예수 그리스도의 제자의 삶을 사는데 탐욕이 어떤 점에서 치명적으로 해로운가?

예수의 제자의 삶은 자기를 부인하며 날마다 자기 십자가를 지고 그를 따르는 것이다(마 16:24; 눅 9:23). 그러나 탐욕은 자기를 부인하는 일을 모른다. 탐욕은 날마다 자기 십자가 지는 일을 결코 하지 않는다. 탐욕의 사람 가룟 유다는 결국 예수님을 배반하였고(마 26:14-16), 데마도 이 세상을 사랑하여 즉 탐욕 때문에 바울을 버렸다(딤후 4:10). 이렇듯, 탐욕은 성격상 자기를 부인하는 것과 십자가를 지는 것에 있어서 치명적으로 해로운 것이다.

7. 절제의 삶을 위한 효과적인 방법은 무엇인가?

첫째, 자기를 부인하고 날마다 자기 십자가를 지는 것이다(마 16:24; 눅 9:23). 절제의 삶을 사는 데는 자기를 부인하는 것이 기본 필수이다.

둘째, 탐욕을 물리치는 것이다(눅 12:15; 갈 5:24; 엡 5:3; 살전 5:22). 탐욕은 그 이름이라도 부르지 아니하며, 십자가에 못 박아 버려야 한다.

셋째, 자족하기를 배우는 것이다(빌 4:11; 딤전 6:5). 범사에 감사하고, 비천이나 풍부를 가리지 않고 적응할 수 있어야 한다.

넷째, 재물에 소망을 두지 않는 것이다(딤전 6:17). 재물은 언제라도 썩고 없어질 것이기 때문에 우리의 소망이 될 수 없다.

다섯째, 기도로 탐욕을 억제한다(잠 30:8).

여섯째, 오직 하나님으로 만족한다(합 3:18). 오직 여호와를 인하여 기뻐하고 즐거워하며, 범사에 감사하는 것이다(살전 5:18).

일곱째, 적당량의 식사를 한다. 식탐을 죽이는 것이 절제의 효과적인 첫 단계이다. 대신 하나님의 입으로 나오는 말씀을 즐겨야 한다(마 4:4; 참조, 마 3:4).

여덟째, 구제하기를 좋아한다. 이웃을 사랑함으로 나누고 베풀 때 탐욕을 버리고 절제하게 된다(잠 11:24-25).

제 Ⅲ부
경건의 삶

"말씀과 기도의 뜨거움 속에 신령한 생명이 있다."

제자는 태어나는 것이 아니고 만들어진다. 특별히 훈련을 통해서 양육된다. 그래서 영어로 제자(disciple)와 훈련(discipline)은 어근이 같다. 제자는 교육과 훈련으로 만들어지는 것이다. 예수의 제자들은 예수를 그리스도로 믿고 따르는 자들이요, 예수 그리스도를 통해서 하나님의 사랑 받는 자들이다. 즉, 믿음의 성도들이요 경건한 자들이다. 제자들이 성숙하고 온전해지려면 믿음의 훈련과 경건의 훈련이 필요하다.

교회 역사를 보면 17세기에 독일에서 스페너(P. J. Spener)와 그의 제자된 프랑케(A. H. Francke)에 의하여 발전되고, 18세기에는 진센도르프(Zinzendorf)의 모라비안파와 그의 영향을 받은 요한 웨슬리(John Wesley)에 의해서 크게 영향을 미친 경건주의(pietism) 운동이 있었다. 이 운동은 유럽에서 삼십년 전쟁(1618-1648)으로 말미암아 교회가 교리 논쟁과 정치적 이해관계로 세속화되고 부패한 것에 실망하여 일어났다. 그래서 처음부터 기도운동에 힘쓰고 성경공부와 그리스도인의 생활 훈련을 강조하여 하나님을 뜨겁게 만나 찬송하는 가운데 변화의 삶을 살게 하였다. 이로써, 성경과 전통적 기본 교리에 기초하여 하나님과의 만남의 체험을 통한 헌신된 삶 곧 경건의 삶의 훈련이 강조된 바 있었다.

이로 보아, 기독교 신학은 기본적으로 생명의 삶을 싹트게 하고, 제자의 삶으로 연결시켜 하나님의 말씀을 따라 믿어 순종하는 삶을 살게 하되, 경건의 훈련을 통해 생명이 성숙되고 온전해질 수 있게 해야 하는 것이다. 이렇듯, 생명의 삶, 제자의 삶, 그리고 경건의 삶이 서로 어우러져야 그리스도인의 균형 잡힌 온전한 삶이 가능하다.

생명의 삶과 제자의 삶을 온전하게 하는 경건의 삶은 믿음의 표현이요 행사(exercise)인 기도와 말씀 묵상을 방편으로 하여 훈련된다. 그래서 제 Ⅲ부 경건의 삶은 하나님 만남의 경험, 기도, 금식의 훈련들을 다루었다. 끝으로 마무리함에 있어서 제자의 삶의 훈련을 다룸으로 전체가 하나로 통합되게 하였다.

제 42 과 경건과 영성

기본적인 질문:

1. 경건이라는 단어의 성경적 의미는 무엇인가? (참고, 시 86:2; 132:9, 16; 145:10; 149:5; 행 3:12; 벧후 1:3, 6; 3:11; 딤전 2:10; 3:16; 5:4; 6:3-6; 딛 1:1; 약 1:27)

2. 경건이라는 단어의 신학적 의미는 무엇인가? 그리고 기독교 영성과 어떤 점에서 서로 통하는가?

3. 디도서 2:12에 근거해서 볼 때, 영성에는 어떤 요소들이 있는가?

4. 영성은 왜 필요한가?

5. 영성 훈련은 왜 필요한가?

6. 영성을 훈련하는데 어떤 방법들이 있는가?

1. 경건이라는 단어의 성경적 의미는 무엇인가?(참고, 시 86:2; 132:9, 16; 145:10; 149:5; 행 3:12; 벧후 1:3, 6; 3:11; 딤전 2:10; 3:16; 5:4; 6:3-6; 딛 1:1; 약 1:27)

경건이라는 단어는 히브리어 '하시드' 와 헬라어 '유세베이아' 이다. 신약에서는 '데오세베이아' (딤전 2:10)와 '드레스케이아' (약 1:27)도 경건을 의미한다.

시편 86:2에 보면, '하시드' 가 '경건하다' 로 번역되어 있으나 그 본래의 뜻은 '하나님께 은혜를 입다' 이다. '하시드' 는 언약적 사랑과 은혜를 의미하는 '헤세드' 의 수동형이다. 이로 보건대, 경건이란 하나님의 언약적 사랑 곧 은혜를 아는 것이다. 그런데, 시편 86:1-17까지의 내용을 전체적으로 보면, 하나님의 은혜를 아는 자는 곤고하고 궁핍한 중에 하나님을 의지하며(2절), 기도하고(3절), 경배하며 찬양하고(9절), 경외하고(11절), 하나님의 긍휼하심과 구원을 인하여 찬송과 영광을 돌리며(12-16절), 하나님의 위로를 감사하고 있다(17절). 그러므로 시편 86편에 나타나 있는 경건은 하나님의 은혜와 긍휼과 위로와 구원을 인하여 하나님께 감사 찬송하고 영광 돌리며 의지하는 것으로 하나님께 대한 바른 태도와 합당한 예배이다.

시편 132:9, 16; 145:10; 149:5에는 '하시드'의 복수형인 '하시딤'이 '성도들'로 번역되어 있다. 그래서 사도 바울은 로마서 1:7에서 "하나님의 사랑을 입고 성도로 부르심을 입은 모든 자"라 하여, 성도가 바로 하나님의 사랑을 입은 자들임을 밝혀 놓은 것이다. 그런데 이 구절들을 보면, 성도들은 하나님의 의를 인하여 즐거이 찬양하고(시 132:9, 16), 하나님의 나라와 영광과 그의 능하신 일들을 인하여 감사하고 송축하며(시 145:10), 하나님이 성도들을 기뻐하시고 구원으로 아름답게 하심을 인하여 영광 중에 즐거워하고 있다(시 149:5). 이 구절들에서도 경건이 시편 86편의 경우와 같다는 사실을 알 수 있다.

신약의 용법을 보면 경건(헬라어, '유세베이아')이 권능과 함께 쓰였는가 하면(행 3:12), 하나님의 신기한 능력과 생명(벧후 1:3), 인내 및 형제 우애 등과 함께(벧후 1:6, 7), 또한 거룩한 행실(벧후 3:12), 예수 그리스도의 말씀, 지족하는 마음(딤전 6:3-6), 그리고 믿음 및 진리의 지식(딛 1:1) 등과 함께 사용되었다. 이상에서 경건과 함께 쓰인 용어들을 살펴보면, 하나님이 주시는 능력이나 생명과 같은 성질의 것이요, 믿음과 진리의 지식을 통해서 성령으로 맺는 열매와 같은 성질의 것임을 알 수 있다.

그런데, 디모데전서 2:10에 사용된 '데오세베이아'의 경우를 보면, 경건이 하나님을 공경하는 것을 의미하며, 5:4에서는 부모에 대한 효(孝)를 의미한다. 그리고 야고보서 1:27에 사용된 '드레스케이아'는 하나님을 예배하는 것을 의미하는데, 고아와 과부를 사랑하고 보살핌으로 하나님을 예배하게 된다는 것을 함축하고 있다. 그리고 특별히 디모데전서 3:16에 보면, '경건의 비밀'이라는 표현이 사용되어 있다. 여기서 비밀은 육신을 입고 그리스도가 이 땅에 오신 것과 성결의 영으로는 하나님의 아들로 의롭다 선언되신 것과 부활하여 천사들에게 보이신 것과 만국에 전파되시고 세상에서 믿은 바 되시며 하늘에 올리우신 사실을 가리키는 바, 이 비밀은 곧 그리스도의 복음이다. 이 비밀이 경건이다. 그러므로 경건은 그리스도의 복음을 알고 믿으며 이로 말미암아 하나님을 찬미하는 것이다.

이상의 용법들을 종합해 보면, 경건은 그리스도의 복음의 진리에 나타난 하나님의 구속의 사랑을 알고서 하나님을 공경하고 하나님께 헌신하는 것이요, 성령의 내적 능력을 힘입고 그 헌신에서 우러나오는 예배와 찬미, 생명과 형제 사랑 등이다.

2. 경건이라는 단어의 신학적 의미는 무엇인가? 그리고 기독교 영성과 어떤 점에서 서로 통하는가?

경건이라는 용어를 신학적으로 사용한 칼빈의 『기독교 강요』(제 I 권 2장 1-2절)에 의하면, 하나님의 은총에 관한 지식을 통해서 체감하는 하나님에 대한 사랑이 곁들어진 경외이다. 이 경건은 하나님의 자녀들이 모든 것을 하나님께 빚지고 있다는 것과, 하나님의 부성적 사랑으로 길리움을 받고 있다는 것과, 하나님이 모든 좋은 것의 원천이시라는 것을 깨달을 때, 즉 그리스도의 복음을 알 때 가능하다.

그래서 경건의 사람은 하나님을 주(主)요 아버지로 알고서, 범사에 그의 권위를 인정하고 그의 위엄을 존중하며, 그의 영광을 드러내는데 마음을 기울이고, 그의 계명들에 순종하는 것을 합당하게 생각한다. 그러므로 경건은 하나님의 임재 앞에서 그리스도 예수의 복음에 나타난 하나님의 사랑을 알고서 하나님께 감사하고 찬양하며 신뢰하고 순종하는 삶이다. 그래서 경건은 하나님에 대한 사랑과 신뢰와 경외를 함의하고 있는 하나님에 대한 참되고 건전한 지식의 필요조건이다. 참된 경건이 있어야 하나님을 아는 참된 지식이 있고, 이 참된 지식으로 말미암아 참된 믿음이 있게 되는 것이다. 즉, 참 경건과 참 지식과 참 믿음은 본질상 하나이다.

그런데, 칼빈이 말하고 있는 이 경건은 오늘날 소위 영성과 사실상 같다. 이는 영성이 본질상 하나님의 임재 앞에서 하나님의 영광을 위하여 열정적으로 순종하고 헌신하여 사는 삶이기 때문이다. 좀더 자세하게 말하자면, 영성이란 그리스도의 복음의 진리를 통해서 하나님과 그의 사랑을 알고서 하나님의 임재를 마음 깊이 느낌으로써 성령의 충만과 지배와 인도 가운데서 거룩한 경외심과 큰 기쁨과 열심과 활기를 가지고 하나님을 높이며 하나님께 영광을 돌리고 하나님을 충만하게 즐거워하는 것 곧, 하나님의 영광을 위하여 사는 역동적이고 활기찬 삶이다.

3. 디도서 2:12에 근거해서 볼 때, 영성에는 어떤 요소들이 있는가?

디도서 2:12에 근거하여 기독교 영성의 3요소를 고려해 보자면 근신함과 의로움과 경건함이다. 근신함이란 절제와 검소와 정절 등 자기를 부인하고, 세상적이고 육신적인 욕심을 버리는 것이다. 이로써, 세상 재물에 대하여 검소하게 사용하고 빈곤한 가운데서도 만족할 줄 알며, 성령으로 범사에 감사하고 항상 기뻐하며 하나님을 즐거워하는 것이다. 이 근신함은 그리스도의 십자가의 은혜를 알고, 그 십자가를 통해서 하나님의 영광의 임재를 경험하여 성령으로 회심하고 변화하여 자신의 정과 욕심을 십자가에 못 박음으로 가능하다. 그러므로 이 근신은 자기를 부인하고 절제하는 데서 가능하다.

의로움이란 이웃의 권리를 존중하여 이웃에게 이웃의 몫을 돌려주며 온유, 양선 등을 통해서 이웃을 자기 몸처럼 사랑하고, 이웃의 유익을 먼저 생각하고 이웃의 몫을 먼저 챙겨 준다. 우리가 하나님의 임재 앞에서 그리스도의 희생의 은혜를 깨닫고 회개하면 할수록 이웃을 사랑하게 되는 것이다. 이웃 사랑은 우리가 성령으로 성결하게 되는 비결이요, 믿음의 진실성을 확증해 주는 시금석이다. 그러므로 사회적으로 힘이 없고 가난한 자들을 편들어 보호해 주며(약 1:27), 상처 입은 자들을 불쌍히 여겨 치유하는 것이 바로 의로움이다(참조, 눅 10:30-36).

끝으로, 경건함이란 세상 불법을 떠나 하나님과의 교제를 가짐으로써 그를 예배하고 경외함으로 거룩하게 되는 것이다. 경건한 사람은 여호와의 율법을 주야로 묵상하는 가운데 그의 삶이 풍성하여 하나님께 범사에 인정을 받는 복 있는 자요(시 1:2-3, 6), 구원의 뿔이신 여호와를 사랑하는 자이며(시 18:1-3), 목자이신 예수 그리스도의 인도하심을 따라 사망의 음침한 골짜기 속에서도 감사하고 만족하는 자요(시 23편), 악인이 일시적으로 형통하고 성도가 매일 재앙을 당하여도 하나님께서 자기와 함께 계시고 능력으로 붙드심을 알고서 하나님께 가까이 하는 자이다(시 73:3, 14, 23-28).

4. 영성은 왜 필요한가?

성도들에게 영성이 필요함은 다음과 같은 이유들 때문이다.

첫째, 인간의 본질상 필요하다. 하나님은 인간에게 본래부터 영원하신 하나님을 사모하고 갈급하는 마음을 주셨다(시 42:1-2; 전 3:11). 그래서 하나님께 영광과 찬양을 돌리며 그를 즐거워하는 가운데 예배하지 아니하면 사람은 삶의 의미와 목적을 찾지 못하는 것이다.

둘째, 구원과 관련하여 필요하다. 죄인된 인간은 성령 없이는 그리고 그리스도를 믿는 믿음 없이는 하나님의 자녀의 권세를 회복하여 하나님과의 사귐을 가질 수가 없고, 하나님을 예배할 수도 없기 때문에 구원론상 영성이 필요하다.

셋째, 종말론상 필요하다. 종말 시대의 특징은 이기적인 자기 사랑 때문에(딤후 3:1-2) 사랑이 식어지고(마 24:12), 경건을 상실하며(롬 1:21, 28) 사람들이 돈과 쾌락을 사랑하고 무정하고 무자비하게 되는 것이다(딤후 3:2-5). 이 같은 무정함과 무자비함을 이겨내는 길은 오직 성령의 능력뿐이다(갈 5:16; 참조, 겔 36:26).

넷째, 일상 생활상 필요하다. 하나님은 우리의 삶의 주인이시다. 성령님은 특별히 생명의 근원이시요, 성령을 보내신 그리스도는 우리의 생명의 주이시다. 성도는 때마다 일마다 하나님 앞에서(잠 3:6) 예수 그리스도 안에서 성령을 좇아 살아야 한다(갈 5:25; 6:8). 그리스도의 사람이면 매일 범사에 성령의 인도하심을 좇아 행해야 하는 것이다(롬 8:13-14).

5. 영성 훈련은 왜 필요한가?

영성의 훈련이 필요한 것은 다음과 같은 이유들 때문이다.

첫째, 예수의 제자들은 훈련생(disciples), 군사, 운동선수, 또는 농부와도 같다(딤후 2:3-6). 그래서 경건과 영성의 훈련이 필요한 것은 당연하다(딤전 4:7-8). 이 훈련은 전심전력을 요구한다(딤전 4:15).

둘째, 그리스도 안에서 회복한 하나님의 형상이 죄로 인해 자주 손상되어 우리가 아는 하나님의 지식이 왜곡되고 변질될 수 있기 때문이다. 매일같이 성경 말씀을 묵상하고 기도하는 훈련이 없이는 하나님을 깊이 아는 지식이나 하나님과의 깊은 교제가 흐려지고 만다.

셋째, 죄가 뿌리 깊은 습관을 형성하고 있기 때문이다. 죄가 육신의 뿌리깊은 습관을 통해서 우리를 넘어뜨리고자 활동한다(롬 3:9-18; 고전 3:3). 이 뿌리 깊은 습관은 인간의 의지만으로는 뽑히지 않는다. 오직 성령과 그리스도 은혜만이 할 수 있다.

넷째, 기독교 영성이 실제적 삶에서 열매를 맺기 때문이다. 선한 삶은 성령의 인도하심 속에서 되어지지만, 성령은 각종 은혜의 방편들을 사용하여 그리스도인들을 훈련하시는 것이다.

6. 영성을 훈련하는 데는 어떤 방법들이 있는가?

영성을 훈련하는데 성령님께서 사용하시는 주요한 방법으로는 하나님의 말씀인 성경을 읽고 묵상하는 훈련과, 성령 안에서 성경에 기초하여 매일 규칙적으로 힘써 해야 하는 기도의 훈련, 육체를 쳐 복종시키기 위한 금식 훈련, 자기를 부인하는 검약과 희생의 훈련, 하나님의 임재를 경험하고 그를 경배하는 예배 훈련, 그리고 거룩함과 안식의 복을 위한 주일 성수 훈련 등이 있다.

제 43 과   하나님과 만남의 경험

기본적인 질문:

1. 하나님을 아는 지식은 하나님과 만남의 경험을 통해서 얻어진다. 하나님이 우리의 삶 속에서 항상 일하고 계심을 아는가? 요셉의 경우는 어떠했는가?(창 45:4-8)

2. 하나님과 만남의 경험은 사랑의 관계 속에서 얻어진다. 하나님은 자기의 사랑을 무엇에서 어떻게 확증하셨는가?(롬 5:8) 베드로의 사랑 경험은 어떠했는가?(요 21:15-17)

3. 사랑의 관계가 깊어지려면 무슨 방법이 효과적인가? 하나님 은혜의 외적 방편과 관련지어 말해 보라.

4. 하나님이 개개인에게 말씀하시는 때 거기에는 네 가지의 중요한 요소가 있다. 모세의 경우는 어떠했는가?(출 3:1-14)

5. 하나님과 만남의 경험을 위해서는 하나님의 뜻에 따라 삶을 조정하여 맞추어 순종해야 한다. 이 같은 삶의 조정과 순종을 위해서는 어떤 결단이 필요한가? 구약에서 아브라함의 경우(창 11:31-12:5)와 신약에서 예수를 찾아온 한 부자 청년의 경우(눅 18:18-27) 각기 어떠했는가?

6. 하나님과 만남의 경험에는 어떤 종류들이 있는가?(참조, 행 9:1-9; 10:44-46; 6:35; 11:28; 시 136:5-9; 눅 7:37-50; 롬 8:35, 39)

7. 진정으로 영적인 사람은 어떤 사람인가? (갈 5:16, 25). 그 사람의 생명 원리는 무엇인가?(고전 3:16; 갈 2:20; 요 4:14; 7:38)

8. 하나님을 만나는 경험의 진수이자 영혼의 생명의 핵심 요소는 무엇인가?(고전 13:1-7)

1. **하나님을 아는 지식은 하나님과 만남의 경험을 통해서 얻어진다. 하나님이 우리의 삶 속에서 항상 일하고 계심을 아는가? 요셉의 경우는 어떠했는가?(창 45:4-8)**

　예수님이 하신 말씀을 보면 공중의 새도 하나님이 기르시고, 들의 백합화도 하나님께서 꽃을 아름답게 피게 하신다(마 6:26-30). 암사자와 까마귀에게 먹을 것을 예비해 주고(욥 38:39-41), 독수리에게 보금자리를 마련해 주시는 분이 하나님이시다(욥 39:27-30).

　더욱이, 하나님은 자기 백성의 구원을 위하여 항상 열심히 우리 주위에서 일하고 계신다. 요셉의 경우를 보면, 그는 형들의 시기로 미움을 받아 애굽으로 팔려가, 거기서 주인이었던 보디발의 아내의 간계와 무고로 감옥에 갇히게 되었으나, 바로왕의 꿈을 해석해 주는 일과 애굽 전역과 가나안 땅 등에 임한 7년 기근을 통해서 아버지 야곱과 그의 형들의 생명을 구원하게 된 일 등 모든 것이 하나님의 하신 일이었다. 그래서 요셉은 간증하기를 형들이 자기를 애굽에 팔았으나 실은 하나님이 아버지와 형들의 생명을 구원하시려고 자기를 먼저 보내었다고 하였다(창 45:4-8). 여호와 이레 하나님 아버지께서는 우리를 위해서 항상 섭리하시는 것이다. 하나님의 섭리를 아는 자마다 하나님을 만나며 하나님을 깊이 아는 것이다.

2. **하나님과의 만남의 경험은 사랑의 관계 속에서 얻어진다. 하나님은 자기의 사랑을 무엇에서 어떻게 확증하셨는가?(롬 5:8) 베드로의 사랑 경험은 어떠했는가?(요 21:15-17)**

　하나님은 이스라엘 백성이 "범죄한 나라요 허물진 백성이요 행악의 종자요 행위가 부패한 자식"이었으나(사 1:4), "내가 너를 택하고 싫어 버리지" 아니하였고(사 41:9) "내가 너를 보배롭고 존귀하게 여기고 너를 사랑"(사 43:4)하고 나의 영광과 찬송을 위하여 지었다고 선포하셨다(사 43:7, 21). 여인들이 자기의 젖먹이를 혹시 잊을지라도 하나님은 결코 잊지 아니하시는 것이다(사 49:15). 자기 백성에 대한 하나님의 사랑은 특별하다. 하나님은 자기 백성의 허물과 죄악에도 불구하고 집요하게 그들을 향하여 사랑을 추구하시고 나타내 보이신다.

　이렇듯, 하나님이 사람을 창조하신 것은 사랑을 위해서였다. 그래서 하나님은 자기의 유일하신 아들 예수 그리스도를 십자가의 희생 제물로 삼아 자기의 사랑을 확증하셨다(롬 5:8). 하나님은 예수 그리스도를 십자가에 못 박아 매달므로 모든 죄의 저주와 형벌을 지우시고 그의 의를 성취하시어 그를 믿는 자마다 영생의 구원을 얻게 하셨다.

우리의 죄를 위하여 십자가에 못 박혀 죽으시고 죽은 자 가운데서 부활하신 예수 그리스도는 자기를 버리고 본래의 직업대로 물고기 잡으러 디베랴 바다로 도망간 베드로를 찾아 가셨다. 아니 그곳에 먼저 가 계셨다(참고, 마 28:10). 밤새도록 그물을 던지고도 아무것도 잡지 못해 맥이 빠진 베드로를 위해 153마리의 물고기를 잡게 하시고, 그가 그물을 끌고 오는 사이에 예수님은 벌써 숯불에 생선구이와 떡을 준비해 놓고서 그를 맞아 주면서 아침밥을 먹으라 하셨다. 아침 식사를 끝낸 후에 예수님은 베드로를 부르시고 그의 못 자국난 손과 발 그리고 창자국 난 옆구리를 보이시면서 "나를 사랑하느냐?"고 세 번 물으셨다. 베드로의 사랑의 고백을 받으시고 "내 양을 치라" 부탁하셨다(요 21:15-17). 베드로는 예수 그리스도와의 사랑의 대화를 통해서 하나님의 확실한 구속의 사랑에 감동되었던 것이다. 우리는 십자가에 나타난 하나님의 구속적 사랑(redemptive love)에서 하나님을 깊이 경험한다.

> 주 달려 죽은 십자가 우리가 생각할 때에
> 세상에 속한 욕심을 헛된 줄 알고 버리네
> 못 박힌 손발 보오니 큰 자비 나타내셨네
> 가시로 만든 면류관 우리를 위해 쓰셨네
> 온 세상 만물 가져도 주 은혜 못 다 갚겠네
> 놀라운 사랑 받은 나 몸으로 제물 삼겠네.

3. 사랑의 관계가 깊어지려면 무슨 방법이 효과적인가? 하나님의 은혜의 외적 방편과 관련지어 말해 보라.

고아들의 아버지로 널리 알려진 19세기의 조지 뮬러의 경우, 그는 하나님의 말씀 묵상과 기도를 통해 믿음으로 하나님의 인도 가운데 하나님과 동행하면서 하나님과의 사랑의 관계를 깊이 누렸다고 한다. 그는 하나님의 말씀을 읽으며 묵상하고 기도하는 가운데 하나님의 사랑의 응답을 인내하며 기다렸던 것이다. 성령님이 말씀을 통해 기도 가운데 가르쳐 주시기를 기다렸다. 그는 기도의 응답 속에서 날마다 하나님의 섬세한 사랑을 체험하며 하나님을 사랑하고 하나님만으로 만족하며 살았다.

하나님은 자기 백성과 사랑의 관계를 깊게 하심에 있어서 성령을 통해서 성경 말씀, 기도, 생활 환경, 그리고 교회를 방편으로 하여 말씀하신다. 이때에 하나님은 이 방편들 가운데서 어느 한 가지만으로 하시기보다는 여러 방편들이 서로 일치하게 말씀하신다. 말씀과 기도, 직장이나 친구, 교회의 목사나 가까운 성도를 통해서 말씀하시되 서로 같은 목소리로 말씀하신다.

4. 하나님이 개인에게 말씀하시는 때 거기에는 네 가지의 중요한 요소가 있다. 모세의 경우는 어떠했는가?(출 3:1-14)

하나님이 호렙산에서 떨기나무 불꽃 가운데서 모세를 만나 말씀하신 것을 보면(출 3:1-14), 첫째, 하나님이 말씀하시던 때 그것이 말씀을 받는 모세에게는 독특한 사건이요 경험이었다. 그가 볼 때 떨기나무에 불이 붙었으나 사라지지 아니하자, 그는 "내가 돌이켜 가서 이 큰 광경을 보리라"하고 그곳을 향하여 나아갔었다. 이로 보건대 떨기나무 불꽃은 모세에게 독특한 경험이었다.

둘째, 말씀하신 분이 바로 하나님이셨음을 모세는 알았다. 그는 자기를 부르시는 하나님의 음성을 들었다. 하나님께서 "모세야 모세야" 하시매, 그가 대답하되 "내가 여기 있나이다" 하였던 것이다.

셋째, 하나님의 말씀을 받은 모세는 하나님이 무슨 말씀을 하시는지 알았다. 모세가 하나님께 말하되, "내가 누구관대 바로에게 가며 이스라엘 자손을 애굽에서 인도하여 내리이까?" 하며 핑계를 댄 것은 하나님이 자기에게 무슨 말씀을 구체적으로 하신지를 알았기 때문이다. 하나님은 수수께끼를 내지 않고 알기 쉽게 말씀하시는 것이다.

넷째, 하나님이 말씀하시는 때가 곧 하나님과의 만남의 시간이다. 하나님이 모세에게 말씀하시는 때에 그는 하나님을 만났고 자기 백성을 향한 하나님의 사랑도 알았다.

이상에서 모세의 경우를 통해서 본 대로, 하나님이 말씀하시는 때에 확인되는 바 네 가지 중요한 요소는 말씀을 받는 개인에게 독특하게 느껴진다는 것과, 말씀하시는 분이 하나님이심을 안다는 것, 하나님이 무슨 말씀을 하고 계신지 또한 안다는 것, 그리고 말씀을 듣는 때가 바로 하나님과의 만남의 시간이라는 것 등이다.

5. 하나님과 만남의 경험을 위해서는 하나님의 뜻에 따라 삶을 조정하여 맞추어 순종해야 한다. 이 같은 삶의 조정과 순종을 위해서는 어떤 결단이 필요한가? 구약에서 아브라함의 경우(창 11:31-12:5)와 신약에서 예수를 찾아 온 한 부자 청년의 경우(눅 18:18-27) 각기 어떠했는가?

하나님과 사랑의 만남의 경험을 위해서는 어떤 결단이 필요하다. 예를 들면, 리브가는 이삭과 혼인하기 위하여 부모형제를 떠나는 일에 있어서 "내가 가겠나이다"(창 24:58)하고 즉시 결단하였고, 예수의 제자들도 그의 부르심을 받자 곧바로 배와 부모를 버려두고 좇았다(마 4:22). 이렇듯 사랑의 만남의 경험을 위해서는 기득권과 과거의 삶의 자리를 과감하게 버리는 결단이 필요하다. 이제는 나의 삶의 주인이 내가 아니고 남편 또는 예수 그리스도이시기 때문에 그 같은 결단이 그들에게 가능했다.

아브라함의 경우, 영광의 하나님이 그에게 나타나(행 7:2) 고향과 친척을 떠나 하나님이 보이실 땅으로 가라고 명령하시던 때, 그는 사라와의 사이에 자식도 없었으나 하나님의 뜻에 따라 과거의 삶의 자리를 포기하고 자기의 삶의 주인 자리를 하나님께 내드리고 그에게 순종을 결단하였다(창 11:31-12:5). 이것이 영적인 사랑의 경험이다.

이에 반하여, 신약에서 영생에 대하여 관심을 갖고서 예수를 찾아온 한 부자 청년 관원의 경우, 그는 이미 하나님도 알고 하나님의 계명의 핵심도 알며 좋게 여겼으나, 예수께서 요구하시되 "네게 있는 것을 다 팔아 가난한 자들을 나눠 주라"(눅 18:22) 하자 그는 큰 부자인고로 이 말씀을 듣고 심히 근심하고 물러갔다(참고, 마 19:22). 그는 결단하여 순종하지 못하였다. 그는 사랑을 알지 못한 것이다.

사람은 자기가 있던 자리에 계속 머물러 있으면 하나님과 동행할 수가 없다. 자기의 삶의 주인 자리를 자기가 차지하고 있는 한 사랑을 누구와도 나눌 수가 없다. 사랑하기에 자기 자리를 내어주고 결단하여 순종하는 것이다. 자기가 주인인 자리, 곧 자기의 기득권을 버릴 때 사랑을 경험하는 것이다.

6. 하나님과 만남의 경험에는 어떤 종류들이 있는가?(참조, 행 9:1-9; 10:44-46; 6:35; 11:28; 시 136:5-9; 눅 7:37-50; 롬 8:35, 39)

그리스도인이면 누구나 하나님의 자녀이자 성령의 전이기 때문에, 하나님과의 친밀하고 생동감이 넘치는 사랑의 관계를 갖고 싶어한다. 하나님의 임재와 성령의 충만함 그리고 그리스도가 우리 안에 살아계심을 피부로 실감하며 살고 싶어하는 것이다. 하나님이 우리와 함께 계심을 아는 사랑 체험은 그 자체가 축복이요 삶의 활력이다. 우리는 우리의 좋으신 하나님께 사랑으로 반응하여 결단하고 순종함으로 하나님을 다양하게 경험한다.

첫째, 회심의 경험이다. 바울은 다메섹으로 가던 길에서 부활하신 예수를 만남으로 급진적인 회심을 경험했다(행 9:1-9). 그리스도의 십자가의 보배로운 피의 은혜와 하나님의 사랑을 성령의 깨우침을 통해 깨닫게 되면 우리의 삶이 뿌리 채 흔들리는 근본적인 변화를 경험하게 되는바, 이것이 회심의 경험이다.

둘째, 황홀한 경험이다. 사도행전에 나오는 고넬료의 가정은 베드로의 말씀을 들으면서 성령의 세례를 받고 방언하며 하나님을 높이 찬양하게 되었다(행 10:44-46). 영적으로 황홀한 체험이었다. 성령의 황홀한 은사 체험은 부부간의 황홀한 체험이 사랑을 깊고 뜨겁게 하듯이 하나님의 사랑을 깊이 느끼게 해 준다.

셋째, 시각적, 청각적 경험이다. 스데반은 순교하던 순간 하나님 우편에 예수께서 서 계신 것을 보았다(행 6:35). 바울은 하늘로부터 자기의 이름을 부르는 예수의 음성을 들었다(행 9:4). 또한 밤에 환상 중에 "마게도냐로 건너와서 우리를 도우라"는 마게도냐 사람의 손짓을 보기도 했다(행 16:9). 이러한 신령한 음성과 환상은 다소 드물기는 하나님의 말씀을 묵상하며 기도하는 중에 듣고 보는가 하면 꿈에 경험하기도 한다. 그런데 이 같은 경험은 정신 질환으로 인하여 현실과 환상을 혼동하거나 사단에 의해 조작되는 수도 있음을 주의해야 한다.

넷째, 직관적 경험이다. 성경 말씀의 어느 구절을 읽는 가운데, 또는 새벽 기도나 금식 기도 중에 아니면, 어떤 특별한 사건을 통해 하나님이 말씀하시는 것을 직관적으로 느끼거나, 하나님이 함께 하심을 극적으로 느끼는 경우가 있다.

다섯째, 경이로운 경험이다. 하늘과 땅의 아름다움을 보고서 하나님을 경험할 수 있다(시 19:1; 136:5-9).

여섯째, 사랑의 경험이다. 누가복음에 나오는 죄인인 한 여자는 예수 그리스도를 통해서 많은 죄가 용서되는 사랑을 경험하고서 향유 담은 옥합을 가지고 와서 울며 눈물로 예수의 발을 적시고 그 발에 입 맞추고 향유를 부었다(눅 7:37-50).

일곱째, 일상생활에서의 경험이다. 야곱이 양치는 일에서 하나님이 함께 하시고 그의 고난과 수고를 감찰하시어 복을 주신 것을 통해 하나님을 크게 경험했듯이(창 31:42), 우리도 일상생활 현장에서 하나님의 함께 하심과 도우심을 체험할 수 있다.

7. 진정으로 영적인 사람은 어떤 사람인가?(갈 5:16, 25). 그 사람의 생명 원리는 무엇인가?(고전 3:16; 갈 2:20; 요 4:14; 7:38)

진정으로 영적인 사람은 성령의 통상적인 감화를 가끔 경험하는 자들이 아니고, 성령을 좇아 생각하고 행하는 것이 체질화된 사람, 곧 성령으로 그 생각과 삶이 항상 인도되고 주장되는 경건한 사람이다(갈 5:16, 25).

이 영적인 사람의 경우 성령이 그들을 거처로 삼아 그들 안에 내주하신다(고전 3:16). 또한 그리스도가 그의 성령으로 말미암아 그들 안에 계실 뿐 아니라 사신다(갈 2:20). 그래서 그의 성령이 그들 안에서 생수의 강이 되어 넘쳐흘러 영생을 누리게 한다(요 4:14; 7:38-39). 이렇듯, 영적인 사람의 생명의 원리는 생수의 강 줄기의 원천인 성령이다.

8. 하나님을 만나는 경험의 진수이자 영혼의 생명의 핵심 요소는 무엇인가?(고전 13:1-7)

하나님을 만나는 경험의 진수이자 영혼의 생명의 핵심 요소는 사랑이다. 고린도전서 13장에 보면, 모든 은혜로운 정서들(예, 하나님에 대한 경외, 죄악에 대한 증오, 거룩한 기쁨, 종교적인 상한 마음, 감사하는 마음, 긍휼, 열심 등)의 원천이다. 이 사랑 때문에 하나님을 경외하고, 죄를 미워하며, 하나님의 선하심과 인자하심에 감사하고, 하나님의 임재 앞에 감사하며, 하나님이 멀리 계시는 것처럼 느껴질 때 슬퍼하고, 내세를 기대할 때 소망을 가지며, 하나님의 영광을 바라고 열렬한 열심을 가지는 것이다.

바울의 경우, 그리스도를 아는 지식이 너무나 고상하고 그의 사랑이 너무나 커서 그는 미쳤다. "우리가 만일 미쳤어도 하나님을 위한 것이요 만일 정신이 온전하여도 너희를 위한 것이니 그리스도의 사랑이 우리를 강권하시는도다"(고후 5:13, 14상). 그는 그리스도의 사람들에 대하여 부드러운 사랑(살전 2:7-8), 애끊는 사랑(빌 1:8), 진실하게 보살피는 사랑(고후 8:16), 근심하는 사랑(고후 9:2; 11:28), 그리고 깊이 생각하는 사랑(고후 12:19)으로 충만했다. 그는 넘치는 사랑으로 인하여 성도들과 교회를 위하여 근심하며 많은 눈물을 흘렸다(행 20:19, 31; 고후 2:4).

제 44 과 하나님의 말씀 묵상의 삶

기본적인 질문:

1. 하나님의 말씀을 묵상하는 것은 무엇을 의미하는가? 요즈음 흔히 말하는 QT(Quiet Time: 개인 예배)와 전통적인 lectio divina (렉티오 디비나) (meditative reading 또는 Spiritual reading; 영적 성경 읽기)가 무엇인가?

2. 말씀 묵상의 기본 요소와 목적은 무엇인가?

3. QT(개인 예배)하는 방법 또는 요령은 무엇인가?

4. lectio divina(영적 성경 읽기) 하는 방법 또는 요령은 무엇인가?

5. 마태복음 3:1-12을 본문으로 하여 QT를 해 보라.

6. 마태복음 3:1-12을 본문으로 하여 lectio divina(렉티오 디비나)를 해 보라.

1. 하나님의 말씀을 묵상하는 것은 무엇을 의미하는가? 요즈음 흔히 말하는 QT(Quiet Time: 개인 예배)와 전통적인 lectio divina(렉티오 디비나) (meditative reading 또는 spiritual reading; 영적 성경 읽기)가 무엇인가?

하나님의 말씀을 묵상한다는 것은 그 말씀을 읽거나 들을 때 깊이 마음에 새겨 생각하고 즐거워하며(시 1:2), 사랑하고(시 119:20, 97), 그 말씀을 위하여 기도하며(시 119:18, 22, 26, 149), 그 말씀을 놓고 명상하며(시 119:103, 165-166), 그 말씀을 인하여 찬미하고(시 119:7, 48, 171, 175), 그리고 그 말씀에 순종하는 것이다(시 119:5, 17, 56, 168). 이로써 우리가 하나님 말씀 안에 거하고(요 15:7), 그 말씀의 진리가 우리 안에 거하며(고후 11:10), 그 말씀을 지켜 살되 눈동자처럼 지키고(잠 7:2), 우리의 길에 빛이 되게 하는 것이다(시 119:105).

QT(개인 예배)는 하나님의 말씀과 기도를 통해서 하나님과 개인적으로 만남과 교제를 갖는 것이다. 그리스도인의 모든 활동 가운데 하나님을 만나 교제하는 것을 가장 중요하게 여겨 하나님의 말씀인 성경을 읽고 묵상하며 기도하고 그 말씀에 순종하는 삶을 사는 것이 바로 QT(개인 예배)이다.

lectio divina (렉티오 디비나, 영적 성경 읽기)는 성 베네딕트(480-547)에 의해 체계적으로 시작되고, 12세기에 귀고(Guigo Ⅱ)가 하나님과의 개인적인 관계를 돈독하게 하려고 강조하였으며, 조셉 홀(Joseph Hall, 1574-1656)에 의해 방법과 요령이 더욱 체계화된 전통적인 성경 묵상이다.

2. 말씀 묵상의 기본 요소와 목적은 무엇인가?

말씀 묵상의 기본 요소는 우선 마음의 준비이다. 마음의 준비를 위해서는 조용히 성령을 의지해야 한다. 준비가 되면 성경을 읽는다. 효과적인 성경 읽기를 위해서는 규칙적으로 시간을 정한다(딤전 4:13). 성경을 읽으면서 묵상하고, 기도하며, 명상하여 순종한다. 이처럼 말씀 묵상에는 마음의 준비, 말씀 읽기, 묵상, 기도, 명상, 순종 등이 기본 요소이다.

말씀 묵상의 목적은 하나님의 말씀인 성경을 통해서 살아 계신 하나님과의 친밀한 관계를 깊게 하며, 사귐을 나누는 가운데 하나님을 찬미하고 하나님의 임재를 즐거워하며 성령으로 기뻐하고 우리의 삶 속에서 예수 그리스도와 동행하는 데 있다.

남편과 아내 사이에, 그리고 부모와 자녀 간에, 윗사람과 아랫사람 간에, 동료 간에 규칙적이고 지속적인 충분한 대화 속에서 사랑과 신뢰와 우정이 깊어져 삶이 즐겁고 부요해지는 것처럼, 하나님의 말씀을 통해 하나님과 지속적인 충분한 사귐을 나누면 그 삶이 즐겁고 부요해지는 것이다.

3. QT(개인 예배)하는 방법 또는 요령은 무엇인가?

개인 예배 시간에 성경을 묵상하는 방법과 요령은 다음과 같다.

첫째, 조용한 시간과 장소를 준비한다. 규칙적으로 정해진 시간과 장소를 활용하는 것이 좋다. 말씀 묵상은 시간이 나서 하는 것이 아니고, 시간을 내서 한다.

둘째, 묵상하기 전 마음 준비를 위해 기도한다. 하나님을 사모하고 성령을 의지하며 말씀의 깨달음과 순종할 마음을 위해 기도한다.

셋째, 성경 본문 말씀을 소리 내어 읽는다. 습관적으로 읽는 대신 처음 대하는 것처럼 깊이 읽는다.

넷째, 본문 말씀의 내용을 요약해 보고, 주제나 제목을 붙인다.

다섯째, 하나님이 어떤 분이신지를 찾는다. 삼위일체 하나님의 성품이나 자기에 대한 계시, 하시는 일, 그리고 하나님에 대한 고백 등을 살펴, 그 하나님을 감사 찬양하고, 믿고 신뢰하며, 고백하고, 헌신한다.

여섯째, 본문 말씀이 내게 주시는 교훈을 찾는다. 구체적으로 순종해야 할 명령이나 경고, 피하거나 버려야 할 죄, 붙잡아야 할 약속 등을 찾아서, 언제 무엇을 어떻게 순종하며 실천할 것인가를 다짐한다.

일곱째, 하나님께 감사하고, 마음에 새김질한 말씀을 가지고 기도하는 가운데 순종해야 할 내용을 마음에 새긴다.

4. lectio divina(영적 성경 읽기)하는 방법 또는 요령은 무엇인가?

lectio divina의 방법은 크게 다섯 단계로 되어 있다.

첫째 단계: 준비(마음 집중)

lectio divina를 위한 준비로는 살아 계신 하나님과의 깊은 만남과 사귐을 위해 조용한 시간과 장소를 확보하는 일이다. 이로써 마음을 준비한다. 마음을 집중하기 위해서 성령을 의지하며 말씀을 들을 자세를 취한다. 성령의 인도하심을 위하여 짧게 그러나 간절하게 기도한다.

둘째 단계: 성경 말씀 읽기(하나님의 말씀 듣기)

우선 정해진 본문을 전체적으로 훑어 읽는다. 그 다음에 천천히 소리내어 읽으면서 관심을 끄는 단어나 구절에 주목한다. 이때 그 특별한 단어나 구절들을 연결지어 본다. 밑줄을 긋거나 메모하여 정리한다. 그리고 관련된 성구나 병행구를 찾아 본문의 정황이나 뜻을 더욱 분명하고 확실하게 이해한다. 여기서 한 가지 더 주의할 것은, 가능하면 그 본문 말씀이 기록되어 있는 성경(예, 창세기, 마태복음 등)의 전체 주제, 목적, 역사적 배경 등을 구속사적으로 이해하고서 정해진 그 본문을 살피는 것이다. 또한, 적어도 서너 차례 이상 본문을 읽으면서 그 본문에서 하나님으로부터 음성을 들어야 한다.

  셋째 단계: 말씀 묵상(되새김)

  본문 말씀을 깊이 읽는 가운데 그 말씀의 세계 또는 정황 속으로 들어가 본문 말씀을 자기 것으로 만든다. 그 말씀을 소화하여 현재적으로 이해한다. 그런데 말씀의 가장 중요한 정황은 예수 그리스도이심으로 예수의 살아 계신 현존을 의식하면서 즉, 예수님을 그 말씀과 관련하여 마음속으로 잘 그려 생각한다. 그러므로 이 묵상은 정신적 수양을 위한 동양식의 묵상과는 질적으로 다르다.

  성경 묵상을 위해서는 다음과 같은 순서들을 따르면 효과적이다. 선택한 주제를 확인하고, 그 주제를 세부적으로 분석하고, 내용면에서 원인이 되는 것을 찾고, 그 내용의 결과에 해당되는 것들을 통해서 감사 찬미하고, 천국과 관련지어 생각한다. 그런가하면 그 반대되는 것 그리고 그 반대되는 것의 또 반대되는 것(예, 죄 용서와 구원을 먼저 생각했으면, 다음에 죄의 결과와 지옥을 생각하고, 그 다음에는 그 반대되는 천국의 잔치를 생각한다)을 생각한다. 그리고 마지막으로는 기도 제목을 찾아 정리하고 감사의 기도를 드린다. 이로써, 하나님의 임재를 깊이 생각하며 즐거워하고, 그리스도를 높이는 삶을 살 것을 다짐한다.

  넷째 단계: 기도(하나님께 대한 반응)

  하나님의 말씀을 읽고 묵상했으면 그 말씀을 가지고 기도해야 한다. 즉, 하나님께서 말씀으로 계시하시는 것에 기도로 반응하여 적극적으로 참여하고 자신에게 적용시켜야 하는 것이다. 이렇듯 기도는 하나님이 성경에서 우리에게 계시하고 있는 말씀에 우리가 구체적으로 참여하는 것으로서 그의 명령, 책망, 판단, 인도, 위로에 응답하는 것이다.

  다섯째 단계: 명상(하나님께로부터 오는 평온함)

  명상은 하나님의 말씀을 읽고 묵상하며 기도하는 가운데 성령께서 마음의 문을 열어 예수 그리스도를 감격적으로 만나게 하고 하나님 아버지의 임재를 체험할 뿐 아니라, 성령이 주시는 인도와 평온함을 누리는 것을 뜻한다. 이렇게 성령이 주시는 평온함 속에서 사람이 내면적 변화를 경험하고, 삶도 변화하게 되어 "말씀대로 내게 이루어지이다" 하며 순종하는 것이다. 그러므로 명상은 순종을 위한 평온함이다. 성령으로 평온함을 맛보고 누리는 가운데 삶 속에서 하나님의 말씀대로 순종하여 사는 것이 바로 기독교의 명상이다. 한마디로, 명상은 정중동(靜中動)이다. 그러므로 이 명상은 무아(無我) 상태를 추구하는 불교식의 명상과는 질적으로 다르다.

5. 마태복음 3:1-12을 본문으로 하여 QT를 해 보라.

새벽 6시경 기도방이나 서재 또는 탁자 앞에서 자세를 바르게 한다. 그리고 이렇게 기도한다. "하나님 아버지, 저의 눈을 열어서 하나님의 말씀을 깨닫고 은혜 받도록 성령으로 인도해 주십시요. 주님의 음성을 오늘도 듣게 하옵소서. 예수님의 이름으로 기도합니다. 아멘."

마태복음 3:1-12을 전후하여 먼저 훑어보고서, 본문을 천천히 작은 소리로 읽는다. 읽고 나서 본문의 내용을 간추린다. "세례요한이 유대 광야에서 회개와 천국의 임재를 전파하자 사방에서 사람들이 모여와 죄를 자복하고 세례를 받았다. 이때 요한은 특별히 바리새인들과 사두개인들에 대해서는 불의 심판을 선포하였고, 자기 뒤에 오시는 메시야가 그 심판을 불로 심판 하실 것을 전하였다." 주제는 "세례 요한의 천국 전파와 불의 심판 예고"이다.

이제, 하나님이 어떤 분이신가를 찾는다. 하나님은 회개하는 자에게 천국을 허락하신다. 메시아에 앞서 선구자 세례 요한을 보내셨다. 회개에 합당한 열매를 맺지 않으면 겉으로는 아무리 종교적인 것처럼 보일지라도 형식적인 사람들을 하나님은 불로 심판하신다. 즉, 꺼지지 않는 지옥의 불로 심판하시는 것이다.

그 다음에, 본문 말씀이 내게 주는 교훈을 찾는다. "그때에"는 하나님이 예수 그리스도를 통하여 자기의 말씀하신 바를 이루려고 모든 준비를 마쳐 놓으신 시점이다. 하나님은 때에 맞추어 자기의 구속 사역을 준비하신다. 하나님은 지금 오늘의 역사 속에서 마지막을 준비하고 계신다. 지금의 시대적 징조가 마지막 날이 목전에 있음을 확실하게 보여 주고 있다. "영적으로 깨어 있게 하옵소서. 주님!" 요한은 유대 광야에서 약대 털옷 차림으로 천국을 선포했다. 천국이 광야에서 허름한 행색의 사람을 통해 임했다. 천국은 사막의 땅 가운데 가난한 자에게 임한다. 세상적으로도, 지상의 낙원이라는 라스베가스가 사막의 땅에 은퇴한 노인들에게 있다는 사실은 놀라운 일이다. 이와 비슷하게, 천국이 고난과 역경 중에 있는 영적으로 가난한 자에게 임한다. 천국은 십자가와 함께 임한다. 십자가가 없는 곳에는 천국이 없다.

끝으로, 십자가와 함께 천국을 누리게 하시는 하나님을 감사하고 찬양한다. "하나님 아버지, 십자가를 감사함으로 지게 하시고, 십자가를 통해서 천국에 들어가게 하옵소서. 예수님의 이름으로 기도합니다. 아멘."

6. 마태복음 3:1-12을 본문으로 하여 lectio divina(렉티오 디비나)를 해 보라.

QT가 현대적 감각이 있는 성경 묵상 방법이라고 하면, lectio divina는 전통적인 영적 성경 묵상 방법이다. QT가 서구적인 성격의 것이라고 하면, lectio divina는 동양적인 성격의 것이다.

첫째 단계: 준비(마음 집중)

조용한 시간과 장소를 확보하고 준비를 위해 기도한다. "주님, 내 마음을 깨끗하게 하고 밝게 하여 주님을 뵈옵게 하옵소서. 예수님의 이름으로 기도합니다. 아멘."

둘째 단계: 성경 말씀 읽기(하나님의 말씀 듣기)

마태복음 3:1-12을 전후하여 훑어 읽는다. 예수님이 나사렛 동네에 와서 사신 사실과 요단 강에서 세례 요한에게 세례 받은 사건 사이에 본문 말씀이 있음을 확인한다. 관심을 끄는 단어로 "유대 광야", "회개", "천국", "죄 자복", "회개에 합당한 열매", "도끼", "알곡", "쭉정이" 등이 있다. 예수님도 유대 광야에서 40일간 마귀에게 시험을 받으신 후 공생애를 시작하실 때 "회개하라 천국이 가까웠느니라"(마4:17) 하셨다. 마태복음은 유대인의 왕으로 오신 예수 그리스도와 그의 천국이 전체적인 주제이다.

셋째 단계: 말씀 묵상(되새김)

본문의 중심 주제는 "회개와 천국"이다. 회개와 관련해서 보면, 죄를 자복하고 물로 세례를 받은 자들이 있는가하면, 임박한 진노를 당할 자들이 구별되어 있다. 죄를 자복하는 자들은 바리새인과 사두개인들보다 먼저 세례 요한에게 나아온 것으로 보아, 마음으로 순전하게 자복함으로 세례를 받았다. 그러나 바리새인과 서기관들은 나중에 나오되 회개할 마음이 없이 왔기 때문에 요한에게 크게 책망을 받았다. 이로 보건대, 회개는 마음으로 해야 하는 것이다. "마음으로 죄를 미워하고, 마귀의 뜻을 좇는 대신에 하나님의 뜻에 순종하게 하옵소서." 오늘 내가 회개해야 할 죄가 무엇인지 한 가지를 꼽아 본다.

유대 광야에서 세례 요한이 천국이 임한 것을 전파한 사실에서 광야와 천국의 관계를 생각해 본다. 모든 환경이 형통해야만 천국인가? 아니면, 광야 같은 환경에도 천국이 임하는가? 만사형통해야 천국인가? 또는 십자가가 있는 곳이 천국인가? 인간적인 생각으로 천국을 이해해서는 안 된다. 십자가를 짊어지는 가운데서 천국의 기쁨을 누리는 것이 성경적이다.

회개는 회개에 합당한 열매가 있어야 한다. 회개가 없으면 지옥 불 못에 처하는 무서운 심판이 있으나, 회개하는 자는 추수 때 알곡처럼 천국의 기쁨에 참여할 수 있다. "날마다 구체적으로 회개함으로써 천국의 기쁨과 즐거움을 누리게 하옵소서."

넷째 단계: 기도(하나님께 대한 반응)

"주님, 죄를 마음으로 미워하고 회개하게 하옵소서. 게으름의 죄를 떨쳐 버리게 하옵소서. 마귀의 뜻을 좇지 말고 하나님의 뜻을 좇아 열심히 살게 하옵소서. 십자가를 지는 가운데서 천국의 기쁨을 누리게 하옵소서. 예수님의 이름으로 기도합니다. 아멘."

다섯째 단계: 명상(하나님께로부터 오는 평온함)

말씀을 묵상하고 기도하는 가운데 성령이 주시는 마음의 평온함을 인하여 하나님께 감사를 드린다. 말씀으로 찾아오시는 주님을 찬양한다. "주님의 말씀대로 살게 하옵소서. 아멘."

제 45 과 기도의 삶

기본적인 질문:

1. 기도가 무엇인가? 기도의 목적은 무엇인가?

2. 기도에 있어서 삼위일체 하나님의 역할은 무엇인가?

3. 기도와 하나님의 말씀은 어떤 관계에 있는가?

4. 기도는 왜 필요하며, 기도의 동기는 무엇인가?

5. 성령과 말씀을 따라 기도함에 있어서 어떤 법칙을 지켜야 하는가?

6. 만인 제사장으로서 성도는 무슨 기도를 드려야 하는가?

7. 기도는 왜 시간을 정해 놓고 규칙적으로 하되, 시간을 충분하게 내서 해야 하는가?

---

1. 기도가 무엇인가? 기도의 목적은 무엇인가?

기도는 하나님의 은택을 매일같이 받는 방편으로써 믿음의 으뜸가는 영속적인 연습이다(a chief and perpetual exercise of faith). 기도를 통해서 믿음은 복음이 우리에게 약속해 준 보화들을 얻어낸다.

기도가 열납되도록 하기 위해서는 성자 예수 그리스도의 이름으로 성령의 도우심을 받아 하나님의 뜻을 따라서 사리 분별과 경외심과 열심과 믿음과 사랑과 인내를 가지고 하되, 하나님께 우리의 필요를 아뢰고 더불어서 우리의 죄를 자복하며 그의 긍휼에 깊은 감사를 드린다(참조, 웨스트민스터 신앙고백 제 21장 3항; 대요리 178문답).

우리가 기도하는 목적은 첫째, 하나님을 사랑하며 섬기겠다는 열의가 우리 마음속에서 불일듯하게 하며, 둘째, 하나님 앞에 우리의 소원을 온전하게 아뢰고, 셋째, 하나님께서 여러 가지 은혜를 주실 때에 진심으로 감사하면서 받고, 넷째, 그의 인자하심을 더욱 열심히 묵상하며, 다섯째, 더욱 큰 기쁨으로 하나님의 응답을 받아들이고, 여섯째, 그의 섭리를 확신하도록 하기 위함이다. 또한, 일곱째, 하나님과의 교통을 통해서 성령의 능력을 힘입어 성장하는데 목적이 있다.

2. 기도에 있어서 삼위일체 하나님의 역할은 무엇인가?

기도에 있어서 성부 하나님의 역할은 기도를 들으시며 응답하시는 분이시요(hearer and answerer), 성자 예수 그리스도는 기도의 중보자이시고(mediator), 성령 하나님은 기도를 활성화시키는 분이시다(activator).

성부 하나님은 우리의 필요를 아시고 도울 준비를 항상 하고 계신다. 그래서 그는 여호와 이레요 에벤에셀 하나님이시다. 성자 예수 그리스도는 우리가 하나님께 나아갈 수 있도록 허락된 유일한 길이자 통로이시다. 그리고 성령 하나님께서는 우리에게 바르게 기도하는 법을 가르치시고, 우리의 마음을 감화하여 하나님이 원하시는 바대로 기도할 수 있게 우리의 입을 열어 주신다. 하나님은 우리가 기도할 때마다 우리에게 가까이 하시고, 우리로 하여금 하나님께 가까이 하게 하신다(신 4:7).

3. 기도와 하나님의 말씀은 어떤 관계에 있는가?

기도와 하나님의 말씀의 관계를 보면, 첫째, 기도는 하나님의 말씀에 의해 문이 열린다. 우리의 믿음은 복음의 말씀을 들음으로 생겨나고 그 말씀의 약속들을 경청함으로써 더욱 생명력이 있게 되는바, 이 믿음을 통해서 기도의 문이 열린다. 즉, 믿음을 심어주고 성장하게 하는바 복음의 말씀이 기도의 문을 열어 준다. 그러므로 우리는 복음의 말씀에 기초하여 기도하는 것이다.

둘째, 기도는 하나님의 말씀에 의하여 내용과 형식이 형성된다. 특별히 주님의 기도는 기도의 내용과 형식을 제공한다. 이렇듯 하나님은 주의 기도를 통해서 우리가 구해야할 것들을 요점적으로 제시하셨다.

셋째, 기도는 하나님의 말씀에 의하여 통제된다. 우리의 기도는 그것의 방향과 세부적인 사항에서 하나님의 말씀에 의하여 지배되고 통제되어야 한다. 그러므로 우리는 하나님이 말씀으로 약속하신 것 이상으로 구해서는 안 된다.

4. 기도는 왜 필요하며, 기도의 동기는 무엇인가?

우리에게 기도가 필요한 이유는 첫째, 기도를 방편으로 하여 하나님이 자기의 목적을 성취하기 때문이요, 둘째, 사람이 자기의 무력함을 인식하기 때문이며, 셋째, 죄 용서를 통한 영적 치유를 하나님께로부터 받아야 하기 때문이요, 넷째, 하나님의 은혜를 구하지 않고서는 우리가 살아갈 수 없기 때문이다.

기도의 동기는 실제적으로 말하자면, 우리의 절박한 필요 때문이나, 궁극적으로는 하나님의 영광을 구하는 것이 첫 번째 동기이다. 그러므로 우리는 하나님의 영광을 위해서 기도하되, 죄에 대한 깊은 인식과 통회하는 마음을 가지고 하는 것이다(참고, 웨스트민스터 대요리 184, 185문답).

5. 성경과 말씀을 따라 기도함에 있어서 어떤 법칙을 지켜야 하는가?

성령과 말씀을 따라 기도함에 있어서 특별히 다음과 같은 네 가지 법칙을 지키는 것이 좋다.

첫째, 경외하는 마음으로 해야 한다. "너는 하나님의 전에 들어갈 때에 네 발을 삼갈지어다… 너는 하나님 앞에서 함부로 입을 열지 말며 급한 마음으로 말을 내지 말라. 하나님은 하늘에 계시고 너는 땅에 있음이라. 그런즉 마땅히 말을 적게 할 것이라"(전 5:1-2). 이 말씀대로, 우리는 하나님의 초월성과 거룩성을 유념하여 하늘에 계신 하나님께 기도함에 있어서 경외심을 가지고 해야 하는 것이다. 그러므로 기도할 때 육신적이고 세속적인 생각들이나 염려들을 떨쳐내 버려야 한다.

둘째, 진심과 열정으로 해야 한다. 기도할 때 사람에게 보이려고 해서는 안 되고, 은밀한 중에 보시는 하나님께 진실하게 그리고 열정적으로 해야 한다. 누가복음 18장에서 예수님이 기도에 대하여 가르쳐 주신대로, 어떤 도시의 한 과부처럼 밤낮 부르짖어 기도하고, 세리처럼 가슴을 치며 기도해야 한다. 또한 겟세마네 동산에서 예수님이 하신 것처럼 심한 통곡과 눈물로 간절하게 기도한다(눅

22:44).

셋째, 하나님 앞에서 겸손하게 한다. 예수님이 겟세마네 동산에서 기도하신 것을 보면, 열정적으로 간절하게 하시되, "나의 원대로 마옵시고 아버지의 원대로 하옵소서"(마 26:39)하며 겸손하게 하셨다. 우리는 기도할 때 하나님의 자녀로서 하되, 또한 죄인으로서 죄를 고백하며 용서를 구해야 하는 것이다.

넷째, 믿음과 확신을 가지고 한다. "오직 믿음으로 구하고 조금도 의심치 말라"(약 1:6). "너희가 기도할 때에 무엇이든지 믿고 구하는 것은 다 받으리라"(마 21:22). 이 말씀대로, 우리는 기도할 때 우리의 기도가 응답되리라는 확실한 소망을 품고서 용기를 내어 해야 하는 것이다.

6. 만인 제사장으로서 성도는 무슨 기도를 드려야 하는가?

하나님께서 허물 많고 부족한 우리를 신령한 제사를 드리는 거룩한 제사장(벧전 2:5, 9)으로 삼으신 것은, 우리에게 하나님을 더욱 더 열심히 섬기도록 고무하기 위함이요, 또한 먼저 우리 자신을 십자가에 못 박아 제물로 하나님께 드리고, 감사와 기도를 드리도록 하기 위함이다.

그러므로 기도와 관련해서 보면, 하나님이 우리에게 제사장의 영예를 주신 것은 교회의 머리이신 그리스도의 중보와 제사장직에 참여하여 그리스도의 몸의 지체들로서 사랑으로 고취되어 교회를 위하여 중보 기도를 드리도록 하기 위함이다. 그런 까닭에, 제사장의 직분을 받은 우리 모든 성도들의 기도는 자기중심적이어서는 안 되고, 우리의 동료들과 사랑으로 깊이 결속되어 먼저 하나님의 나라와 영광을 목적으로 하고, 또한 동료들의 필요를 우리 자신의 것처럼 절실하게 느끼는 가운데 드려져야 한다. 우리의 기도는 항상 온 인류를 위하여 하되, 특별히 이 세대 뿐 아니라 오는 세대까지 포함하여 온 교회를 위하는 중보 기도여야 하는 것이다.

"우리는 지상에 있는 그리스도의 전체 교회를 위하여, 위정자들과 교회의 직분자들을 위하여, 우리 자신들과 우리의 형제들뿐만 아니라 원수들을 위해서, 그리고 살아 있는 자들이나 장차 태어날 모든 사람들을 위하여 기도할 것이지만, 죽은 자들이나 사망에 이르는 죄를 범한 것으로 알려진 자들을 위해서는 하지 말

것이다"(웨스트민스터 대요리 183문답).

7. 기도는 왜 시간을 정해 놓고 규칙적으로 하되, 시간을 충분하게 내서 해야 하는가?

기도의 모범을 보인 다윗의 경우 기도를 아침(시 5:3)과 밤(시 6:6)에 규칙적으로 기도하였고, 예수님도 습관을 좇아 밤이면 기도하셨다(눅 21:37; 22:39). 때로는 밤이 새도록 기도하셨다(눅 6:12).

기도는 믿음의 주요하고 영구적인 연습(exercise)이기 때문에 시간을 내서 규칙적으로 해야 하고, 또 충분하게 시간을 내서 해야 기도에 능력이 붙는다. 역사적으로 많은 목회자들의 증언하는 바에 따르면 기도의 능력은 기도하는 시간의 양에 비례한다. 운동의 연습이 규칙적으로 충분한 시간을 내서 할 때 효과가 있고 힘이 길러지는 것과도 비슷하다.

우리는 기도 시간을 정해 놓고 기도할 뿐 아니라, 인내심을 가지고 해야 한다(눅 18:1). 인내심을 가지고 진지하게 기도하는 경우 응답이 없는 기도는 사실상 없다.

제 46 과　주님의 기도

기본적인 질문:

1. 주님은 언제 자기의 제자들에게 기도를 가르쳐 주셨는가? 이로 보건대, 우리는 무엇을 위해 기도를 배워야 하는가?

2. 주님이 가르쳐 주신 기도의 내용은 무엇인가?

3. 우리는 기도할 때 "하늘에 계신 우리 아버지"에게 하는데 여기에는 무슨 뜻이 담겨 있는가?

4. "아버지의 이름을 거룩하게 하시며"는 무슨 뜻인가? 이로 보건대, 우리가 기도할 때 맨 먼저 무엇을 위해 해야 하는가?

5. "아버지의 나라가 오게 하시며"는 무슨 뜻인가? 아버지의 나라와 그의 이름을 거룩하게 하는 것은 어떤 관계가 있는가?

6. "아버지의 뜻이 하늘에서와 같이 땅에서도 이루어지게 하소서"는 무슨 뜻인가? 앞의 두 간구와 어떤 관계가 있는가? 이 세 간구에서 볼 때, 우리의 기도의 핵심은 무엇이어야 하는가?

7. "오늘 우리에게 일용할 양식을 주시고"는 무슨 뜻인가? 이로 보건대, 우리의 기도에는 어떠한 것들도 포함되어야 하는가?

8. "우리가 우리에게 죄 지은 사람을 용서하여 준 것같이 우리 죄를 용서하여 주시고"라는 간구에 의하면, 우리가 죄 용서 받으려면 어떻게 해야 하는가?

9. "우리를 시험에 빠지지 않게 하시고 악에서 구하소서"는 무슨 뜻인가?

10. "나라와 권능과 영광이 영원히 아버지의 것입니다"에서 보면, 우리의 기도를 위한 영원한 기초는 무엇이며, 우리가 기도할 때 확신을 갖는 근거는 무엇인가?

11. 주님의 기도는 누구의 기도인가? 언제까지 드려져야 하는가? 그리고 이 기도의 핵심적 본질과 구조적 특징은 무엇인가?

1. 주님은 언제 자기의 제자들에게 기도를 가르쳐 주셨는가? 이로 보건대, 우리는 무엇을 위해 기도를 배워야 하는가?

신약성경에 주님의 기도가 소개되어 있는 것은 마태복음 6:9-13과 누가복음 11:2-4 두 곳이다. 마태복음의 경우는 예수님의 산상설교 가운데 포함되어 있어서 그가 기도를 제자들에게 가르쳐 주신 역사적 정황을 알기가 어렵다. 단지 앞뒤 문맥으로 보아 무엇 때문에 그가 기도를 가르쳐 주었는가를 알 수 있을 뿐이다.

마태복음에 소개되어 있는 산상설교를 보면, 핵심 주제가 천국이다. 그래서 첫 마디가 "심령이 가난한 자는 복이 있나니 천국이 저희 것임이요"(마 5:3)이다. 5장은 천국 백성의 자질과 삶의 원리를 소개하고 있고, 6장은 천국 백성의 구체적이고 온전한 삶의 실제를 소개하고 있으며, 7장은 천국 백성의 윤리강령을 소개하고 있다. 기도는 천국 백성의 온전한 삶에서 중요한 요소이다. 즉, 천국 백성의 온전한 삶의 모습이 기도로 표현되는 것이다. 그래서 주님은 기도를 가르치시면서 바리새인들처럼 사람들에게 보이려고 외식으로 즉 형식적으로 하지 말뿐 아니라, 이방인들처럼 내용 없이 하지 말고, 오직 하나님의 의와 나라를 구하는 기도를 하라고 하셨다(마 6:33). 이로 보건대, 예수께서 제자들에게 기도를 가르쳐 주신 것은 하나님의 의와 나라를 목적으로 하여 천국 백성으로서 온전한 삶을 살도록 하기 위함이었다.

한편, 누가복음에 소개되어 있는 주기도의 경우를 보면, 예수께서 열두 사도에게 모든 귀신을 제어하며 병을 고치는 능력과 권세를 주시고 하나님 나라를 전파하도록 내어 보내신 일(눅 9:1-6)과, 가이사랴 빌립보에서 베드로의 신앙고백을 들으시고 자기가 십자가에서 죽으실 것을 비로소 가르치시며 제자들에게도 자기 십자가를 지고 좇으라 말씀하신 일(눅 9:18-27), 변화산에서 그가 변형되신 일(눅 9:28-36), 그리고 승천하실 기약이 차 가매 예루살렘을 향하여 굳게 결심하고 올라가시던 중에(눅 9:51-56) 70인의 제자들을 둘씩 앞서 보내어 병자들을 고치며 하나님 나라가 임할 것을 전파하게 하고 그들이 주의 이름으로 귀신들을 제압하고 기뻐하며 보고한 일(눅 10:1-20) 등이 있은 후에, 한 곳에서 그가 기도하기를 마치셨을 때에 제자들이 가르쳐 달라 하자 그들에게 이 기도를 가르치신 것이다. 이 같은 정황으로 미루어 보면, 주기도는 예수의 사역의 말기에 가르쳐졌다. 다시 말해서, 제자들이 하나님 나라를 전하고 병든 자들을 고치며 귀신들을 쫓아내는 가운데 예수의 이름의 능력과 권세를 체험하고, 그 이름의 권세가 바로 기도에서 비롯된 것임을 이해하고, 기도의 필요성을 인식하였을 때에 가르쳐진 것이다. 이로 보건대, 예수께서 제자들에게 기도를 가르쳐 주신 것은 제자들이 하나님의 나라를 목적으로 하여 능력 있는 삶을 살 수 있도록 하기 위함이었다.

마태복음과 누가복음의 두 경우들을 종합해 보면, 예수님은 그의 제자들이 하나님의 영광과 나라를 위하여 온전하고 능력 있는 삶을 살도록 기도를 가르쳐 주신 것이다.

2. 주님이 가르쳐 주신 기도의 내용은 무엇인가?

마태복음 6:9-13에는 다음과 같이 가르쳐져 있다.

> "하늘에 계신 우리 아버지, 아버지의 이름을 거룩하게 하시며,
> 아버지의 나라가 오게 하시며,
> 아버지의 뜻이 하늘에서와 같이 땅에서도 이루어지게 하소서.
> 오늘 우리에게 일용할 양식을 주시고,
> 우리가 우리에게 죄 지은 사람을 용서하여 준 것같이,
> 우리 죄를 용서하여 주시고,
> 우리를 시험에 빠지지 않게 하시고 악에서 구하소서.
> 나라와 권능과 영광이 영원히 아버지의 것입니다. 아멘."

이에 비하여, 누가복음 11:2-4에는 다소 간략하게 가르쳐져 있다.

> "아버지여 이름을 거룩하게 하시며,
> 나라가 오게 하시며,
> 우리에게 날마다 일용할 양식을 주시고,
> 우리가 우리에게 죄 지은 모든 사람을 용서하오니
> 우리 죄도 사하여 주옵시고,
> 우리를 시험에 빠지게 하지 마옵소서."

누가복음의 경우는 마태복음과 비교해 보면, "아버지의 뜻이 이루어지게 하소서"와 "악에서 구하소서" 및 "나라와 권능과 영광이 영원히 아버지의 것입니다"가 빠져 있다. 이는 누가의 경우, 아버지의 나라가 임하는 것과 아버지의 뜻이 이루어지는 것을 하나로 묶어서 보았고, 시험에 빠지지 않는 것과 악에서 구함 받는 것을 동전의 양면 같은 것으로 보았기 때문인 듯하다. "나라와 권능과 영광이 영원히 아버지의 것입니다"의 경우는 마태복음에서도 몇몇 사본들에는 누락되어 있어서 우리말 성경에도 괄호로 묶여 있다. 이 구절은 기도문의 격식을 갖추기 위해 후대에 기입된 것으로 보인다.

3. 우리가 기도할 때 "하늘에 계신 우리 아버지"에게 하는데, 여기에는 무슨 뜻이 담겨 있는가?

먼저 "하늘에 계신"은 하나님이 공간적 개념에서 하늘에 계신다는 사실을 의미하기보다는, 하나님의 위엄이 초월적이고 무한하며 그의 본체는 불가해하고 그의 권능이 한량없으며 그의 존재 또한 영원하심을 뜻한다. 그러기에 하늘에 계신 하나님이 우주를 통치하시는 절대 주권자이시요 우리를 돌보시는 분이시라는 것을 우리가 먼저 알고서 경외심을 가지고 기도해야 하는 것이다. 하나님은 절대 주권으로 통치하시는 가운데 그의 자녀인 우리를 돌보신다. 초월적인 절대 주권자가 우리의 기도를 들으신다.

"우리 아버지"는 하나님이 우리의 사랑 많으신 아버지시요, 우리가 그리스도 안에서 그의 자녀임을 나타낸다. 그리고 우리로 하여금 성령 안에서 담대하게 기도할 수 있게 한다. 뿐만 아니라, "우리 아버지"는 그리스도 안에서 한 형제된 형제 사랑의 기초이다. 그러므로 우리는 하나님께 나아가 기도할 때 혼자서 자기만을 위하여 해서는 안 되고, 형제와 함께 하나 되어 하고, 중보 기도하기를 좋아해야 하는 것이다.

4. "아버지의 이름을 거룩하게 하시며"는 무슨 뜻인가? 이로 보건대, 우리가 기도할 때 맨 먼저 무엇을 해야 하는가?

"아버지의 이름을 거룩하게 하시며"는 '하나님 아버지의 거룩하심이 나타나게 하소서'를 의미하며, 하나님 외에는 다른 신들을 섬기지 말라는 제1계명과 하나님의 이름을 망령되이 부르지 말라는 제3계명을 반영하고 있다.

이 간구는 다른 말로 하면 '하나님께 영광을 돌리게 하소서' 또는 '하나님 아버지 홀로 존귀와 경배를 받으소서'를 함축하고 있다. 그래서 이 간구는 하나님의 영광이 우리의 배은망덕함과 사악한 행위로 말미암아 흐려지게 한 우리의 수치를 일깨워 주는 것이다. 우리는 하나님께 간구할 때 맨 먼저 우리의 세속적이고 정욕적인 생각을 내어버리고 오직 하나님의 영광만을 바라고 즐거워하면서 해야 한다. 하나님의 영광을 우리의 기도의 목적으로 삼고서 하나님 앞에서 경외심을 가지고 간구해야 하는 것이다. 하나님의 영광이 온 땅에 선포되고, 모든 족속들이 하나님의 영광을 위하여 살도록 우리는 기도해야 한다.

5. "아버지의 나라가 오게 하시며"는 무슨 뜻인가? 아버지의 나라와 그의 이름을 거룩하게 하는 것은 어떤 관계가 있는가?

이 간구는 하늘에 계신 사랑이 많으시고 선하신 아버지 하나님이 왕으로서 다스리는 좋은 나라가 이 땅위에 오게 해 달라는 뜻을 담고 있다. 하나님의 나라가 이미 시작되었으면서도 아직 미래에 있다는 사실을 고려해 보면, 현재적 측면에서 이 간구는 하나님의 통치에 지금 여기서 우리로 하여금 순종하도록 인도하시기를 소원하는 것이다. 그리고 미래적 측면에서는 영원한 천국을 대망하는 간구이다. 우리는 지금 이 땅에서 자기를 부인하고 세상과 세속의 생활을 경멸함으로써 천국을 사모하고 하나님의 의와 나라를 구하는 기도를 드린다. 하나님께서 성령의 권능으로 우리의 모든 정욕들을 쳐 복종시키고, 우리의 모든 생각을 하나님의 통치에 순응하게 해 주실 것을 간구하는 것이다. 그와 동시에, 하나님의 영광이 온전히 빛나는 영원한 천국을 소원하는 것이다.

하나님의 나라가 임하면 하나님의 영광이 찬란하게 빛나고, 하나님께만 경배와 찬양과 모든 존귀가 돌려지게 된다. 우리는 이미 시작된 천국을 힘써 선포하는 가운데 미래의 천국을 대망하는 것이다. 그러므로 모든 족속이 하나님의 통치를 달게 받으며, 즐거움으로 순복하기까지 우리는 기도해야 한다.

6. "아버지의 뜻이 하늘에서와 같이 땅에서도 이루어지게 하소서"는 무슨 뜻인가? 앞의 두 간구와 어떤 관계가 있는가? 이 세 간구에서 볼 때, 우리의 기도의 핵

심은 무엇이어야 하는가?

이 간구는 우리가 하나님의 말씀에 계시되어 있는 그의 뜻에 순복할 수 있기를 구하는 것이다. 이 간구를 통해서 우리가 자기를 부인하는 훈련을 하며, 우리가 그리스도의 새 사람으로서 날마다 새로워지기를 구하게 된다.

이 간구에는 하늘과 땅이 대조되어 있는 바, 예수님 당시의 유대인들의 세계관에 의하면, 땅은 사람들의 세계이고, 하늘은 하나님과 선한 천사들의 세계이며, 그 중간의 공중은 마귀와 악한 영들이 지배하는 세계였다. 이로써, 유대인들의 생각으로는, 마귀가 하나님과 사람들의 중간에서 하나님의 뜻에 사람들이 순종할 수 없게 방해하는 것으로 여겼다. 이에 비추어 볼 때, 이 간구는 마귀의 악한 세력을 배제시키고 하나님의 뜻에 순종하고자 하는 우리의 소원을 담고 있는 것이다. 그러므로 모든 족속이 하나님의 뜻에 순복하도록 기도해야 한다.

이상의 세 간구들은 한 가지로 연결되어 있는 바, 아버지 하나님의 뜻이 하늘에서와 같이 땅에서도 이루어질 때 그의 나라가 하늘에서와 같이 땅에서도 임하며, 이로써 그의 이름이 하늘에서와 같이 땅에서도 거룩하게 되고 하나님이 홀로 영광을 받으시는 것이다. 아버지 하나님의 뜻이 이루어짐이 없이는 그의 나라가 임하지 않고, 그의 나라가 없이는 하나님께 영광이 돌려질 리가 없고, 또한 하나님의 영광을 우리가 볼 수도 없다. 따라서 우리의 기도의 핵심은 하나님의 나라와 그의 영광을 구하는 것이다. 그리고 하나님의 뜻에 온전히 순복하여 그 뜻을 이루는 것이다.

7. "오늘 우리에게 일용할 양식을 주시고"는 무슨 뜻인가? 이로 보건대, 우리의 기도에는 어떠한 것들도 포함되어야 하는가?

"오늘"이라는 말은 어제와 내일과 함께 생각되어야 한다. 즉, 어제처럼 오늘, 그리고 오늘처럼 내일도 하나님께서 지속적으로 각 날에 필요한 대로 은총으로 공급해 주실 것을 간구하는 것이다(참조, 왕하 25:30, "저의 쓸 것을 날마다"; 행 6:1, "매일 구제").

"우리에게 일용할 양식을 주시고"는 현실적으로는 우리가 우리 자신을 위해서, 즉 우리의 필요를 위해서 간구해야 함을 의미한다. 그러나 앞의 세 간구 곧 하나님의 나라와 영광을 위해서 드려지는 간구와 관련지어 보면, 일용할 양식을 위한 이 간구는 하나님의 나라와 영광을 위하여 필요한 것을 공급해 주심으로 우리의 생명을 힘 있게 해 주실 것을 구하는 것이다. 우리가 필요한 것들을 하나님께 공급 받아야 하는 이유와 목적은 하나님의 영광과 나라를 구하는데 우리의 힘을 다하고 생명을 드리기 위함이다. 그래서 예수님은 말씀하시기를, "나의 양식은 나를 보내신 이의 뜻을 행하며 그의 일을 온전히 이루는 이것이니라"(요 4:34) 하셨다.

8. "우리가 우리에게 죄 지은 사람을 용서하여 준 것같이 우리 죄를 용서하여 주시고"라는 간구에 의하면, 우리가 죄 용서 받으려면 어떻게 해야 하는가?

마태복음 18:21-35에 보면 죄 용서에 대한 예수님의 가르침이 상세하게 소개되어 있다. 그 내용은 다음과 같다. 베드로가 예수님께 묻기를, "주여 형제가 내게 죄를 범하면 몇 번이나 용서하여 줄까요? 일곱 번까지 할까요?" 이에 예수님이 대답하시기를, "일흔 번씩 일곱 번이라도 하라" 하셨다. 그리고 덧붙여 비유로 일만 달란트 빚진 자에 대한 이야기를 하셨다. 주인이 일만 달란트 빚을 완전히 면제해 주었는데, 그렇게 면제받은 자는 자기에게 일백 데나리온의 적은 빚을 진 동무에게 빚을 면제시켜 주기는커녕 빚을 갚도록 그를 옥에 가두었다. 이에 주인이 노하여 그 면제된 것을 다 갚도록 옥졸들에게 넘겼다. 이 비유의 결론인즉, "너희가 각각 중심으로 형제를 용서하지 아니하면, 내 천부께서도 너희에게 이와 같이 하시리라"(마 18:35)이다.

이 비유의 내용으로 미루어 보아, 예수님이 가르치신 기도의 이 간구는 하나님께 우리가 죄 용서를 진심으로 구함에 있어서 다른 사람들에 대한 분노나, 증오 또는 적개심을 다 떨쳐 버리고, 오직 그리스도의 대속적 배상에 근거하여 하나님이 우리의 죄를 용서하심을 알고 그 크신 긍휼을 인하여 감사함으로 죄 용서를 구하는 것이다.

우리에게는 다른 사람의 죄를 용서할 권리가 사실상 없다. 주님의 죄 용서의 크신 사랑과 긍휼을 인하여 다른 사람의 죄의 빚을 덜어 줄 뿐이다. 그러므로 다른 사람의 허물을 용서하는 것이 우리의 죄 사함 받는 것을 위한 전제 조건이 결코 아니다. 오히려 그리스도의 대속적 배상에 근거한 우리에게 베풀어진 하나님의 죄 용서가 모든 죄 용서에 선행하는 은혜이다.

우리가 이와 같이 죄 용서를 구하는 것은 이 죄 용서를 방편으로 하여 하나님의 영광을 선포하고 나라를 이루기 위함이다. 그래서 바울은 그리스도께서 우리를 받아서 죄 용서하여 하나님께 영광을 돌린 것 같이 우리도 서로 그렇게 하라고 하였다(롬 15:7).

9. "우리를 시험에 빠지지 않게 하시고 악에서 구하소서"는 무슨 뜻인가?

예수 그리스도께서는 우리의 구주요 중보자로서 마귀와 마귀의 일을 멸하시러 오셨고(요일 3:8), 우리가 마귀에게 잡아먹히지 않도록 우리를 위해 기도하실 뿐 아니라(참고, 눅 22:31-32), 마귀가 우리를 고소하거나 대적할 수 없게 하신다(롬 8:33-34). 또한 하나님의 전신갑주를 입혀 마귀를 대적하여 승리할 수 있게 하신다(엡 6:10-17).

주님의 이 같은 수고에 부응하여, 우리를 공격해 오는 모든 악한 적대 세력에 대항하여 승리하기 위해서는 주님이 주시는 무기들을 사용해야 하는바, 우리는 주님의 능력으로 굳게 설 수 있기를 위하여 기도해야 하는 것이다. 우리는 기도로써만이 마귀와 대적하여 싸워 이긴다(참조, 막 9:29, "기도 외에 다른 것으로는 이런 유가 나갈 수 없느니라").

마귀는 시험하는 자요(마 4:1) 악한(요일 5:18) 대적(벧전 5:8)이다. 이 마귀가 하는 시험과 악에서 승리할 수 있기를 위하여 간구해야 한다. 시험에 이기는 방법으로는 멀리하는 것(시 119:101)과 맞붙어 싸우는 것(약 4:7), 그리고 인내하여 견디는 것(약 5:10-11) 등이다.

우리가 시험에 빠지지 않고 악에서 자유할 때 하나님이 영광을 받으시고 그의 나라가 이루어진다. 그러므로 우리가 악한 자를 온전히 대적하여 최후의 승리를 얻을 때까지 우리는 주님의 기도를 드려야 한다.

10. "나라와 권능과 영광이 영원히 아버지의 것입니다"에서 보면, 우리의 기도를 위한 영원한 기초는 무엇이며, 우리가 기도할 때 확신을 갖는 근거는 무엇인가?

하나님 아버지는 나라와 권능과 영광을 소유하고 계시기 때문에 기도의 합당한 대상일 뿐 아니라, 우리의 기도를 응답하시고 이루어 주실 수 있는 분이시다. 하나님 아버지는 중보자이신 예수 그리스도를 통해서 그리고 진리의 영이신 성령 안에서 드려지는 기도를 들으시고 응답하시는 바, 이는 그에게 나라 곧 절대 통치권과 권능이 영원히 있으시고 영광을 영원히 누리고 계시기 때문이다.

다시 말해서, 하나님 아버지께서 나라와 권능과 영광을 영원히 가지고 계시는 사실이 우리의 기도를 위한 영원한 기초요, 확신을 위한 근거이다. "아멘"은 우리의 희망을 확고하게 하고, 우리가 하나님께 구할 것을 얻고 싶은 우리의 간절한 바람을 나타내는 표현이다.

11. 주님의 기도는 누구의 기도인가? 언제까지 드려져야 하는가? 그리고 이 기도의 핵심적 본질과 구조적 특징은 무엇인가?

주님의 기도는 주님이 친히 드리신 기도요, 그의 제자인 우리가 그와 함께 드리는 기도이다. 주님은 이 기도를 이루시기 위하여 이 땅에 오셨고, 하나님께 순종하셨으며, 십자가에 자기 몸을 희생 제물로 내어 주셨고, 죽은 자 가운데서 부활 승천하여 하나님 보좌 우편에 앉으셨다. 그리고 지금도 그 우편에서 기도하고 계시며, 이 기도를 마무리하기 위하여 장차 친히 재림하신다. 그러므로 이 주님의 기도는 그가 다시 오시는 그날까지, 즉 주님의 나라가 최종적으로 완성될 때까지, 그리고 모든 족속이 하나님의 통치에 온전히 순복하여 그의 뜻을 이루어 드림으로 하나님의 영광이 온 땅과 하늘에 충만하게 선포될 때까지 드려져야 한다.

주님의 기도의 본질적 핵심은 첫 세 간구와 마지막 마무리 부분에서 알 수 있듯이 하나님의 나라와 권능과 영광이다. 다시 말해서, 하나님의 이름이 영광을 받으시고, 그의 통치에 모든 피조물이 순복하며, 그의 뜻이 이루어지는 것이 주기도의 본질적 핵심이다. 그러므로 일용할 양식과 죄 용서 및 시험에 빠지지 않는 것과 악에서 건짐 받는 것에 대한 간구들은 하나님의 나라와 권능과 영광을 목적으로 하는 방편이요 수단들이다. 즉, 처음의 세 간구가 하나님을 위한 것들로써 주기도의 목적이라고 하면, 나중의 네 간구는 사람을 위한 것들로써 수단이요 방편인 것이다. 이것이 주기도의 구조적 특징이다.

제 47 과 금식 훈련

기본적인 질문:

1. 성경에 나타난 금식에는 어떤 종류들이 있는가?

2. 예수님은 왜 금식하셨으며, 금식에 대하여 어떻게 가르치셨는가?

3. 금식의 목적은 무엇인가?

4. 금식의 기간은 어떻게 정하는가?

5. 금식을 위한 준비는 어떻게 하는가?

6. 금식하는 과정과 방법은 무엇인가?

7. 금식 후에 신체적으로 그리고 영적으로 자기 관리를 어떻게 해야 하는가?

8. 금식을 해서는 안 되는 경우는 어떤 것인가?

9. 예수의 제자의 삶을 위하여 금식은 어떤 유익이 있는가?

---

1. 성경에 나타난 금식에는 어떤 종류들이 있는가?

금식에는 음식을 양적으로 크게 줄여서 조금만 먹는 절식과, 음식은 금하고 물만 적당하게 마시는 금식, 그리고 음식 뿐 아니라 물까지도 완전히 금하는 단식이 있다.

구약에서 다니엘은 큰 전쟁에 관한 환상을 인하여 3주간 슬퍼하며 고기와 포도주를 먹지 아니하고 좋은 떡 대신 거친 떡만을 약간 먹는 정도의 절식을 하였는가 하면(단 10:3), 진미와 포도주를 삼가하고 채식만을 먹는 절식을 열흘 동안 했다(단 1:8, 12). 그리고 철야 금식을 하였는가 하면(단 6:18), 회개 기도를 목적으로 금식하였다(단 9:3). 에스더와 모르드개 및 유대인들이 밤낮 3일을 먹지도 마시지도 아니하고 단식했는가 하면(에 4:16), 모세는 40일간 밤낮으로 단식했다 (출 34:28). 엘리야도 40일간 단식했다(왕상 19:8). 신약에서 예수님은 유대 광야에서 40일간 아무것도 잡수시지 않고 금식하셨으며(눅 4:2) 바울은 회심 직후 3일간 완전히 단식하였다(행 9:9).

집단 금식의 사례로는, 속죄일에 이스라엘 백성 전체가 하루 금식하였고(레 23:27), 유다가 침략을 당하자 여호사밧이 금식을 백성에게 선포했다(대하 20:1-4). 요나의 심판하는 메시지를 듣고서 니느웨 성 전체가 금식하기도 했다. 에스라도 금식을 유대 민족에게 선포한바 있었다(스 8:21-23).

2. 예수님은 왜 금식하셨으며, 금식에 대하여 어떻게 가르치셨는가?

예수님은 그의 공생애의 시작을 앞두고, 성령의 충만함을 입어 사십일 동안 성령에게 이끌리시는 가운데 마귀에게 시험을 받을 때 금식하셨다. 그가 마귀의 시험을 이김에 있어서 하나님의 기록된 말씀인 성경(특히, 신명기)을 인용한 것으로 보아, 그는 금식하실 때 하나님의 말씀을 깊이 묵상하며 기도하셨음이 분명하다. 그가 말씀을 묵상하며 금식 기도하심으로 사단의 시험을 이기시고 난 후, 성령의 권능으로 여러 회당에서 성경을 가르치시고(눅 4:14-15) 천국 복음을 전파하셨다(마 4:17).

이로 보건대, 예수님이 금식하신 것은 성령에 이끌리어 하셨고, 사단의 시험을 이기고, 성령의 능력을 힘입어 하나님 나라의 복음을 힘 있게 전파하기 위함이었다. 그의 금식은 성령의 능력 가운데 천국 복음을 전하고자 하는 목적에서였다.

금식에 대하여 예수님이 가르치신 것을 보면, 구제하는 일이나 기도하는 일과 마찬가지로 하나님의 천국 백성의 온전한 삶을 위하여 필요로 하는 것이 금식이었다. 그래서 예수님은 금식할 때 머리에 기름을 바르고 얼굴을 씻어 진실하게 할 것을 가르쳤다(마 6:17). 또한 예수님은 말씀하시기를, "신랑을 빼앗길 날이 이르리니 그 때에는 금식할 것이니라"(마 9:15) 하셨는 바, 이는 그리스도의 죽으심을 가리키는 것이므로, 그의 교회가 금식하는 것이 마땅하다. 교회가 성령의 능력 중에서 천국 복음을 힘 있게 증거하려면 금식이 필요한 것이다.

3. 금식의 목적은 무엇인가?

　금식을 하는 목적은 첫째, 기도함으로 하나님을 힘써 섬기는데 있다(눅 2:37; 행 13:2). 금식은 기도와 예배를 주요한 목적으로 하는 것이다. 바리새인들이 한 금식은 사람에게 보이기 위한 것이었기에 위선이었다(마 6:16). 그러므로 금식은 하늘에 계시는 하나님 아버지에게 영광을 돌리고 그의 이름을 거룩하게 하는 것을 주요한 목적으로 해야 한다.

　둘째, 육체의 정욕을 죽이고 자기를 부인함으로 그리스도 예수의 형상을 닮기 위함이다(참고, 고전 9:27; 시 35:13). 이로써 하나님 앞에 더욱 겸비하여지기 위함이다.

　셋째, 금식함으로 대신 하나님의 말씀을 먹는다. 하나님의 말씀을 더욱 깊이 묵상하기 위해 금식한다. 그래서 금식할 때 하나님의 말씀을 먹고 영적으로 충만한 까닭에 슬퍼하지 않고, 기쁨을 얻는다.

　넷째, 금식하면 우리 속에 있는 악한 것들, 예컨대, 분노, 원한, 질투, 분쟁, 염려, 공포, 중압감 등이 사라지고 마음속에 성령의 기쁨이 넘치기 때문에 영적으로 능력이 있고, 결과적으로 영적 치유 뿐 아니라 육체적 치유가 있게 된다. 그러기에, 영적, 육체적 치유를 위하여 금식할 수 있다.

　다섯째, 금식하면 중보 기도의 효력이 증대되고, 어떤 일을 결단하는데 확신이 생기며, 집중력이 생기고, 육체적 평안이 있다. 각종의 내과 질환의 치유에도 크게 도움이 된다.

4. 금식의 기간은 어떻게 정하는가?

　금식의 기간은 사람의 형편에 따라 할 수 있다. 하루만 할 수도 있고, 3~4일, 또는 일주일, 열흘, 2주일, 3주일, 또는 40일도 할 수 있으며, 매일 한 끼씩 여러 날을 할 수도 있다. 참으로 유의할 것은 단식은 3일을 넘지 않는 것이 좋고, 금식도 40일을 넘지 않도록 하는 것이 좋을 것이다. 이 같은 기간을 초과하면 신체적으로 위험할 수 있다.

　정상적인 금식은 음식을 금하되 물은 적당하게 마시면서 해야 한다. 그리고 자기의 믿음의 분량과, 형편 그리고 신체적 조건이나 상태를 따라서 기간을 정하는 것이 좋다.

5. 금식을 위한 준비는 어떻게 하는가?

첫째, 금식하는 동기, 이유, 목적 등이 분명해야 하고, 성령께서 금식을 기쁨으로 할 수 있는 마음을 주셔야 한다. 마음에도 없는 금식, 준비 없는 금식은 참으로 위험하다.

둘째, 금식을 하기 전 필요하다고 판단되면 구충제를 미리 먹어 둔다. 금식 기간 중 회충이 큰 위험을 몸에 초래할 수 있다.

셋째, 장기 금식을 하려면 앞서 하루 또는 3~4일 정도의 단기 금식을 몇 차례 해 보아야 한다.

넷째, 미리 자기의 건강을 점검하여 당뇨가 심하거나, 임신 중이거나, 심장이 좋지 않으면 금식을 삼가야 한다.

다섯째, 읽을 성경을 정하고, 읽고 싶은 책도 준비하며, 특별히 기도할 제목을 확정한다.

여섯째, 가벼운 운동을 규칙적으로 하며 기초 체력을 준비하는 것도 도움이 된다.

일곱째, 기도 후원자들에게 중보 기도를 부탁해 놓는다. 금식은 영적 결투이기 때문에 기도의 후원이 반드시 필요하다.

6. 금식하는 과정과 방법은 무엇인가?

하루 금식할 경우는 점심에서 시작하여 다음날 점심까지로 한다. 그렇게 하면 저녁과 아침 두 끼만 금식하고도 하루 금식의 효과를 거둘 수 있다. 3일 금식의 경우는 크게 부담 없이 해도 된다. 기도와 성경 묵상에 집중하고, 오전 오후로 30분 정도씩 산책하며 운동을 한다. 걷기 운동을 해야 장이 꼬이는 위험이 예방된다.

10일 이상 금식하는 경우는 3일째 되는 날에 몸 안에 남아 있는 숙변을 배출해야 한다. 적당한 약물을 복용할 수도 있고, 진한 소금물을 마심으로 할 수도 있다. 숙변을 배출해 내야 장 속이 깨끗해져 편안하고 목구멍으로 악한 냄새가 솟아오르지 않게 된다. 물은 정수된 것으로 미지근한 것이 좋다. 차거나 뜨거우면 좋지 않다. 물을 마실 때는 식사 때에 맞추어 적당량을 충분하게 마시어 위가 너무 수축되지 않게 해야 한다. 양치질은 소금을 사용하는 것이 좋다. 적당량의 염분을 섭취하는데 크게 도움이 된다. 그렇지 않으면, 매일 소금을 별도로 약간씩 섭취해야 한다. 규칙적으로 하루 2-3회씩 산책 등 걷기 운동을 한다. 그래야 하체에 힘이 생기고, 장이 꼬이거나 잘못 되는 일이 없게 된다. 운동하지 아니하면 복통이 심할 수 있다.

무엇보다도 중요한 것은, 규칙적으로 기도하고, 성경을 읽고 묵상해야 한다. 기도 노트와 성경 묵상 노트를 만드는 것이 좋다.

7. 금식 후에 신체적으로 그리고 영적으로 자기관리를 어떻게 해야 하는가?

금식 후에는 식사를 하는데 특별한 주의가 필요하다. 곧바로 육식을 하거나 단단한 밥을 먹으면 생명을 잃을 수 있을 만큼 위험하다. 식사 조절에 실패하게 되면 다시 금식해야 한다. 식사에 대해서는 금식을 전문적으로 훈련하는 기도원 관계자들의 지침을 따라 하는 것이 좋다. 예컨대, 처음에는 맑은 미음(소화하기에 아주 적절한 종류의 미음)을 먹고, 하루 이틀 지나면 약간 된 미음이나 죽 그리고 싱싱한 조기국과 익힌 채소(시금치 종류) 등을 먹는다. 4~5일 후 건강 상태를 점검하고서 정상적인 식사를 하되, 한달 정도는 육식을 삼가해야한다.

신체적인 측면에서 음식을 조절해야 함과 동시에, 영적으로 자기 관리를 해야 한다. 영적으로 능력이 충만해진 나머지 교만해지면 안 된다. 금식하고 나면 오히려 사단의 시험에 빠져 교만해지는 수가 있다. 그래서 목회자의 경우 모든 성도를 얕잡아 보거나 비난하고 정죄하는 설교를 하기 쉬우므로 주의해야 하고, 평신도의 경우는 금식하지 않는 목회자를 경멸하는 죄를 범해서는 안 된다. 금식하고 나면 교만해지지 않도록 특별한 주의를 기울이고, 더욱 하나님과 사람 앞에서 겸비해야 하는 것이다.

8. 금식해서는 안 되는 경우는 어떤 것인가?

금식하면 신체적으로 위험할 수 있는 경우는 당뇨병이 있거나, 임신한 자, 심장

질환이 있는 자 등이다. 의사와 의논하여 금식하면 안 되는 경우는 피하는 것이 좋다.

9. 예수의 제자의 삶을 위하여 금식은 어떤 유익이 있는가?

금식하면 특별히 육체를 쳐 복종시키고 육체의 정욕을 죽이는 유익이 있다. 이로써 예수님께서 제자들에게 말씀하신 대로 자기를 부인하고 날마다 십자가를 지는 훈련을 잘 받게 된다. 결과적으로 하나님의 나라와 영광을 구하는 일에 우선순위를 두며, 하나님을 힘써 사랑하고 이웃을 자기 몸처럼 사랑하며 절제의 삶을 살 수 있는 것이다.

금식하는 목적 중 중보 기도의 효력의 증대와 확신 있는 결단 등과 관련지어 생각해 보면, 금식하면 중보 기도를 힘써 하게 되고, 하나님의 영광과 나라를 위한 목적이 이끄는 삶을 살게 된다. 이로 보건대, 금식은 예수의 제자들을 더욱 성숙하고 능력 있는 제자로 만들어 주는 것이다.

예수님의 경우를 보더라도, 그가 금식함으로 더욱 기도에 힘쓰게 되고, 하나님의 말씀을 깊이 묵상하며, 사단의 시험을 이기고, 성령의 능력을 힘입어 하나님의 나라를 힘써 전하셨다. 하나님의 나라와 영광을 위하여 온전히 헌신된 것이다. 금식은 예수의 제자를 제자다운 제자, 능력 있는 제자, 헌신된 제자, 목적이 이끄는 삶을 사는 제자로 만드는 효과적인 훈련 방법이다.

제 48 과 제자의 삶 훈련

기본적인 질문:

1. 예수의 사람들은 신앙을 일상생활에 표현할 줄 아는 훈련이 필요하다. 하나님을 향한 자신의 신앙을 일상생활 속에서 표현하는 종교적 차원으로 이념적(理念的), 예식적(禮式的), 체험적(體驗的), 지성적(知性的), 활동적(活動的)인 것들이 있다. 이와 관련하여 구체적인 훈련은 어떤 것들이 있는가?

2. 종교적 차원의 신앙 표현이 일상생활에서 변화를 일으키려면 일상적 차원의 신앙표현으로 어떻게 발전되어야 하는가?

3. 일상적 차원의 신앙 표현은 개인생활, 교회생활, 가정생활, 직장생활, 그리고 사회생활에서 어떻게 적용되고 훈련되어야 하는가?

4. 예수의 좋은 제자가 되는데 있어서 성경적으로 효과적인 방법은 무엇인가? 즉, 성경에 나타난 예수님의 제자 훈련의 방법이 무엇인가?

---

1. **예수의 사람들은 신앙을 일상생활에 표현할 줄 아는 훈련이 필요하다. 하나님을 향한 자신의 신앙을 일상생활 속에서 표현하는 종교적 차원으로 이념적(理念的), 예식적(禮式的), 체험적(體驗的), 지성적(知性的), 활동적(活動的)인 것들이 있다. 이와 관련하여 구체적인 훈련은 어떤 것들이 있는가?**

첫째, 이념적 차원에서의 신앙 표현은 교리나 신조 같은 것들을 깊이 있게 공부하여 그것을 중심으로 생활하는 방식을 신앙으로 아는 것이다. 예를 들어, 장로교인이 장로교회 신조인 웨스트민스터 신앙고백을 공부하고 그것을 자기의 생활 신조로 삼아 사는 것이다. 그래서, 그 신앙고백이 강조하는바 성경 중심으로 사는 생활이 신앙적인 줄로 알고 성경을 사랑한다.

둘째, 예식적 차원에서의 신앙 표현은 교회의 예배에 참석하는 것을 신앙으로 아는 것이다. 각종 예배에 열심히 많이 참석하는 것은 신앙을 표현하는 한 방식이다. 예배 중 찬송하고 기도하기를 좋아하며 십일조와 같은 헌금 드리는 일에 열심을 내는 것도 신앙의 표현이다.

셋째, 체험적 차원에서의 신앙 표현은 방언을 한다든지, 또는 기도함으로 병이 낫는 등 영적 체험을 신앙으로 아는 것이다.

넷째, 지성적 차원에서의 신앙 표현은 성경 말씀을 체계적으로 깊이 있게 연구하고 공부하는 것을 신앙으로 아는 것이다. 성경을 공부하고 아는 것 자체를 신앙으로 생각하는 것이다.

다섯째, 활동적 차원에서의 신앙 표현은 교회에서 봉사하고 또 교회를 통해서 사회 봉사하는 것을 신앙으로 아는 것이다. 주일학교 봉사, 찬양대 봉사, 교회 식당 봉사, 캠퍼스 전도, 무의촌 의료봉사 등도 좋은 신앙의 표현이다.

2. 종교적 차원의 신앙 표현이 일상생활에서 변화를 일으키려면 일상적 차원의 신앙 표현으로 어떻게 발전되어야 하는가?

첫째, 이념적 차원과 관련하여 교리나 신조도 시대와 역사를 반영해야 한다. 우리는 교리와 신조를 신앙과 생활의 표준으로 삼아 신봉하되, 그 교리와 신조가 시대와 역사를 반영하도록 하는 것이 필요하다. 예를 들면, 장로교회의 웨스트민스터 신앙고백은 선교나 사회 참여 등에 대한 진술이 없으므로, 그 같은 부족한 부분을 보완해야 한다. 그리고 TV, 컴퓨터, 이동통신, 각종 영상 매체에 대해서도 신학적, 교리적으로 연구해야 한다.

둘째, 예식적 차원과 관련하여, 교회와 세상, 주일과 평일이 상호 연결되어야 한다. 예식적 차원에서 교회의 주일 예배는 세상의 육일의 평일과 직간접으로 연결되어야 하는 것이다. 모든 일상생활과 직장이 하나님께 영광을 돌리는 줄로 알고 살아야 한다. 다시 말해서, 일상생활 속에서도 하나님께 대한 예배가 있어야 하는 것이다. 하나님께 목적을 두고, 하나님과 함께, 하나님 앞에서 살아야 한다.

셋째, 체험적 차원과 관련하여, 일상생활에서 영적 체험이 필요하다. 하나님의 임재와 섭리의 손길을 범사에 체험하는 것이다. 범사에 하나님을 인정하고, 모든 일을 기도하고 말씀에 따라 행함으로 하나님을 체험할 수 있어야 한다. 일하면서 기도하고, 기도하면서 일한다. 또, 성경을 읽으면서 일하고, 일하면서 성경을 읽는다. 그리고 범사에 하나님을 체험한다. 의사인 그리스도인의 경우라면, 기도하면서 진료한다.

넷째, 지성적 차원과 관련하여, 성경 말씀을 공부하고 나면 일상생활에서 적용하여 순종해야 한다. 성경에서 아는 것을 삶으로 연결시켜 사는 것이 바로 신앙이다. 성경이 말씀하기를 범사에 감사하라 하면, 우리는 일상생활 속에서 혹시 병들고 가난해도 감사할 수 있어야 하는 것이다.

다섯째, 활동적 차원과 관련하여, 모든 일을 주께 하듯 해야 한다. 교회에서 하는 일만 아니라, 가정이나 직장에서 하는 일도 하나님의 영광을 위해 해야 하는 것이다. 우리의 모든 직업은 하나님이 주신 거룩한 소명 곧 성직(聖職)이다.

이상에서 살펴본 대로, 종교적 차원의 신앙 표현은 실제로 일상생활로 연결되어 생활에서 변화를 일으켜야 참 신앙이다.

3. 일상적 차원의 신앙 표현은 개인생활, 교회생활, 가정생활, 직장생활, 그리고 사회생활에서 어떻게 적용되고 훈련되어야 하는가?

첫째, 개인생활 영역: 경건 생활 뿐 아니라 성품과 습관도 중요하다. 신앙이 좋아 하나님과 바른 관계를 회복하여 살고, 그리스도의 은혜를 알면, 나쁜 성품과 버릇 또는 습관도 고쳐야 한다. 그리고 사고방식과 윤리 의식도 성경적으로 바로잡아야 한다. 골로새서 3:12-14에 말씀되어 있는 대로, 성령의 열매인 긍휼, 자비, 겸손, 온유, 오래 참음, 용서, 사랑 등 신령한 성품이 개인 생활에서 나타나야 한다. 그리고 시간을 지키고 약속을 지키며, 약점과 허물을 가려주고, 사람을 칭찬하고 먼저 생각할 줄 아는 성품과 습관을 길러야 한다. 뿐만 아니라, 성 윤리에서 건전해야 한다. 혼전 성관계를 갖지 않으며 상대의 순결과 정조를 보호해 주고, 혼인관계 외에는 성적 희롱이나 접촉을 삼갈 줄 알아야 한다. 술과 담배를 삼가고, 과식, 탐식, 포식, 미식을 금하며, 지나친 오락을 멀리해야 한다(골 3:5).

둘째, 교회생활 영역: 교회생활과 직장생활의 균형이 중요하다. 골로새서 3:15-17에 보면, 교회에서의 예배와 감사, 말씀묵상, 피차 말씀을 가르치는 일, 찬양과 교제에 열심을 내어야 한다. 즉, 교회생활에 충실해야 한다. 많은 사람들, 특히 젊은층의 성도들은 직장생활을 핑계로 겨우 주일 오전 예배 한번 드리는 것으로 만족하는 경향이 있다. 수요일 예배나 금요 철야기도회, 구역예배는 전혀 참여하지 않는다. 직장생활도 충실해야 하지만 교회생활과의 균형이 중요하다.

셋째, 가정생활 영역: 가족에게도 주께 하듯 하라. 골로새서 3:18-21에 보면, 아내는 남편에게 복종하고, 남편은 아내를 사랑하며, 자녀는 부모에게 순종하고 부모는 자녀에게 상처를 주어서는 안 된다. 피차 존경하고 배려하여 주께 하듯 해야 한다. 교회생활에 열심이 있는 사람들이 가정생활에 불성실한 경향이 있다. 교회생활에 열심을 내는 만큼 가정생활에도 열심을 내야 한다. 아직 신앙이 없는 가족에 대하여 우리의 신앙을 가정생활에서 나타내 보여야 한다.

넷째, 직장생활 영역: 직장의 일은 부업이 아니다. 교회생활을 핑계로 직장의 일을 소홀히 해서는 안 된다. 직장에서는 직장의 일을 하나님의 나라와 영광을 위하는 일로 알고 최우선순위에 두고 충실해야 한다. 그것이 바로 전도의 비결이다. 직장생활에 충실한 성도가 복음을 전하면 효과적으로 전도가 되지만, 불충실한 자의 전도는 오히려 천국 문을 막는다. 학교생활에 충실한 기독 학생이 복음을 한마디 전하면 효과적이지만, 불성실한 기독 학생은 복음을 열 마디 전해도 비웃음만 산다. 직장생활도 주께 하듯 하나님의 영광을 위해 최선을 다함으로 신앙을 나타내야 하는 것이다(골 3:23, "무슨 일을 하든지 마음을 다하여 주께 하듯 하고 사람에게 하듯 하지 말라").

다섯째, 사회생활 영역: 세상을 위해서 살라. "너희는 세상의 소금이요 빛이라. 이같이 너희 빛을 사람 앞에 비췌게 하여 저희로 너희 착한 행실을 보고 하늘에 계신 너희 아버지께 영광을 돌리게 하라"(마 5:13, 14, 16). "외인을 향하여서는 지혜로 행하여 세월을 아끼라. 너희 말을 항상 은혜 가운데서 소금으로 고루게 함같이 하라"(골 4:5-6). 위의 두 말씀은 그리스도인들이 사회생활을 어떤 태도로 살아야 할 것인가를 보여 주는 좋은 지침이다.

그리스도인 사장이면 투명한 경영을 하여 근로자들에게 정당하고 적절한 임금을 지급해야 하고, 그리스도인이면 운전할 때 교통 법규를 지켜 과속하거나 신호 위반을 하지 않도록 해야 한다. 끊이지 않는 세계 도처에서의 재난과 분쟁에 대하여 위로와 평화를 위해 중보 기도하고, 지체 부자유자들이나 어려운 형편에 있는 자들을 때를 따라 도우며 섬긴다. 특별히 그리스도인은 불신자들에 대하여 말에 실수가 없어야 하고, 시간 약속이나 돈 거래에 정확해야 한다. 그리고 우정을 쌓아 좋은 인간관계를 맺고 살아야 하는 것이다. 그리스도인 정치가나 공무원 또는 사업가는 뇌물을 주고받는 일에 각별히 조심해야 하고, 편법과 불법을 피해야 한다(참고, 방선기, 『일상 생활의 신학』 I).

4. 예수의 좋은 제자가 되는데 있어서 성경적으로 효과적인 방법은 무엇인가? 즉, 성경에 나타난 예수님의 제자 훈련의 방법은 무엇인가?

첫째, 소수를 선별하여 일대일로 훈련한다. 예수님은 온 인류를 향한 구원의 큰 계획을 가지고 계셨으면서도 제자들을 열둘 만 부르셨다. 열둘 중에서도 베드로와 야고보와 요한 등 셋을 중요하게 훈련하고, 또 이 셋 중에서도 베드로 한 사람을 집중적으로 훈련하였다. 이로 보건대, 제자 훈련은 수적으로 소수를 선별하여 하고, 가능하면 일대일로 하는 것이 좋다. 예수님은 바울에 대해서는 특별히 일대일로 하셨다.

둘째, 제자와 함께 삶을 나눈다. 예수님은 제자를 부르실 때 자기의 원하는 자들 곧 자기 마음에 합한 자들을 선별하셨고, 그리고는 자기와 함께 있게 하셨다(막 3:13, 14). 삶을 함께 나누는 가운데 성경 말씀을 가르치고 기도하는 것을 보여 주셨으며 사람 섬기는 도를 몸소 행해 보이셨다. 이렇게 함께 하는 가운데 그에게서 듣고 보며 함께 행하게 하셨다.

셋째, 실천을 통해 훈련한다. 예수님은 제자들을 세상으로 보내어 전도하고 귀신을 내어쫓고 병든 자들을 고치게 하셨다(막 3:14하-15; 마 10:1). 제자들에게 말씀을 전하는 권세와 귀신을 제어하고 각종 병을 치유하는 능력을 주어 세상에 나가 실천하게 하셨다. 실천은 최고의 훈련이다.

넷째, 제자를 삼게 한다. 좋은 제자가 되려면 제자를 삼는 일을 해보아야 한다. 가르치는 것이 배움의 첩경이듯(Teaching is learning), 좋은 제자가 되는 길은 제자를 스스로 삼아 보는 것이다. 그래서 예수님은 부활하신 후 제자들에게 분부하시기를 "너희는 가서 모든 족속으로 제자를 삼으라"(마 28:19)하셨고, 사도 바울도 디모데에게 명하기를 "내게 들은 바를 충성된 사람들에게 부탁하라 저희가 또 다른 사람들을 가르칠 수 있으리라"(딤후 2:2)하였다. 제자 양육과 훈련의 대물림이 좋은 제자를 낳는다. 제자가 제자 삼는 일을 대물림함으로 좋은 제자들이 훈련되는 것이다. 제자를 삼으라. 그리하면 좋은 제자가 될 것이다

명쾌한 기독교 신학과 생활
A Concise Christian Theology and Life

1999년 6월 5일 초판 발행
2013년 7월 30일 초판 4쇄

지은이 | 나 용 화

펴낸곳 | 사)기독교문서선교회
등 록 | 제 16~25호(1980. 1. 18)
주 소 | 서울시 서초구 방배로 68
전 화 | 02)586-8761~3(본사) 031)942-8761(영업부)
팩 스 | 02)523-0131(본사) 031)942-8763(영업부)
홈페이지 | www.clcbook.com
이메일 | clckor@gmail.com
온라인 | 기업은행 073-000308-04-020, 국민은행 043-01-0379-646
　　　　예금주: 사)기독교문서선교회

ISBN 978-89-341-0917-4 (03230)

＊ 낙장 · 파본은 교환해 드립니다.